中国石油长城钻探工程公司年鉴

YEARBOOK OF CNPC GREATWALL DRILLING COMPANY

2010

中国石油集团长城钻探工程有限公司 编
COMPILED BY CNPC GREATWALL DRILLING COMPANY

石油工业出版社

图书在版编目（CIP）数据

中国石油长城钻探工程公司年鉴．2010/
中国石油集团长城钻探工程有限公司编．
北京：石油工业出版社，2011．11
ISBN 978-7-5021-8756-9

Ⅰ．中…
Ⅱ．中…
Ⅲ．油气钻井－石油企业－中国－2010－年鉴
Ⅳ．F426.22-54

中国版本图书馆 CIP 数据核字（2011）第 213925 号

中国石油长城钻探工程公司年鉴
2010/中国石油集团长城钻探工程有限公司编

出版发行：石油工业出版社
（北京安定门外安华里 2 区 1 号　100011）
网　址：www.petropub.com.cn
编辑部：（010）64523594　发行部：（010）64523620
经　　销：全国新华书店
印　　刷：石油工业出版社印刷厂

2011 年 11 月第 1 版　2011 年 11 月第 1 次印刷
787×1092 毫米　开本：1/16　印张：27.25　插页：14
字数：546 千字　印数：1—1050 册

定价：228.00 元
（如出现印装质量问题，我社发行部负责调换）

《中国石油长城钻探工程公司年鉴》
编　委　会

主　　任： 张凤山　王忠仁

副 主 任： 刘乃震

成　　员： 翟智勇　杜　君　易发新　顾伟康　王玉新　王　欣
李晓明　杜立东　于洪斌　李　军　赵齐辉　徐成才
苏庆新　李海鸥　韩　敏　惠铁盈　唐国斌　赵蕴国
曹建国　刘德军　胡尔泰　许建民　曾志清　于中洋
于占军　曹海霞　王　京　纪宏博　查金才　杨国瑜
卢毓周　杨绪亮　苟响川

《中国石油长城钻探工程公司年鉴》
主 编、副 主 编

主　　编： 栾　青

副 主 编： 杨　金　刘宝权

《中国石油长城钻探工程公司年鉴》
编 辑 部

编　　辑：王　兴

责任校对：杨　金

封面设计：杨　金

英文目录：杨晓峰

编辑说明

一、《中国石油长城钻探工程公司年鉴（2010）》是中国石油集团长城钻探工程有限公司（以下简称长城钻探公司）主办的专业性年鉴，是全面记录长城钻探公司主要发展情况的编年书，是广大读者系统了解长城钻探公司的重要工具书。

二、本年鉴采用分类编排法，除特载、大事记等综合性栏目单列外，年鉴的主体内容均按照篇目、栏目、条目三个层次编排，以文字叙述为主，辅以照片、图表。

三、本年鉴设特载、大事记、概况、生产建设、科技发展、经营管理、基础管理、党群工作、企业概览、政策制度、报刊文摘、先进集体、人物名录13个篇目。

四、为行文简洁，本年鉴中对机构名称在首次出现时用全称，随后出现时用简称。例如，“中国石油天然气集团公司”简称为“集团公司”，“中国石油天然气股份有限公司”简称为“股份公司”，“中国石油集团长城钻探工程有限公司”简称为“长城钻探公司”。

五、《中国石油长城钻探工程公司年鉴》由于信息量大，涉及面广，在编辑中难免有误，疏漏之处敬请读者批评指正。

2011年9月

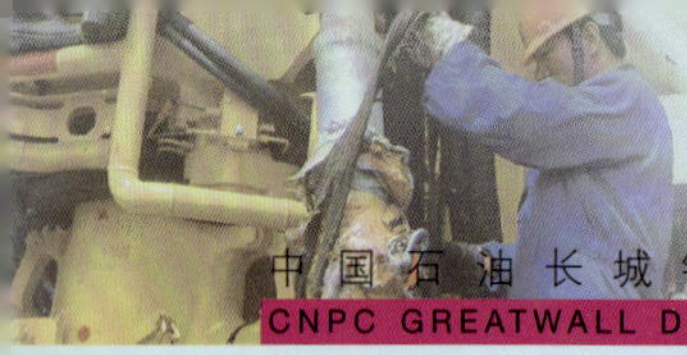

序

2009年，对于长城钻探公司（英文缩写GWDC）来说，是严峻的一年、拼搏的一年、成长的一年，更是值得欣慰的一年。一年来，年轻的长城钻探公司坚持践行科学发展观，紧紧依靠全体干部员工，解放思想，创新进取，经受住了来自金融危机的冲击、持续重组的考验以及市场变化、内部改革、技术支持、安全防恐等方面的诸多挑战，各项工作取得了令人瞩目的成果。生产经营逆势增长，全年实现收入151.7亿元，同比增长11%，发展速度、质量、效益位居中国石油天然气集团公司（以下简称集团公司）同类企业前茅。在金融危机导致国内外市场量价齐降的特殊时期，大力实施“两保两全”、“双百双增”应对措施，国内外市场进一步巩固，员工根本利益得到有效保障；集团公司的各项工作部署得到有效落实。与此同时，改革调整顺利进行，“国内专业化”调整按期完成，“国外区域化”体制全面建立，“国内外一体化”架构初具雏形，产业结构趋于合理；科技和管理创新能力显著增强，GWDC品牌核心竞争力全面提升，提前三年实现重组之初的市场化、国际化目标；质量安全环保工作再上新台阶，荣获“中国节能减排功勋企业”、“中华环境友好企业”、“集团公司安全生产先进企业”等称号；大庆精神、铁人精神在国内外市场得到传承和弘扬，长城钻探公司企业文化深入人心，精神文明建设取得丰硕成果。

正像张凤山总经理所说的那样，成绩的取得来自于集团公司党组织的信任和关怀，来自于辽河、长庆、大庆等国内油气企业以及CNPC海外投资企业的大力支持，来自于地方党委、政府的鼎力相助，来自于国内外市场对GWDC品牌的认同和多方人才的汇聚。特别是公司全体将士付出比别人更多的辛苦和汗水，更是进取精神和创业激情的直接体现。

光荣属于过去，奋斗未有穷期。长城钻探公司在逆境中能够坚强成长，在顺势中一定能够御风而翔。我们相信，长城钻探公司以科学发展观为指导，以“上级放心、市场认同、政府支持、员工满意”作为检验工作的标准，以“人企共同发展”的宗旨作为强大的凝聚力。“73311”发展目标一定能够实现，建设国际化石油工程技术总承包商的目标一定能够实现，长城钻探公司的明天将更加美好！

（编　者）

2009年1月，按照集团公司统一部署,中油测井北京分公司整体划转长城钻探公司。图为集团公司副总经理廖永远一行到长城钻探公司宣布集团公司党组决定。

2009年，金融危机席卷全球，对石油工程技术行业冲击巨大，长城钻探公司国内关联交易市场大幅关井限产，海外市场减利因素剧增。面对严峻形势，长城钻探公司于3月3日召开紧急动员会，超前部署，果断决策，提出“两保两全”应对措施和“双百双增”工作目标，在危机中把握“另类的机会”，实现企业逆势增长和员工收入不降，充分体现科学发展观的根本宗旨。图为动员会现场。

2009年12月29—30日，长城钻探公司第一届职工代表大会第二次会议在北京召开。会议在总结成绩、分析形势的基础上，提出要坚持“43210”发展思路和“73311”发展目标不动摇，突出管理主题，扎实推进工作，努力建设国际化石油工程技术总承包商。图为大会主席台。

重要会议

2009年6月25日，中共长城钻探公司第一次代表大会在北京召开。会议审议通过了党委工作报告和纪委工作报告，选举产生中国共产党长城钻探公司新一届委员会和纪律检查委员会，对当前和今后一个时期党委重点工作进行了安排部署。图为大会主席台。

总经理张凤山在长城钻探公司一届二次职工代表大会上作《行政工作报告》。

党委书记王忠仁在长城钻探公司第一次党代会上讲话。

集团公司领导十分关心长城钻探公司的发展。图为2009年1月18日，集团公司副总经理曾玉康（左二）到公司调研慰问。

2009年2月26日，集团公司副总经理廖永远到长城钻探公司调研指导工作。

长城钻探公司领导班子坚持深入基层开展调查研究，解决实际问题。图为2009年6月2日，张凤山总经理到哈萨克斯坦项目部调研指导工作。

深入基层

2009年8月19日，王忠仁书记（左二）到尼日尔、乍得等非洲项目部进行调研慰问。

长城钻探公司高度重视国际市场战略合作，以此作为提升能力、突破壁垒、扩大领域的重要手段。图为2009年6月4日，长城钻探公司与中油阿克纠宾油气股份公司签订战略合作协议。

战略合作

长城钻探公司注重发挥科技对企业发展的支撑和引领作用，通过自主研发与科技合作，不断提升公司整体技术水平。图为2009年4月14日，长城钻探公司与中国石油集团钻井工程技术研究院签署科技合作框架协议。

坚持发挥优势、进军高端、布点增项，国际市场合同额连创新高。图为2009年9月8日，长城钻探公司领导与来访的TBM公司董事会成员进行商务洽谈。

拓宽市场开发领域，成功促成肯尼亚国家电力公司同中国进出口银行的贷款协议，以优惠条件中标肯尼亚地热总包项目，成为善用政府资源，创造性开发市场的典型。图为地热开发现场。

发展与合作空间不断扩大，当年实现收入同比增长66%。图为2009年1月12日，长城钻探公司与新疆广汇实业股份有限公司签订合作协议。

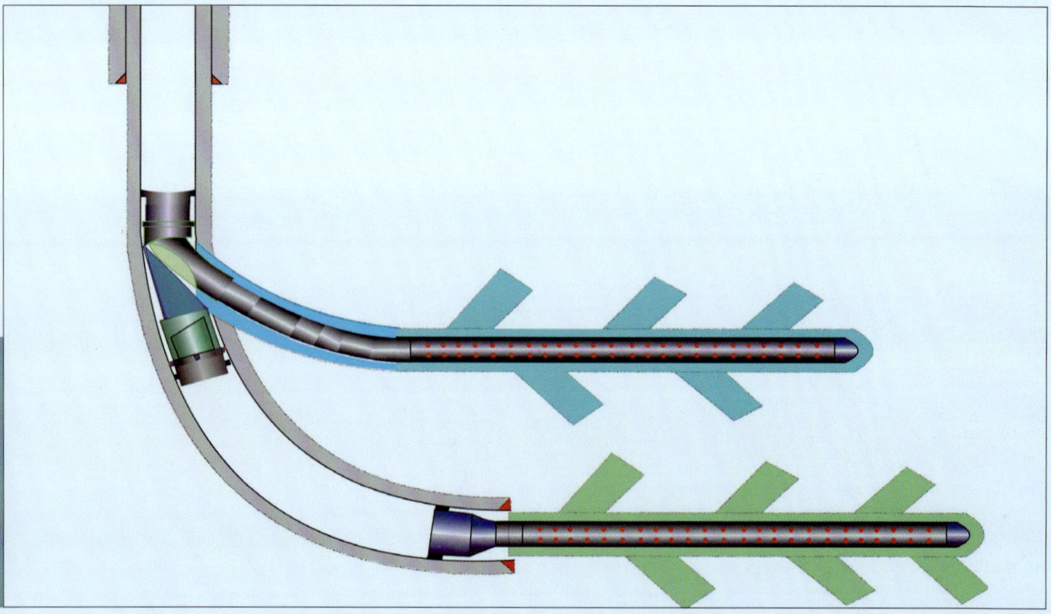

2009年，长城钻探公司自主科技创新成果显著。以水平井为主的特殊工艺井技术达到国际先进水平，技术、规模、效益均位居国内同类企业第一。图为双分支鱼骨井井身结构示意图。

坚持走抑制规模、提升能力和效益的路子，同其他专业横向沟通、相互配合、协同施工，逐步实现无缝对接，钻井提速明显。图为在沙漠中施工的钻机。

坚持发挥重组后国内外一体化优势，努力实现跨越式发展，国内市场出色地完成高压水平井、复杂井等测井施工任务；海外市场在多个项目中发现高产油气流。图为现场施工人员在认真检查待入井测井仪器。

录井业务

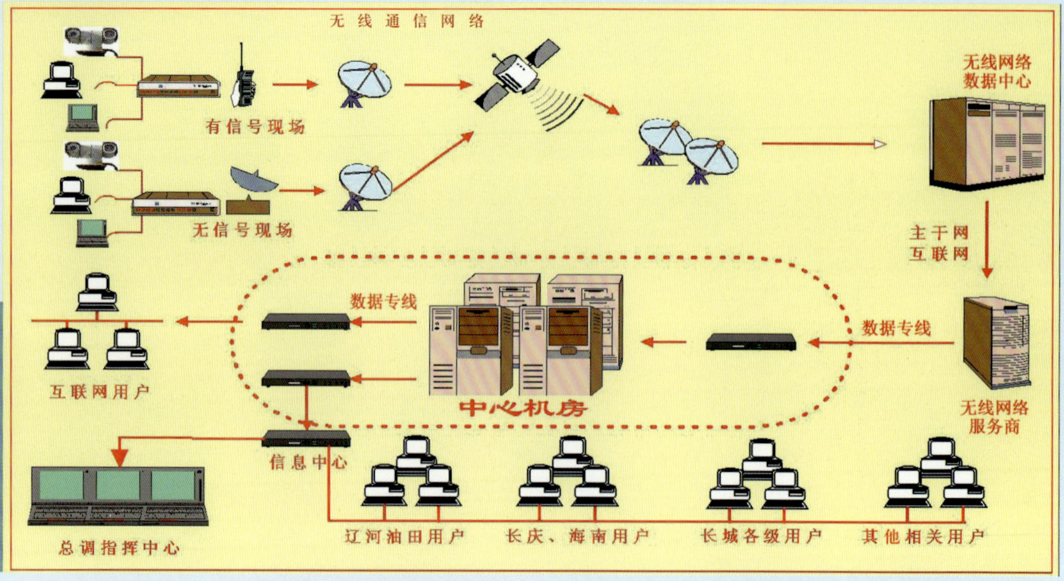

积极推进精细化录井工程，在国内外市场打造“长城录井”品牌。图为录井信息远程传输示意图。

顶驱业务

提高整体现场服务能力和远程技术支持能力，专业化优势越加显现。在为钻井提速提供有力保障的同时，不断深度开拓海外市场。图为顶驱在海外市场正常作业。

集成国内外先进技术，整合优势资源，创造性开展工作，实现扩容与增效并进、业务快速发展和市场开发的良性循环，小专业做出大文章。图为长城钻探公司设在海外市场的油基钻井液制配装置。

以低渗天然气开发和海外稠油开发技术服务为重点，特色技术得到充分发挥，业务领域不断拓展，获得良好经济效益。图为苏里格气田苏10区块苏10-3站进站阀组。

HSE管理

扎实开展HSE体系推进工作，启动与杜邦公司HSE咨询合作试点项目，“有感领导、直线责任、属地管理”的理念得以充分体现。图为2009年2月12日，长城钻探公司高层领导接受杜邦公司HSE专家的培训与辅导。

设备管理

长城钻探公司强化设备现场管理制度化、现场管理规范化、维护保养精准化的“三化”管理，设备管理水平不断提高。图为中外员工在调试设备。

长城钻探公司始终按照“环保优先”的理念，主动承担环境保护的社会责任，在追求“能源与环境和谐”的过程中，创造性地开展卓有成效的工作。在受评企业中以总分第一荣获“中华环境友好企业”称号。图为2009年7月30日总经理张凤山（前排中）在人民大会堂代表长城钻探公司受奖。

2009年是长城钻探公司“井控隐患整改年”，开展以“识别、整改、培训、提高”为主题的一系列井控隐患整改活动并取得显著效果。图为现场的井控模拟演习。

海外防恐

面对境外项目日益严峻的社会安全形势，长城钻探公司加大境外项目防恐培训和应急演习力度。较高社会安全风险国家的项目部防恐培训率达到100%，有力地保证了海外员工的人身安全。图为防恐培训现场。

展示实力

长城钻探公司利用各种途径开展技术推介。在伊朗德黑兰第13届国际石油展上，伊朗国家电视台对公司展示的钻井、钻井液、测井、固井、定向井等技术情况进行了报道。图为长城钻探公司技术人员（左）接受采访。

2009年，长城钻探公司党委坚持以学习实践科学发展观活动为主线，加强党的思想、组织、作风、制度和反腐倡廉建设。图为长城钻探公司党委中心组学习贯彻十七届四中全会精神。

作为集团公司下属全资子公司，长城钻探公司积极承担国有企业的“三大责任”，关注社情民意，积极献言献策。图为2009年3月3日，全国人大代表、总经理张凤山向长城钻探公司各条战线代表征求意见和建议。

油地共建

长城钻探公司的发展离不开地方党委政府的理解和支持，为地方经济发展作出贡献是长城钻探公司应当承担的重要责任。图为2009年8月18日，张凤山总经理会见来访的盘锦市委书记陈淑珍。

扶贫帮困

长城钻探公司始终坚持将企业发展成果惠及广大干部职工和家属，党政领导班子高度重视困难职工生活。图为2009年1月20日，长城钻探公司党政主要领导慰问特困职工家属，向他们转达公司的问候。

加快境内外培训基地建设，员工培训条件得到较大改善，基本实现了系统化、规范化和制度化。图为2009年6月18日长城钻探公司首届井控技能竞赛开幕式现场。

各级工会、共青团组织充分发挥自身优势，为企业改革发展稳定创造良好氛围。图为2009年3月25日，共青团开展“珍爱绿色，长城同行”植树活动现场。

文体活动

以长城钻探企业文化为主题的文体活动丰富多彩。图为2009年5月28日，长城钻探公司举办的“长城杯”多米诺骨牌选拔赛现场。

祝福祖国

为庆祝中华人民共和国成立60周年，2009年9月23日，长城钻探公司驻京机关举行“我爱伟大祖国、我爱长城钻探”歌咏比赛，用歌声抒发作为中华民族的儿女、作为长城钻探公司的一员所拥有的自豪感和幸福感。图为比赛现场。

中国石油长城钻探工程公司国内业务分布范围

星球地图出版社编制 审图号 JS(2011)01—187

中国石油长城钻探工程公司海外业务分布范围

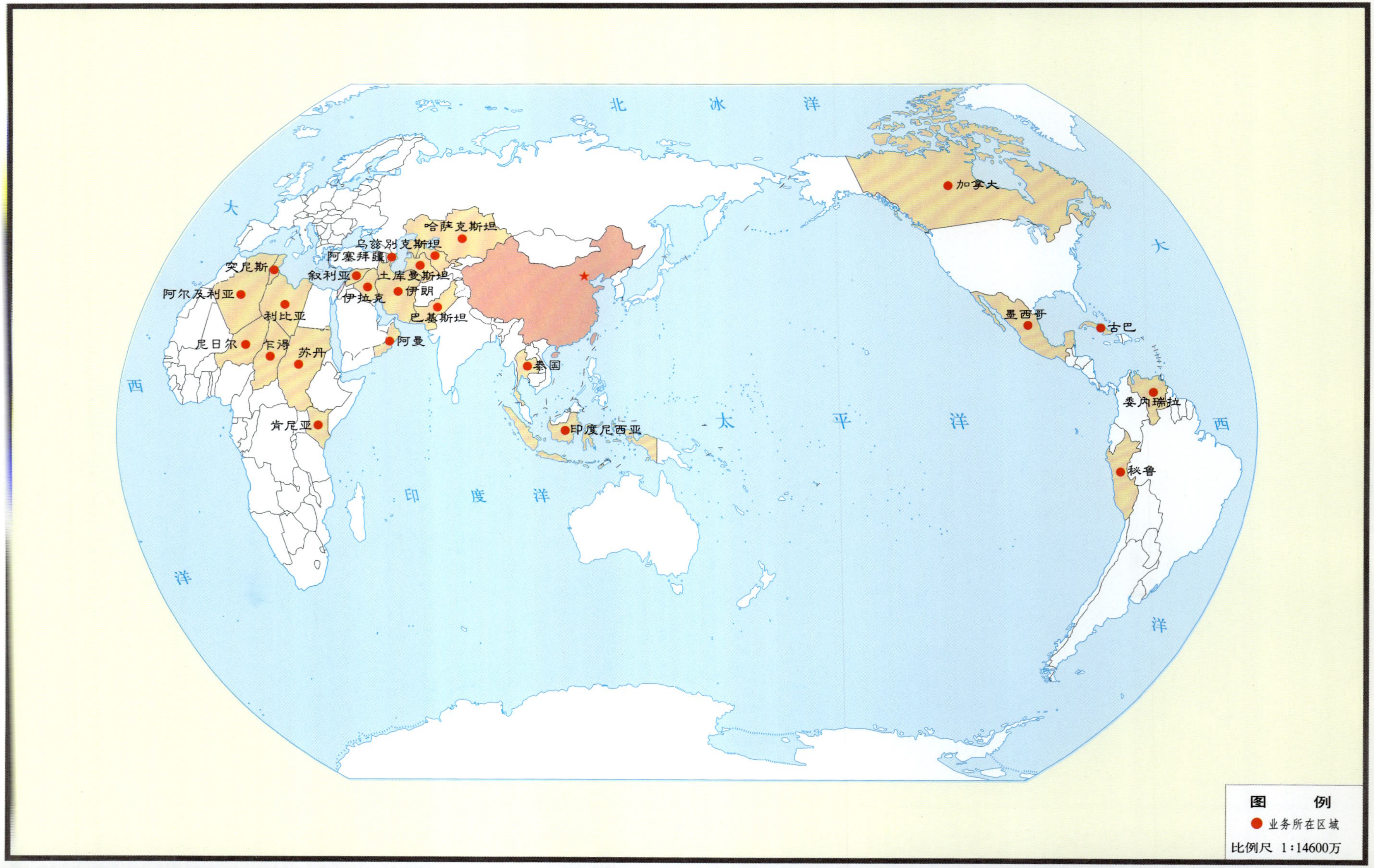

总 类 目

第一篇　特　　载
第二篇　大事记
第三篇　概　　况
第四篇　生产建设
第五篇　科技发展
第六篇　经营管理
第七篇　基础管理
第八篇　党群工作
第九篇　企业概览
第十篇　政策制度
第十一篇　报刊文摘
第十二篇　先进集体
第十三篇　人物名录

目　录

第一篇　特　载

总经理张凤山在长城钻探公司第一届职工代表大会第二次全体会议上的行政工作报告… (3)

发挥政治优势　提升科学发展保障能力　全力打造国际化石油工程技术总承包商
——党委书记王忠仁在中国共产党长城钻探公司第一次代表大会上的工作报告 ………… (13)

第二篇　大事记

2009 年长城钻探公司大事记……………………………… (29)

第三篇　概　况

2009 年长城钻探公司概况

基本情况……………………………… (39)
持续重组……………………………… (39)
企业改革……………………………… (39)
主营业务……………………………… (39)
工程技术服务………………………… (40)
企业管理……………………………… (41)
质量、安全、环保管理……………… (41)
技术创新……………………………… (42)
党建思想政治工作…………………… (43)

第四篇　生产建设

钻井与修井作业

钻井作业基本情况…………………… (47)
修井作业基本情况…………………… (47)
水平井施工…………………………… (47)
井控…………………………………… (48)
技术管理……………………………… (48)
资质管理……………………………… (49)

测井管理

技术管理……………………………… (49)
科技创新……………………………… (50)
重点工作……………………………… (50)

能源开发

基本情况……………………………… (50)
苏里格地区天然气合作开发……… (50)
煤层气开发…………………………… (52)
能源勘探开发技术服务……………… (52)

第五篇　科技发展

综合情况

基本情况……………………………… (55)
现场试验……………………………… (55)
科技项目攻关………………………… (56)
技术创新体系建设…………………… (57)

技术交流与合作……………………… (58)
科技管理……………………………… (58)
知识产权……………………………… (59)

2009 年长城钻探公司科技获奖项目

荣获辽宁省科技进步奖项目……… (59)
荣获集团公司技术创新奖项目…… (60)
荣获盘锦市科学技术奖项目……… (60)
荣获长城钻探公司科技进步奖项目……………………………… (60)

第六篇　经营管理

人事管理

"三控制一规范"……………………… (65)
结构调整与体制机制创新…………… (65)
领导班子建设………………………… (66)
人才队伍建设………………………… (66)
员工关注的切身利益………………… (67)
技术人员管理………………………… (67)
建立专家评价机制…………………… (68)
落实培训计划………………………… (69)
任职资格评审………………………… (69)

生产管理

处置突发事件………………………… (71)
协调工作……………………………… (72)
防恐防控培训………………………… (72)
生产管理运行系统…………………… (73)
生产远程控制………………………… (73)

规划计划

基本情况……………………………… (74)
规范管理程序………………………… (74)
编制规划计划………………………… (74)
投资计划……………………………… (74)
项目前期管理………………………… (75)
项目实施管理………………………… (76)
重点项目投资与评价………………… (76)
统计工作……………………………… (76)

财务资产

基本情况……………………………… (77)
资金管理……………………………… (77)
预算管理……………………………… (78)
会计核算……………………………… (78)
税费管理……………………………… (79)
财务监督……………………………… (79)
资产管理……………………………… (79)
资产划转……………………………… (80)
财会队伍建设………………………… (80)

设备管理

设备基本情况………………………… (80)
设备运行管理………………………… (81)
设备管理网络………………………… (82)
设备管理制度………………………… (82)
设备购置管理………………………… (82)
设备现场管理………………………… (83)
装备监造验收………………………… (83)

内部控制与风险管理

基本情况……………………………… (84)
内控体系建设………………………… (84)
风险管理……………………………… (84)
培训管理……………………………… (85)

员工培训

基本情况……………………………… (85)
主要工作……………………………… (85)
获得资质认证………………………… (86)
开展各类培训………………………… (86)

技能鉴定

基本情况……………………………… (87)
题库建设……………………………… (87)
考评员队伍建设……………………… (87)
鉴定质量与服务……………………… (87)

市场开发

基本情况……………………………… (88)
工作成果……………………………… (89)
重点工作……………………………… (91)
对外反承包项目……………………… (93)

审计工作

基本情况……………………………… (93)
审计信息化建设……………………… (94)
审计管理工作………………………… (94)
基建工程审计………………………… (94)
经济合同审计………………………… (94)
专项审计……………………………… (94)

定额与概预算管理

制度建设……………………………… (95)
优化管理程序………………………… (95)
关联交易……………………………… (95)
资质管理与业务培训………………… (95)

物资管理

基本情况……………………………… (96)
计划与采购管理……………………… (96)
物资质量管理………………………… (96)
仓储管理……………………………… (96)
市场准入……………………………… (96)
信息化建设…………………………… (97)

资金结算

资金结算……………………………… (97)
资金清欠……………………………… (98)
境外划转财务资产交接……………… (98)

生产远程控制

推广远程控制系统…………………… (99)
应用远程控制系统…………………… (99)
项目管理……………………………… (99)
指挥平台规划………………………… (99)

法律事务

管理课题研究……………………… (100)
经营业绩考核……………………… (100)
政策制定…………………………… (100)
企业资质…………………………… (101)
企协事务…………………………… (101)
评优评先…………………………… (101)
管理现代化成果…………………… (101)
合同管理指标……………………… (101)
法律事务…………………………… (102)
诉讼业务…………………………… (102)
普法工作…………………………… (102)
规章制度…………………………… (102)

第七篇　基础管理

安全环保

基本情况…………………………… (107)
组织机构建设……………………… (107)
建设 HSE 管理体系 ……………… (108)
推进 HSE 管理体系 ……………… (108)
执行 HSE 管理原则 ……………… (109)
落实《反违章禁令》……………… (110)
井控管理…………………………… (110)
应急管理体系建设………………… (110)
社会安全管理……………………… (111)
安全环保基层基础建设…………… (112)
排查隐患…………………………… (112)

宣传教育…………………………… (112)
交通安全…………………………… (113)
消防安全…………………………… (113)
专项检查…………………………… (113)
火工品、放射源管理……………… (114)
环境保护…………………………… (114)
职业建康…………………………… (114)
“用户满意工程”活动 …………… (114)

技术监督与节能

基本情况…………………………… (115)
ISO 9001 质量管理体系 ………… (115)
质量标准化、计量………………… (115)
技术监督…………………………… (116)
QC 小组活动 ……………………… (116)
节能节水指标完成情况…………… (116)
节能技术措施应用………………… (116)

计划生育

基本情况…………………………… (117)
管理与宣传………………………… (117)
信息化建设………………………… (118)
婚育新风进万家…………………… (118)
优质服务…………………………… (119)
队伍建设…………………………… (120)
获奖情况…………………………… (120)

信息管理

应用系统建设……………………… (121)
网络建设…………………………… (121)
视频会议系统……………………… (121)

文秘工作

文书工作…………………………… (122)
秘书工作…………………………… (122)

机要保密工作

保密制度与宣传…………………… (123)

国际事业

外事管理与服务…………………… (123)
对外交流…………………………… (124)

土地公路

土地管理…………………………… (128)
土地协调…………………………… (128)

档案、年鉴

基本情况…………………………… (128)
工作标准…………………………… (129)
档案基础建设……………………… (129)
信息安全管理……………………… (130)
利用情况…………………………… (130)
志鉴工作…………………………… (130)

第八篇　党群工作

综合情况

基本情况…………………………… (135)

组织工作

基层党建工作……………………… (135)
领导班子建设与干部管理………… (135)

宣传思想工作

思想建设…………………………… (136)
主题教育活动……………………… (136)

纪检监察

基本情况…………………………… (137)
反腐倡廉教育工作………………… (137)

干部廉洁自律工作……………………（138）
预防腐败体系建设……………………（138）
案件查处工作…………………………（139）
效能监察工作…………………………（139）
队伍建设………………………………（139）

工会工作

健全活动机制…………………………（139）
强化活动组织…………………………（140）
合理化建议、节约挖潜………………（140）
民主管理………………………………（140）
员工合法权益…………………………（140）
员工疗养………………………………（141）
扶贫帮困………………………………（141）
女工工作………………………………（141）
工会财务………………………………（142）
员工素质教育…………………………（142）
工会建设………………………………（142）

共青团工作

基层青工技能培训……………………（142）
基层青工需求…………………………（143）
青工活动………………………………（143）

信访维稳工作

基本情况………………………………（143）
健全组织机构…………………………（143）
风险评估………………………………（144）
重点时期工作监督……………………（144）

机关工作

基本情况………………………………（144）
机关建设………………………………（145）

第九篇　企业概览

钻井一公司

基本情况………………………………（149）
主要措施………………………………（149）
科技创新………………………………（151）
QHSE 管理体系认证工作…………（151）
安全质量环保…………………………（151）
QC 小组活动 …………………………（152）
组织建设………………………………（153）
群团工作………………………………（153）
职工生活………………………………（155）

钻井二公司

基本情况………………………………（155）
企业管理………………………………（156）
科技创新………………………………（157）
工程建设………………………………（157）
安全生产………………………………（158）
企业改革………………………………（158）
基层队伍建设…………………………（159）

国际钻井公司

基本情况………………………………（160）
安全生产………………………………（160）
生产协调与监督………………………（161）
设备管理………………………………（162）
市场开发………………………………（163）
队伍建设………………………………（163）
党建工作………………………………（163）
精神文明建设…………………………（164）

测井公司

基本情况………………………………（164）
机构改革………………………………（165）

生产经营…………………………… (165)
财务管理…………………………… (165)
科技工作…………………………… (166)
安全生产…………………………… (168)
员工培训…………………………… (171)
企业文化建设……………………… (172)
党建工作…………………………… (172)
开拓市场…………………………… (172)
安心工程…………………………… (173)

录井公司

基本情况…………………………… (173)
生产经营…………………………… (174)
科技创新…………………………… (174)
市场开发…………………………… (174)
管理创新…………………………… (174)
质量安全…………………………… (175)
党群建设…………………………… (175)
思想政治工作……………………… (175)

工程技术研究院

基本情况…………………………… (176)
领导班子建设……………………… (176)
科技发展…………………………… (176)
技术创新…………………………… (177)
人力资源…………………………… (178)
质量安全环保……………………… (178)
企业管理…………………………… (178)
党群建设…………………………… (179)
职工生活…………………………… (179)

井下作业公司

基本情况…………………………… (180)
市场开发…………………………… (180)
企业改革…………………………… (180)
QHSE 管理 ………………………… (181)

国际钻修分公司

基本情况…………………………… (182)
华庆 35 万吨产能建设 …………… (182)
海外市场…………………………… (183)
企业管理…………………………… (183)
安全管理…………………………… (184)
员工生活…………………………… (184)
思想政治工作……………………… (184)

顶驱技术分公司

基本情况…………………………… (185)
主要工作…………………………… (185)
主要措施和成果…………………… (185)
科技创新…………………………… (186)
安全生产…………………………… (186)
企业改革与管理…………………… (186)
精神文明建设……………………… (187)

钻井液公司

基本情况…………………………… (187)
主要措施和成果…………………… (188)
科技创新…………………………… (190)
工程建设…………………………… (190)
安全生产…………………………… (190)
企业管理…………………………… (191)
精神文明建设……………………… (191)

钻具公司

基本情况…………………………… (192)
工程建设…………………………… (192)
安全生产…………………………… (192)
企业改革与管理…………………… (193)
科技创新…………………………… (193)
精神文明建设……………………… (194)

固井公司

基本情况…………………………… (195)

科技创新……………………………（196）
安全环保……………………………（197）
党建工作……………………………（199）

物资公司

基本情况……………………………（200）
物资管理……………………………（200）
财务管理……………………………（201）
QHSE 管理…………………………（201）
国际贸易……………………………（201）
基础建设……………………………（202）
精神文明建设………………………（202）
员工生活……………………………（202）
外协工作……………………………（202）

苏里格气田项目

基本情况……………………………（203）
科技创新……………………………（203）
安全生产……………………………（203）
企业管理……………………………（203）
精神文明建设………………………（203）

煤层气开发公司

基本情况……………………………（204）
主要产品……………………………（204）
主要措施和成果……………………（205）
工程建设……………………………（205）
科技创新……………………………（205）
安全生产……………………………（205）
企业改革与管理……………………（205）
精神文明建设………………………（206）

测试公司

基本情况……………………………（207）
市场开发……………………………（207）
科技创新……………………………（208）
质量安全环保………………………（208）
企业改革……………………………（209）
精神文明建设………………………（209）

地质研究院

基本情况……………………………（210）
市场开发……………………………（210）
科技创新……………………………（211）
精品工程……………………………（212）
安全环保……………………………（212）
精神文明建设………………………（212）

钻井技术服务公司

基本情况……………………………（213）
主要工作……………………………（213）
企业改革与管理……………………（214）
科技创新……………………………（214）
QHSE 管理体系认证工作…………（215）
安全质量环保………………………（215）
领导班子建设………………………（216）
员工培训……………………………（216）
群团工作……………………………（216）
党建工作……………………………（216）

测井技术研究院

基本情况……………………………（217）
科技创新……………………………（217）
安全生产……………………………（218）
企业改革与管理……………………（219）
精神文明建设………………………（219）

工程服务公司

基本情况……………………………（219）
企业管理……………………………（220）
经营管理……………………………（220）
主要措施……………………………（220）
员工管理……………………………（220）
党建工作……………………………（221）

队伍建设…………………………… (221)

解释研究中心

基本情况…………………………… (221)
生产组织与管理…………………… (221)
市场营销…………………………… (222)
培训工作…………………………… (222)
技术发展…………………………… (222)

塔里木测井作业区

基本情况…………………………… (222)
安全生产…………………………… (223)

委内瑞拉项目

基本情况…………………………… (223)
交接工作…………………………… (224)
钻井技术及装备…………………… (224)
主要措施…………………………… (224)
主要成果…………………………… (225)
安全工作…………………………… (225)
稳定工作…………………………… (226)
精神文明建设……………………… (226)

古巴项目部

基本情况…………………………… (226)
HSE 管理 ………………………… (227)
主要措施和成果…………………… (228)
人力资源…………………………… (230)
后勤保障…………………………… (230)

墨西哥项目

基本情况…………………………… (230)
安全生产…………………………… (230)
人力资源…………………………… (231)
后勤保障…………………………… (231)

秘鲁项目

基本情况…………………………… (232)
安全生产…………………………… (232)
企业管理…………………………… (232)

苏丹项目

基本情况…………………………… (233)
市场交接…………………………… (234)
市场开发…………………………… (234)
技术创新…………………………… (234)
管理转型工作……………………… (235)
安全管理…………………………… (235)
经营管理…………………………… (237)
队伍建设…………………………… (237)

苏丹测井作业区

基本情况…………………………… (239)
主要措施和成果…………………… (239)
科技创新…………………………… (239)
安全生产…………………………… (240)
企业管理…………………………… (240)
精神文明建设……………………… (241)

阿尔及利亚项目

基本情况…………………………… (241)
装备资产…………………………… (241)
划转队伍交接……………………… (241)
安全管理…………………………… (241)

阿尔及利亚测井作业区

基本情况…………………………… (245)
主要措施和成果…………………… (245)
安全生产…………………………… (245)
企业改革…………………………… (246)
人力资源管理与培训……………… (247)

利比亚项目

基本情况…………………………（247）
主要措施和成果……………………（249）
生产作业…………………………（249）
安全生产…………………………（250）
企业管理…………………………（250）

尼日尔项目

基本情况…………………………（251）
安全环保…………………………（252）
人力资源…………………………（252）
后勤保障…………………………（252）
钻井液管理………………………（253）

尼日尔测井作业区

基本情况…………………………（253）
安全管理…………………………（254）
人力资源管理……………………（254）
测井项目…………………………（254）
录井项目…………………………（254）
测试项目…………………………（255）
解释站……………………………（255）

乍得项目

基本情况…………………………（255）
经营管理…………………………（255）
HSE 管理 ………………………（256）
人力资源…………………………（257）

肯尼亚项目

基本情况…………………………（257）
市场开发…………………………（257）
安全生产…………………………（257）
技术应用…………………………（258）
员工管理…………………………（258）

突尼斯项目

基本情况…………………………（258）
主要措施和成果……………………（258）
安全生产…………………………（258）

阿曼项目

基本情况…………………………（259）
作业情况…………………………（259）
经营管理…………………………（259）
HSE 管理 ………………………（259）

伊朗项目

基本情况…………………………（260）
会计审计…………………………（260）
HSE 管理工作 …………………（260）

伊朗测井作业区

基本情况…………………………（261）
主要措施和成果……………………（261）
基础建设…………………………（262）
安全生产…………………………（263）
企业文化建设……………………（265）

叙利亚项目

基本情况…………………………（265）
安全管理…………………………（265）
员工管理…………………………（266）
财务管理…………………………（266）

伊拉克测井作业区

基本情况…………………………（266）
主要工作…………………………（267）
市场开拓…………………………（267）
安全管理…………………………（267）

巴基斯坦测井作业区

基本情况…………………………… (267)
重点工作…………………………… (267)
主要措施…………………………… (268)

中哈长城钻井公司

基本情况…………………………… (268)
主要措施和成果………………… (269)
科技创新…………………………… (270)
安全生产…………………………… (271)
企业管理…………………………… (271)
精神文明建设…………………… (272)
党建工作…………………………… (272)

哈萨克斯坦测井作业区

基本情况…………………………… (272)
主要措施和成果………………… (272)
工程建设…………………………… (272)
安全生产…………………………… (273)
企业管理…………………………… (273)

阿塞拜疆综合项目

基本情况…………………………… (273)
项目整合…………………………… (273)
开拓外部市场…………………… (274)
安全生产…………………………… (274)
企业管理…………………………… (274)
精神文明建设…………………… (274)

土库曼斯坦测井作业区

基本情况…………………………… (275)
项目基础管理…………………… (275)
生产基地建设…………………… (275)
HSE 管理 ………………………… (276)

乌兹别克斯坦测井作业区

基本情况…………………………… (276)
市场情况…………………………… (276)
项目基础管理…………………… (276)
生产基地建设…………………… (277)
HSE 管理 ………………………… (277)

泰国项目

基本情况…………………………… (277)
企业管理…………………………… (277)
思想政治工作…………………… (278)
安全管理…………………………… (278)
企业文化建设…………………… (279)

印度尼西亚项目

基本情况…………………………… (279)
企业管理…………………………… (280)
科技创新…………………………… (280)
工程建设…………………………… (280)
安全生产…………………………… (280)

第十篇　政策制度

2009 年度长城钻探公司政策制度索引 ……………………… (283)

第十一篇　报刊文摘

2009 年长城钻探公司报刊文摘选录

聚变奇迹:“新长城”是怎样筑成的
——聚焦中国石油长城钻探工程公司重组 1 周年 ……………… (289)
长城钻探公司咬定百分之十五增长不放松……………………………… (292)
逆势突围：筑牢“效益长城”
——长城钻探公司应对金融危机

挑战实现逆势增长的调查………（293）
长城钻探“走出去”制胜市场
——上半年钻井进尺同比增长 12.5%，主营业务收入同比增长 11.5%……………………………（296）
逆境中奋进 挑战中前行…………（297）
苏里格气田首口高产水平井问世
——长城钻探助力长庆油田破解低渗气田开发难题……………（299）
向国际标准看齐
——长城钻探与杜邦合作开发 HSE 体系推进工作纪实 ………（300）
长城钻探上半年实现“双增长”目标………………………………（302）
新长城 新速度
——长城钻探公司钻井提速的启示………………………………（303）
管理模式创新的裂变效应
——长城钻探苏里格项目部实施自动化管理工作分析……………（305）
专业化打造“泥浆”旗舰
——长城钻探钻井液公司快速发展纪实……………………………（307）
为“低渗透”注入强劲动力
——来自长城钻探华庆油田总承包项目的报道……………………（309）
长城钻探技术创新降能耗
——前三季度节能 1975.4 吨标准煤…………………………………（311）
协作互动实现提速新跨越
——长城钻探公司苏里格项目部钻井总进尺超 170 万米…………（312）
从“重灾区”到“丰产田”
——长城钻探测试公司业绩逆势增长纪实………………………（313）
三管齐下 逆风飞扬
——长城钻探录井公司科学发展纪实………………………………（315）
全力构筑“绿色长城”
——长城钻探公司环境保护工作纪实………………………………（317）
逆水行舟用力撑
——长城钻探海外市场开发逆势增长纪实…………………………（318）
让用户百分之百满意
——长城钻探公司实施用户满意工程工作纪实……………………（320）
激情拥抱毛乌素
——长城钻探苏里格项目采访札记…………………………………（321）
长城钻探海拉尔地区机械钻速提高四成………………………………（323）
长城钻井液海外新签合同额突破 1 亿美元
——专业化重组凸显整体优势 …（324）
长城钻探首建国内外一体化会计核算体系 ………………………（324）
2009 年长城钻探公司报刊文摘索引…………………………（325）

第十二篇 先进集体

2009 年度长城钻探公司荣获省部级以上荣誉名单

2008 年度中国节能减排功勋企业…（347）
中华环境友好企业 ………………（347）
商务部 2007—2008 年度对外承包工程先进集体 ……………………（347）
高新技术企业 ……………………（347）
中央企业先进集体 ………………（347）
实用新型专利 ……………………（347）
中央企业青年文明号………………（347）
集团公司直属机关青年文明号……（347）
全国工人先锋号……………………（347）

中国质量协会 QC 成果奖…………（347）
全国“安康杯”竞赛优胜班组……（347）
2009 年国家优秀质量管理小组 …（347）
中央企业“五四”红旗团委………（347）
辽宁省科学技术研究成果…………（347）
2009 年辽宁省“重合同守信誉
单位”………………………………（347）
辽宁省平安单位先进称号…………（347）
辽宁省“守合同重信誉”企业……（347）
辽宁省优秀质量管理小组奖………（347）
辽宁省 QC 成果一等奖……………（347）
辽宁省 QC 成果二等奖……………（347）
辽宁省科技进步三等奖……………（347）
辽宁省平安示范单位………………（348）
辽宁省科技进步奖…………………（348）
辽宁省用户满意先进单位…………（348）
辽宁省思想政治工作先进单位……（348）
辽宁省平安创建活动平安单位……（348）
辽宁省 2008—2009 年度文明
单位…………………………………（348）
辽宁省工人先锋号…………………（348）
辽宁省模范职工之家………………（348）
辽宁省女工工作先进单位…………（348）
能源化学系统女职工建功立业
标兵岗………………………………（348）
辽宁省安康杯优胜单位……………（348）
辽宁省质量协会 QC 成果奖………（348）
2009 年辽宁省优秀质量管理
小组…………………………………（348）
2009 年辽宁省质量科技成果一
等奖…………………………………（348）
集团公司 2009 年职业技能竞赛
（钻井柴油机工）团体第三名 …（348）
集团公司信息化工作先进单位……（348）
集团公司纪检监察先进集体………（348）
集团公司 2006—2008 年度审计先
进集体………………………………（348）
集团公司 2009 年资金管理先进单
位 …………………………………（348）
集团公司 2009 年度海外防恐安全
管理先进集体 ……………………（348）
集团公司 2009 年度综合统计工作
目标管理先进单位 ………………（348）
集团公司中亚天然气项目——西气
东输二线工程建设先进集体 …（348）
集团公司 2009 年度先进单位 ……（348）
集团公司设备管理优秀单位 ……（348）
集团公司 QC 小组活动优秀企业…（348）
集团公司科技进步三等奖 ………（348）
集团公司科技进步奖 ……………（349）
集团公司 2009 年度工程技术服务
企业设备管理优秀单位 ………（349）
集团公司先进基层党组织 ………（349）
集团公司金牌队 …………………（349）
集团公司银牌队 …………………（349）
集团公司铜牌队 …………………（349）
集团公司工程技术服务金牌队 …（349）
集团公司工程技术服务银牌队 …（349）
集团公司工程技术服务铜牌队 …（349）
集团公司绿色钻井队 ……………（349）
集团公司 QC 成果奖………………（349）
集团公司 2009 年度设备管理优秀
基层队 ……………………………（349）
石油工业“用户满意服务”项目 …（349）
集团公司现代化管理论文 ………（349）
集团公司现代化管理成果 ………（349）
2009 年度集团公司一级采购物资
授权集中采购优秀项目 ………（349）
集团公司“基层建设”先进单位 （349）
中国石油先进集体荣誉称号 ……（349）
集团公司“直属机关‘五四’红旗
团委”………………………………（349）
集团公司“直属机关‘五四’红旗
团支部”……………………………（350）

2009年底长城钻探公司荣获市局级荣誉名单

2008年度朝阳区社会领域和谐建设先进单位……………………………（350）
盘锦市2009年国庆安全保卫工作先进单位………………………………（350）
盘锦市“守合同、重信用”工商企业“12.4”全国法制宣传日合同法律知识竞赛第一名……………（350）
盘锦市“守合同、重信用”企业 …（350）
盘锦市科学技术二等奖……………（350）
盘锦市科学技术三等奖……………（350）
盘锦市科技进步一等奖……………（350）
盘锦市科技进步二等奖……………（350）
盘锦市科技进步三等奖……………（350）
盘锦市科技进步奖…………………（350）
辽河油田2008—2009年度十佳人口学校………………………………（350）
辽河油田2009年度治安综合治理先进单位……………………………（350）
辽河油田2009年度禁毒先进单位……………………………………（351）
辽宁省军区砺箭－09大连要地一体化防空作战演习管理教育先进单位 ……………………………（351）
辽河油田2008—2009年度文化体育工作先进单位……………………（351）
2009年度辽河油区人口和计划生育工作优秀单位……………………（351）
辽河油田省军区砺箭－08防空作战演习“参训保障先进单位”……（351）
辽河油田“保卫工作先进单位”…（351）

2009年度荣获长城钻探公司先进单位荣誉名单

长城钻探公司女职工先进集体……（351）
2008年度长城钻探公司“长城‘五四’红旗团组织”……………………（351）
2008年度长城钻探公司先进集体…（351）
2008年度“五型”班组 …………（352）
2008年度安全型班组 ……………（352）
长城钻探公司先进党委 …………（352）
先进基层党组织 …………………（352）
最佳执行力党支部 ………………（353）
最佳创造力党支部 ………………（353）
最佳凝聚力党支部 ………………（353）
安全生产先进单位 ………………（353）
环境保护先进单位 ………………（354）
质量管理先进单位 ………………（354）
长城钻探公司机关HSE先进部门…（354）
安全生产示范队 …………………（354）
绿色基层队 ………………………（355）
名牌施工作业队伍 ………………（355）
安全生产先进部门 ………………（356）
环境保护先进部门 ………………（356）
质量管理先进部门 ………………（356）
HSE两书一表精品工程 …………（356）
交通安全示范车队 ………………（356）
施工作业精品工程 ………………（357）
优质施工设计 ……………………（357）
先进质量检验（检定）机构 ……（357）
长城钻探公司安全型班组 ………（357）
维护稳定先进集体 ………………（359）
2009年度生产协调系统先进集体…（359）
2008—2009年度纪检监察工作先进集体 ………………………………（359）
2008—2009年度财务资产工作先进单位……………………………………（360）
物资管理先进单位…………………（360）
2008年度审计工作先进集体 ……（360）
2008—2009年度土地公路管理先进单位……………………………………（360）
长城钻探公司金牌队………………（360）
长城钻探公司银牌队………………（361）
长城钻探公司铜牌队………………（361）

长城钻探公司标杆队……………… (361)
长城钻探公司先进队……………… (363)
2009 年度长城钻探统计工作先进
单位……………………………… (365)

第十三篇　人物名录

2009 年长城钻探公司荣获省部级以上荣誉人员名录

全国五一劳动奖章………………… (369)
中央企业优秀共青团干部………… (369)
辽宁省劳动模范…………………… (369)
辽宁省五一劳动奖章……………… (369)
辽宁省优秀班组长………………… (369)
辽宁省巾帼先进个人……………… (369)
辽宁省女工工作先进个人………… (369)
辽宁省工会积极分子……………… (369)
辽宁省经审工作先进个人………… (369)
辽宁省扶贫先进个人……………… (369)
辽宁省能源化学系统女工建功立业
标兵……………………………… (369)
辽宁省安康杯先进个人…………… (369)
集团公司第五届优秀青年………… (369)
集团公司直属机关青年岗位能手… (369)
集团公司直属机关优秀共青团员… (369)
集团公司直属机关优秀团干部…… (369)
集团公司直属机关首届青年英语演
讲比赛二等奖…………………… (369)
集团公司钻井柴油机工技能竞赛
铜牌　…………………………… (369)
集团公司钻井柴油机工技能竞赛优
秀选手…………………………… (370)

2009 年荣获长城钻探公司荣誉人员名录

长城钻探公司“长城巾帼”标兵… (370)
长城钻探公司首届青年英语演讲比
赛一等奖………………………… (370)
长城钻探公司技术能手…………… (370)
长城钻探公司青年岗位能手……… (370)
长城钻探公司女职工先进个人…… (370)
长城钻探公司先进女职工工作者　(370)
长城钻探公司优秀女职工之友…… (370)
长城钻探公司 2008 年度“十大长
城青年”………………………… (370)
2008 年度长城钻探公司优秀共青
团员……………………………… (371)
2008 年度长城钻探公司优秀共青
团干部…………………………… (371)
长城钻探公司安全管理标兵……… (371)
长城钻探公司安全监督标兵……… (371)
长城钻探公司安全生产先进个人… (371)
长城钻探公司环境保护先进个人… (372)
长城钻探公司质量管理先进个人… (372)

2009 年度长城钻探公司高级职称任职资格名单

高级工程师………………………… (373)
高级会计师………………………… (374)
高级经济师………………………… (374)
高级政工师………………………… (374)
新闻系列…………………………… (374)

2009 年长城钻探公司副处级以上人员名单

2009 年底长城钻探公司行政领导… (374)
2009 年底中共长城钻探公司委员
会………………………………… (374)
2009 年底长城钻探公司相关处室
副处级以上干部名单…………… (374)
2009 年底长城公司机关直属、附
属部门副处级以上干部名单…… (375)
2009 年底长城钻探公司二级单位

副处级以上干部名单……………（378）
2009年底长城钻探公司海外项目
副处级以上干部名单……………（381）
2009年底长城钻探公司副处级以
上退休干部……………………（384）
索引………………………………（385）

CONTENTS

Chapter 1 Special Articles

Work Report on the 2nd Session of the 1st Worker Representative Congress of GWDC by Zhang Fengshan ······ (3)
Work Report on the 1st Party Representative Congress of GWDC by Wang Zhongren ······ (13)

Chapter 2 Main Events of GWDC

Outline for Main Events of GWDC in 2009 ······ (29)

Chapter 3 Overview

Overview of GWDC in 2009

Basic Conditions ······ (39)
Continuous Restructuring ······ (39)
Enterprise Reform ······ (39)
Main Business ······ (39)
Engineering Service ······ (40)
Enterprise Management ······ (41)
Quality Safety and Environment Management ······ (41)
Technology Innovation ······ (42)
Ideological and Political Work of Party Building ······ (43)

Chapter 4 Production and Construction

Drilling and Rework Operation

Basic Conditions of Drilling Operation ······ (47)

Basic Conditions of Rework Operation ······ (47)
Horizontal Well Construction ······ (47)
Well Control ······ (48)
Technology Management ······ (48)
Qualification Management ······ (49)

Wireline Logging Management

Technology Management ······ (49)
Scientific and Technical Innovation ······ (50)
Important Task ······ (50)

Energy Development

Basic Conditions ······ (50)
Natural Gas Cooperative Development in Sulige District ······ (50)
Coal-Bed Gas Development ······ (52)
Technical Service for Energy Exploration and Development ······ (52)

Chapter 5 Scientific and Technological Development

Roundup

Basic Conditions ······ (55)
Field Test ······ (55)
Tackling the Key Problems on Scientific and Technological Projects ······ (56)
System Construction of Technological Innovation ······ (57)
Technology Exchanges and Cooperation ······ (58)
Scientific and Technological Management ······ (58)
Intellectual Property ······ (59)

Winning Projects on Science and Technology of GWDC in 2009

Winning Projects on Scientific and Technological Progress Awanded by Niaoning Province ······ (59)
Winning Projects on Technological Inovation Awarded by CNPC ······ (60)
Winning Projects on Science and Technology Awarded by Panjin City ······ (60)
Winning Projects on Scientific and Technological Progress Awarded by GWDC ······ (60)

Chapter 6 Operating Management

Personnel Management

"Three-Controls and One Standard" ······ (65)
Structural Adjustment and Institutional Innovation ······ (65)
Leadership Team Building ······ (66)
Talents Construction ······ (66)
The Vital Interests of Employees ······ (67)
Management of Technicians ······ (67)
Establishment of Expert Evaluation Mechanism ······ (68)
Implement Training Program ······ (69)
Qualification Assessment ······ (69)

Production Management

Deal With Emergencies ······ (71)
Coordination Work ······ (72)
Anti-Terrorism and Prevention Training ······ (72)
Operating System of Production Management ······ (73)
Production Remote Control ······ (73)

Formula Plans

Basic Conditions ······ (74)
Standardize Management Procedure ······ (74)
Work Out Formula Plans ······ (74)
Investment Plans ······ (74)
Prophase Management of Projects ······ (75)
Implementation Management of Projects ······ (76)
Investment and Assessment on Main Projects ······ (76)
Statistical Work ······ (76)

Financial Assets

Basic Conditions ······ (77)
Fund Management ······ (77)
Budget Management ······ (78)
Financial Accounting ······ (78)

Taxes and Fees Management ······ (79)
Supervision and Inspection of Finance ······ (79)
Assets Management ······ (79)
Assets Transfer ······ (80)
Accounting Team Construction ······ (80)

Equipment Management

Basic Conditions ······ (80)
Equipment Running Management ······ (81)
Network of Equipment Management ······ (82)
Rules of Equipment Management ······ (82)
Management of Equipment Purchasing ······ (82)
On-Site Management of Equipment ······ (83)
Equipment Inspection and Acceptance ······ (83)

Internal Control and Risk Management

Basic Conditions ······ (84)
Internal Control System Construction ······ (84)
Risk Management ······ (84)
Training Management ······ (85)

Employee Training

Basic Conditions ······ (85)
Main Work ······ (85)
Obtaining Qualification Certification ······ (86)
Organizing Various Types of Training ······ (86)

Skill Appraisal

Basic Conditions ······ (87)
Question Bank Construction ······ (87)
Training of Assessors ······ (87)
Quality and Service of Appraisal ······ (87)

Marketing Development

Basic Conditions ······ (88)
Work Product ······ (89)
Main Work ······ (91)

Foreign Contracted Projects ······ (93)

Audit

Basic Conditions ······ (93)
Information Construction of Audit ······ (94)
Auditing Management ······ (94)
Auditing of Infrastructure Projects ······ (94)
Auditing of Economic Contracts ······ (94)
Special Audit ······ (94)

Quota and Budget Management

Establishment of Systems ······ (95)
Optimizing Management Procedure ······ (95)
Affiliated Transaction ······ (95)
Qualification Management and Professional Training ······ (95)

Materials Management

Basic Conditions ······ (96)
Planning and Purchasing Management ······ (96)
Materials Quality Management ······ (96)
Warehouse Management ······ (96)
Market Assess ······ (96)
Information Construction ······ (97)

Fund Settlement

Fund Settlement ······ (97)
Pay off Debts ······ (98)
Overseas Financial Assets Transfer ······ (98)

Operation Remote Control

Promotion of Remote Control System ······ (99)
Application of Remote Control System ······ (99)
Project Management ······ (99)
Command Platform Planning ······ (99)

Legal Affairs

Management Research ······ (100)

Performance Evaluation ·· (100)
Policy Setting ·· (100)
Enterprise Qualification ·· (101)
Enterprise Association Affairs ·· (101)
Choosing Excellent and Advanced Individuals and Groups ·· (101)
Achievement of Modernization Management ·· (101)
Targets of Contracts Management ·· (101)
Legal Affairs ·· (102)
Litigation Practice ·· (102)
Law Popularization ·· (102)
Rules and Regulations ·· (102)

Chapter 7 Fundamental Management

Safety and Environmental Protection

Basic Conditions ·· (107)
Organization Construction ·· (107)
Establishment of HSE Management System ·· (108)
Promotion of HSE Management System ·· (108)
Implement of HSE Management Principle ·· (109)
Carrying Out Injunction against Violation ·· (110)
Well Control Management ·· (110)
Establishment of Emergency Management System ·· (110)
Social Security Administration ·· (111)
Grass-Root Infrastructural Construction of Safety and Environmental Protection ······ (112)
Investigation of Hidden Danger ·· (112)
Propaganda and Education ·· (112)
Traffic Safety ·· (113)
Fire Prevention Safety ·· (113)
Special Inspection ·· (113)
Explosive Device and Radioactive Source Management ·· (114)
Environmental Protection ·· (114)
Occupational Health ·· (114)
Customer Satisfied Engineering Activities ·· (114)

Technology Supervision and Energy Saving

Basic Conditions ··· (115)
ISO 9001 Quality Management System ··· (115)
Quality Standardization and Measurement ··· (115)
Technology Supervision ··· (116)
QC Team Activities ··· (116)
Completion of Energy and Water Saving Indictor ··· (116)
Application of Technology Measurement of Energy and Water Saving ··· (116)

Family Planning

Basic Conditions ··· (117)
Management and Propaganda ··· (117)
Information Construction ··· (118)
New Spirit of Marriage and Childbearing in Each Family ··· (118)
Excellent Services ··· (119)
Team Building ··· (120)
Awards ··· (120)

Information Management

Establishment of Application System ··· (121)
Network Construction ··· (121)
Video Conference System ··· (121)

Secretary Work

Records Management ··· (122)
Secretary Work ··· (122)

Confidential Work

Regulations and Propaganda of Confidentiality ··· (123)

International Business

Management and Service of Foreign Affairs ··· (123)
Foreign Exchange ··· (124)

Land and Highway

Land Management ··· (128)
Land Coordination ··· (128)

Archives and Yearbook

Basic Conditions ···································· (128)
Working Standards ···································· (129)
Archives Infrastructure ···································· (129)
Management of Information Security ···································· (130)
Archives Utilization ···································· (130)
Yearbook Compiling ···································· (130)

Chapter 8 Party Work

Comprehensive Condition

Basic Conditions ···································· (135)

Party Organization Work

Development of the Chinese Communist Party at Grass-Root Level ···································· (135)
Construction of Leadership and Management of Cadres ···································· (135)

Propaganda of Ideological Work

Ideological Development ···································· (136)
Activities of Theme Education ···································· (136)

Disciplinary Inspection and Supervision

Basic Conditions ···································· (137)
Anti-Corruption Education ···································· (137)
Cadres Honesty and Self-Discipline ···································· (138)
Establishment of Anti-Corruption System ···································· (138)
Investigation and Handling of Cases ···································· (139)
Supervision of Work Efficiency ···································· (139)
Team Building ···································· (139)

Labor Union Work

Establishment of Work Mechanism ···································· (139)
Strengthening Organization ···································· (140)
Rational Proposals and Saving Potential ···································· (140)
Democratic Management ···································· (140)

Legal Rights and Interests of Employees ······ (140)
Welfare Recuperation of Employees ······ (141)
Helping the poor Employees ······ (141)
Work for Women Workers ······ (141)
Financial Management of the Labor Union ······ (142)
Quality Education on Employees ······ (142)
Construction of Labor Union ······ (142)

Communist Youth League's work

Skill Training of Young Employees at Primary-Level ······ (142)
Needs for Young Employees at Primary-Level ······ (143)
Young Employees Activities ······ (143)

Work of Complaint Letters and Visits and Stability Maintenance

Basic Conditions ······ (143)
Organization Improvement ······ (143)
Risk Assessment ······ (144)
Work Supervision in Special Period ······ (144)

Office Work

Basic Conditions ······ (144)
Establishment of Office ······ (145)

Chapter 9 Overview of Enterprise

GWDC NO.1 Drilling Branch Company ······ (149)
GWDC NO.2 Drilling Branch Company ······ (155)
GWDC International Branch Company ······ (160)
GWDC Wireline Logging Branch Company ······ (164)
GWDC Mud Logging Branch Company ······ (173)
GWDC Engineering Research Institute ······ (176)
GWDC Downhole Service Branch Company ······ (180)
GWDC Well Service International Branch Company ······ (182)
GWDC Top-Drive Technology Branch Company ······ (185)
GWDC Drilling Fluid Branch Company ······ (187)
GWDC Drilling Tool Branch Company ······ (192)
GWDC Well Cementing Branch Company ······ (195)

GWDC Materials Branch Company ······ (200)
GWDC Sulige Gas Field Project ······ (203)
GWDC Coal-Bed Gas Exploration Branch Company ······ (204)
GWDC Well Testing Branch Company ······ (207)
GWDC Geological Institute ······ (210)
GWDC Drilling Technology Service Branch Company ······ (213)
GWDC Wireline Logging Technology Research Institute ······ (217)
GWDC Engineering Service Branch Company ······ (219)
GWDC Geoscience Center ······ (221)
GWDC Logging Operation Organization in Tarim ······ (222)
GWDC Project in Venezuela ······ (223)
GWDC Project in Cuba ······ (226)
GWDC Project in Mexico ······ (230)
GWDC Project in Peru ······ (232)
GWDC Project in Sudan ······ (233)
GWDC Logging Operation Organization in Sudan ······ (239)
GWDC Project in Algeria ······ (241)
GWDC Logging Operation Organization in Algeria ······ (245)
GWDC Project in Libya ······ (247)
GWDC Project in Niger ······ (251)
GWDC Logging Operation Organization in Niger ······ (253)
GWDC Project in Chad ······ (255)
GWDC Project in Kenya ······ (257)
GWDC Project in Tunis ······ (258)
GWDC Project in Oman ······ (259)
GWDC Project in Iran ······ (260)
GWDC Logging Operation Organization in Iran ······ (261)
GWDC Project in Syria ······ (265)
GWDC Logging Operation Organization in Iraq ······ (266)
GWDC Logging Operation Organization in Pakistan ······ (267)
GWDC China-Kazakhstan Company ······ (268)
GWDC Logging Operation Organization in Kazakhstan ······ (272)
GWDC General Project in Azerbaijan ······ (273)
GWDC Logging Operation Organization in Turkmenistan ······ (275)
GWDC Logging Operation Organization in Uzbekistan ······ (276)
GWDC Project in Thailand ······ (277)
GWDC Project in Indonesia ······ (279)

Chapter 10 Policies

Policies Index of GWDC in 2009 ······ (283)

Chapter 11 Press Digest

Selected Press Digests of GWDC in 2009 ······ (289)
Press Digest Index of GWDC in 2009 ······ (325)

Chapter 12 Advanced Collective

List of Awards above Provincial and Ministerial Level Received by GWDC in 2009 ······ (347)
List of Awards from Municipal and Bureau Level Received by GWDC in 2009 ··· (350)
List of Advanced Unions Awarded by GWDC in 2009 ······ (351)

Chapter 13 Prominent Figures Directory

List of Employees in GWDC Won the Awards above Provincial and Ministerial Level in 2009 ······ (369)
List of Employees Awarded by GWDC in 2009 ······ (370)
Senior Professional Titles List of Work Qualification of GWDC in 2009 ······ (373)
List of Leaderships above Vice-Office Level of GWDC in 2009 ······ (374)

Index ······ (385)

第一篇

特　载

总经理张凤山在长城钻探公司第一届职工代表大会第二次全体会议上的行政工作报告

（2009 年 12 月 29 日）

各位代表，同志们：

现在，我向大会作工作报告，请予审议。

一、2009 年主要工作情况

2009 年，长城钻探公司认真落实集团公司工作部署，紧密围绕公司发展中心目标，突破思维定式，更新发展观念，拓宽发展领域，创新管理体制和效益体现方式，经受住了来自持续重组、市场冲击、内部改革、技术支持、安全防恐等多方面严峻考验，各项工作取得了显著成果，主要体现在以下八个方面。

（一）改革调整顺利进行，实现了阶段性管理目标。公司成功实施两次重组，稳步跨越“融合、稳定、立规矩”的第一阶段，“国内专业化”调整按期完成，“国外区域化”体制全面建立，“国内外一体化”架构已具雏形。生产经营科学有序，管理制度基本完善，干部员工士气高昂，石油工程技术企业专业化管理、集约化发展的优势初步显现。长城钻探正努力成为把握机会的典范、创造效益的标杆。

（二）企业实现“逆势增长”，主要业绩指标明显好于预期。成功应对金融危机影响，各项生产经营指标均实现增长。钻井板块完成进尺 470 万米，同比增长 12%；测井板块国际业务效益增长 20% 以上；能源板块收入效益实现双增长。公司全年实现收入 151.7 亿元，同比增长 11%；实现考核利润 8 亿元以上，全面超额完成集团公司下达的业绩指标。员工收入平均增长 9.7%，公司发展速度、质量、效益位居集团公司同类企业前茅。

（三）超前谋篇布局，市场化、国际化目标提前实现。在危机中善于把握机遇，抓住海外市场划分和集团公司加快获取海外油气资源的有利时机，国际市场提前布局，形成了非洲、中亚、中东、美洲四个大区及国内对外合作区“5”个市场；国内市场把握脉搏，在大庆、长庆超前谋篇，坚决支持辽河稳产，努力拓展油气合作，“4”个市场围绕效益进行调整。由于国内外市场准备充分，占得先机，“双百双增”目标得以全面实现。国内以钻井为主走出辽河

121 支队伍，国外以技术服务为主走出国门 103 支队伍，公司 85% 的收入来自辽河以外的非关联交易市场，45% 来自国际市场，提前三年实现了市场化、国际化目标。

（四）科技和管理创新成果显著，公司核心竞争力全面提升。科技创新：全年承担国家级项目 6 项，集团公司级课题 12 项，获省部级科技进步奖 7 项，获国家专利授权 92 项，其中发明专利占 20%；对国内外 16 个重点项目形成全面技术支持；以水平井为主的特殊工艺井技术达到国际先进水平，技术、规模、效益均位居国内第一；能源开发以低渗天然气开发和海外稠油开发技术服务为重点，获得良好经济效益。公司通过国家级高新技术企业认证。管理创新：进一步简化管理流程，形成对一线“自主决策群”的强力支持；各项激励、约束、控制政策及制度不断完善，充分调动全体干部员工的积极性；细分专业、划小核算单元工作取得阶段性成果，专业优势开始显现。在集团公司开展的“三提”竞赛活动中，长城钻探无论国内还是国外都是一流水平，涌现出 GW80、32806 两个进尺超过 10 万米的钻井队，创造了国际钻井、国内钻井的标杆。

（五）产业结构趋于合理，全球化能力进一步加强。形成钻井、测录试、能源开发三个产业相互支撑、共同发展；工程技术研究院、测井技术研究院、地质研究院一对一技术支持；承担建井总包、油田开发建设、增产增值服务“三种服务”的“3+3”产业格局。按照“保障安全、突出效率、确保效益”的原则，形成人力资源、重点装备、工程技术、生产管理、现代物流的全球支持体系。按照国际化、全球化标准，各部门、各单位责任明确、机构健全、政策到位、资金落实，综合一体化工程技术服务和总承包能力显著增强。

（六）质量安全环保工作再上新台阶。成功发布 ISO 9001 质量管理体系并通过认证，实施卓越绩效管理、争创国家质量奖等工作有序推进；与杜邦合作 HSE 体系推进工作获得集团公司首肯，有感领导、直线责任、属地管理的体制基本形成；井控、交通、应急、防恐等工作得到加强；各项指标均控制在集团公司规定指标之内。公司获得“中国节能减排功勋企业”、“中华环境友好企业”、“集团公司海外防恐安全管理先进集体”等荣誉称号，通过了集团公司安全生产、环境保护、节能节水先进企业考核验收。

（七）精神文明建设取得丰硕成果。大庆精神、铁人精神在国内外市场得到弘扬，长城钻探企业文化建设深入人心，党员干部在急难险重工作中无私奉献，各级组织建设得到加强。2009 年，公司被评为中央国家机关文明单位、用户满意工程先进企业、思想政治工作先进单位、辽宁省守合同重信用企业。阿曼项目部被评为中央企业先进集体，GW80 队、70136 队被授予全国工人先锋号。涌现出全国“五一”劳动奖章获得者、中央企业劳动模范王悦田，中国石油榜样 · 好干部韩民久等一批优秀的先进模范人物。

（八）员工关心的热点问题得到有效的解决。在危机中，不但公司得到有效发展，员工收入普遍提高，而且直面各种矛盾问题，千方百计寻求解决方法，尽最大努力获取上级和政府的支持，使员工关心的待遇、身份、户口、住房、两地分居等问题得到一定程度的解决。本着尊重历史、承认现实、客观公正的原则公开透明操作，达到了解决问题、调动积极性、增强凝聚力的良好效果。

一年来，公司重点在以下八个方面开展了富有成效的工作。

（一）平稳推进持续重组，同步施行配套改革。年初，按照集团公司统一部署，中油国际测井整体并入长城钻探，同时物探业务整体划转东方物探。面对特殊时期、特殊背景下的非常重组，公司按照尊重历史、面向未来、总体设计、分步实施的原则，积极稳妥地实施机关部门对口合并、相同业务一体化整合以及海外同一国家项目融合等工作，无论是干部任用、人员安排、机构设置，还是业务、制度、观念的全面融合，均达到了预期效果。与此同时，加快推进内部配套改革。完善员工培训管理中心、测井技术研究院等组织机构；组建长庆和海拉尔生产指挥中心；对能源开发、物资管理、钻井技术服务、国内反承包等业务进行资源整合；对驻辽河单位实行了扁平化管理和专业化改革；海外业务建立大区综合协调、项目部为生产经营主体的管理体制。长城钻探适应市场发展的总体框架基本搭建完成。

（二）国内外市场“两极共进”，市场化迈出坚实步伐。国内市场：面对辽河油区工作量大幅下降的严峻形势，积极拓展外部市场，大踏步进入大庆、长庆两个国内规模最大、成长最快的市场。东部地区新增钻机 20 部，其中大庆 11 部、吉林 7 部、浙江冀东各 1 部。中标中油海 7 号钻井船测井项目及冀东 4 号人工岛总包项目。成功中标苏北油田钻井、金坛储气库固井等项目。西部地区全年完成钻井进尺 295 万米，长庆市场新增钻机 28 部，华庆总包项目完成 100 万米进尺。合作开发市场全年完成投资 8.5 亿元，钻井 177 口，完成进尺 62.1 万米，生产天然气、煤层气 14.4 亿立方米，实现收入 11.7 亿元。全年辽河油区市场实现收入 22.3 亿元，同比下降 61%；国内外部市场收入 59.3 亿元，同比增长 66%。国际市场：在集团公司海外重点战略区迅速摆开战场。非洲地区苏丹项目成功转型，尼日尔、乍得新增 21 支队伍，肯尼亚高温地热钻井市场取得新突破。中亚及亚太地区哈萨克斯坦 10 口盐下深井成功中标，斋桑项目稳步推进，成功完成乌兹别克斯坦吉达 3、吉达 4 两口集团公司重点井测试作业。中东地区伊拉克鲁迈拉项目前期准备进展顺利，伊朗 NIOC12 口井总包项目成功中标，阿曼 PDO 测井合同顺利续签。美洲地区古巴大位移井完成合同谈判并顺利进行设备动员，委内瑞拉钻机市场获得五年期续签合同。国内对外合作市场成功中标 BP 吐哈煤层气、年代喀什北区块开发等总包项目。全年国际市场新增合同额 14.3 亿美元，创历史最高纪录；实现收入 70.1 亿元，同比增长 8%。

（三）工程技术服务水平进一步提升，产能建设贡献率不断提高。一是“牵住提高单井产量牛鼻子”工作成效显著。牢固树立“为油气打井、为效益施工”的理念，在辽河油区推广多分支水平井、鱼骨分支水平井等全新技术手段，单井产量明显提升。在苏里格气田自营区块，新井日产平均提高 20% 以上。大庆海拉尔首次实施的 3 口水平井日产是同区块直井的 5 ~ 7 倍。在海外市场，为中信卡拉赞巴斯油田提供稠油技术支持，单井日产平均提高 3~5 倍；为苏丹 6 区提供稠油热采全套技术服务，FC-12 井平均日产比常规冷采提高 4 倍。二是水平井、欠平衡井规模化服务取得积极进展。在苏里格气田利用水平井分段压裂技术，创造 “稀井高产、少井高效”的全新开发模式，辽河油区实现水平井与欠平衡井的有机结合。全年实施水平井 82 口，欠平衡井 45 口。三是钻井提速再上新台阶。认真落实集团公司“三提、两井”工作部署，全过程、全要素推进钻井提速，公司平均机械钻速同比提高 14.6%。长庆市场平均机械钻速提高 35.8%，苏 10-34-61H 水平井连创钻井周期最短、建井周期最短、平均机械钻速最高三项纪录。大庆海拉尔市场平均机械钻速提高 61.69%，希 13-71 井刷新了希区最快纪录。辽河油区“三低两高三优选”措施见实效，兴古 7-H226 井创同类井最快纪录。海外市场中哈公司在阿克纠宾三个油田二开井段平均机械钻速提高 26%。

（四）全面夯实企业管理基础，整体效益效率不断提高。一是投资管理进一步规范。全年完成固定资产投资 20.9 亿元，有效保障 “双百”队伍走出去、苏里格气田产能建设、安全环保隐患治理、节能减排、海外防恐等投资需求，项目前期论证、中期管理和后期评估逐步规范，实现投资效益最大化。二是财务资产和内控管理进一步加强。实行资金收支两条线和境内外一体化核算，建立适应市场的预算指标形成机制，境外项目税收筹划收效明显，加大成本费用控制力度，成本增幅低于收入增幅 6 个百分点。建立了以财务报告风险控制、法律风险控制和投资管理流程三方面为主要内容的内控体系，在同类企业中率先发布了内控手册。三是精准工厂化管理取得新进展。开展精准单井单项工程、单机预算管理和精准技术管理试点，明确各专业井筒作业时间和责任，实现生产工序“零对接”。四是人力资源管理水平进一步提高。引进人才 86 人，接收高校毕业生 810 人，完善人才梯队建设；为海外项目配备总工程师、财务总监、HSE 总监 56 人，有效支持海外业务发展；清退国内外劳务用工、临时用工 1021 人，海外员工本土化率达到 75%。五是物资管理得到全面加强。实施年度物资预算计划管理，国外项目和国内二级单位库存分别下降 10% 和 15%，物资综合采购成本下降 15.3%，降低成本 4.76 亿元，集团公司授权集中采购工作走在同类企业前列。

（五）质量安全环保工作整体推进，体系运行平稳有序。牢固树立“环保优先、安全第一、质量至上、以人为本”的理念，始终不渝地遵循安全环保是硬指标、是第一要求的宗旨。在安全生产方面：HSE 体系建设有序推进。公司领导带头履行安全承诺，与所属单位签订了《HSE 责任书》，面向管理层制订了《HSE 管理原则实施方案》，全面实施了

HSE绩效考核。《反违章禁令》得到有效执行。以“反违章禁令落实执行年”活动为载体，实施“个人无违章，岗位无隐患，班组无违纪，基层无事故”的“四无”工程，使执行禁令成为员工的自觉行动。井控管理工作得到加强。加大重点井管理力度，大力整改事故隐患，努力提高员工队伍素质，有效遏制了井喷事故发生。公司获得IADC国际井控和集团公司井控培训甲级资质。各类隐患得到有效治理。开展经常性安全检查和隐患排查活动，投入隐患治理资金9500万元。境外项目安全防恐形势稳定。制定三级安全防护标准，定期召开风险评估会，及时发布风险预警，投入1092万元完善物防设施，保证海外员工的人身安全。在环境保护方面：积极保护施工区域生态资源，投资200多万元用于防风固沙和植被恢复。大力推广绿色施工作业技术，无害钻井液使用率达到100%，各类污染物排放全面达标。在质量管理方面：加快推进公司由“质量符合”向“追求卓越”转变，确立“奉行质量至上、恪守诚信服务、铸造长城品牌、追求卓越绩效”的质量方针，在同类企业中首家发布2008版ISO 9001质量管理体系并通过资质认证。在节能节水方面：加大能源审计力度，实施27项节能节水措施，全年措施节能3010吨标准煤，节水2.4万立方米，钻井进尺柴油单耗下降6%，超额完成集团公司下达的考核指标。

（六）自主创新能力不断提高，科技对企业发展的支撑作用进一步增强。初步完成科技工作领导体系、研发体系、管理体系、支持体系建设，科技攻关取得10项重大突破：一是苏10区块水平井提高单井产量现场试验获得成功，苏10–32–50H井日产12万立方米以上，是相邻直井的8～10倍。二是LEAP800测井系统整体性能达到国际先进水平。三是过套管电阻率测井设备得到升级推广。四是苏里格、华庆等重点区块钻井提速综合配套技术形成技术规范。五是高温地热泡沫定向钻井配套技术形成长城钻探品牌。六是超深井高密度高矿化度钻井液技术取得重大突破。七是超短半径径向水平井技术现场试验达到预期效果。八是全油基钻井液现场试验获得成功，进一步完善钻井液体系。九是分支井技术达到国内领先水平，具备国际市场规模应用的条件。十是远程录井系统应用测试获得成功。公司全年投入科技经费1.3亿元，实现科技创效3.6亿元。

（七）适应重组整合新形势，全面加强党的建设。坚持以“三个保证”为目标，不断加强党的思想、组织、作风、制度和反腐倡廉建设。一是建立覆盖全公司生产经营领域的28个二级党工委机构，成功召开第一次党代会和工代会。二是学习实践科学发展观活动三个阶段六个环节均取得满意成果，各级领导干部引领企业科学发展能力普遍增强。三是深入开展“三树一增”形势任务教育和“三个最佳”党支部创建活动，党建思想政治工作基础进一步夯实。四是扎实开展反腐倡廉活动，认真落实“三重一大”规定，惩防腐败体系建设推进工作取得阶段性进展。五是深入开展扶贫帮困、送温暖、送文化活动，帮助员工解决实际问题。六是与辽河油田公司密切配合抓好职工队伍稳定，两次受到集团公司通报表扬。

（八）认真践行一届一次职代会做出的承诺，维护员工切身利益工作取得新进展。一是海外人力资源不足的矛盾得到初步缓解。通过多种方式，为海外项目配备管理人员和基层关键岗位人员 139 名，保证海外员工正常休假和倒班。二是员工待遇得到较大提高。调整员工薪酬福利政策，海外与国内员工收入平均增幅分别达到 15.9%、7%，员工额外劳动付出得到相应补偿，国内外员工岗位轮换、职称评聘、探亲休假、健康疗养等一系列政策得到有效落实。三是解决员工身份问题取得积极进展。海外高层管理人员身份全部得到解决；中层以下社聘员工身份正在分批解决；国内二级单位子女劳务工全部纳入市场化管理；借聘和派驻队伍关键岗位人员已有 131 人正式调入。四是户口、两地分居等问题得到较好解决。在天津一次性解决 2340 名员工和家属落户问题，在北京解决 49 名毕业生和 10 名业务骨干的落户问题，员工两地分居问题解决方案已经制订完成。五是员工培训条件得到较大改善。加快境内外培训基地建设，员工培训实现系统化、规范化和制度化。全年共开展培训 5.5 万人次，重点培训海外管理人才和基层关键岗位人才 334 名，员工继续教育、岗位成才等要求基本得到满足。

回顾一年来的工作，成绩的取得是集团公司党组正确决策、领导亲切关怀的结果；是集团公司部门、工程技术分公司，辽河、长庆、大庆以及 CNPC 海外投资企业，兄弟钻探公司和各级政府大力支持的结果；更是公司海内外全体将士团结奋斗、创新进取的结果。在这里，我代表公司党政领导班子，向奋战在国内外各条战线上的干部员工表示衷心的感谢！向关心、理解和支持公司工作的老专家、老领导以及广大员工家属表示崇高的敬意和亲切的问候！向一直以来与长城钻探公司风雨同舟、精诚合作的国内外合作伙伴和社会各界表示诚挚的谢意！

在肯定成绩的同时，我们还要清醒看到：人力资源问题仍然是制约公司发展的瓶颈之一；国内市场生产不均衡、不连续问题没有彻底解决，海外业务发展所需人员、技术、设备支持还不到位；境内外安全防恐形势依然严峻，各单位还不能真正从技术、装备和人员素质上确保本质安全；部分单位的发展规划与公司总体要求存在一定差距，一些单位成本控制不力，乱铺摊子、重复建设问题依然存在；公司发展面临的深层次问题还没有得到根本解决。这些问题与不足，需要在今后的工作中切实加以解决。

认真总结一年来的工作，逆势增长的良好局面，坚定我们实现又好又快发展的信心；成功的实践，深化我们对做好各项工作的基本认识。

（一）必须将科学发展观理论与企业实际相结合，用于指导企业实践。正是对科学发展观的科学内涵、精神实质和根本要求的深刻理解，以及对公司自身能力的正确认识，回答了公司为什么要以巨大的信心和勇气，在危机面前开拓进取，努力实现逆势增长的大问题。

（二）必须坚持服务大局，不折不

扣地落实集团公司的战略部署。没有集团公司的专业化重组，就没有长城钻探今天的国内外综合一体化工程技术服务优势；没有集团公司资源、市场、国际化战略的实施，就没有长城钻探今天的蓬勃发展；服从、服务于集团公司国内外油气勘探开发是我们永不懈怠的责任。

（三）必须时刻保持清醒头脑，善于在逆境中把握机遇，推动企业破浪前行。正是公司党政领导班子富有预见性的超前部署和正确果断的决策，使公司在危机中把握了“另类的机会”，在重组中抓住发展的契机，在竞争中培育新的优势，在合作中开辟新的领域，为公司逆势前行提供了强大的逆转力。

（四）必须把“员工满意、上级放心、市场认同、政府支持”作为检验企业发展成效和各级领导班子履职能力的重要标准。只有做到员工满意，企业才能更显凝聚力、执行力和发展力；只有做到上级放心，企业发展才能得到更大的政策支持，拥有更多的机会；只有做到市场认同，企业才能在激烈的市场竞争中树立品牌、形成强势、占领高端、规避风险；只有做到政府支持，企业前进中遇到的难点、热点问题才能得到有效的解决。

（五）必须直面企业发展的深层次问题，全心全意维护员工根本利益。困难和问题是客观存在的，无法绕过的。只要我们下决心解决，办法总比困难多。正是公司各级领导班子敢于承诺、勇于践行，千方百计地为广大干部员工解决实际困难，我们的海内外员工才有共同的归属感，我们的队伍才有昂扬向上的士气，我们的事业才有最坚实的根基。

二、2010 年重点工作安排

公司 2010 年工作指导思想是：深入学习实践科学发展观，全面贯彻落实党中央、国务院的各项方针政策，严格执行集团公司工作部署，坚持“43210”发展思路和“73311”发展目标不动摇，突出管理主题，扎实推进工作，努力建设国际化石油工程技术总承包商。创造性开发市场，突出重点专业，兼顾所有专业，不断扩大规模效益；加快转化适用技术，加强国内外市场技术支持；推进 HSE 体系建设升级，实现所有工程技术服务队伍全面达标；加强基层建设、班子建设，搞好精神文明创建活动和长城钻探文化建设，关心员工，以人为本，全面实现工作目标，打牢公司可持续发展基础。

主要经济指标和工作任务是：全年实现收入 167 亿元，同比增长 10%，实现考核利润 10 亿元，同比增长 25%，员工收入同步增长，员工切身利益得到进一步保障。全年国内市场新增合同额 110 亿元，工作目标 120 亿元；国际市场新增合同额 11 亿美元，工作目标 13 亿美元。全年安排投资 18.3 亿元，其中工程技术投资 10.5 亿元、油气合作开发 6.8 亿元，安全专项投资 1 亿元，全面加快工程技术国际化能力和油气生产能力建设。最终以集团公司批准额度进行严格控制，不得突破。安全生产、环境保护、节能节水等工作力争全面达到集团公司先进企业标准，为公司跨越“安全、效益、品牌、可持续发展”的第二阶段创造良好条件。

公司上下要集中精力做好“三篇文章”，抓好“六项工作”。

做好三篇文章：

一是做好辽河油区市场的复产文章。紧紧把握辽河产能建设工作量恢复的有利契机，强化生产组织，实现工作量均衡，最大限度发挥单机、单队的生产能力。进一步推广精准工厂化管理，全面提高工程技术服务水平，为辽河油田产量回升履行保障责任。全年完成钻井进尺 70 万米，力争达到 100 万米。

二是做好国内外部市场的效益文章。进一步巩固现有工作量，集中优势资源向高端市场进军。东部市场做到稳中有升。大庆海拉尔重点抓好水平井总承包施工；塔木察格新增 6—10 部钻机，抓好项目管理，确保经济效益；冀东市场抓好海上 4 号人工岛总包和配套队伍进入，实现效益、品牌双丰收。西部市场适度扩大规模。长庆地区重点实施气井钻井及配套工程技术服务，开辟水平井总包业务，实现从规模型向效益型转变；华庆项目重点落实总包工作量，切实提高盈利水平；苏里格地区重点抓好苏 53 区块水平井规模开发，全年生产天然气 22 亿立方米。国内外部市场全年完成钻井进尺 320 万米。

三是做好国际市场的增量文章。重点做好“增项、扩容”工作，将成熟的技术和业务“复制”到其他项目，扩大业务领域。非洲地区重点推动苏丹项目向综合技术服务和二次采油服务转型，探索侧钻井总承包模式。做好乍得、尼日尔项目保障和肯尼亚地热井一体化服务。中东地区重点做好伊拉克和伊朗项目保障，以测录试业务带动综合技术服务全面进入。做好阿曼 PDO 总包续签和固井业务进入工作。中亚及亚太地区坚持以效益为中心，积极进入哈萨克斯坦北布扎奇、PK、中信、中新、中国石化等市场，做好阿塞拜疆海上和印度尼西亚钻井液市场的拓展工作。美洲地区稳定委内瑞拉钻井市场，扩大钻井液、固控市场；运作好古巴大位移水平井项目，逐步向一体化服务转型。国内反承包市场确保壳牌长北和年代喀什北项目平稳运行，启动壳牌长北评价井总包和四川项目，做好道达尔苏里格南项目投标工作，努力实现规模效益大幅提高。国际市场全年完成钻井进尺 120 万米。

抓好六项工作：

（一）构建一线强势决策的项目部管理体制，加快建设后方支持体系。建立有利于一线团队现场解决问题的组织结构，以项目部为主体构建一线强势“自主决策群”，加快四大支持体系建设。一是建设运保支持体系。加快国外非洲、中亚、中东、南美以及国内天津、辽河、长庆、大庆八大物流后勤保障基地建设，充分运用内部和社会力量，加快形成设备维修、保养和物资供应全面支持的生产运行保障体系。二是建设技术支持体系。进一步明确国内相关单位对海外项目部的技术支持责任，认真总结经验，建立起覆盖国内外市场的完整技术支持体系。三是建设人力资源支持体系。充分摸清需求现状，有针对性地采取稳定海外队伍、加大招聘力度和国内单位培训输送等综合措施，系统地解决人力资源问题，并形成长效机制。四是建设装备支持体系。多方筹集资金，对市场开发具有重要支持作用的装备进行超前储备，确保第一时间为海外市场拓展提供装备支持。

（二）围绕主营业务发展，持续提升工程技术服务水平。进一步转变观念，更新理念，在工作中做到“四个千方百计”。即：千方百计为甲方提高单井产量提供特殊工艺井和稠油注汽服务；为甲方提高单井采油速度提供增产技术服务；为甲方提高最终采收率提供综合技术服务；为甲方提高油井有效生产时间提供配套技术服务。钻井板块：重点做好“三提、两井”工作，树立“大提速”理念，抓好工序衔接、技术推广、素质提升、模板固化等关键环节，确保实现国内市场提速10%、境外大包项目提速15%的工作目标；认真总结水平井、欠平衡井成功经验，加快推进技术升级，全年实施水平井240口、欠平衡井90口。测井板块：重点做好测录试专业技术标准化和SOP建设，建立适合国内外不同作业环境的技术标准体系；加大LEAP600B系统推广力度，扩大海外市场占有份额；加快测井、录井、随钻、试油等专业技术集成，提升高端业务服务能力。能源开发板块：国内市场重点是确保苏里格气田产能建设和产量任务如期完成，同时认真总结阜新煤层气采动区和采空区生产规律，努力实现安全、高效、稳定开采。国际市场以苏丹6区、3/7区为重点，进一步扩大稠油热采先导试验和油藏地质综合技术服务范围和规模。精心组织好斋桑稠油和新疆吐哈、山西石楼西等煤层气项目，阜新煤层气项目混气外输形成新的经济效益增长点。要进一步加快专业公司发展步伐，为公司总承包项目提供有力保障，成为公司效益增长的重要一极。

（三）突出重点，夯实基础，全面推进企业管理上水平。2010年是公司的“管理年”，公司管理工作重点是进一步规范基础管理，提高管理水平。一是严控投资方向。适度优化钻机结构，重点配套固井、定向、压裂、酸化、钻井液等装备，突出配备测录试装备，使有限投资发挥应有作用。二是抓好财务资产管理。建立安全高效的资金集中管理体系，强化预算执行过程控制，加强境外项目集中核算、纳税筹划和股权管理，有效控制经营风险。三是抓好内部控制管理。持续完善内控体系，加强监督，强化执行，不断提升风险管理水平。四是加强成本费用控制。实行从紧的成本费用预算安排，落实成本费用压缩目标和措施，加大人工成本控制力度。积极推进物资集中统一管理和装备集中采购，确保物料采供管综合成本降低5%，境外库存降低10%。五是加强人力资源管理。坚持正确的用人导向，在干部提拔任用方面，向基层艰苦岗位和为企业发展作出突出贡献的人员倾斜；多渠道盘活人力资源，有效控制用工总量；海外员工本土化率力争达到80%，高危国家达到90%；加快建立以SOP为重点的培训体系，开展员工职业生涯设计，提高队伍整体素质。六是加强信息化建设。加快推进ERP系统、协同办公平台、生产远程控制与应急指挥平台、数据中心建设，健全信息安全保障体系，完善网络和视频会议系统，全面提升公司管理水平和运转效率。七是加强基层建设。制定国内外一体化基层建设考核管理体系，实施“基层建设跨越工程”，不断增强基层活力和执行力。

（四）围绕 HSE 体系建设，全面夯实质量安全环保各项基础工作。2010 年要继续夯实质量安全环保基础工作，重点落实六项措施。一是加快推进 HSE 体系建设。持续改进传统的思维方式和管理模式，完成 HSE 管理体系的建立、审核和认证工作，并组织好体系宣贯。二是将《反违章禁令》与落实属地管理相结合，规范操作人员的行为；将《HSE 管理原则》与落实直线责任相结合，规范各级管理者的行为。三是加强境外项目安全防恐工作。建立境外项目 HSE 管理考核体系，加强较高风险国家社会安全防范，确保人防、技防、物防措施落到实处。四是继续加大井控工作力度。落实责任，强化措施，严格标准，突出“三高、两浅”井施工过程的监控，坚决杜绝井喷事故发生。五是大力发展循环经济、低碳经济，提升工程技术服务清洁生产水平，确保污染物排放全面达标。六是加强质量管理与节能节水工作。启动“质量、标准化、计量基础建设工程”，深化 ISO 9001 质量体系有效运行。深入开展“精品工程和满意服务”活动，实施卓越绩效模式，打造长城钻探质量品牌。积极推进节约型企业创建工作，全年技术措施节能 2500 吨标准煤，节水 2.4 万立方米，争创集团公司安全环保、质量管理、节能节水先进企业。

（五）围绕引领市场加快科技创新步伐，提高科技对企业的贡献率。一是加强三个研究院建设。工程技术研究院以集成和研发钻修井技术为主，具备钻井工程和地质设计、钻完井工具、地质导向和随钻测量、钻井液和完井工艺，修井工艺和增产措施等系列技术服务总承包能力。地质研究院以集成和配套油田开发总承包系列技术为主，发挥稠油技术优势，具备油田勘探方案、开发方案、调整方案及钻修井、测录井和试油测试等全方位技术服务总承包能力。测井技术研究院以设计、研发、制造成套测录井装备为主，重点发展 LEAP800 系统、成像测井仪、综合录井仪等高端设备，提升公司核心竞争力。2010 年，测井技术研究院要加快进驻集团公司科技园区，全面提升技术研发硬件环境。二是加快科研攻关步伐。以解决工程技术总承包过程中重大和关键技术难题为目标，全年承担国家和省部级科研项目 10 项以上，开展公司级科技攻关 40 项以上。三是进一步完善科技激励机制。出台操作性强、科学合理的激励考核办法，调动广大科研工作者的积极性。四是加强知识产权管理工作。加大自主知识产权保护力度，加速优势特色技术有形化进程，全年申请专利 100 项，其中发明专利占 20% 以上。全年投入科技资金 1.5 亿元，实现科技创效 4.5 亿元，科技贡献率力争达到 60% 以上。

（六）发挥政治优势，努力建设科学发展和谐发展新长城。认真贯彻落实党的十七大和十七届四中全会精神，按照集团公司党建工作会议部署，以发挥好“四个作用”为着力点，抓好“四强”党组织、“四优”党员创建活动。加强领导班子思想作风建设和反腐倡廉建设，使各级班子团结有力，干部队伍勤政廉洁；加强党的基层组织建设，使每个基层组织成为企业创新发展的战斗堡垒，共产党员发挥先锋模范作用；加强企业文化建设，不断增强领导力、凝聚力、执行力和竞争力。加强思想政治工作，发扬大庆精神、铁人精神，努力把党的政治优势、组织优势和群众优势，转化为企业的竞争优势、创新优势和科学发展优势。积极探索跨国、跨区党建工作管理新机制，切实发挥群团组织的桥梁纽带作用，关注员工成长，维护员工权益。全面落实维护稳定“第一责任”，形成长效机制，努力构建科学发展、和谐发展的工作格局。

潮平两岸阔，风正扬帆时！

各位代表、同志们，2009“非常之年”即将过去，2010年的各项工作孕育着新的希望。当前，公司生产经营目标已经明确，任务十分艰巨。实现既定目标，是解放思想、更新观念的过程；是锐意进取、团结拼搏的过程；是破解难题、争创一流的过程。完成艰巨任务，更加需要振奋精神、凝聚力量、同舟共济。让我们继续保持奋发向上的创业激情，胸怀报国之志，恪尽兴企之责，以必胜的信心和勇气迎接挑战，开创未来，为长城钻探公司美好的明天、干部员工的幸福生活而努力奋斗！

发挥政治优势 提升科学发展保障能力 全力打造国际化石油工程技术总承包商

——党委书记王忠仁在中国共产党长城钻探公司第一次代表大会上的工作报告

(2009年6月25日)

各位代表：

今天，我们在北京国际会议中心隆重召开中国共产党长城钻探工程公司第一次代表大会。这次会议，既是在深入开展学习实践科学发展观活动，纪念建党88周年、建国60周年前夕召开的一次重要会议；也是在公司顺利完成两次大的重组整合和物探公司整体划转东方物探，从容应对金融危机、辽河油区大幅限产对公司国内外市场造成较大不利影响的特殊形势下召开的一次重要会议；更是公司全体党员、干部、职工齐心协力、共克时艰、共同谋划长远发展、加快建设国际化石油工程技术总承包商步伐的关键时期召开的一次重要会议。这次会议，作为重组整合后长城钻探公司的第一次党代表大会，对明确公司今后党的工作方针、目标和思路，指导公司今后一段时期党的工作，促进公司建设国际化石油工程技术总承包商战略目标的实现具有十分重要的意义。下面，我代表公司党委向大会作报告，请审议。

第一部分　重组以来的主要工作

2008 年 2 月 26 日，按照集团公司专业化重组、集约化经营、一体化管理的总体要求和部署，辽河石油勘探局钻探系统与长城钻井公司重组整合为新的长城钻探公司，成为中国石油集团公司旗下五家钻探集团之一。2009 年 1 月 21 日，集团公司作出决定，将中油国际测井公司并入长城钻探公司。

截至目前，在新的长城钻探公司正式运行的 16 个月时间里，先后经历两次大的机构重组整合，经历国际、国内市场的重新划分和调整，经受金融危机、恐怖袭击以及甲型 H1N1 流感疫情对国际市场的影响，承受辽河油区大幅限产对国内市场的冲击。在如此短的时间内，在如此艰难的困境下，公司党委认真落实集团公司党组的要求和工作部署，坚持“融入中心、服务大局、继承创新、讲求实效”的工作方针，积极面对重组整合后的新形势、新任务，以理性思维谋划企业发展，以务实心态积极推进持续重组，以大庆精神、铁人精神共克时艰，企业生产经营、内部管理、安全环保、科技创新、思想建设、队伍稳定等各个方面取得显著成效，实现了“员工满意、上级放心、市场认同，政府支持”的预期目标。

一、顺利完成两次大的机构整合，内部专业化重组迈出新的步伐。通过精心组织和实施，比较好地完成原辽河石油勘探局钻探系统与原长城钻井公司，以及新长城钻探公司与中油国际测井公司的两次大的重组，顺利完成物探公司整体划转。按照“国内专业化、国外区域化、国内外一体化”的思路，整合了钻井液、固井、钻具、钻井技术服务、顶驱 5 个专业公司，组建了非洲、中亚、中东、美洲 4 个海外大区，有序推进扁平化管理，国内外 4+5 市场格局逐步形成规模。

二、理顺内部组织架构、管理体制和管理流程，公司日常运行管控有度、状态良好。重组后，快速完成总部机关的组织架构设计，明确部门职能，逐步完善辽河分部、长庆分部的整体功能，界定总部机关、分部机关与各专业公司、海外项目部的管理关系。在较短的时间内，完成制度对接和管理流程设计，建立适应国内外一体化管理的 HSE 体系和应急预案体系、全球物资供应体系、人力资源管理体系、科技研发体系、会计核算体系、内控体系、惩防体系等。

三、明确公司定位和发展战略目标，企业发展方式发生深刻变革。重组后，根据集团公司对公司在发展方面的要求，在认真分析内外部环境的基础上，创造性地提出 “建设国际化石油工程技术总承包商”的发展定位和“43210”发展思路，以及“跨越三个阶段”发展战略。总承包商定位的提出，开创工程技术服务公司一体化业务组合模式的先河，以总承包方式参与市场竞争，一站式解决工程技术上诸多难题，内部各专业之间无障碍的默契配合，有利于取得好于甲方预期的勘探开发效果，有利于充分发挥“保障油气、安全发展、保值增值、发展技术”四大责任，在为甲方创造更大价值的同时，自身经济效益最大化。

四、品牌形象得到进一步提升，企业竞争实力取得“如虎添翼”的效果。长城钻探公司虽然在名称上是一个新公司，但实际上却是有着悠久历史和知名品牌的优秀企业。通过持续重组，公司业务链更加完整，钻井、测井、能源开发三大业务板块核心能力建设加强，具备在国内外市场实施建井、油田区块开发、增储上产措施三个方面的总承包服务能力。目前，安全长城、效益长城、品牌长城、特色长城的形象已经在国际、国内市场上逐步树立，并得到国际知名油公司的认可，获得壳牌授予的“承包商最快进步奖”。

五、克服国际金融危机等不利因素影响，实现经营业绩开门红。2008 年，国际工程技术服务市场出现萎缩，同时由于国内工程技术服务市场开放，内外部市场竞争加剧。在这种情况下，通过外扩市场，内降成本，较好地消除各种减利因素影响，实现公司成立第一年的开门红，全年实现营业收入 130.6 亿元，同比增长 20%，上缴利税 11.9 亿元，完成钻井进尺 420.1 万米。进入 2009 年以后，面对更加严峻的经营形势，通过正确判断和超前安排，再一次比较好地化解不利影响。最新统计数据表明，在辽河油区工作量减少 83%、国内外市场工作量急剧萎缩、大幅降价的情况下，1—6 月，长城钻探公司完成钻井进尺 237.6 万米，同比增长 12.5%；实现主营业务收入 78.2 亿元，同比增长 11.5%，实现了工作量、收入双增长。

六、全面贯彻科学发展观战略思想，政治优势和文化优势进一步发挥。一年多来，通过深入学习和实践科学发展观，各级党组织的政治核心作用、战斗堡垒作用和党员的先锋模范作用得到进一步发挥，党风廉政建设也得到进一步加强。开展学习实践科学发展观活动以来，以树立科学发展观念为基础，以提升科学发展能力为关键点，以破解发展难题、实现科学发展全面上水平为目标，各级领导班子和领导干部的科学发展能力得到较大提升，有效地促进各级班子建设水平的提高。经过一年多时间的努力，各级领导干部的领导力、执行力，公司的凝聚力、向心力，广大党员干部的战斗力均得到明显增强，员工队伍稳定。同时，涌现出全国五一劳动奖章获得者、中央企业劳动模范王悦田，中国石油榜样韩民久，辽宁省劳动模范、集团公司第五届优秀青年张伟等先进人物，公司及所属单位荣获中央企业文明单位、全国工人先锋号、辽宁省思想政治工作先进集体、辽宁省用户满意企业等国家机关、地方政府、上级机关授予的称号，为两个文明建设作出了积极贡献。

上述成绩的取得，是集团公司党组、直属党委正确领导的结果，是相关兄弟单位和地方党委、政府支持的结果，更是公司各级党组织、广大党务工作者和全体党员干部共同努力奋斗的结果。在此，我代表公司党委，向大家表示崇高的敬意和衷心的感谢！

回顾和总结过去一年多来的工作实践，进一步加深了我们对新时期党建工作特点和规律性的认识，归纳起来主要有以下三个方面的经验和做法。

一、持续重组企业的党建和思想政

治工作，必须突出抓基础、抓融合、抓稳定。

经过重组整合，到目前为止，公司共有二级单位党委（工委）27 个，党总支 50 个，党支部 513 个；共有党员 5991 人，入党积极分子 403 人，发展对象 285 人。其中，新组建二级单位、大区、分部党委 21 个，新建和调整基层党总支、党支部 160 个；新提拔交流党务专兼职干部 47 人，其中，处级 29 人，科级 18 人。从整体上看，党组织机构新成立的多，党务政工干部缺少相关工作经验的多，重组以来面临的新问题多，基础比较薄弱。

（一）抓基础，党群组织建设、制度建设与公司重组整合和规范管理同步进行。一是按照“三同时”原则，建立健全各级基层党组织，选好配齐基层党支部书记。党委换届选举工作、党员发展工作没有因重组而停步。研究制定《关于开展“三个最佳”活动，深化推进基层党支部“六个一”创建工作的实施意见》，促进基层建设不断深化。二是根据工作实际需要，制定出台有关领导班子建设、队伍建设、党风廉政建设等重大环节和关键事项的党委、纪委、工会、共青团、维护稳定等各类工作制度 49 个，流程 45 个。三是开展各类培训，提升政工干部队伍素质。先后举办了工会主席、团委书记、纪检监察干部、基层思想政治工作、新闻报道、保密管理、维护稳定等业务培训班，参加培训 2130 人次。四是认真开展工作调研，摸清实际情况。组织进行党建思想政治工作综合调研，举办党建成果展，随着工作的逐步深入，先后开展两次职工思想状况调查，加深对新公司现实状况的全面了解和认识，为有针对性地开展党建、思想政治工作奠定了良好的基础。一年多来，党组织和党员队伍建设不断档、不断线，两个二级单位分别按期完成了党委换届选举，全公司共发展党员 249 名，预备党员转正 289 人，申请入党人员总数 1140 人。

（二）抓融合，良好、统一的行为规范和价值取向逐步形成。重组前的 3 个企业，管理体制、业务特点、队伍规模各不相同，这带来思维习惯、工作方式方法和沟通交流的差异，如何按照集团公司王福成副总经理提出的“统筹协调，加强沟通，切实做好业务整合的各项工作，努力做到组织融合、业务融合、制度融合、思想融合”的要求，既是过去我们的工作重点，也是今后一个时期的努力方向。一是领导带头，率先垂范，“四个一定”破冰。张凤山总经理作出的“一定要客观公正地待人谋事；一定为企业发展创造良好的环境；一定加大创新与改革力度，让干部充满激情、员工充满活力，让上级领导对我们放心满意；一定用宽阔的胸怀增强包容性、相融性，视全体员工如亲兄弟姐妹”的承诺，代表了领导班子致力于企业发展的信心、决心和待人谋事的襟怀，成为各级班子和领导干部学习的表率。二是统一思想，明确方向，“三树一增”引航。组织开展“树观念、树形象、树品牌，全面增强企业核心竞争力”主题教育活动，进一步统一思想，明确发展目标，坚定企业科学发展信心。通过树观念，引导员工站在国际化企业战略发展的高度来认识问题，奠定

适应新形势要求的思想基础；通过树形象，培养一支作风好、能力强、素质高的人才队伍，逐步满足企业长远发展的内在需求；通过树品牌，提升企业的凝聚力、影响力和号召力，提供进一步拓展企业发展空间的实力保证。三是立规矩，事事有标准，样样有规范。全公司建立健全 125 项制度、315 个管理流程，开展了“机关作风建设年”活动，使全体干部员工能够在管理上找准位置，在工作中坚持原则，在生活中树立形象。同时，加大重组整合期间的监督检查力度，为重组顺利进行提供纪律保证。

（三）抓稳定，有效化解专业化重组过程中新出现的不稳定因素。重组后，公司轻装上阵，维护稳定方面的任务相对减轻，但由于我们的重组在几家钻探公司中最复杂、难度最大，加上初期绝大多数干部员工没有充分的思想准备，一时人心浮动，也极易由于工作不当引发新的不稳定因素。一是有效化解人才流失的不稳定。海外骨干队伍在这次重组过程中成为一些国外公司和国内其他石油公司高薪吸引的对象，这一群体的稳定问题引起公司党政班子高度重视，公司始终坚持把每一名员工都看做是企业发展的财富，特别是及时研究出台海外骨干人员和其他社聘人员调入的实施意见。同时，在职代会上明确出台《海外员工激励暂行办法》等 3 项制度，有效稳定海外一线骨干人才队伍。二是及时消除思想情绪的不稳定。一年多来，公司进行内部业务整合、推行扁平化管理，在机构调整和人事变动中，对每一个相关人员的心理承受能力都是一次现实的考验。加上多种用工机制、多种薪酬分配机制并存，给思想政治工作带来极大难度。一方面，结合每次重大变革和有重大影响的事件，持续广泛开展形势任务教育，对专业化重组、企业定位、发展战略、应对金融危机等进行解读；另一方面，加强调查研究，各级党政主要领导深入基层，及时疏通员工思想，引导员工正确对待岗位变化，理顺情绪，稳定队伍。三是积极预防上访群体的不稳定。公司审慎出台各项福利政策，杜绝在同一地区造成差异，引发新的不稳定因素，或使原有的不稳定升级。同时，清晰把握不稳定群体的类型及不稳定因素，逐一研究解决。在刚刚重组期间出现一些不稳定的苗头，通过及时工作，化解矛盾。在奥运特别维稳时期、全国“两会”期间，积极与辽河油田公司配合，共同打好“总体战”和“协调战”，确保无一例“进京访”和“群体访”事件发生，两次受到集团公司维稳工作的电报嘉奖。一年多来，通过上下一致的努力，企业稳健地开启“融合、稳定、立规矩”的新航程。

二、持续重组企业的领导班子建设、干部队伍建设和党风廉政建设，必须强化科学发展观引领。

在公司两次重组中，先后调整明确公司各单位、部门的处级干部 344 人次，并根据公司业务发展的需要，对 17 个二级单位和 26 个机关部室领导人员进行调整，交流处级干部 52 人，提拔 37 人。绝大多数单位的班子成员都有部分调整，近一半以上的单位和部门为新组建。为此，如何加强领导班子建设、干部队伍建设和党风廉政建设直接关系到重组的成败。

（一）强化思想理论武装，引领企业科学发展的能力进一步增强。思想是行动的先声。中国 30 年改革开放每前进一步，都是靠思想解放推动的。应对当前企业面临的各种复杂局势，各级领导干部迫切需要正确的思想理论来指导。重组以来，公司党委坚持强化思想理论武装，坚持党委中心组学习制度，与实际紧密结合，灵活务实，充分利用互联网和视频会议等现代化信息手段，做到学习资料国内外共享，专家讲课北京、辽河同步，除专题学习外，共编发学习资料 22 期，40 多万字。学习实践活动开展以来，开展党员领导干部“每月读一本书”活动。一年多来，公司党政主要领导先后带队十余次远赴海外、国内市场、辽河油区进行工作调研，现场解决实际问题。各级班子成员共撰写调研报告 37 篇。通过深入开展学习实践活动，各级领导班子既加深对科学发展观的理解和认识，又对企业各方面情况，特别是对国际金融危机给企业所带来的影响和冲击，以及未来发展走势有更清晰的认识；通过召开领导班子专题民主生活会和形成分析检查报告，对如何应对危机、危中求机、化危为机有更深入的思考和谋划，这些都为我们有效应对国际金融危机奠定良好的基础。通过整改落实，我们把所取得的共识转化为具体行动，把应对危机的思考和谋划细化为具体措施和办法。

（二）进一步优化干部队伍结构，干部队伍作风形象有新的提升。“政治路线确定之后，干部是决定因素”。坚持干部“四化”和德才兼备标准，大胆起用政治上靠得住、业务上过得硬、群众基础好的年轻干部，经过调整和交流，公司中层领导干部的结构明显优化，平均年龄 43.8 岁，大专以上文化程度占 99.2%，专业知识结构更趋合理，形成素质优良、作风过硬、精干高效的干部队伍。同时，从加强领导梯次力量的角度出发，对公司 1200 余名科级干部进行备案管理，并审查提拔科级干部 194 人，对处、科级干部进行培训共计 2379 人次，其中处级 266 人次，科级 2113 人次。为全面了解和客观评价公司各单位领导班子和领导人员的工作情况，结合重组之年“融合、稳定、立规矩”的要求，检验公司各单位领导班子和领导人员在生产、经营、团结、作风、廉政等方面的现实表现，先后对 11 个二级单位领导班子和 156 名处级干部进行民主测评。经统计，在测评的 156 名同志中，平均信任率为 99.3%，平均优秀率为 88.6%。

（三）着力加强反腐倡廉教育，党风廉政建设取得新的成效。纪律是执行路线的保证。把科学发展观由思想力量转化为实践力量，必须用党纪国法监督保障。一是加强教育引导。广泛开展“牢记两个务必，加强作风建设”主题教育活动，加强对领导人员、外闯市场人员和涉及人、财、物管理人员的反腐倡廉教育，进一步规范各级领导和管理人员的从业行为，增强廉洁自律、勤勉从业意识。二是注重体系建设。制订长城钻探公司《建立健全惩治和预防腐败体系 2008—2012 年实施计划》和《2008—2010 年推进计划》，全面部署公司五年惩防体系建设各项工作任务，并对 2008 年到 2010 年的工作任务进行分解。三是加强制度规范。以“三重一大”集体决策为重点的领导班子议事制度不断完善，以规范人、财、物、事“四项权力”为重点的制度建设力度不断加大，用制度管权、按制度办事、靠制度管人的工作机制初步形成。

三、持续重组企业的文化建设工作，必须突出发展战略导向、传承与创新、员工与企业共同发展。

截至5月31日，公司用工总量33452人，其中境内22979人，境外10473人。按照用工性质，共有合同化用工15151人，占员工总量的45.3%；市场化用工4479人，占总量的13.4%；劳务用工及劳务外包5613人，占总量的16.8%；外籍员工7988人，占总量的23.8%；管理其他油田队伍221人，占总量的0.7%。这样分散、复杂的队伍构成，给企业文化的建设带来了很大难度。

（一）突出发展战略对企业文化的导向作用，纲举目张。通过深入开展学习实践科学发展观活动，我们更加深刻地认识到，发展是硬道理。对于我们这样一个持续重组的企业来讲，发展是决定人心向背的决定性因素，企业有没有发展前景、发展能力、发展水平，是历次大的变革之后化解思想、文化动荡的“定海神针”。一是企业发展定位“开辟蓝海领域”。“建设国际化石油工程技术总承包商”企业定位的提出，既是公司首创，也是业内先河。“43210”发展思路以及跨越三个阶段发展战略，使公司在较短的时间内明确发展目标和方向。各级党组织突出“统一思想、坚定信心、凝聚队伍、鼓舞干劲”这一重点，采取编发宣传提纲、召开研讨会和座谈会、深入现场宣讲、组织“百名典型”宣传、知识问答、思想调查等强大宣传思想攻势，大力宣贯公司发展定位、发展思路和发展战略，广大员工对企业的今天、明天有了清晰的认识，焕发出爱企业、爱岗位的荣誉感和自豪感。二是“四力”建设助推科学发展。企业能否科学发展取决于决策水平，而决策水平的高低取决于领导力；企业发展的成效取决于能否正确地实施企业发展战略和目标，这一过程中，执行力是关键；企业要实现科学发展，必须要有凝聚力，而是否坚持以人为本，是影响凝聚力的重要因素；科学发展观的第一要义是发展，而发展的基础取决于企业的竞争力。围绕“四力”建设，先后在9个基层单位开展企业文化建设调研，进行理论研讨和专题研究。通过一年多来的努力，以增强“四力”为核心内容的企业文化逐步渗透到干部员工的头脑意识中，建设国际化石油工程技术总承包商和“跨越三个阶段”的发展战略形成广泛共识并顺利推进，达到了思想一致、方向一致，形成了合力。

（二）突出企业精神的传承与创新，一脉相承。大庆精神、铁人精神是我们战胜困难和挑战的重要法宝和精神力量。在汶川地震、北京奥运、重组整合、市场划分、队伍转移等一系列重大事情面前，各级党组织和广大共产党员与国家同呼吸、与企业共命运，经受住重重考验，企业精神在传承中锻造出强大动力。一是明确了“以大庆精神、铁人精神为灵魂，以领导力、执行力、凝聚力、竞争力为核心，以团队文化、安全文化、廉洁文化为基础”的企业文化体系，编制完成企业文化建设三年规划(征求意见稿)，对企业文化建设工作进行全面部署。二是开展大庆精神铁人精神再教育，组织3700人次观看《铁人》电影，开展观后感征文比赛、座谈会等活动，为基层思想政治工作者安排“大庆精神、铁人精神”专题讲座，指导各单位教育活动有效开展。三是选树先进典型，广泛宣传广大员工的拼搏奉献精神和典型事迹。先后举办劳动模范事迹报告会3场，“我与长城同发展，我为长城献青春”演讲会2场、利用内部报纸宣传中国石油榜样·好干部典型事迹，开辟“长城人物”专栏，通过公司网站、新闻媒体等各种有效宣传手段，进一步弘扬大庆精神、铁人精神，振奋队伍士气。四是广泛开展“党员先锋岗”、“党员责任区”等创先争优活动，引导党员立足岗位发挥先锋模范作用。公司各条战线上的广大共产党员，在重组整合、艰苦作业环境、战争恐怖袭击等严峻考验面前，主动承担急难险重的任务，用实际行动展示共产党员的先进性形象。

（三）突出员工与企业共同发展，以人为本。科学发展观思想告诉我们，第一要义是发展，核心是以人为本。员工与企业共同发展，是企业可持续发展的真谛。重组后，公司急需人才匮乏的矛盾十分突出，成为发展“瓶颈”。一是大力开展“全员素质提升工程”。加大对员工岗位技能的培训；定期组织岗位练兵、技能比武等活动，培养一批掌握先进技术和操作技能的优秀人才。建立完善各类人员持证上岗、职业技能鉴定考核、自学成才奖励制度，充分调动员工学技术、学业务的积极性，不断掌握新知识、学会新技能、练就新本领、增长新才干。二是切实为员工办实事。积极稳妥地推进职代会提出的为员工办好“五件实事”的落实，全面制定量化指标，进行分解，确保在规定时间内完成。三是积极发挥群团组织的“桥梁”和“纽带”作用。各级工会组织通过完善职代会制度、开展民主评议领导干部、征集合理化建议、扩大厂务公开范围等，保证职工的参与权、知情权和监督权。实施送温暖工程，累计支出帮扶资金297万元；关爱员工健康，建立“疗养、体检、健康讲座”三维保健体系；开展丰富多彩的文娱体育系列活动，深入施工一线送节目、送关怀，开展导师带徒、巾帼建功、青年课堂等活动，在服务企业中心工作中发挥积极作用。

建党88年来，党的光辉历程激励我们不断勇往直前，同时也时刻提醒我们，在肯定工作成绩、总结工作经验的同时，要永远保持一分清醒。尽管我们做了一些工作，但还有很多不足之处；虽然积累了一些经验，但还缺少深入探索和研究。

实践永无止境，创新永无止境。我们要倍加珍惜今天的发展成果，长期坚持党的优良传统和作风，不断解放思想，实事求是，不为任何风险所惧，不被任何干扰所惑，永不懈怠、永不停滞，为全力打造国际化石油工程技术总承包商提供坚强的政治和思想保障。

第二部分　今后一个时期的工作安排

目前，集团公司工程技术服务整体外部市场工作量和收入较小，钻探企业盈利能力较差，持续发展面临较大困难。可喜的是，公司今年在油田限产、市场萎缩、价格下降的重创之下，“两保两全”应对措施见到实效，“双百双增”工作目标有望突破，尽管金融危机、甲型流感疫情、局部战争和恐怖事件的阴影一时还难以挥之即去，但是我们已牢牢把握了发展先机。特别要看到的是，一旦市场复苏后所带给我们的持续稳定的回报非常值得我们去闯，也必须去闯。作为集团公司工程技术服务的主力军，我们承担着“保障油气、安全发展、保值增值、发展技术”四大责任和集团公司海外工程技术服务“半壁江山”的重任，建设国际化石油工程技术总承包的目标任重道远。由于历史和现实的原因，仍然存在着许多影响企业可持续发展和队伍稳定的深层次矛盾和问题。为此，我们更加迫切地需要一个和谐稳定的发展环境，需要各级党组织、广大共产党员切实增强责任感、紧迫感，不断创新基层党建、思想政治工作方法，切实担负起适应新形势、满足新要求，为长城钻探公司发展提供强有力的思想和组织保证的艰巨任务。

今后一个时期的指导思想：认真贯彻落实党的十七大精神，按照集团公司党组的总体要求部署，以科学发展观为统领，以全面推进领导班子建设、基层党组织建设、思想作风建设、企业文化建设和反腐倡廉建设为重点，紧紧围绕生产经营中心任务，发挥政治优势，培育优秀文化，充分发挥各级党委的保证监督作用、基层党支部的战斗堡垒作用和全体党员的先锋模范作用，为公司跨越“安全、效益、品牌、可持续”发展阶段，向国际化石油工程技术总承包商迈进提供政治保证，为集团公司建设综合性国际能源公司作出新的贡献。

总体工作目标：以建设“四好”班子、“五型”班组、“六个一”党支部为切入点，以“团队文化、安全文化、廉洁文化”建设为基础，提升“四个”能力，做到“三个”保证，确保实现“一个”目标，即，国际化石油工程技术总承包商目标的实现。

“四好”班子——政治素质好、团结协作好、作风形象好、经营业绩好。

“五型”班组——学习型、安全型、清洁型、节约型、和谐型。

“六个一”党支部——选配一个好书记、建设一个好班子、带出一支好队伍、完善一套好制度、建立一套好机制、创造一流工作业绩。

“四个”能力——领导力、执行力、凝聚力、竞争力。致力于从企业软实力的提升方面，为建设“安全长城、效益长城、品牌长城、特色长城”提供坚实有力的支撑。

“三个”保证——保证集团公司党组各项工作部署在公司的有效贯彻落实；保证公司生产经营正常活动的平稳顺利运行；保证公司发展内外部环境的和谐稳定。最终实现“员工满意、上级放心，市场认同，政府支持”。

“一个”目标——建设国际化石油工程技术总承包商。

为保证上述目标的实现，必须将传统的思想政治工作与现代经营管理理念相结合，努力使思想政治工作方式方法与企业全新的经营管理模式相适应，切实提高思想政治工作的保障能力。重点要抓好以下六方面的工作。

一、突出思想和作风建设，强班子，谋发展。

要按照集团公司“四好”班子创建的总体部署，有针对性地制定完善推进“四好”班子创建活动的实施细则。确保每年度“四好”班子达到 80% 以上，领导班子和个人年度考核“民主测评信任率”和“廉洁自律测评满意率”平均达到 90% 以上。一是以提素质为重点，强化理论武装和业务培训。要坚持党委中心组学习制度，不断提升思想政治素质和政策理论水平。通过开展领导干部读书自学活动等方式，加强国际化企业运作管理能力的培养，促进领导班子和领导干部拓展全球视野，创新思维方式，把握经济发展、企业发展规律，创造性地开展各项工作，引领企业实现科学发展。二是以强管理为重点，完善落实各项规章制度。坚持民主集中制原则，认真贯彻集团公司《关于落实“三重一大”决策制度的实施办法》；不断优化领导班子和干部队伍年龄、文化和知识结构；加大干部轮岗交流力度，提高干部岗位适应能力；强化领导班子和领导干部考核监督，严格落实定期谈话、函询、巡查等各项制度，及时掌握领导干部思想和工作动态。三是以转作风为重点，加强领导干部作风建设。大力开展“两个务必”教育，进一步密切党群、干群关系；大力倡导“廉洁从业、诚信经营”理念，增强拒腐防变的能力；切实加强领导干部安全责任教育，进一步转变工作作风，多深入基层，掌握一线员工生产生活实际，以实际行动赢得职工群众的信任与支持。

二、夯实基层基础工作，筑根基，促发展。

重组整合后，公司基层党组织设置发生变化；党员结构、分布、管理方式发生变化；党的工作方式、方法和手段发生变化。各单位党委要高度重视新形势下的基层党组织建设，切实加强组织领导，把基层党组织建设成推动科学发展、构建和谐的坚强堡垒。到今年年底，公司基层党组织健全率达到 100%，“六个一”党支部建设取得新进展；到十一五末，公司 80% 以上的基层班组达到“五型”班组标准。一是加强以党支部建设为核心的基层建设，努力建设“三个最佳”党支部。进一步创新符合公司实际的基层党组织建设方式方法，重点研究和探索外部市场以及海外项目党组织机构设置、党员管理和党内活动的有效途径。加强与外部市场以及国外市场党员的沟通联系，及时了解掌握流动党员的思想状况；按照“坚持标准、保证质量、改善结构、慎重发展”的方针，做好党员发展工作；继续深化“共产党员工程”、“党员责任区”、党员“示范岗”和“党员奉献日”等活动，为党员发挥先锋模范作用搭建平台。二是加强以党支部书记为主的党务政工干部队伍建设，规范党支部书记的选拔、培养和使用。选拔德才兼备的中青年人员充实政工干部队伍，优化整体结构，提高整体素质；通过双向培养和

使用，创造有利条件，促进政工干部多方面成长。三是加强以班组建设为重点的基础工作，形成钻井专业“五型”班组建设规范。认真贯彻落实《集团公司基层建设纲要》，将“五型”班组建设作为普遍要求和基本标准。要抓好标准制定，抓好示范班组建设，抓好班组长队伍建设，健全班组长选拔、培养和使用机制，加快建设一支高素质的班组长队伍。同时，还要进一步健全完善包括组织领导机制、工作推进机制、措施保障机制和指导检查机制在内的一系列班组建设工作的长效机制。

三、加强形势任务教育，聚合力，助发展。

专业化重组后，公司点多、面广、线长，用工性质、来源构成复杂，文化沟通和思想整合存在一定难度。特别是随着公司市场布局的调整、管理模式的变革以及市场化、专业化、国际化进程的加快，大批员工已经或将要离开熟悉的工作、生活环境，到国际市场和外部市场迎接日趋激烈的竞争与挑战。在这种情况下，公司的发展战略、发展目标和发展举措必须要得到广大干部员工及家属在思想上的广泛认同。一是要常抓不懈。从形势任务教育入手，把思想政治工作作为一项长期重要的工作任务，按照集团公司“形势、任务、目标、责任”主题教育活动的总体要求，不断引导员工树立适应新形势、新变化的思想观念，树立大局意识，共同创造属于长城钻探的新业绩、新辉煌。二是要结合实际。根据各个时期面临的不同情况和工作重点，确定相应的活动主题和内容，采取适当的方式方法，提高活动的针对性；遵循“三贴近”原则，围绕员工关心的各项重点工作，深入基层，深入群众，实事求是分析形势，清晰具体明确任务。三是要传承创新。深入开展爱党、爱国、爱企宣传教育，自始至终抓好世界观、人生观、价值观教育、革命传统教育及法制教育；深入开展大庆精神、铁人精神再学习、再教育活动，使广大干部员工在重温光荣历史中增强发展责任，在学习优良传统中汲取精神动力，进一步唱响“我为祖国献石油”主旋律；大力开展先进典型选树、培养和学习宣传，大力营造崇尚先进、学习先进的浓厚氛围，激励广大干部员工把爱国之情转化为报国的实际行动、把爱企之志转化为企业发展的动力之源。同时，要进一步加强对外宣传工作，加强与国内外有关媒体沟通协调，抓好企业形象、企业精神、企业典型、企业商誉价值和实力资质等方面宣传，在公司内外形成良好的思想舆论氛围。

四、培育优秀企业文化，增实力，兴发展。

培育并形成优秀的企业文化，是确保公司在重组整合后健康发展的现实需要，也是公司建设国际化石油工程技术总承包商的迫切需要。因此，不仅要把企业文化建设作为一项具体的业务工作，更要放在国际竞争的大背景下来思考，当做重大战略问题来看待，把对企业文化的认识提高到一个新的高度。一是要按照《集团公司企业文化建设纲要》要求，总结重组之前三家企业的成功经验、借鉴国内外同行业先进实践，紧紧围绕“建设国际化石油工程技术总承包商”的发展定位，加快建立“以大庆精神、铁人精神为灵魂，以领导力、执行力、凝聚力、竞争力为核心，以团队文化、安全文化、廉洁文化为基础”的具有长城钻探特色的企业文化体系。二是注重强调员工在企业文化建设中的重要地位和作用，强调全体员工对企业文化的认同感和参与意识，充分挖掘和发挥人在文化建设中的核心作用，以员工素质的提升带动企业文化内涵的提升。三是以安全文化建设为基础，认真贯彻落实公司企业文化建设三年规划。要加大理念灌输、案例教育和先进管理手段的推广，确立、宣贯不同国籍、不同文化背景下，员工普遍认同的长城价值观和长城发展愿景，形成以企业文化促进各项工作不断创新发展的新格局。

五、切实加强党风廉政建设，筑防线，保发展。

坚持“标本兼治、综合治理、惩防并举、注重预防”的方针，以完善惩治和预防腐败体系建设为重点，加强反腐倡廉建设；以增强党性修养为重点，加强作风建设。一是加强反腐倡廉教育。要进一步创新形式和载体，把改进领导干部作风作为保障科学发展的重要切入点，经常性地对党员干部进行警示教育、党纪条规教育和企业规章制度教育，注重党性修养和作风养成，增强廉洁从业和遵纪守法意识，筑牢拒腐防变的思想道德防线。二是认真贯彻落实公司惩防体系建设实施计划。各级纪检监察部门要加强组织协调和检查指导，把规范权力运行、健全经营管理制度与强化监管、查处违纪违规行为结合起来，主动督促有关部门履行职责；各有关部门要自觉把职能范围内的管理职责与惩防体系建设的分工任务相结合，切实把惩防体系植入企业内部控制和风险管理制度，融入企业经营管理体系之中。三是积极开展党内巡视工作，重点加强对领导班子贯彻科学发展观、落实公司决策部署、执行党风廉政建设责任制、执行民主集中制、遵守企业基本管理制度和廉洁从业规定等情况的监督检查。

六、有效发挥群团组织优势，促和谐，共发展。

没有和谐稳定的环境，一切发展都无从谈起。各级工会、共青团组织要充分发挥自身优势，为企业改革发展稳定创造良好环境，努力实现企业与员工、干部与群众、生产与生活、企业与社会的全面和谐。一是切实维护好员工根本利益。认真贯彻落实《职工代表大会制度实施办法》、《基层民主管理制度实施办法》，继续推进民主管理、厂务公开制度规范化建设。加强对基层员工生产生活设施和福利待遇情况调研，不断提高基层员工生产生活水平，解决员工的后顾之忧。二是广泛开展各类群众性活动。各级工会、共青团组织在维护稳定、安全管理、质量管理、劳动合同管理等方面，要采取灵活有效的方法，发挥积极作用。组织开展好群众性合理化建议、劳动竞赛、经济技术创效等活动，广泛组织开展广大员工喜闻乐见、健康向上的文化体育活动，丰富员工的业余文化生活。三是全力做好维护稳定各项工作。积极稳妥地推进内部体制机制改革，进一步完善制度、落实责任，不断巩固公司重组以来在维护稳定工作上取得的工作成果，努力建设维护稳定长效机制。

同志们，严峻的形势和宏伟的发展蓝图已同时摆在了我们面前，目标已经明确，任务也已经清晰，让我们以科学发展观为统领，紧紧围绕和服务公司发展大局，以改革创新的精神全面加强党的建设、领导班子建设、党风廉政建设、思想政治工作和企业文化建设，进一步把党的政治优势转化为公司科学发展的强大动力，为完成公司生产、经营、改革、发展、稳定各项任务，为确保公司建设国际化石油工程技术总承包商战略目标的实现而努力奋斗！

第二篇

大 事 记

2009年长城钻探公司大事记

1月10日　集团公司安全环保质量检查团由集团公司炼油与化工分公司安全副总监王强带队到长城钻探公司检查工作，在辽河宾馆听取长城钻探公司安全生产、环境保护、质量管理工作汇报。长城钻探公司副总经理冯艳成，总经理助理翟智勇以及公司机关部分处室、相关二级单位负责人参加了会议。

1月12日　集团公司与杜邦公司HSE咨询合作试点启动视频会在长城钻探公司召开。集团公司安全环保部主任贺荣芳、副主任吴苏江以及杜邦公司有关领导和专家出席会议。长城钻探公司总经理张凤山宣读致全体员工的一封信，党委书记王忠仁主持会议，副总经理冯艳成作动员讲话，副总经理刘乃震，党委副书记张希勤，副总经理门廉魁，总经理助理张柏松、胡欣峰、翟智勇、杜君等公司领导出席会议。

1月15日　长城钻探公司总经理张凤山、副总经理冯艳成、总经理助理胡欣峰在公司总部会见法国道达尔勘探与生产（中国）有限公司总裁Denisp. de Besset先生，双方就进一步加强合作深入交流。

1月18日　集团公司副总经理曾玉康到辽河油区慰问调研。期间听取了长城钻探公司等单位的工作汇报，慰问了长城钻探公司一线员工、特困家庭、劳动模范。

1月20日　长城钻探公司召开2009年井控工作会议，总结回顾2008年井控工作，通报近期井控安全检查情况，安排部署下步重点工作，动员广大干部员工提高对井控工作重要性和紧迫性的认识，采取切实有效措施，完善井控责任、技术保障、监督管理三个体系建设，建立井控安全长效机制，确保钻井安全。公司副总经理、总工程师刘乃震，总经理助理胡欣峰等出席会议。

1月21日　长城钻探公司总经理张凤山，党委书记王忠仁，副总经理冯艳成，副总经理刘乃震，总会计师杜春玲，党委副书记张希勤，副总经理门廉魁，总经理助理张柏松、胡欣峰、翟智勇、杜君等在京召开领导干部大会，宣布集团公司党组关于中油测井北京分公司划转到长城钻探公司的决定。集团公司副总经理廖永远出席会议并讲话。集团公司工程技术分公司总经理杨庆理，集团公司人事部副主任、股份公司人事部总经理孙金瑜出席会议。长城钻探公司副总师以上领导、原中油测井北京分公司领导出席会议。

1月22日　长城钻探公司自营苏里格油田合作开发项目的第三个区块《苏53区块开发方案》顺利通过股份公司评审。

2月5日　长城钻探公司在京召开党委全委（扩大）会议，贯彻落实集团公司2009年工作会议精神，总结公司党委2008年主要工作，分析面临的形势，明确工作任务，对2009年重点工作进行安排。集团公司副总经济师关晓红出席会议并讲话，党委书记王忠仁作党委工作报告，党委副书记张希勤作纪委工作报告，总经理张凤山作总结讲话，公司副总师以上领导出席会议。

2月6日　长城钻探公司在京召开市场工作会议，总结2008年市场开发工作，对2009年市场开发工作进行部署，对市场形势进行分析，作出发展规划、制定具体工作目标。总经理张凤山发表重要讲话，党委书记王忠仁主持会议，副总经理冯艳成作《市场工作报告》，副总经理、总工程师刘乃震作公司优势特色技术总体介绍，公司副总师以上领导出席会议。

2月10日　钻井一公司GW216队在尼日尔项目施工的第一口直探井Goumeri-2井顺利完井，井身轨迹合格率100%，各项技术指标均达到甲方CNODC的严格要求，创造了井下和设备无事故的施工纪录，获得了甲方的高度评价。

2月25日　集团公司与杜邦公司HSE咨询合作长城钻探公司钻井一公司试点启动大会顺利召开。杜邦公司顾问袁东林结合案例讲述了HSE管理体系推进的目的、意义、内容和方法。长城钻探公司钻井一公司经理李科宣读《致全体员工的一封信》，副经理、安全总监余凯宣读《钻井一公司HSE管理体系建设推进计划》。钻井一公司将和杜邦公司的专家组织研讨班、现场培训和现场实施指导。

2月26日　集团公司副总经理廖永远到辽河油区调研指导工作。廖永远一行深入长城钻探公司生产一线、听取工作汇报，对公司各项工作取得的成绩给予充分肯定，要求广大干部职工要深入贯彻落实集团公司工作会议和工程技术工作会议精神，切实加强安全环保工作，全面推进科技进步，不断加强班子建设，推进企业又好又快发展，为集团公司建设综合性国际能源公司作出新的贡献。公司总经理张凤山，副总经理冯艳成，总经理助理张柏松、翟智勇及辽河油区其他企业领导陪同调研。

2月28日　集团公司标杆队、钻井一公司40609队施工的大位移定向井海南33-9井顺利完井。创造辽河油田位移最大、大位移井斜角最大、海南区块大斜度最深、水垂比最大、4000米深井机械钻速最快、4000米井完井周期最短6项施工新纪录。

3月6日　集团公司国际事业部主任章欣等一行5人到长城钻探公司调研。公司党委书记王忠仁，副总经理冯艳成，总经理助理胡欣峰、翟智勇以及人事处、国际事业部、生产协调处等有关部门负责人出席座谈。副总经理冯艳成从长城钻探公司基本情况、外事管理、海外项目管理、海外安全防恐和HSE建设等方面进行汇报。

3月16日　长城钻探公司总经理张凤山、副总经理冯艳成、总经理助理胡欣峰会见苏丹PDOC公司副总裁Mohamed一行。双方就进一步加强合作深入交换意见。

3月16日　长城钻探公司召开学习实践科学发展观活动动员会。总经理张凤山主持会议，党委书记王忠仁作动员报告，集团公司直属党委常务副书记王益岭出席会议并讲话。公司副总师以上领导出席会议。

3 月 25 日　集团公司在辽阳石化公司召开 2009 年节能工作现场会。长城钻探公司等 17 家企业获 2008 年度节能节水型先进企业。

3 月 28 日　首届绿色产业经济论坛暨 2008 年中国节能减排功勋企业、功勋人物、领军企业、领军人物颁奖晚会在北京举行。长城钻探公司等 10 家单位获中国节能减排功勋企业荣誉称号。总经理助理翟智勇代表长城钻探公司领奖。

3 月 31 日　集团公司深入学习实践科学发展观活动领导小组副组长、集团公司副总经理王福成到辽河油区调研指导工作，要求深入开展好学习实践科学发展观活动，推动企业实现科学发展、和谐发展。集团公司股份公司副总裁孙龙德、副总会计师温青山等有关领导陪同调研。长城钻探公司深入学习实践科学发展观活动领导小组组长、党委书记王忠仁，总经理助理张柏松陪同调研。

4 月 1 日　长城钻探公司在商务部组织的对外承包工程、劳务合作和设计咨询统计工作会议上获“2007—2008 年度对外承包工程、劳务合作和设计咨询统计工作先进集体”，集团公司所属企业中仅有两家企业获此荣誉。

4 月 9 日　集团公司副总经理廖永远专程到长城钻探公司调研，深入学习实践科学发展观活动情况，对长城钻探公司学习实践科学发展观活动给予“领导重视，部署周密，组织有力，开局良好”的评价，对下一步学习实践活动提出具体要求。集团公司总经理助理李万余、安全环保部主任贺荣芳、工程技术分公司总经理杨庆理、钻井工程技术研究院院长孙宁、办公厅副主任白智勇、规划计划部副主任姜力孚等领导陪同调研。长城钻探公司总经理张凤山、党委书记王忠仁分别作生产经营工作汇报和学习实践科学发展观活动情况汇报。

4 月 14 日　长城钻探公司与集团公司钻井工程技术研究院签署科技合作框架协议。公司总经理张凤山，副总经理、总工程师刘乃震和集团公司钻井工程技术研究院院长孙宁，副院长林建、邹来方出席签字仪式。

4 月 16 日　钻井一公司陕北项目部 32995 队在长庆定边地区施工的丛式定向井厚 35−34 井，钻井周期 3 天 15 小时，完成井深 2290 米进尺，机械钻速为 44.18 米 / 小时，成为长庆定边区块定向井施工的最快纪录。

5 月 8 日　长城钻探公司召开领导干部会议。总经理张凤山讲话并作形势任务报告，党委书记王忠仁主持会议，副总经理冯艳成宣布公司持续重组整合方案、干部任免文件及部分副总师工作分工。副总经理、总工程师刘乃震，副总经理门廉魁，总经理助理张柏松、胡欣峰、翟智勇等领导出席会议。

5 月 31 日　集团公司印发《关于中国石油集团长城钻探工程有限公司物探公司实施重组有关问题的通知》（中油人事〔2009〕235 号），长城钻探公司物探公司划转中国石油集团东方地球物理勘探有限责任公司，资产以 2008 年 12 月 31 日为基准日划转，人员以 2009 年

4 月 30 日在册人数为准划转。

6 月 4 日　长城钻探公司与中油阿克纠宾油气股份有限公司签订战略合作框架协议。总经理张凤山、中油阿克纠宾油气股份有限公司总经理徐可强分别代表双方签字。总经理助理胡欣峰、副总工程师顾伟康出席签字仪式。

6 月 15 日　长城钻探公司开拓乍得能源开发方案市场，在 5 月 22 日与中油国际（乍得）有限责任公司签署《乍得 H 区油气勘探开发项目技术服务框架协议》的基础上，签订《PROSOPHIS、BAOBAB、MIMOSA 三个区块的开发方案项目》合同。

6 月 16 日　长城钻探公司施工的苏 10−31−48H 试验水平井经过 10 天的放喷试产，日产天然气稳定在 10 万立方米以上。成为长庆油田苏里格气田首口高产水平井。

6 月 18 日　长城钻探公司首届井控技能竞赛在钻井二公司举行。副总经理、总工程师刘乃震出席开幕式并讲话，集团公司驻辽河油区井控巡视员廖润康出席开幕式，长城钻探公司总部机关、辽河分部、长庆分部、驻辽各二级单位、辽河油田公司钻井工程部主要负责人以及参赛职工参加开幕式。

6 月 25 日　中共长城钻探公司委员会召开第一次代表大会。会议审议通过党委工作报告和纪委工作报告，选举产生中国共产党长城钻探公司新一届委员会和纪律检查委员会。党委书记王忠仁作党委工作报告，党委副书记张希勤作纪委工作报告，总经理张凤山致闭幕词。集团公司直属党委常务副书记王益岭、辽河油田公司党委书记孙崇仁应邀出席会议。冯艳成、刘乃震、杜春玲、门廉魁、张柏松、胡欣峰、翟智勇、杜君等领导出席会议。

6 月 26 日　长城钻探公司召开上半年工作会议，总结生产经营改革发展各项工作，安排部署下半年工作。总经理张凤山作工作报告，党委书记王忠仁主持会议。副总经理冯艳成，副总经理、总工程师刘乃震，总会计师杜春玲，党委副书记张希勤，副总经理门廉魁以及总经理助理张柏松、胡欣峰、翟智勇、杜君等领导出席会议。

6 月 25 日　长城钻探公司苏丹 6 区稠油热采项目组锅炉点火，290 摄氏度蒸汽注入 FC−12 油井中，标志长城钻探公司苏丹稠油热采项目正式开工，这一成果将有效推进苏丹市场由钻井向综合性工程技术服务转型。

6 月 30 日　长城钻探公司首届职业技能竞赛开幕式在辽河油区举行。副总经理、总工程师刘乃震出席开幕式并讲话，总经理助理张柏松、翟智勇，总部机关、辽河分部、各二级单位主要负责人以及参赛职工参加了开幕式。

7 月 2 日　长城钻探公司与杜邦 HSE 咨询合作钻井二公司召开推进启动会。公司总经理助理、安全副总监翟智勇，机关相关处室领导，杜邦公司项目经理、HSE 专家谢荣军出席会议。

7 月 3 日　长城钻探公司在辽河召开 2009 年上半年井控工作会，公司副总经理、总工程师刘乃震，总经理助理胡欣峰、翟智勇，副总师易发新、苏庆新、刘德军以及集团公司井控巡视员廖润康、田兆杰出席会议。

7 月 6 日　钻井一公司陕北项目部

32804 队施工的苏 10−33−29 井，钻井周期 6 天 22 小时，完钻井深 3426 米，机械钻速为 33.13 米 / 小时，刷新了苏里格地区 7 天 9 小时的施工纪录，创造“长城钻井”新周期。

7 月 16 日　长城钻探公司在辽河油区召开 2009 年上半年 HSE 工作会议暨体系推进和示范队创建现场会。公司副总经理、安全总监冯艳成出席会议并讲话，总经理助理张柏松主持会议，总经理助理、安全副总监、质量安全环保处处长翟智勇通报了上半年安全生产工作情况。

7 月 17 日　长城钻探公司召开科技工作会议。公司副总经理、总工程师刘乃震出席会议并讲话，就下一步科技工作提出明确要求。公司科技处负责人，各研究院院长，各二级单位、直属公司、直属单位总工程师或主管科技的副经理、科技管理部门负责人、研究所所长、重点项目项目长等参加会议。

7 月 27 日　钻井一公司陕北项目部 32460 钻井队完成进尺 60096 米，成为长城钻探公司外部市场首支年进尺突破 3 万米、4 万米和 6 万米的钻井队伍，连续刷新单井施工时效，创造苏里格地区丛式井钻井施工周期最快纪录。

7 月 30 日　中华环境友好企业授牌仪式在人民大会堂举行，长城钻探公司在受评企业中以总分第一荣获“中华环境友好企业”称号。总经理张凤山在仪式上代表公司受奖并代表获奖单位发言，总经理助理翟智勇参加授牌仪式。

7 月 30 日　长城钻探公司与渤海钻探公司划转钻修井机项目管理责权交接仪式在公司委内瑞拉项目部举行。长城钻探公司副总经理冯艳成、副总会计师李晓明、渤海钻探国际工程分公司副经理于顺明等有关领导出席。

7 月 30 日　长城钻探公司印发《长城钻探工程公司组建境外大区实施方案（施行）》通知（长钻公司〔2009〕128 号），组建非洲、中东、中亚、美洲 4 个境外大区，对境外业务实行统一管理。

8 月 13 日　苏丹项目在苏丹 6 区 FN−29 井首次套管开窗侧钻作业取得成功，开创苏丹 6 区的首例。

8 月 14 日　辽河油田公司领导到长城钻探公司走访。总经理张凤山与辽河油田公司党委书记孙崇仁，总经理谢文彦等一行举行座谈。副总经理冯艳成，总会计师杜春玲，副总经理门廉魁，总经理助理张柏松、胡欣峰、翟智勇以及有关部门负责人出席座谈会。

8 月 18 日　长城钻探公司总经理张凤山、副总经理冯艳成会见来访的盘锦市委书记陈淑珍、副书记李素芳等一行。长城钻探公司有关部门负责人参加会见。

8 月 24 日　长城钻探公司总经理张凤山会见美国 Global Energy Service 公司高级副总裁卡洛斯·肯达一行。双方就有关合作事宜进行亲切友好的交谈，并达成初步意向。总经理助理胡欣峰及机关部门负责人参加会见。

9 月 2 日　长城钻探公司副总经理、总工程师刘乃震在新疆库尔勒市与塔里木油田公司副总经理郭建军座谈，就中国年代能源投资（香港）有限公司喀什北气田合作开发项目进行沟通，征求意见和建议。

9 月 3 日　长城钻探公司在辽河举

办首届青年形象设计大赛。党委副书记、纪委书记、工会主席张希勤出席并讲话，集团公司直属机关团委副书记张俊东以及公司有关部门负责人出席开幕仪式。录井公司、钻井液公司等6家驻辽二级单位的68名选手参赛。

9月8日　长城钻探公司副总经理冯艳成、总经理助理胡欣峰与来访的TBM公司董事会成员ALEX一行座谈。双方就哈萨克斯坦斋桑项目的有关事宜交换意见。

9月25日　集团公司设备管理检查团到长城钻探公司检查指导工作。副总经理冯艳成进行了工作汇报，规划计划处有关负责人参加会议。

9月26日　长城钻探公司在苏丹的第一口水平井PP－29H井喜获成功。PP－29H井井眼轨迹深度1992米，垂深1323.98米，最大井斜角88.4度，入靶水平段312米，各项数据指标均达到甲方技术指标要求。

10月13日　集团公司联合调研工作组冯钰评一行到长城钻探公司钻井二公司检查指导工作。公司副总经理冯艳成、辽河分部相关领导，钻井二公司领导班子及机关相关科室长，基层队代表等参加会议。会后，调研组来到钻井二公司70030钻井队施工的兴古7－15井现场进行调研。

10月16日　钻井一公司40001钻井队完成的苏10－34－61H井，井深4245米，水平段827米，钻井周期46天，建井周期52天10小时，平均机械钻速9.47米/小时，创该区块水平井钻井周期最快、建井周期最短、平均机械速度最快纪录。

10月16日　钻井一公司50008队完成的苏10－40－62H井，井深4300.12米，水平段843米，钻井周期48天，建井周期55天18小时，创区块水平段最长纪录。

10月21日　长城钻探公司总经理张凤山与大庆油田公司总经理、大庆石油管理局局长王永春，大庆油田党委书记姜万春在海拉尔座谈，双方就进一步加强合作进行交流。

11月2日　长城钻探公司在北京总部召开ISO 9001质量管理体系认证审核首次会议。总经理张凤山，党委书记王忠仁，副总经理冯艳成，副总经理刘乃震，总会计师杜春玲，党委副书记张希勤，总经理助理张柏松、胡欣峰、翟智勇等领导和东北认证公司审核组成员出席会议。

11月6日　钻井一公司在陕西定边区块施工的32806钻井队用267天时间开钻45口，交井44口，单机年累计进尺突破10万米，成为长城钻探公司历史上首支年进尺超10万米的钻井队。

11月10日　长城钻探公司工会在北京召开第一次代表大会。党委书记王忠仁出席会议，党委副书记、纪委书记、工会主席张希勤作工作报告，副总经理门廉魁致贺词。中国能源化学工会副主席张萌萌以及集团公司直属机关工会、辽河油田公司工会有关领导应邀出席会议。

11月14日　长城钻探公司总经理张凤山陪同中国驻阿曼大使潘伟芳会见了阿曼石油次大臣Nasser Bin Khamis Al Jashmi先生。双方就进一步加强合作进行交谈并取得建设性成果。

11月15日 长城钻探公司总经理张凤山陪同中国驻阿曼大使潘伟芳会见了PDO总裁John Malcolm先生。双方就长城钻探公司在PDO的工程服务项目的执行情况以及合作前景进行交谈。

11月17日 长城钻探公司与TBM公司签署《斋桑区块深层稠油开发的技术与工程一体化服务》合同，标志着斋桑深层稠油开采工程技术总承包项目成功启动。

11月19日 集团公司总经理、党组书记蒋洁敏访问苏丹期间，听取长城钻探公司工作汇报。充分肯定了长城钻探公司苏丹项目取得的成绩，对公司在苏丹的发展做出明确指示。公司副总经理冯艳成代表长城钻探公司就苏丹项目工作做了汇报。

11月24日 长城钻探公司召开ERP项目启动视频会。集团公司信息管理部副主任古学进、长城钻探公司副总经理刘乃震出席会议并讲话，会议由公司副总经理门廉魁主持。总经理助理张柏松、胡欣峰、翟智勇，副总工程师王欣出席会议。公司总部机关、辽河分部、长庆分部相关负责人，各二级单位主要领导等近200人参加会议。

11月24—25日 长城钻探公司在北京召开2009年度财务工作会议。认真贯彻落实集团公司财务工作会议、决算工作会议精神，总结工作、分析形势、明确任务、表彰先进。公司总会计师杜春玲出席会议并讲话。公司总部相关部门负责人，各二级单位、境外项目部总会计师或主管财务工作领导及相关人员参加会议。会议由公司副总会计师李晓明主持，财务资产处处长曹建国作工作报告。

11月25日 集团公司安全环保巡视组组长、吉林油田公司原质量安全环保处处长李振忠等一行7人到长城钻探公司辽河分部检查指导工作。副总经理门廉魁出席并主持座谈会。副总工程师、HSE监督中心主任刘德军，辽河分部相关部门负责人及驻辽各二级单位安全总监、副总监、安全科长参加座谈。

11月26日 集团公司安全环保节能减排考核验收团一行9人到长城钻探公司检查指导工作，验收团由集团公司工程技术分公司质量安全环保处副处长王计平带队。长城钻探公司副总经理冯艳成、刘乃震，总经理助理、质量安全环保处处长翟智勇出席汇报会，质量安全环保处等有关部门负责人参加会议。

12月11日 长城钻探公司在北京召开测录试业务QHSE认证审核末次会议，挪威船级社审核组组长徐向东宣布长城钻探公司测录试业务通过QHSE认证审核。总经理张凤山出席会议并讲话，总会计师杜春玲，党委副书记张希勤，总经理助理胡欣峰、翟智勇、杜君等领导和挪威船级社审核组成员出席会议。认证审核范围覆盖的机关处室和所属单位主要负责人参加会议。

12月20日 集团公司召开年度防恐安全管理先进集体与先进个人表彰大会，长城钻探公司被授予“2009年度海外防恐安全管理先进集体”称号，刘文秀、许建民、曾宪江3名同志被评为集团公司海外防恐安全先进个人。大会共表彰5家先进集体和62名先进个人，公司副总经理、安全总监冯艳成代表长城钻探公司出席表彰大会。

12 月 25 日 长城钻探公司发挥地质油藏研究的特长，中标苏丹 3/7 区 GASAB 油田调整方案项目，签订项目合同。

12 月 28 日 长城钻探公司在北京召开 2009 年度 HSE、质量管理工作会议。会议总结了 2009 年 HSE、质量管理工作，安排部署 2010 年工作重点，对先进单位和个人进行了表彰。公司总经理张凤山出席会议并发表讲话，党委书记王忠仁主持会议，公司副总经理、安全总监冯艳成作工作报告，副总经理刘乃震，总会计师杜春玲，党委副书记张希勤，副总经理门廉魁，总经理助理张柏松、胡欣峰、翟智勇、杜君等领导出席会议。

12 月 29—30 日 长城钻探公司第一届职工代表大会第二次全体会议在京召开。公司总经理张凤山作《行政工作报告》，总会计师杜春玲作《财务工作报告》；长城钻探公司党政领导班子成员在会上进行述职，会议对公司党政领导班子成员履职情况进行测评，表决通过关于《行政工作报告》、《财务工作报告》的决议。党委书记王忠仁就贯彻公司一届二次职代会精神、如何完成公司 2010 年工作任务目标提出明确要求。

12 月 31 日 集团公司副总经理、党组成员廖永远到长城钻探公司慰问调研。廖永远一行听取长城钻探公司工作汇报，代表集团公司党组向长城钻探广大员工家属拜年，对公司各项工作取得的成绩给予了高度评价。集团公司安全副总监、安全环保部主任贺荣芳，工程技术分公司总经理杨庆理等陪同调研。长城钻探公司总经理张凤山做了工作汇报、党委书记王忠仁主持汇报会，副总经理冯艳成、刘乃震，总会计师杜春玲，党委副书记张希勤，副总经理门廉魁以及总经理助理张柏松、胡欣峰、翟智勇、杜君等领导出席汇报会。

第三篇

概　况

2009年长城钻探公司概况

【基本情况】 长城钻探公司是集团公司所属专业化工程技术服务公司。主营业务范围涉及钻修井、测井、录井、井下作业、固井、钻井液、顶驱、钻具等石油工程技术服务各个环节，以及重油、天然气、煤层气开发等业务，具备石油工程技术一体化总承包服务能力。主要业务分布在国内18个省市自治区和海外中东、美洲、非洲、中亚4个区域23个国家。截至2009年底，有二级单位22个、海外项目和作业区27个，合同化员工总量35452人，其中，境内员工22965人，境外员工12487人，钻探、作业等工程技术服务施工队伍1122支，资产总额269.3亿元,净资产137.3亿元,资产负债率54%。

2009年，长城钻探公司完成钻井进尺470万米，同比增加49.9万米，增长12个百分点。常规测井11603井次，录井2911井次，大修侧钻539井次。

2009年，长城钻探公司实现收入151.7亿元，同比增长11个百分点，上缴税费9.48亿元，全面超额完成集团公司下达业绩指标，长城钻探公司发展速度、质量、效益位居集团公司同类企业前列。

【持续重组】 2009年,按照集团公司统一部署，中油测井北京分公司整体并入长城钻探公司，物探业务整体划转东方物探。面对特殊时期、特殊背景下的非常重组，长城钻探公司按照尊重历史、面向未来、总体设计、分步实施的原则，积极稳妥地实施机关部门对口合并、相同业务一体化整合以及海外同一国家项目融合等工作，在干部任用、人员安排、机构设置，以及业务、制度、观念的全面融合等各方面均达到预期效果，上对集团公司，下对全体员工，基本做到多方满意。

【企业改革】 2009年, 长城钻探公司完善员工培训管理中心、测井技术研究院等组织机构；组建长庆和海拉尔生产指挥中心；对能源开发、物资管理、钻井技术服务、国内反承包等业务进行了资源整合；对驻辽单位实行扁平化管理和专业化改革；海外业务建立非洲、中亚、中东、美洲4个大区综合协调、项目部为生产经营主体的管理体制。长城钻探公司“国内专业化”调整按期完成，“国外区域化”体制全面建立，“国内外一体化”架构已具雏形。生产经营科学有序，管理制度基本完善，干部员工士气高昂，石油工程技术企业专业化管理、集约化发展的优势初步显现，长城钻探公司稳步跨越“融合、稳定、立规矩”的第一阶段。

【主营业务】 2009年，长城钻探公司应对金融危机、持续重组以及市场划分后交接操作等挑战，抓住海外市场划分和中国石油迅速完成全球获取油气资源战略布局的有利时机，国内外“4 + 5”市场格局进一步巩固。国内以钻井为主走出辽河 121 支队伍，国外以技术服务为主走出国门 103 支队伍，长城钻探公司 85% 的收入来自辽河以外的非关联交易市场，45% 的收入来自国际市场，提前 3 年实现长城钻探公司自己确定的市场化、国际化目标。

一、国内市场

2009 年，长城钻探公司进入大庆、长庆 2 个国内规模最大市场，坚决支持辽河稳产，努力拓展油气合作，“4”个市场围绕效益进行调整。东部地区新增钻机 20 部，其中大庆 11 部、吉林 7 部、浙江冀东各 1 部。成功中标中油海 7 号钻井船测井、冀东 4 号人工岛总包、苏北油田钻井、金坛储气库固井等项目。西部地区完成钻井进尺 295 万米，长庆市场新增钻机 28 部，华庆总包项目完成 100 万米进尺。合作开发市场全年完成投资 8.5 亿元，钻井 177 口，完成进尺 62.1 万米，生产天然气、煤层气 14.4 亿立方米，实现收入 11.7 亿元。全年辽河油区市场实现收入 22.3 亿元，同比下降 61 个百分点；国内外部市场收入 59.3 亿元，同比增长 66 个百分点。

二、国际市场

长城钻探公司在集团公司海外重点战略区形成非洲、中亚、中东、美洲 4 个大区及国内对外合作区“5”个市场。非洲地区苏丹项目成功转型，尼日尔、乍得新增 21 支队伍，肯尼亚高温地热钻井市场取得新突破。中亚地区哈萨克斯坦 10 口盐下深井成功中标，斋桑项目稳步推进，完成乌兹别克斯坦吉达 3、吉达 4 两口集团公司重点井测试作业。中东地区伊拉克鲁迈拉项目前期准备进展顺利，伊朗 NIOC12 口井总包项目成功中标，阿曼 PDO 测井合同顺利续签。美洲地区古巴大位移井完成合同谈判并顺利进行设备动员，委内瑞拉钻机市场获得 5 年期续签合同。国内对外合作市场成功中标 BP 吐哈煤层气、年代喀什北区块开发等总包项目。全年国际市场实现收入 70.1 亿元，同比增长 8 个百分点；新增合同额 14.3 亿美元，创历史最高纪录。

【工程技术服务】 2009 年，长城钻探公司转变观念，更新理念，在工作中做到“四个千方百计”(即千方百计为甲方提高产量提供特殊工艺井和稠油注汽服务；千方百计为甲方提高采油速度提供增产技术服务；千方百计为甲方提高最终采收率提供综合技术服务；千方百计为甲方提高油井有效生产时间减少工程技术占用时间)。应用水平井技术，辽河油区推广多分支水平井、鱼骨分支水平井等全新技术手段，单井产量明显提升。在大庆海拉尔首次实施的希 3-平 1 等 3 口水平井日产是同区块直井的 5—7 倍。苏里格气田利用水平井分段压裂技术，打造日产天然气 10 万立方米以上的苏 10-31-48H 水平井，是区域直井同期日产的 6—7 倍，创造“稀井高产、少井高效”的全新开发模式。国外苏丹 3/7 区采用“IGD”技术实现多技术合成和多专业联合，完成 PP-29H 和 FG-29H 2 口水平井，日产油量是直井的 2.5 倍，打破斯伦贝谢的独家垄断。实施欠平衡井技术，辽河油区应用欠平衡井与水平分支井相结合，在低压、低渗油气藏应用中取得良好效果，提高施工效率，达到发现和保护油气藏的目的，提高单井产量。哈 3–H4 井应用欠平衡钻井技术，日产油量、产气量分别是邻井的 4.5 倍和 2.5 倍；马古 8 井一次性随钻随喷点火成功，自喷求产折合油气当量 110 吨 / 日，取得马古 1 块潜山层位勘探的突破。推广稠油热采技术，将稠油热采等服务引入国际市场。2009 年，苏丹 6 区利用稠油热采全套技术服务，启动 4 口井热采先导试验，注汽后平均日产大幅增加，FC–12 井平均日产比常规冷采提高 3.9 倍。

长城钻探公司落实集团公司“三提、两井”工作部署，全过程、全要素推进钻井提速，长城钻探公司平均机械钻速同比提高 14.6 个百分点。长庆和苏里格市场广泛推广钻具耐磨、PDC 钻头、MWD 定向、充气钻井、导向钻井和丛式井等成熟钻井技术，平均机械钻速同比提高 35.8 个百分点，苏 10–34–61H 水平井连创钻井周期最短、建井周期最短、平均机械钻速最高三项纪录。大庆海拉尔市场推广应用“复合井眼、复合钻进、全井采用 PDC 钻头、全井螺杆泵钻进”的“两复两全”技术措施，平均机械钻速同比提高 61.69 个百分点，平均钻井周期、建井周期分别达到 13.4 天、17.8 天，实现建井周期控制在 20 天以内的提速目标。兴古 7–H226 井实现 5000 米水平井完井周期控制在 100 天以内和 5000 米双分支井水平井完井周期控制在 120 天以内工作目标，创同类井最快纪录。长城钻探公司 GW80 队、32806 队进尺超过 10 万米，创造国内外钻井的标杆。

【企业管理】 2009 年，长城钻探公司规范投资管理，完成固定资产投资 20.9 亿元，保障“双百”队伍走出去、苏里格气田产能建设、安全环保隐患治理、节能减排、海外防恐等投资需求，实现投资效益最大化。加强财务资产，实行资金收支两条线和境内外一体化核算，建立适应市场的预算指标形成机制，境外项目税收筹划收效明显，加大成本费用控制力度，成本增幅低于收入增幅 6 个百分点。提高人力资源管理水平，引进人才 86 人，接收高校毕业生 810 人，完善人才梯队建设。为海外项目配备总工程师、财务总监、HSE 总监 56 人，支持海外业务发展。清退国内外劳务用工、临时用工 1021 人，海外员工本土化率达到 75%。加强物资管理，实施年度物资预算计划管理，物资综合采购成本下降 15.3 个百分点，降低成本 4.76 亿元，集团公司授权集中采购工作走在同类企业前列。精准工厂化管理以建立石油工程技术标准流程自动化管理为目标，紧紧围绕一个井眼共同组织生产，积极推行精准的单井、单项工程、单机预算管理，精准技术管理，精准施工时间管理，明确各专业井筒作业时间和责任，形成多专业技术合力，实现所有成本全过程、全时段受控，生产工序“零对接”。马古 8 井通过科学使用 GP536D PDC 钻头和陶瓷钻井泵缸套，完钻井深 4750 米，平均机械钻速 5.9 米 / 小时，促进钻井持续提速。

【质量、安全、环保管理】

一、安全生产

2009 年，长城钻探公司与杜邦合作 HSE 体系推进试点工作进展顺利。长城钻探公司领导带头履行安全承诺，与所属单位签订《HSE 责任书》，面向管理层制订《HSE 管理原则实施方案》，全面实施 HSE 绩效考核。《反违章禁令》得到有效执行。以“反违章禁令落实执行年”活动为载体，实施“个人无违章，岗位无隐患，班组无违纪，基层无事故”的“四无”工程，使执行禁令成为员工的自觉行动。加强井控管理工作，加大重点井管理力度，大力整改事故隐患，努力提高员工队伍素质，有效遏制井喷事故发生。开展经常性安全检查和隐患排查活动，投入隐患治理资金 9500 万元。境外项目安全防恐形势稳定，制定三级安全防护标准，定期召开风险评估会，及时发布风险预警，投入 1092 万元完善物防设施，保证海外员工的人身安全。

二、环境保护

长城钻探公司保护施工区域生态资源，投资 200 多万元用于防风固沙和植被恢复。推广绿色施工作业技术，无害钻井液使用率达到 100%，各类污染物排放全面达标。

三、质量管理

2009 年，长城钻探公司加快推进公司由“质量符合”向“追求卓越”转变，确立“奉行质量至上、恪守诚信服务、铸造长城品牌、追求卓越绩效”的质量方针，在同类企业中首家发布 2008 版 ISO 9001 质量管理体系并通过资质认证。

四、节能节水

2009 年，长城钻探公司加大能源审计力度，实施 27 项节能节水措施，全年措施节能 3010 吨标准煤，节水 2.4 万立方米，钻井进尺柴油单耗下降 6 个百分点，超额完成集团公司下达的考核指标。长城钻探公司获得“中国节能减排功勋企业”、“中华环境友好企业”、“集团公司海外防恐安全管理先进集体”等荣誉称号，通过集团公司安全生产、环境保护、节能节水先进企业考核验收。

【技术创新】　2009 年，长城钻探公司初步完成科技工作领导体系、研发体系、管理体系、支持体系建设，科技攻关取得 10 项重大突破。苏里格地区三低薄层气藏水平井钻完井及分段压裂试验获得成功，苏 10−32−50H 井日产 12 万立方米以上，是相邻直井的 8—10 倍。LEAP800 测井系统整体性能达到国际先进水平。过套管电阻率测井设备得到升级推广。苏里格、华庆等重点区块钻井提速综合配套技术形成技术规范。高温地热泡沫定向钻井配套技术形成长城钻探品牌。超深井高密度高矿化度钻井液技术取得重大突破。超短半径径向水平井技术现场试验达到预期效果。全油基钻井液现场试验获得成功，完善钻井液体系。分支井技术达到国内领先水平，具备国际市场规模应用的条件。远程录井系统应用测试获得成功。全年投入科技经费 1.3 亿元，实现科技创效 3.6 亿元，承担国家级项目 6 项，集团公司级课题 12 项，获得省部级科技进步奖 7 项，获得国家专利授权 92 项，其中，发明专利占 20%。对国内外 16 个重点项目形成全面技术支持。以水平井为主的特殊工艺井技术达到国际先进水平。技术、规模、效益均位居国内第一。能源开发以低渗天然气开发和海外稠油开发技术服务为重点，获得良好经济效益。2009

年，长城钻探公司通过国家级高新企业认证。

【党建思想政治工作】　2009年，长城钻探公司坚持以“三个保证”为目标，加强党的思想、组织、作风、制度和反腐倡廉建设。建立覆盖长城钻探公司生产经营全部领域的28个二级党工委机构。学习实践科学发展观活动取得满意成果，各级领导干部引领企业科学发展能力普遍增强。深入开展“三树一增”形势任务教育和“三个最佳”党支部创建活动。认真落实“三重一大”规定，惩防腐败体系建设推进工作取得阶段性成果。扶贫帮困、送温暖、送文化活动深入人心。长城钻探公司与辽河油田公司密切配合抓好职工队伍稳定。长城钻探公司被评为中央国家机关文明单位、用户满意工程先进企业、思想政治工作先进单位。阿曼项目被评为中央企业先进集体，GW80队、70136队被授予全国工人先锋号。王悦田获全国五一劳动奖章、中央企业劳动模范称号，韩民久获中国石油榜样好干部称号。

（王华东）

第四篇

生 产 建 设

钻井与修井作业

【钻井作业基本情况】　2009年，长城钻探公司钻井作业动用钻机187部，其中，国内103部，分布在长庆、辽河、大庆、吉林、冀东、新疆等10个油田。国外84部（含26部合资钻机），分布在委内瑞拉、古巴、尼日尔、乍得、利比亚、肯尼亚、哈萨克斯坦等18个国家，其中，中亚大区22部，中东大区10部，非洲大区25部，美洲大区27部。动用钻机中，7000米钻机40部，5000米钻机39部，4000米35部，3000米钻机63部，2000米中小型钻机10部。

2009年，长城钻探公司完钻524口，占26.2%，辽河油区完钻179口，占9%，国内其他市场完钻720口，占36.1%，国外市场完钻573口，占28.7%。长城钻探公司完成进尺135.6万米，占28.8%，辽河油区完成进尺37万米，占7.9%，国内其他市场完成进尺190.2万米，占40.5%，国外市场完成进尺107.2万米，占22.8%。

2009年完钻井中，平均井深2370米，同比增长5.7个百分点；平均钻机月速2262米/(台·月)，同比增长20.1个百分点；探井235口，探井进尺65万米，占总进尺的13.8%；生产井1761口，进尺405万米，占总进尺的86.2%。

国内自营钻机平均机械钻速17.4米/小时，同比提高33.9个百分点。年进尺超过4万米的钻井队15个，超过5万米的钻井队5个，40503队年进尺80734米，GW80和32806队年进尺分别高达103409米和101850米。

【修井作业基本情况】　2009年，长城钻探公司有井下作业施工队伍114支。其中，大修队21支，侧钻队29支、测试队62支、试油队1支、酸化队1支。井下作业共1110井次，其中，国内77井次，国外1033井次。国内修井作业77井次，其中，大修作业16井次，侧钻作业55井次，试油作业6井次。国外井下作业1033井次，其中，大修68作业井次，小修作业292井次，酸化作业42井次/70层，试油作业78井次，测试作业553井次/871层。

长城钻探公司有修井设备104台。其中，120吨27部，80吨车载修井机7台，65吨车载修井机8台，80万立方米以上油水分离器21台，APR测试工具16支，MFE测试工具7支，直读试井车18台。

【水平井施工】　2009年，长城钻探公司完成水平井82口，其中，辽河油区完成水平井50口（含水平分支井15口）、长庆苏里格地区完成水平井4口、海拉尔油区完成水平井5口、国外完成23口。辽河油区完成水平井平均井深2435米，平均钻机月速1125米/(台·月)，平均机械钻速5.8米/小时，井身质量合格率100%，固井质量合格率100%，平均取心收获率 98.5%，单筒平均长度 5.28 米。平均钻井周期 61 天 20 小时，平均建井周期 71 天 5 小时。

【井控】 2009 年，长城钻探公司未发生井喷失控上报事故。2009 年，是长城钻探公司"井控隐患整改年"，开展以"识别、整改、培训、提高"为主题的井控隐患整改年活动。围绕井控隐患整改活动，各单位通过组织动员、新闻媒介宣传等方式，开展井控隐患整改宣传活动，提高干部员工的井控安全意识。各单位对照井控细则及存在的井控隐患问题，进行全面整改。加强井控培训，采取分层次、不同课程、多专业授课、强化冬休训练等的培训模式，提高干部员工的井控管理和现场应急处置能力。加大井控资金投入，投资 1300 余万元，新购置 69 台（套）井控设备，加工制作 64 套标准化过桥，规范井控设备的配置和安装标准。

完善各项井控管理制度，制定下发《长城钻探公司三高井重点井关键工序井控管理规定》、《长城钻探公司国外钻修井井控监督管理规定》和《长城钻探公司井控安全责任管理规定》等 4 个井控管理规范性文件。各专业区域编制完成了《辽河油区钻井井控细则实施方案》，《辽河井控监督管理办法》，《西部井控监督管理办法》，《录井井控安全管理细则》，《测井过程井控安全管理细则》，《封井器现场安装试压检查安全管理细则》，《顶驱作业安全管理细则》，《固井井控风险识别与消减措施》8 个专业井控管理办法，规范区域井控监督管理和施工过程井控监管行为，促进长城钻探公司井控管理水平的提高。

对大修及侧钻进行专项整治活动，提高井下作业的井控管理水平。加强对重点井及关键施工环节的控制力度，履行设计审批和开钻验收程序，实行 I 级风险井科级干部驻井制度。重视边缘井、开发井等关键工序的井控制度落实和监督检查。对浅气层井，技术干部驻井指导，从多方面控制井控事件的发生。

【技术管理】 2009 年，长城钻探公司全面贯彻落实集团公司"三提两井"的工作要求和长城钻探公司"两保两全"的应对措施，实现"双百双增"的逆势增长目标，结合长城钻探公司国内外市场作业的实际情况，以技术引领市场，强化技术和管理创新，加大成熟技术和经验的推广力度，推进技术支持体系，规模实施水平井和欠平衡井，技术管理工作取得显著效果。

在辽河油区推广"精准工厂化管理"模式。通过对关键工序、特殊工艺和复杂情况 3 个关键生产环节措施交底和责任落实，防止井下事故，消除安全隐患。制定"限时定量有偿结算"的规定，使钻井公司同其他专业化公司的横向沟通、相互配合、协同施工的工作不断融合，逐步实现无缝对接，促进深井钻井提速。

长庆油区引进辽河油区丛式定向井技术，根据区块地层特点，通过技术创新，推广 PDC 钻头配高效螺杆结合 MWD 技术应用，形成长庆油区提速模板。在华庆项目推行"市场化运作、精细化管理、一体化领导"的总承包管理模式，平均钻井周期达到 9.52 天。在苏里格气田项目，组织参与施工单位针对该区块地质情况和完钻井资料，对钻井设计进行有效变更，平均钻井周期同比减少 106 天。

海拉尔油区开展技术创新活动，逐步形成复合井眼、复合钻进，全井采用 PDC 钻头、全井采用螺杆钻进和优化钻头选型、优化钻具组合的“两复两全两优化”的技术模式，减少缩径卡钻和划眼等复杂情况，推进钻井提速。

2009 年，根据境外项目市场技术需求，组织国内科研院所研究讨论，下发 14 个海外项目技术支持项目。在辽河油田马古 11 井开展井下套管阀的试验，实现不压井起钻。在哈 3-H3 开展鱼骨水平井的欠平衡试验，在陈古 1C 和陈古 2C 井开展冻胶阀的现场试验，欠平衡工艺更加丰富和完善。

2009 年，通过优化井身结构缩小井眼尺寸，推广有机硅钻井液体系和 PDC 钻头技术，实现在苏里格低渗气田 50 天钻一口水平井的目标。加大水平井、分支井技术推介力度，结合长城钻探公司技术优势提出地质工程一体化的 IGD 理念，成功进入国外高端市场。先后在苏丹完成水平井 2 口，阿克纠宾完成水平井 8 口，实现长城钻探公司境外项目水平井技术服务零的突破。

【资质管理】

一、完成资质申报

2009 年，资质管理工作任务繁重，分批次、分专业进行 10 批次 157 支施工队伍的资质审核申报工作。其中，钻井队伍 5 批次，49 支钻井队申报资质。侧钻队伍申报 1 批次 9 支队伍。测井队伍分 2 批次申报 7 支队伍资质。录井队伍资质申报 86 支。完成 1 支试油队伍的资质申报。

二、加强资质管理人员培训

2009 年 3 月 16 日，长城钻探公司组织“长城钻探 2009 年第一期资质管理培训班”，聘请集团公司相关领导、专家对集团公司的资质管理规定进行全面宣贯，对企业和队伍资质的审核标准进行解读，规范申报材料的制作，明确资质申报和审核的程序。

三、完成申报股份公司准入资质工作

根据股份公司的要求资质到期的队伍需要重新申报资质，2009 年，完成涉及钻井、侧钻、录井、测井、试油、钻井液、固井、定向井等专业 450 支工程技术服务队伍申报股份公司准入的资质初审工作。

四、拟定定向井资质申报细则

根据集团公司工程技术分公司要求，组织技术服务公司的相关专业技术人员草拟《定向井资质申报工作细则》。

（刘百红）

测井管理

【技术管理】　2009 年，梳理长城钻探公司测井、录井和随钻测井专业现有的技术，按照施工工艺和方法建立长城钻探公司测井、录井和随钻的技术管理体系框架，进行技术优劣势对比分析。建立长城钻探公司测井、录井和随钻技术标准、技术规范体系框架，组织修订相关的5项SOP，完成《水平井生产测井技术规范》企业标准初稿。建立长城钻探公司测井、录井和随钻测井专家虚拟网络支持体系，支持伊拉克、巴基斯坦、阿曼等海外项目LEAP600现场推广应用。组织审核《阿塞拜疆项目报废火工品销毁方案》、《伊朗测井项目CTU射孔作业方案》。

【科技创新】 2009年，长城钻探公司完成苏丹作业区潜油泵+Y−BLOCK工具增值服务项目的技术调研工作。阿曼PDO项目LEAP600测井系统推广应用，完成2口井的对比工作，得到甲方好评。组织完成国内泵抽式地层测试仪器的调研工作，向有关部门提交调研报告。

【重点工作】 2009年，长城钻探公司组织完成“十二五”测井、录井、测试专业规划编制工作。组织编写完成中国石油员工培训系列教材中的《水平井测井培训教材》和《测井主流装备新进展——LEAP系统部分》教材。完成《放射性源被盗、丢失应急预案》、《火工品丢失应急预案》编制工作。组织完成LEAP800和READS系统宣传片的制作工作。

（胡　敏）

能源开发

【基本情况】 能源开发部门主要由业务主管部门能源事业部和苏里格气田合作开发项目经理部、煤层气开发公司、地质研究院3个二级单位组成。2009年底，能源事业部有员工339人。其中，地质及物探专业人员51人，开发专业人员44人，钻井及采油专业人员148人，工程设计专业人员19人，法律合同、预算、财务、审计等管理人员29人。本科以上学历的占57%，含博士9人；具有中高级技术职称人员占55.8%，含教授2人。

截至2009年底，能源开发业务形成固定资产原值38.98亿元，净值29.51亿元。其中，苏里格气田合作开发项目经理部形成资产原值38.71亿元，净值29.35亿元，新度系数0.75，煤层气开发公司形成固定资产原值897.29万元，净值388.62万元，地质研究院有工作站等设备341台（套），固定资产原值1618.7万元，净值1226.9万元。

【苏里格地区天然气合作开发】 2009年，苏里格地区建成天然气配套生产能力14.77亿立方米，有天然气井535口，完成压裂井513井次，日产天然气480万立方米，平均单井日产天然气1.3万立方米，生产天然气28.97亿立方米，完成天然气商品量27.29亿立方米。建成集气站8座（苏10−1集气站、苏10−2集气站、苏10−3集气站、苏 11–1 集气站、苏 11–2 集气站、苏 11–3 集气站、苏 11–4 集气站、苏 53–1 集气站）。

2009 年，完钻井 175 口，进尺 61.89 万米。建成集气站 5 座，弥补递减及新建产能 6.77 亿立方米。2009 年计划完生产天然气 14 亿立方米，实际完成 14.2 亿立方米，完成计划的 101.4%。其中，苏 10 区块完钻井 54 口（含 4 口水平井），进尺 18.57 万米，弥补递减新建产能 2 亿立方米。苏 10 区块全年完成天然气商品量 9.6 亿立方米。苏 11 区块完钻井 116 口（丛式井比例 70%），进尺 41.62 万米。建成集气站 4 座，新建产能 4.6 亿立方米。苏 11 区块全年完成天然气商品量 4.6 亿立方米。苏 53 区块完钻井 5 口，进尺 1.7 万米。建成集气站 1 座，新建产能 0.17 亿立方米。全年实现安全环保无事故，完成 HSE 体系推进 11 个程序的转换及实施。

一、科技攻关

2009 年，苏 10 区块开展水平井试验，完钻水平井 4 口，后 3 口井钻井周期均在 60 天以内，苏 10–34–61H 井钻井周期 46 天，提高钻进速度，缩短钻井周期，4 口井成功采用裸眼封隔器分段压裂投产。其中，苏 10–31–48H 井日产气 10 万立方米，苏 10–34–61H 井日产气 6 万立方米，苏 10–40–62H 井日产气 6 万立方米，苏 10–32–50H 井日产气 12 万立方米。

二、苏里格气田产能建设

2009 年，苏里格气田产能建设组织有序，天然气产量稳步上升，根据投资计划及产建工作量安排，提前开展井位部署研究，在井位运行上做到“正钻一轮、安排一轮、备用一轮”，分 6 批部署，审批通过新井 320 口，其中，直井 281 口、水平井 39 口。对部署井位与在位钻机数量、钻井速度统筹考虑，科学编排运行，精心组织现场施工。组织苏 11 区块投产准备工作，确保区块尽早投产。全年新建产能 6.77 亿立方米，完成天然气商品量 14.2 亿立方米，超额完成年度考核指标。

三、优化井位部署

2009 年，长城钻探公司深化地质认识，与生产动态紧密结合，优化井位部署，优选实施顺序，根据实施效果及时对比分析、调整，取得较好效果。其中，苏 10 区块完钻的 50 口井，Ⅰ＋Ⅱ类井比例 90.0%，苏 11 区块完钻的 116 口井，Ⅰ＋Ⅱ类井比例 92.1%。

四、丛式井规模开发

按照股份公司要求及开发方案指标设定，苏 11 区块开发以丛式井为主，加强区块部署区域井位优选，完钻开发井中丛式井比例达到 70%，区块北部形成 2 个百万立方米产能区。开展苏 11 区块控制井评价部署及试采研究，区块中部含气富集区初见雏形。

五、优化方案设计

利用苏 53 区块二维地震资料开展含气性预测，划分含气富集区，结合钻探、试气、试采资料进行精细地层对比，开展储层预测及产能评价研究，确立区块中南部 613 平方千米为建产区，通过数值模拟等手段进行方案指标优化，编制完成苏 53 区块储量报告及苏 53 区块 10 亿立方米产能开发方案，在向股份公司勘探与生产分公司专家组汇报时受到与会领导及专家好评，综合资源评价、建产区落实程度、方案规划等指标，可操作程度被列为第二批合作开发区块之首。

【煤层气开发】 2009 年 4 月，长城钻探公司建设煤层气阜新作业区红山混合气站，具备投产条件。设计日处理能力 12 万立方米（共 2 台机组，单机 6 万立方米 / 日），外输压力最高为 0.25 兆帕。安装在线监测系统，经单体试运和整体试运，各参数均达到设计要求，主要设备运转稳定，向下游用户进行试供气。

2009 年，阜矿合作区块未实施新产能建设工作量，有开发井 40 口，其中，未采区 32 口、采动区和采空区 8 口，形成日产纯气 5 万立方米、混合气折纯 9 万立方米的生产能力。2009 年，生产煤层气量 2750 万立方米（其中，未采区纯气 1770 万立方米、混合气折纯 980 万立方米），纯气产量同比增长 29 个百分点，完成销售量 1760 万立方米，同比增长 41 个百分点。

2009 年，BP 公司吐哈盆地煤层气评价总包项目完成 15 口评价井的钻井、录井、测井、取心工作量，钻井进尺 1.3 万米，取心进尺 417.53 米，取心收获率 78.57%。全年营业收入 7150 万元，完成长城钻探公司下达考核指标的 188.1%，同比增长 274 个百分点。其中，煤层气销售收入 2800 万元，工程技术服务总包收入 4350 万元。

【能源勘探开发技术服务】 2009 年，能源开发部门按照长城钻探公司闯市场的工作部署，发挥稠油特色技术优势，利用长城钻探公司整体优势，开发中国石油海外油气开发和社会资金投资的能源开发 2 个市场，提供油田勘探、开发、调整方案编制以及工程技术各专业配套技术在内的全方位技术服务。哈萨克斯坦新开发哈萨克斯坦斋桑油田稠油热采总承包、苏丹 6 区热采先导试验、苏丹 3/7 区 GASAB 油田调整方案编制、苏丹水平井地质导向服务、乍得 Bongor 盆地 3 个区块开发方案编制等项目。国内市场新开发喀什北天然气勘探开发总承包、BP 公司吐哈盆地煤层气评价总承包、石楼西天然气勘探开发等项目。

苏丹 6 区稠油热采先导试验技术服务项目完成 3 口井注汽，2 口井投产，第一口蒸汽吞吐先导试验井 FC−12 井自注蒸汽日产液 198 立方米，日产油 109 吨，是常规冷采阶段产量的 5 倍。截至 2009 年底，已累产液 19857 立方米，累产油 9825 吨，试验效果显著。

苏丹水平井地质导向服务完钻 2 口井，其中，由地质研究院负责地质跟踪导向技术服务的长城钻探公司在苏丹的第一口水平井 PP−29H 井成功钻遇 Yabus 组油层，钻遇油层段 312 米，油层钻遇率达到 100%。乍得 Bongor 盆地 3 个区块方案编制项目完成综合地质研究工作。喀什北天然气勘探开发总承包项目完成综合地质研究和 2 口井钻井设计。石楼西天然气勘探开发项目编制完成区块初步评价方案，通过集团公司对外合作开发局审批。

2009 年，全年实现收入 3500.39 万元，完成长城钻探公司下达考核指标的 116.7%，同比增长 29.6 个百分点，其中，国内市场收入 877.39 万元，国际市场收入 2623 万元。

（吕世全）

第五篇

科技发展

综合情况

【基本情况】 2009年，长城钻探公司承担国家级课题（专项）6项，其中，4项国家重大专项，2项“863”课题。承担集团公司级课题12项，其中，2项重大科技专项；承担公司级课题45项。全年投入科技经费13050万元，有10项科研攻关课题取得重大技术突破，获专利授权92项，其中，发明专利9项，获辽宁省科技奖励3项，获集团公司科技进步奖4项，其中，特等奖1项，在钻探企业中名列前茅。分支井鱼骨井钻完井技术被列入集团公司2009年“十大科技进展”。测井研究院等研究机构入驻集团公司科技园区获得集团公司认可，长城钻探公司顺利通过北京市高新技术企业认定。

【现场试验】 2009年，长城钻探公司突出科技立项的针对性，注重对国内外市场的技术支持，根据长城钻探公司的发展定位和发展目标，明确主营业务的技术需求，突出重点，引领长城钻探公司主营业务的发展方向。依托重大工程项目，抓住生产中的瓶颈技术，提升企业的核心竞争力。集中优势科研力量，开展联合研究，解决生产中的关键技术难题。

一、苏10区块水平井提高单井产量

2009年，长城钻探公司实现“单井高产、少井高效”目标，在苏10区块分两批部署4口水平井，针对气层预测难、泥岩垮塌、不易造斜、井下复杂情况多等技术难题，通过优化井身结构和钻具组合，优选PDC钻头和钻井液体系，加强气藏地质研究，配套录井地质跟踪和随钻测量，10月，全部成功完钻，对4口井进行4段裸眼分段压裂投产全部一次成功，其中，苏10-32-50H日产气12万立方米以上，达到现场试验目的。

二、超短半径径向水平井技术研究

2009年，长城钻探公司开展套管开孔铣头、扭矩传动柔性节、喷射头、喷射管及井口配套工具、井下定位机构等配套工具样机加工制作，完成单件工具的室内模拟实验。7月，开展地面模拟试验和联机调试；11月，进入现场试验，取得预期效果，扩大试验规模。

三、全油基钻井液研究

长城钻探公司优选出茂名5号白油作为全油基钻井液的连续相，使用高效有机土HMC-4和树脂类的增黏剂提高全油基钻井液的黏度和切力，起降滤失作用。优选出适合该体系的润湿剂和稳定剂，完成小于1.68吨每立方米和2.0吨每立方米 2种密度的全油基钻井液的最佳室内配方及性能试验。并就试验井的选择、预期目标、现场配置与维护、回收与储存以及HSE管理制订详细的方案和措施，在沈北地区沈307井成功进行第一口井现场试验，油基钻井液在提高泥岩钻井速度和井壁稳定等方面效果明显。

【科技项目攻关】

一、LEAP800 测井系统研制

LEAP800 测井系统是面向国际高端测井市场而研发的新一代测井系统，经过科研人员三年多的持续攻关研究，已完成地面系统、软件系统、遥传系统及部分井下仪器集成与研发，进行 30 多次现场试验，LEAP800 系统整体性能达到国际先进水平，兆级高速遥传系统达到国际领先水平，具有完全自主知识产权。

二、过套管电阻率测井样机试制完成

过套管电阻率测井样机试制完成，过套管电阻率测井技术是一种在套管井中测量地层电阻率的新技术，能够有效地进行油气藏动态和剩余油分布监测，对优化油田开发、延长油田开采寿命及提高采收率具有重要意义。2009 年，长城钻探公司取得 8 口井合格资料，采取引进吸收消化再创新，研制成功适用套管直径 5.5 ～ 7 英寸[1]，仪器最高耐温 150℃的过套管电阻率测井仪，主要技术指标达到国外同类产品的先进水平。在 8 口井的现场试验中，对比国外同类型仪器所测资料以及裸眼井电阻率测井资料，所测资料完全符合质量要求，在微弱信号测量、信号同步传输等关键技术上取得技术突破。

三、苏里格、华庆等重点区块钻井提速

长城钻探公司在苏里格区块推广应用 PDC 钻头、大扭矩螺杆、减震器、悬浮器和随钻扭矩仪等新工艺、新技术，在钻头选型与使用、钻具组合优化、钻具探伤与管理、防漏钻井液工艺等方面形成一整套的综合配套技术，平均钻井周期 18 天，平均建井周期 22.3 天，平均机械钻速 14.1 米 / 小时，特别是苏 10−34−61H 水平井钻井周期达到 46 天，创苏里格水平井钻井周期最短纪录。长城钻探公司在华庆超低渗区块推广 PDC 加螺杆钻具的复合钻井方式，建立一开到完井的技术规范，平均钻井周期 10.7 天，平均建井周期 14.1 天，平均机械钻速 21.6 米 / 小时。5 月 11 日，完钻的元 301−69 井钻井周期用时 3 天 1 小时，建井周期 4 天 11 小时，机械钻速 51.3 米 / 小时，创下华庆超低渗区块机械钻速最快、钻井周期和建井周期最短 3 项钻井纪录。在辽河兴隆台潜山、沈北潜山及大庆海塔等重点区块钻井提速都取得显著效果，初步建立起各重点区块提速模板。

四、肯尼亚高温地热井泡沫定向钻井配套技术

2009 年，长城钻探公司专家组现场调研分析，查找出 11 个方面的技术难点，并针对每个难点，制订可行的技术解决方案。通过钻头优化、减阻防蹩跳提速试验、稳斜钻具组合及优化泡沫施工工艺，以及针对不同井段、不同井温，采用不同性能的泡沫流体等措施，通过初步试验，在提高钻井时效、减少井下复杂情况、井眼轨迹控制及提高固井质量等方面取得满意效果。2009 年完成的 6 口井平均完钻周期 51.5 天，同比缩短 10 天，初步完成地热井泡沫钻井施工工艺规范的编制。

---

[1] 1 英寸 =25.4 毫米。

五、吉达 3 超深井高密度高矿化度钻井液技术

吉达 3 井地质情况异常复杂，对钻井液技术要求非常高。2009 年，长城钻探公司在钻井液配方、高密度钻井液流变性调控和现场施工工艺等方面取得重要突破，解决泥岩缩径、岩膏层垮塌、地层严重出水及深井高压条件下钻井液性能稳定等技术难题，为安全钻进、减少井下复杂和缩短钻井周期提供技术支撑。吉达 3 井完钻井深 5938 米，具有多层系、多压力特点。室内实验对 90 多个配方优化，为现场提供“饱和盐水两性离子聚合物”钻井液体系，在 5790 ~ 5792 米井段的超高压过饱和盐水层采取降低钻井液密度提高循环压力等措施，保证顺利钻穿 5790 ~ 5792 米井段。长城钻探公司在高矿化度、高密度钻井液方面形成配套技术。

六、分支井钻完井技术

2009 年，长城钻探公司四级分支井技术在 3000 米井深内应用基本达到成熟推广，六级分支井完成分叉材料选材、方案论证及主要部件图纸绘制，加工出样机进行地面试验。2009 年，全年完成 5 口井四级分支井和 13 口鱼骨分支井，完成《鱼骨井钻井作业规程》行业标准编制，兴古 7-H208 是国内最深的双分支水平井，分支井总体技术水平处于国内同行业领先水平，具备规模应用到国外市场的条件。

七、远程录井系统研制进展顺利

2009 年，长城钻探公司围绕远程录井系统结构、总体技术路线，在遵循信号采集通道可扩充、数据统一、多种网络通信协议并存、软件设计模块化、时间 / 深度数据库并存、实时采集参数实时传输、录入数据变化传输和结果数据本地计算等原则，完成远程录井系统初步方案设计，进入基地对现场的单井对单井的测试阶段。长城钻探公司细化、完善远程录井系统总体方案，实现“有人值守、远程操控、专家支撑、网络共享”的目标。

【技术创新体系建设】　2009 年，长城钻探公司经过持续专业化重组，构建以工程技术研究院、测井研究院和地质研究院支撑长城钻探公司三大业务板块发展的研发体系。明确工程技术研究院以钻井工程技术为主导，研究重点是水平井、分支井、大位移井、完井、欠平衡井、气体钻井、钻井液、钻井取心、钻完井工具开发及钻井提速综合配套技术，开展试油测试技术、压裂酸化技术攻关，实现从钻井工程设计、钻完井工程技术到侧钻大修工艺和增产措施等系列技术保障和服务，具备钻完井工程技术总承包的技术支撑能力。成立测井技术研究院，主要是发挥专业优势和人才优势，完善原中油测井研发中心的科研体制，瞄准高端市场，明确重点，突出特色，研发高起点高水平的前沿高端技术，实现从测井仪器设计、制造到技术服务为一体的全套技术能力，为长城钻探公司测井板块发展提供技术支撑。明确地质研究院以技术集成和推广应用为基本定位的研究机构。重点是发挥长城钻探公司稠油开发特色技术优势，瞄准国内外目标区块，从地质油藏研究开始，实现从制订油田勘探方案、开发方案、调整方案及钻修井、测录试、增产措施等系列工程技术服务，具备油田勘探开发建

设总承包能力，占领高端技术市场。

2009年，录井公司、固井公司成立研究所，提升单位的研发能力。长城钻探公司新组建的钻井液公司、钻井技术服务公司、钻具公司等，都成立新技术推广中心，加快成熟技术推广应用，使科技成果尽快转化成现实生产力。长城钻探公司各二级单位基本配备总工程师，海外大区都相继配备总工程师，加大技术创新的组织领导保障力度。

【技术交流与合作】 2009年，长城钻探公司与集团公司钻井工程技术研究院签订战略合作框架协议。4月14日，长城钻探公司与钻井工程技术研究院按照“优势互补、合作发展”的原则，结成科技合作伙伴关系，包括联合进行科技攻关，实行科技资源共享，加强新技术、新产品的应用与协作，共享科技合作成果，加强双方的学术技术交流，联合培养科技人才等7方面的内容，明确沟通联络的日常机制，促进科技创新合作和科技成果转化，推进钻井工程技术科学、快速发展，提升钻井工程技术的综合实力和整体水平，增强钻井工程技术在国际上的竞争力以及自主创新能力。

长城钻探公司聘请罗平亚院士为高级技术顾问，全面指导长城钻探公司钻井液技术发展，加大钻井液技术研发力度，提升钻井液技术的核心竞争力。罗院士通过考察、调研后，对长城钻探公司钻井液技术发展方向提出明确发展方向，从而加快了长城钻探公司钻井液技术研发步伐。长城钻探公司组织的钻井液技术研究专项已列入集团公司重大现场试验项目。

长城钻探公司续聘肖加琦等人为首席科学家和高级技术专家，长城钻探公司在尖端测井、测试装备研发方面拥有国际顶尖层次的技术领军人才，有力推动长城钻探公司测井装备研发水平，提供长城钻探公司占领国际高端技术服务市场技术、装备支持，集团公司批准LEAP800测井系统列入集团公司科技重大专项。

长城钻探公司与APS公司就旋转导向、井下压力监测等技术转让、合作进行广泛的交流；长城钻探公司与BJ公司和SLB公司就连续管钻井、作业技术进行交流。长城钻探公司与休斯敦大学就如何加快发展随钻和测井技术达成合作意向。通过交流和探讨，对长城钻探公司快速集成最新技术，提升高端石油工程技术服务能力起到积极推动作用。

【科技管理】

一、加大科技立项管理力度

2009年，长城钻探公司科技项目计划分重大现场试验、重点技术攻关、技术集成推广应用、前期研究和软科学研究。长城钻探公司严格按照《长城钻探工程公司科技项目管理办法》规定开展科技立项工作。科技立项采取顶层设计和所属单位申报2种形式，重点突出项目的技术经济指标、依托工程、经费预算审查与评价，确保科技项目具有技术先进性和经济实用性。加强对项目承担单位研发能力的考核，科技项目承担单位必须具有学科的学术技术带头人和技术团队，具备必要的科研条件和技术手段，能够独立完成70%以上研究内容，建立二级单位、专业公司、项目部科技项目报批制度。

二、加大经费管理力度

2009年，按照长城钻探公司文件要求，加强科技经费管理的规定。科技项目经费实行全额预算管理，在项目开题时均须编制经费预算明细，经长城钻探公司概预算部门审核，由长城钻探公司科技发展委员会审定，按年度下达计划。加强控制科技经费支出，科技项目经费预算一经批准，项目承担单位严格执行，做到专款专用，专项专用，保证了科技经费有效使用。加强科技经费使用的监督与检查，建立科技经费使用的监督检查制度。

三、加大科技外协管理力度

2009年，长城钻探公司严格外协立项审批，加强外协预算管理，外协经费额度一般不超过整个项目经费的30%。把好资质审查关，石油工程主干专业及规模较大的新兴业务专业的大专院校、科研院所正在建立定点定向协作关系。加强外协项目全过程管理，通过外协，掌握技术，提高水平。要求各项目承担单位在科技立项时，要明确外协内容，确保科技立项、研发、验收、决算与科技外协立项、研发、验收、决算同步运行，确保外协的针对性和时效性。

四、加大日常管理力度

2009年。长城钻探公司加强组织领导，落实责任。全面实行项目长负责制。落实项目长责权利，使项目长有职有权有责，确保项目研究人员60%以上时间从事科研工作。加强项目中期检查和评估，6月下旬，组织专家对第一批计划项目进行中期检查，9月下旬，对第二批计划项目进行中期检查，截至2009年12月20日，对2009年所有科技项目进行年终检查。科技管理人员经常深入现场，督促项目有效实施，做到跟踪检查及时，依托工程落实及时，协调解决问题及时，保证全年科技计划任务目标的完成。

【知识产权】　2009年，长城钻探公司加大知识产权工作，结合知识产权周活动，提高全员知识产权意识。在知识产权周期间，组织知识产权知识网上答题竞赛活动。推进知识产权战略，促进长城钻探公司技术有形化工作的开展，把钻井取心技术和射孔技术有形化，取得预期效果。加强专利申请工作，提高申请专利质量，获得专利授权92项，发明专利授权9项。加大长城钻探公司优势特色技术的海外宣传和推介力度，提升长城钻探公司技术品牌的美誉度和赞誉度，使长城钻探公司在非洲、中东、中亚和南美地区获得更多竞标机会和市场份额。

2009年长城钻探公司科技获奖项目

【荣获辽宁省科技进步奖项目】

一等奖

分支水平井钻完井配套技术研究

二等奖

录井综合信息采集与处理系统开发及应用研究

过套管测井解释方法研究

【荣获集团公司技术创新奖项目】

特等奖

苏里格气田经济有效开发技术研究

一等奖

辽河油田分支井钻完井技术研究与应用

哈萨克斯坦 North Buzachi 油田固井技术的研究

三等奖

稠油热采井高温射孔技术研究与应用

【荣获盘锦市科学技术奖项目】

一等奖

钻井取心技术研究与应用

稠油热采井完井管柱保护技术研究与应用

水平井生产测井工艺技术研究及应用

二等奖

阜新高瓦斯矿区煤层气开发与利用

乌兹别克斯坦卡拉吉达构造吉达3井高温高密度超深井钻井液技术研究与应用

边台–H3Z 双分支鱼骨水平井技术研究与应用

超高温射孔技术研究及应用

水平井测井多井解释技术及应用

乍得 RonierC–1 块开发概念设计研究

三等奖

水平井完井配套技术完善及应用

过套管电阻率测井仪器改进与推广应用

吐哈油田鲁克沁东区英4井区深层稠油油藏工程研究及英4平1井热采阶段效果评价

茨34块二氧化碳＋水段塞驱方案设计与先导试验

苏里格地区 PDC 钻头研究与应用

测井资料网络管理系统开发与应用

【荣获长城钻探公司科技进步奖项目】

一等奖

苏里格气田水平井提高单井产量配套技术应用

复杂结构井技术在潜山及深层油气藏的应用

高速测井遥传系统研究

录井油气层解释评价系统研究与应用

二等奖

苏里格气田苏53区块开发方案

肯尼亚 OLKARIA 高温地热井泡沫定向钻井技术应用研究

乌兹别克斯坦吉达3井高密度高矿化度钻井液技术

中长筒取心技术研究

水泥密度固井质量检测技术集成研究

辽河盆地大民屯凹陷西侧勘探目标评价

苏11区块地质优化布井技术研究

长城钻探公司组织结构优化持续重组研究

公司内部专业化工程技术服务计价体系的研究与应用

三等奖

辽河盆地深井、深水平井钻井液技术研究与应用

哈萨克斯坦滨湖地区复杂地层钻完井技术

钻机电代油技术研究与应用

阿塞拜疆 K&K 油田高密度 KCl-聚合物钻井液技术

庆阳低渗区块丛式井钻井提速技术

MIS 油田碳酸盐岩储层综合评价技术

乍得 Bongor 盆地储层测井评价方法

煤层气测井解释方法研究与应用

稠油热采测试技术的完善及综合应用

鲁克沁油田东区深层稠油油藏工程研究及热采效果评价

卡拉赞巴斯油田北区综合调整方案及浅层水平井工艺技术研究

人力资源管理系统的推广和应用

长城钻探工程公司境内外一体化会计核算体系设计及实施

《海外井队员工技能手册》(中英文版)

《石油天然气工程境外作业人员 HSE 培训教程》

第六篇

经 营 管 理

人事管理

【“三控制一规范”】　长城钻探公司按照集团公司整体要求，强化机构编制、用工规模、人工成本和薪酬分配控制与规范，全面提升人力资源管理水平。

一、机构设置与编制定员

2009年，长城钻探公司按照结构调整要求，做好机构调整和编制定员工作，科学论证并制订机构编制方案，制定处级科级机构编制文件34个，组织核定国内单位和海外项目部机构编制方案，强化机构与编制管理。按照机构编制下管两级原则，规范和控制各单位的机构设立与调整，取消拟设科级机构13个。严格编制定员管理，对新组建单位和新上业务，采取分期分批的方式配备人员，严格控制超编超配。强化机构编制管理，实现机构精干高效。

二、用工规模和人工成本

2009年，长城钻探公司按照3年内用工总量控制在3万人以内的目标，控制和压缩用工规模。严格执行用工计划和审批程序，取消4个单位260名劳务用工申请。坚持有进有出的原则，通过引进毕业生逐步清退劳务用工，确保总量不增，全年清退劳务用工1021人。长城钻探公司人事处组织操作强化用工管理，接收毕业生、聘用社会用工和招收劳务用工。加强海外用工管理，进行规范和清退海外临时用工121名。利用资源加大内部调剂，调剂国内单位之间、国内与海外用工437人。加强劳动合同管理，及时办理员工进入、辞职和解聘相关手续，全年中方员工没有发生一起劳务纠纷，规避用工风险。

三、规范和理顺薪酬分配体系

长城钻探公司建立和完善企业效益与员工收入同步增长的薪酬分配机制，科学分析和合理确定工资来源及发放计划，确保员工收入的逐年增长。针对长城钻探公司重组后多种薪酬分配体系并存的实际，逐步规范理顺不同群体、不同业务的薪酬分配体系。坚持总量调控、分级管理、自主分配的原则，对薪酬发放实施有效监控，确保薪酬发放均衡。从企业效益增长和员工利益出发，加强与上级沟通协调，寻求支持和帮助，2009年，员工收入同比增长9.7个百分点，成为同类企业中增幅最高的单位。10月，集团公司召开的“三控制一规范”工作会议，长城钻探公司作典型经验交流。

【结构调整与体制机制创新】　2009年，按照长城钻探公司的统一部署，推进长城钻探公司业务重组和结构调整，加快建设适应总承包商要求的组织结构和体制机制。

一、重组整合

按照长城钻探公司总体设计、分步实施、逐步到位的工作思路，长城钻探公司人事处与上级主管部门沟通协调，研究制订既适应长城钻探公司发展，又有利于队伍稳定的整合方案，重点做好机构设置、干部选配、人员调整、职责完善、薪酬理顺等工作，确保队伍稳定和各项工作的平稳有序运行，组织完成物探业务的整体移交。

二、国内业务管理专业化

长城钻探公司组织推进国内业务专业化管理，组织实施长庆分部、地质研究院、物资供应公司、钻井技术服务公司等 8 个处级单位的业务整合，完成方案设计、干部选配、人员划转、组织运行等工作，提高专业化管理水平。

三、海外业务区域化管理

长城钻探公司组织制订《关于组建海外大区实施方案》，理顺和界定总部机关、国内单位、海外大区和项目部之间的职能关系，构建和完善生产组织、经营管理、市场开发，安全环保、技术支持、人事管理、后勤保障和党群工作海外业务管理体制机制，以大区综合协调、项目部为生产经营主体的架构初步完成。

四、国内组织结构扁平化

长城钻探公司根据《工程技术服务企业组织机构设置规范》的要求，探索和组织实施国内组织结构扁平化，缩短管理链条，简化管理层级、缩编机关人员，提高运行效率。

【领导班子建设】

一、干部队伍素质能力建设

2009 年，根据长城钻探公司加强干部队伍建设的总体要求，以选拔配备、能力建设、年度考核、日常监督为重点，着力提升干部队伍能力素质。按照“融合、稳定、立规矩”的要求，突出干部的思想教育，加强干部的教育培训，组织处级干部素质能力培训 2 期，培训 99 人次，科级干部培训 15 批 870 人次。

二、干部选配标准和程序

长城钻探公司以政治素质、专业知识、能力水平与业绩贡献作为主要依据，提高选用干部的准确度。注重从生产一线和艰苦岗位选拔干部，突出干部的能力水平和业绩贡献。采取直接聘任、组织推荐、民主推选和公开竞聘等方式，提高选用干部透明度。始终按照基层推荐、民主测评、组织考核、集体研究、任前公示和组织谈话 6 个规范程序操作。

三、干部日常管理和考核

长城钻探公司建立人事处与其他部门联动机制，形成监督合力，强化干部日常管理。坚持做好干部述职、述廉、述安全的年度考核工作，与纪委监察处、群众工作处全过程参与监督，确保考核结果公正和真实。始终坚持干部聘用前与纪检监察等部门沟通联系，防止和避免干部“带病”上岗。健全制度和完善机制，上收科级干部审批权限，统一处级干部薪酬发放，约束干部行为，2009 年，长城钻探公司取消 48 名不符合条件拟提科级干部。

【人才队伍建设】

一、人才引进和储备

2009 年，长城钻探公司适应业务发展的需要，加快人才队伍建设，解决人才短缺的矛盾。采取引进毕业生、与院校合作办学和社会招聘等方式，加快人才引进和储备。全年组织海外人才招聘 6 批，引进各类急需人才 86 名。加大协调力度，全年调入借聘人才 131 名。加快毕业生的引进和合作培养，完成 811 名高校毕业生接收和入职教育工作。

二、高层次人才选拔和培养

长城钻探公司全年组织34名骨干人才攻读石油大学硕士、博士研究生，选派22人参加集团公司技能专家和技师培训。组织员工参加英语托福、900句考试，参加考试925人次。强化国内人才外语能力。加强高层次人才队伍建设，选聘企业技术专家27人，集团公司和长城钻探公司级技能专家35人，评审高中级职称300人。

三、海外急需人才配备

长城钻探公司采取社会招聘、内部调剂和国内输送等方式，为海外选配各类人才139名，初步缓解海外人才不足的矛盾。加快海外高层人才的选配，配备总工程师、财务总监、HSE总监56名，强化海外项目管理。指导海外大区、项目部聘任和确认科级干部376名，加强海外中层管理力量。组织海外项目部制订和推进用工当地化实施计划，海外用工当地化率达到了75%。

四、人才激励政策

2009年，长城钻探公司制订《解决员工夫妻两地分居实施方案》、《技能人才管理暂行办法》等6项政策。编印《公司人事制度汇编》，强化激励政策的宣传和落实。加快推进解决员工关注的问题，向海外员工发放“需要公司协调解决问题调查表”，对721名员工提出的32个方面的问题得到解决。

【员工关注的切身利益】 2009年，长城钻探公司研究和探索解决员工关注切身利益问题的有效途径和具体措施。初步缓解海外人才不足的矛盾。采取内部调剂、社会招聘和国内输送等方式，为海外调剂配备各类人才139名，保证员工正常休假和倒班轮换。落实员工岗位轮换政策，17名海外员工实现岗位轮换。落实员工薪酬福利政策和制定员工额外劳动付出补偿标准，海外员工收入同比增长15个百分点，国内外员工收入平均增长7个百分点。落实《人才激励暂行办法》，全年有32名海外项目经理享受了家属反探亲和第三国旅游待遇，有307名管理和技术人才享受家庭国内旅游待遇，支付费用650万元。解决海外高层管理人员的身份转换；科级以下社聘人员身份问题，将逐步加以解决；国内子女劳务工全部纳入市场化管理；131名借聘和派驻人员办理调入手续；海外24名劳务用工纳入市场化管理。解决1009户2340人天津落户，为49名毕业生和10名国内外骨干人才办理北京户口。为夫妻两地分居问题制订解决方案。

（牛丽波）

【技术人员管理】 2009年，按照长城钻探公司提出的“加强专家队伍管理，建设好高层次骨干人才队伍”工作要求，专业技术人员管理部门完善专业技术人员管理制度框架体系，为专业技术人员管理实现制度化、规范化奠定工作基础。

一、建立专业技术人员统计报表制度

2009年，长城钻探公司按照集团公司要求，提出2010年度专业技术职务任职资格评审工作以ERP系统作为数据平台，开展ERP系统上线评审。长城钻探公司重新设计专业技术人员统计报表，纳入人事管理统计报表体系，做好专业技术人员管理数据的平台对接，完善各类统计备案工作。

二、完善专业技术人员管理工作制度

2009年，结合长城钻探公司重组后在专业技术人员管理方面显现的问题，专业技术人员管理部门推进制度体系建设步伐，建立符合国际化公司发展要求的、切合专业技术人员队伍实际的、完整配套的技术人员管理工作制度体系。研究制定《长城钻探工程有限公司技术专家管理暂行办法》、《长城钻探工程有限公司专业技术人员学历教育暂行办法》（待讨论）等政策性文件。

三、完成集团公司引进海外高层次人才的需求调查工作

2009年，长城钻探公司贯彻落实集团公司《关于开展引进海外高层次人才需求调查工作的通知》文件精神，根据长城钻探公司海外高层次人才引进工作的总体部署和安排，下发《关于开展引进海外高层次人才需求调查工作的通知》，对长城钻探公司海外高层次人才引进需求情况进行调查。征求长城钻探公司科技部门、工程技术部们等意见后，向集团公司申报长城钻探公司海外高层次人才引进需求计划，涉及包括“古巴大位移水平井钻井施工和工具研制”在内的5个工作项目的5个工作岗位。

【建立专家评价机制】 2009年，长城钻探公司根据集团公司要求，结合长城钻探公司专家队伍建设实际情况，组织制定《关于开展选聘企业技术专家工作的通知》，开展企业技术专家选聘工作，实现预期工作效果。

2009年，长城钻探公司细化企业技术专家选聘量化评价标准，确立人才评价标准，完善人才评价方式和人才评价手段，完善以能力和业绩为导向的人才评价机制。根据长城钻探公司《关于开展选聘企业技术专家工作的通知》精神，根据集团公司总体安排和下达的指标数，在各单位提出企业技术专家设岗申请，经过筛选和专家论证，经集团公司批准，设置企业技术专家岗位27个，其中，钻井工程专业12个岗位，油气田开发专业4个岗位，地质勘探专业5个岗位，测井专业6各岗位。经过单位推荐、资格审查、岗位设置、组织评审、结果公示和审批聘任等评审程序，报请集团公司备案。2009年，选聘企业技术专家27人。

专业技术人员管理科按照集团公司要求，配合集团公司做好考核工作，认真审核专家的聘期述职报告，统一文本制式，核实工作成果，制定公示材料，确定职业道德考核人员名单，在长城钻探公司北京总部和辽河分部开展考核工作，实现集团公司预定的工作目标。完善博士后工作质量保证机制，加强对博士后的定期考核管理，实行博士后定期进度申报制。注重加强博士后人员之间学术交流，充分发挥博士后工作站跨学科、产学研相结合的优势，培养自主创新人才。按照“健全完善制度，稳步扩大规模，注重提高质量，造就创新人才”的要求，提高博士后研究人员的创新能力，打造一支跨学科、复合型、战略型的博士后人才队伍。选择有发展潜力、创新意识强的优秀博士后研究人员，跟踪重点培养。2009年，选拔张红霞博士与辽河油田博士后工作站进行联合培养。

【落实培训计划】

一、加强技术专家的培养培训工作

2009年，长城钻探公司参加集团公司组织技术专家培训班一期，培训技术专家1人。参与集团公司组织的各级各类高层次专业技术人才的培养培训工作，组织完成集团公司第十五期赴美项目管理经理人（PMP）培训班学员的选拔推荐工作。经对推荐人选的各项资格条件进行审核，向集团公司推荐10名培训人选，其中，7名同志通过集团公司组织的选拔考试。

二、加强专业技术骨干的培养培训工作

长城钻探公司经与石油大学（北京）沟通协调，完成2008年度34名在职攻读石油大学（北京）硕士、博士研究生人员的入学相关工作，包括录取通知书的发放、统一进行开学报到、统一进行授课安排、与学员签订培养协议，协助19名学员办理天津户口的转移工作。组织完成2009年度在职攻读石油大学（北京）硕士、博士研究生的考试报名工作，为海外及国内一线人员提供支持和便利，经与石油大学协调，专业技术人员管理科赴学校统一进行现场报名和对学历证书等资质的验证工作。截至2009年底，推荐报考人员74人。

三、完成涉外考试工作

长城钻探公司规范涉外人员外语水平考试组织工作，组织制定《关于明确涉外人员外语水平考试组织程序的通知》，明晰组织过程中各项工作的具体要求，统一工作程序，为涉外考试建立长效制度规范。2009年，组织英语模拟托福考试225人，英语900句及俄语水平测试500余人次。

【任职资格评审】 2009年，专业技术职务任职资格评审工作是长城钻探公司重组以后的第二个评审年度。按照“严格条件，程序规范，优中选优，公正公平”的评审指导思想，认真遵守“公开、平等、竞争、择优”的评审工作原则，严格按政策、按程序开展评审工作，保证职称评审工作的正常开展。

一、建立评审组织机构

长城钻探公司根据集团公司有关文件规定，征得集团公司职改部门批准，2009年，调整完善长城钻探公司专业技术职称评审组织机构，明确各二级单位的职称评审权限，成立长城钻探公司勘探开发专业联合中评委、钻井工程专业联合中评委、测井专业中评委、机械专业中评委、信息工程专业中评委、安全环保专业中评委、基层政工专业联合中评委、机关政工专业联合中评委8个联合中级评审委员会。通过上述工作的开展，奠定专业技术职务任职资格评审工作的组织结构基础，保证职称评审工作的扎实、有序开展。

二、制订评审工作运行计划

根据长城钻探公司专业种类较多、地域跨度较大等实际情况，制订较为详细的专业技术职务任职资格评审工作运行计划，合理安排评审时间，平衡各时间段的工作量，尽量减少工作人员少、时间短、任务重而造成的工作失误。2009年，专业技术职务任职资格评审工作按照运行计划，划分为4个阶段，包括前期准备阶段、指标测算阶段、基层单位量化考核推荐阶段、专业组量化评审及评审委员会审定阶段。均衡地分配各阶段的工作量，使专业技术任职资格评审工作做到平稳有序、繁而不乱，提升专业技术职务任职资格评审工作的科学化水平，保证专业技术职务任职资格评审工作的有序运行。

三、确保评审重点

2009 年，长城钻探公司专业技术职务任职资格评审工作实行“四个倾斜”(向科技研发单位倾斜、向一线生产单位倾斜、向高层次人才队伍倾斜、向海外人才队伍倾斜)，为基层生产服务，为优化人才队伍结构服务。长城钻探公司高级指标测算对重点工程、重点科研项目等高层次人才比较集中的单位和一线及海外专业技术人员给予比例倾斜。长城钻探公司中级指标分配把工作重心从面向全体专业技术人员调整为重点突出一线基层队伍和海外服务施工人员，加大晋升比例，激励和稳定一线及海外专业技术人才队伍，推动一线人才队伍素质目标和结构目标的双提高，得到基层广大专业技术人员的普遍认同，稳定一线基层队伍和海外施工队伍。

四、严格评审工作程序

长城钻探公司在职称评审过程中坚持“四严”政策，充分体现“公开、平等、竞争、择优”的评审工作原则。严肃考风、考纪，在晋升职称外语考试过程中，严格履行考试程序，严把考试质量关，严查违纪人员，全力为参考人员创造公平、公正的竞争环境。严把审核关口，审核实行“三级把关制”，二级单位人事（组织）部门、长城钻探公司职业改革办公室、专业评审组联合把关。对材料上报、验收实行责任到人，“谁审核、谁签字、谁负责”。对发现有伪造学历、成果业绩、论文论著的，除取消当年参评资格外，还责令所在单位拿出处理意见并备案。严格评审程序，评审工作严格按基层单位量化、考核、推荐，职改办审核，专业组量化评审和评审委员会审定程序进行。严格指标使用方向，对一线基层队和海外施工服务的专业技术岗位人员评审指标单独下达，在审核各单位上报的评审材料之前，核对各单位指标使用情况，严禁挤占一线及海外指标现象的发生，使倾斜政策落到实处。

五、按群体分开运作方式

量化评审打分后，在本专业评审组内将参评人员按一线、海外和二线人员分别进行排名，长城钻探公司职称改革办公室对各专业评审组按照一、二线分别下达晋升指标，要求专业评审组分别产生通过人选。采取上述评审方式，分别建立一线、海外及二线专业技术人员专业技术职务任职资格评审渠道，解决长期以来一线及海外人员因“论文少、获奖少”缺乏职称“竞争力”的问题，彼此间的竞争趋向公平，群体可比性增强。通过调查了解，按群体分开运作方式得到专业技术人员的普遍认同，对稳定一线基层队伍和海外施工队伍起到促进作用。

六、建立评价标准

2009 年，长城钻探公司改进评价方式和手段，以业绩为重点，综合品德、知识、能力等要素，对专业技术人员进行全面公正评价，将量化评价结果作为评审的依据，切实把职称评审过程转化为专业技术人员任现职以来工作业绩的考核评价过程。按照集团公司专业技术职称量化评审标准基本要求，人事管理部门反复征求基层单位和专家意见，确定“坚持集团公司文件规定与公司实际相结合的原则、坚持政策连续性与可操作性相结合的原则、坚持向基层一线、海外项目倾斜的原则”的标准修订原则，重新组织修订长城钻探公司《专业技术职务量化评价标准》，新制定《测井专业化量化评审办法》，新标准对量化评价标准进行细化，使标准的可操作性更强。

七、突出正面引导

2009年，长城钻探公司专业技术职务任职资格评审工作注重宣传与引导，坚持在公开、平等的竞争环境下，通过量化评审方式方法引导专业技术人员查找不足，激励专业技术人员立足岗位，全面提升自身素质和工作水平。通过外语、政治理论等水平考试、专业答辩，有针对性地激励专业技术人员加强专业知识理论更新。

八、规范工作程序

2009年，长城钻探公司绘制职称申报流程、编写相关程序，组织管理人员进行集中培训，降低劳动强度，提高工作效率和工作质量。克服困难组织完成2009年度晋升职称外语、模拟托福水平考试报名及考务等工作，按集团公司统一部署，完成本年度职称评审工作。

（王宪成）

生产管理

【处置突发事件】

一、甲型H1N1流感

长城钻探公司针对2009年爆发的甲型H1N1流感，督促境外各项目部组织当地的预防和卫生消毒工作，启动相应的应对方案的同时，加强疫区项目部倒班人员动态审批和回国人员的集中隔离，审批52批，4810人次。组织实施对265人次在北京纳兰园的集中隔离。

二、防汛抗洪

长城钻探公司调整完善长城钻探公司辽河油区防汛抗洪组织体系，落实防汛工作计划，确定防汛重点，从早、从细、从实开展工作，切实做到防患于未然。健全防汛抗洪应急处置预案，有针对性地加以演练，做到有案可循、有险可避。做好防汛物资储备、抢险队伍和防汛设备等方面的准备工作，全面增强抵御洪涝灾害的能力。

三、冬防保温

长城钻探公司通过冬防保温和岗位责任制检查，强化安全责任的逐级落实，促进岗位应知应会技能培训，针对不同专业、不同地区制定有针对性的防范、削减措施和操作规程，使岗位责任制检查成为规范员工生产行为和工作习惯的有力手段。2009年9月22日下发《关于做好2009年冬防保温工作的通知》，11月13日下发《关于开展岗位责任制大检查的通知》。通过组织现场检查，查找隐患，并跟踪落实整改情况，彻底将各种隐患消除在萌芽阶段。

【协调工作】 2009 年，长城钻探公司强化与甲方、兄弟单位、地方政府沟通协调的工作机制，强化生产运行指挥和协调服务力度，规范组织生产，提高生产运行、组织协调、工序衔接和后勤保障等各个环节的生产效率，围绕长城钻探公司机制体制调整，优化生产运行方式、突出生产协调的宏观控制，发挥生产管理系统的协调管理职能，不推不让，积极补台，确保生产管理工作科学有序，领导工作要求切实落实，基层工作需求有效满足。

生产协调部门坚持每周收集整理国内东部和西部以及海外各项目生产信息，制作长城钻探公司生产作业和市场周报，供领导和机关处室掌握生产作业动态，了解生产经营信息。每周分别组织相关处室和二级单位召开海外钻修井项目和测录试项目的协调例会，重点跟踪海外项目在生产经营中出现的问题，配合各业务部门和相关二级单位协调解决困扰境外项目生产经营的各种问题，重点工作重点关注，重点工作重点协调，保证项目正常、安全、有序运行。在每半月一次的海外业务生产市场例会上通报近期生产作业情况，提请领导重点协调解决项目运行过程中关键问题。通过生产呈批件及时将生产经营过程中出现的问题向长城钻探公司领导反映，并通过生产函和作业文件的形式及时将长城钻探公司的指示和安排及时传达到各生产单位。2009 年，签发呈批件 72 个和生产函 77 个。

2009 年，根据国内市场变化，突出东部和西部市场的区域化协调管理，全面熟悉掌握各单位生产资源、生产能力，科学指导各单位组织生产，提高单机工作效率，整体控制长城钻探公司内钻机的运行，保证辽河油区工作量，协调完成苏里格自营区块、长庆市场以及华庆低渗区块的产能建设项目，配合执行东部大庆海拉尔以及塔木察格的资源调配和启动协调工作。根据各市场工作量的变化情况，控制队伍规模，加强管理，逐步压缩常规工作量、退出低端市场。

2009 年，根据海外测录试项目的整合情况，突出生产协调专业要求，保证长城钻探公司整体协调优势和测录试技术服务专业化整体优势，成立专门的测井作业科，负责海外测录试项目的日常管理和生产指挥及协调服务，保证钻修项目和测录试项目的专业协调指挥职能。重点突出对集团公司海外勘探开发市场、重点战略项目及长城钻探公司海外重点市场的生产指挥和协调管理工作，对伊朗、苏丹、乍得、尼日尔、哈萨克斯坦等集团公司重点海外油气投资项目及阿尔及利亚、肯尼亚、阿曼、叙利亚、古巴等公司重点合作项目的协调和沟通，发挥公司整体优势，从人员、设备、技术等各个环节加强沟通协调，从项目执行的各个环节给予支持和配合。

【防恐防控培训】 2009 年 9 月，长城钻探公司组织伊朗项目开展以预防恐怖袭击为主要内容的桌面演练。长城钻探公司举办 30 多期应急、HSE 和井控培训班，培训学员达 2855 人次，参加集团公司在国内举办的防恐培训班 19 期、在国外项目举办3期，2258人接受培训。各单位组织开展HSE和应急培训55期，培训人员10510人次。基层作业队组织培训5300余次，培训人员26100多人次。

【生产管理运行系统】 2009年，借助长城钻探公司信息平台，加快生产指挥和技术支持信息平台的建设，实现生产管理功能有效延伸。为适应长城钻探公司进行持续的专业化重组要求和成立长庆分部、工作量向西部转移等原因，将生产运行管理系统中的组织机构、工作量等数据进行批量修改变动，对钻井综合报表格式也进行相应的调整。配合信息管理中心、生产运程控制中心推进信息平台的建设，结合生产运行管理系统的使用，强化信息传递与生产协调职能的全面融合，为长城钻探公司生产数据采集、传输、技术指导、生产指挥、应急处置和协调服务提供信息化平台。做好生产管理运行系统在甲方的推介工作，在乌兹别克斯坦吉达3井进行试用，阿曼LEAP600推广中通过该系统完成远程指挥、技术指导等工作，为伊朗北阿和勘探部项目甲方做远程控制系统推介演示。

【生产远程控制】 2009年，长城钻探公司按照“应急为先、逐步推广”的基本原则，根据海外项目所在地区的安全局势和项目的重要程度，调整远程控制系统推广计划，实现在重点项目、重点井上的远程控制系统的部署，为应急指挥、技术支持提供保障。2009年，完成17套远程控制系统在海外测井、测试项目的部署工作。生产远程控制系统发挥应急指挥技术支持平台作用，展示长城钻探公司的技术开发与应用的能力。2009年，远程控制系统为巴基斯坦、伊拉克、伊朗等测井、测试项目的有效运行提供保障。乌兹别克吉达3井作为集团公司重点项目，地质条件复杂、施工难度大等实际特点，优先部署和应用远程控制系统，测井公司国际业务项目部组织技术专家，对现场施工进行远程支持。集团工程技术分公司总经理杨庆理主持远程视频会议，对现场施工单位进行工作协调和工作部署，对确保工程施工的顺利进行发挥作用。在阿曼进行LEAP600B测井地面系统市场准入的前期试验过程中，远程控制系统也发挥作用，保证现场各项工作的顺利进行。

2009年，长城钻探公司解决“LEAP-NET远程控制系统推广应用与发展”项目的数据提取、传输等技术难题，确保整个项目的顺利进行。针对苏丹定向井实时数据远程传输的需要，对随钻数据提取、传输和发布等进行优先开发，确保项目的顺利进行。生产协调部门配合信息管理中心完成“信息化管理与远程指挥”专项职能规划。结合长城钻探公司发展思路和管理方式，经过广泛调研和深入分析，初步完成远程指挥平台建设的总体规划。

（罗继承）

规划计划

【基本情况】　2009年，规划计划部门对科室设置进行调整。长城钻探公司成立装备部，规划计划处的设备管理职责划转到装备部，原基建管理中心职责调整到规划计划处。规划计划部门科室5个，有规划计划科、钻井项目科、能源及测录试项目科、统计科、工程管理科。2009年，统计工作获集团公司2009年度统计工作先进单位。赵洪波获集团公司2009年度规划计划管理工作先进个人。张朝伟获得集团公司2009年度统计工作先进个人。《基于内外部矩阵法的长城钻探海外工程技术服务市场分析评价》获集团公司2009年度统计分析一等奖。

【规范管理程序】　2009年，长城钻探公司根据集团公司投资管理、装备管理和统计管理等方面制度，结合长城钻探公司实际，梳理工作流程，制定规章制度，规范管理程序。制定印发《固定资产投资管理办法》、《固定资产投资计划管理实施细则》、《设备管理办法》、《技术装备招标采购管理办法》、《大庆II钻机管理实施细则》、《2009年度统计报表制度》。规划计划部门与内控管理中心联合牵头，对投资相关业务进行全面梳理，编制印发《投资管理流程手册》。起草《中长期业务发展规划管理规定》、《工程建设项目规划管理办法》、《可行性研究管理实施细则》、《工程建设项目设计管理实施细则》、《工程建设管理办法》、《统计管理办法》等。

【编制规划计划】　2009年6月11日，长城钻探公司召开“十二五”发展规划启动会，构建总体规划、专项业务发展规划、专项职能规划和专课研究的“十二五”发展规划体系，将中长期发展目标和工作部署具体化。2009年完成专项业务发展规划、专项职能规划和专课研究的初稿。2009年10月，副总经理冯艳成组织机关相关部门和外聘专家机关对钻井等12个专项业务规划初稿进行审查，确保规划具有科学性、前瞻性、可操作性。编制中东地区“十二五”一体化规划并上报集团公司。制定长城钻探公司“十二五”期间在中东地区的发展原则、发展目标和市场开发、队伍、装备等部署，明确发挥工程技术服务队伍一体化优势的保障措施。根据长城钻探公司要求，组织中东地区2010—2012年装备配置计划编制工作。

2009年8月，编制完成《长城钻探工程有限公司2009年业务发展计划》，确定2009年固定资产投资方向和重点，上报集团公司。2009年初，根据集团公司投资总量初步核定情况，调整编制长城钻探公司2009年固定资产投资总量计划，并向公司总经理办公会汇报。

【投资计划】　2009年，集团公司下达投资计划210294万元，其中，固定资产投资计划190532万元（工程技术服务105532万元、油气合作开发85000万元），零购资金10306万元，安全环保项目9456万元。编制下达固定资产投资计划2批，年底调整计划1批。安全生产费用项目投资计划3批。原CNLC重组到长城钻探公司后，理顺并做好测录试业务投资计划管理，对2007—2008年投资计划执行清理，下达CNLC跨年计划1批、年底调整计划1批。为生产急需的项目下达计划函批复78个。

长城钻探公司完成当年投资计划202252万元，其中，完成固定资产投资194328万元（工程技术服务109329万元、油气合作开发84999万元），完成集团公司当年固定资产投资计划符合率96.9%。完成安全环保项目投资7924万元。集团公司当年投资计划跨年7298万元。安排原CNLC往年投资计划52250万元，其中，2009年完成42167万元，跨到2010年10083万元。

【项目前期管理】

一、保持工程技术投资强度

保障国际市场和国内外部市场各新增100支工程技术服务队伍投资需求，适度投入钻井业务、严控钻机数量，突出发展测录试、固井、定向井、连续管、钻井液、顶驱以及空气钻井等业务，加大高端市场、特色技术、核心能力建设投资，完善产业链，确保集团公司勘探开发对工程技术服务技术、能力的需求。投资的主要设备有模块钻机部件及改造4部，钻机补充配套及改造7部，新购LWD 2套，进口MWD 4套，空气钻井设备，新购连续油管测井设备4套，新购LEAP测井系统8套，更新综合录井仪4台，新购尼日尔XJ550沙漠修井机1部，更新泰国XJ650修井机1部，尼日尔XJ450修井机配套1部，更新固井水泥车7台及测试等其他设备。

二、苏里格气田产能建设

2009年，完成天然气商品量14.15亿立方米，同比增长66.5个百分点。苏10区块日生产能力已达280万立方米，形成10亿立方米生产能力。苏11区块日生产能力已达200万立方米，形成6亿立方米配套产能建设；苏53区块，形成1亿立方米配套产能建设。

三、安全环保

主要项目有海外反恐应急的通信电话、GPS、电子监控等设备，大庆II型钻机升级改造，新建气密封试压装置，钻具行吊基础安全改造、井场设施设备安全整改、国内GPS监控系统等。

四、项目前期调查研究

2009年，完成基层调研28次，主要是驻辽单位安全隐患整改项目、工程院研发基地、驻盘单位办公用房、驻辽单位基层基础设施、钻具公司气密封装置、新建润和大厦、租赁金兆大厦、2010年投资需求等项目。组织大型设备前期技术方案交流和论证30余次。主要就连续油管车、MWD、沙漠修井机、LOGIQ测井系统、钻机平移改造等重大设备，相继与美国哈里伯顿、美国海德瑞、荷兰阿赛浦、江汉机械研究所、辽河石油装备总公司、江汉四机厂等多家国内外公司进行广泛技术交流。对各厂家的设备技术参数、优劣势、市场适应性、价格高低等进行对比，保证购置设备满足生产需要。

五、强化项目审查、论证

长城钻探公司与集团公司规划计划部和工程技术分公司沟通、协调，配合项目审批工作，争取投资支持，包括模块化钻机改造、进驻集团公司科技园区、新购LWD等重大项目多次进行当面汇报，取得集团公司理解和肯定。全年组织可研审查12项，项目方案审查16项，起草呈批件53项。主要项目包括LWD随钻地质导向系统、LOGIQ成像测井系统、连续油管测井设备、双千压裂车组、模块化钻机改造、泰国GW80队钻机底座改造、伊朗北阿项目平移钻机改造、阿曼快搬钻机改造、稠油热采钻完井实验室概念设计等。

六、项目规划管理

长城钻探公司提出在辽河选址，新建3家科研单位综合楼润和大厦和租赁金兆大厦作为6家专业公司办公用房的建议方案，开展驻辽城市中心区工业企业搬出重建的新基地规划选址工作。组织相关部门5次对润和大厦规划平面布置方案、建筑平面布局方案及立面效果图进行审查。组织相关部门对金兆大厦装修设计方案进行6次审查。对拟选的新基地规划位置的地形地貌及地面附着物进行4次现场踏勘，形成征地规划图。加强与政府有关部门协调，组织林丰路北段、中华路、公园街的动迁工作。

【项目实施管理】

一、资质审查

2009年，长城钻探公司确保优选的设备供货商和修造厂商具备高质量装备及技术服务，对135家设备供货商进行资质审查，对不合格的17家企业不予准入，对59家设备修造厂家进行了资质审查，对不合格的12家供货商不予准入，维护长城钻探公司整体利益。

二、降低采购成本

长城钻探公司参加集团公司组织的连续油管车、MWD集中招标采购，对集团公司集中招标采购外的限上设备，发挥长城钻探公司采购主渠道优势集中招标，组织限上设备招标（谈判）410台（套），招标总额5.8亿元，直接降低采购成本0.3亿元。对50万元以下限下设备，由二级单位到物资公司招标或自行采购，保证设备的及时到货。

三、建设项目投资控制

长城钻探公司按照苏里格气田地面系统建设标准化设计的原则，采取标准化设计、模块化建设，印发《2009年苏里格气田开发投资控制和工程管理指导意见》。新建产能按照钻采工程在2008年结算价的基础上降低10个百分点，地面工程在2008年结算价的基础上降低1.5个百分点安排计划和实施。要求项目单位加强现场的施工管理，使投资在建设过程中得到控制。

【重点项目投资与评价】 苏里格合作开发气田完成集团公司当年投资计划8.5亿元，完成钻井94口，进尺33.2万米，新建集气站3座、扩容集气站2座、集气管线9.49千米，新建产能3.3亿立方米。 2009年，长城钻探公司做好项目后评价工作，按照集团公司统一部署，完成苏10区块自评价工作，配合长庆油田分公司完成苏里格一期后评价工作。完成3个重点设备的简化后评价。

【统计工作】

一、创新统计理念

适应公司重组变化，针对2009年

中油测井北京分公司划归长城钻探公司、物探业务划转东方物探公司的情况，实现各项业务的无缝衔接。适应金融危机之下，市场格局的变化，加强对辽河以外各市场统计工作要求，实施华庆低渗总承包项目、斋桑总承包项目，重新制定指标体系，扩大统计范围，满足长城钻探公司领导和相关部室对信息的需要。适应长城钻探公司内部组织机构变化，针对所属业务专业化和区域化重组情况，统计工作也实行专业化与区域化相结合的统计模式，保证长城钻探公司统计数据不重、不漏、及时、准确。

二、发挥统计信息咨询功能

2009 年，长城钻探公司发挥统计信息咨询功能服务好集团公司、地方政府部门统计调查。完成集团公司各类统计调查，做好北京市朝阳区、顺义区、昌平区统计局和盘锦市统计局的统计调查，完成第二次全国经济普查的统计任务，长城钻探公司获 2008 年商务部统计报表先进单位和先进个人。服务好长城钻探公司决策和生产经营，每月编制《统计信息》，发布到长城钻探公司各管理层，成为相关部门和管理人员决策的重要参考资料。服务好基层管理和信息需要，将长城钻探公司编写的月度《统计信息》发布到各基层二级单位主要领导、主管领导和统计相关人员手上，作为各单位了解长城钻探公司生产经营动态的重要窗口，要求各单位综合统计人员每月进行本单位内部统计信息发布。

三、加强统计数据的开发利用

长城钻探公司每季度编制 1 期《生产经营公报》，结合生产经营的热点、难点，在长城钻探公司和二级单位、项目部开展统计分析，其中，《基于内外部矩阵法的长城钻探海外工程技术服务市场分析评价》获集团公司 2009 年度统计分析一等奖，《运用“钻井时效法”分析长城钻探国内市场钻井提速成效》获得二等奖。

（郑佐秋　张朝伟）

财务资产

【基本情况】　2009 年，长城钻探公司实现主营业务收入 151.8 亿元，超额完成集团公司下达的预算指标。截至 2009 年底，长城钻探公司资产总额 296 亿元（境外资产总额 97 亿元），其中，流动资产 172 亿元，非流动资产 124 亿元（固定资产净值 74 亿元）。负债总额 159 亿元，其中，流动负债 130 亿元，非流动负债 29 亿元。所有者权益 137 亿元，其中，实收资本 122 亿元，资本公积 682 万元，盈余公积 3.2 亿元。资产负债率 54%。

【资金管理】　长城钻探公司实施资金集中管理，加强结算和清欠工作，保障长城钻探公司经营和发展资金需求。深化资金集中管理，通过对境外项目进行调查摸底，对符合条件的境外项目继续推行资金收支两条线管理，扩大资金集中管理的覆盖面和资金集中度。积极筹集资金，针对关联交易结算不畅导致的资金紧张状况，长城钻探公司向集团公司争取资金支持，全年集团公司固定资产投资拨款 16.74 亿元、矿区补贴 3.26 亿元，集团公司内部借款 20 亿元。长城钻探公司为中哈公司提供担保，取得银行借款 3000 万美元，缓解中哈公司流动资金不足的矛盾，规避 3 年到期应付账款涉税风险。充分利用综合授信，业务量同比增加 1 倍，为市场开发和合同履行提供支持，减少资金占用 1.03 亿美元，节约资金成本 1360 万元。加强境外资金风险管控，重新核定长城钻探公司境外项目资金限额，减少外币资金沉淀。长城钻探公司加强汇率风险管控，在哈萨克斯坦调整金戈汇率以及图兰阿列姆银行出现股权重大变更事项，请示集团公司，在哈萨克斯坦人民银行开立新账户，将资金安全转移。2009 年，长城钻探公司获集团公司“资金收支两条线工作先进单位”和“综合授信业务先进单位”。

【预算管理】 2009 年，长城钻探公司完善预算机制和配套政策，强化预算过程控制，增强预算激励约束作用。突出预算执行过程控制，完善预算执行分析报告制度，增强预算执行力和管控力，成本费用得到较好控制，成本增幅低于收入增幅 6 个百分点。通过按月开展预算考核与执行情况分析，重点关注未完成承包指标单位经营情况，查找预算执行过程中存在的问题，提出解决措施，为各级领导生产经营决策提供可靠依据。围绕长城钻探公司重大管理举措，配套完善相关预算政策，促进实施长城钻探公司大政方针。结合《境外项目队伍托管协议实施细则》相关部署，针对关联交易工作量变化及专业化重组的影响，对各单位 2009 年预算指标进行适当调整，明确托管队伍与境外项目之间的一一对应关系和约定收益、超额利润分成方式与分成比例。根据管理方式不同，按照国内、境外分别核定各单位五项费用及其他非生产性支出、应收款项清收、关联交易结算、境外项目管理费、境外项目工程款回收、境外项目资金限额等管理性指标。做好长城钻探公司持续重组预算管理工作，配合集团公司完成重组划入国外测井业务、划出物探业务预算指标分割工作。长城钻探公司与集团公司内部同行业开展对标分析，深化对盈利能力、管理成本、经营风险等重要指标的对标研究，提高决策科学性。

【会计核算】 2009 年，长城钻探公司推进国内外一体化核算，持续优化核算流程，会计信息质量和服务决策水平显著提高。通过摸底调查和研究讨论，制订境外项目 FMIS7.0 系统上线方案和国内外一体化会计核算标准化方案，2009 年 10 月，完成境外项目同步上线，成功实现境内外会计核算一体化，提高会计工作效率和财务信息质量。根据长城钻探公司合并框架下内部交易状况，统筹设计并明确各类业务的交易类型、抵消方式、抵消项目，重塑内部交易流程，培训、组织、指导境外项目系统初始化和系统并行工作，于 11 月启用内部交易子系统，运行状况良好。制定下发《物资核算暂行办法》，规范长城钻探公司物资业务的会计核算。完善报表上报和报表质量考评制度，严把报表质量，严格审核程序，对存在问题的类型和原因进行深入分析，规范管理报表迟报、漏报、瞒报、不报、账表不一致、表内关联信息不一致、表与表关联信息不一致等问题，长城钻探公司整体报表和通报信息质量明显提高。针对少数单位应付款项账龄信息录入不准确、付款核销不对应的问题开展专项清理工作，启用强制往来核销功能，规范账龄信息和付款核销操作。2009 年底，对长期挂账且不需支付的应付款项进行合规处理。

【税费管理】　2009 年，长城钻探公司加强税收管理和纳税筹划，落实税收优惠政策，切实维护长城钻探公司利益。完善长城钻探公司纳税管理模式，规范纳税行为，规避税收风险，降低企业税负。争取税收优惠政策，落实煤层气补贴、特定区域采购免税额度，以及财产损失审批及研发费用加计扣除等工作，用好用足国家的各项税收优惠政策，维护企业利益。完成长城钻探公司与中油测井公司重组整合相关税费的划分及税收资料的交接工作。完成长城钻探公司 2009 年度各项税费的纳税申报、所得税汇算、12 万元个人所得申报等专项工作。办理出口退税，保证长城钻探公司出口退税工作的正常进行，全年收到退税款 14516 万元。组织开展税收自查工作，根据国家税务总局要求和集团公司统一部署，对 2006—2008 年的会计资料、纳税申报及税费缴纳资料进行检查，抽查部分涉税合同，排查企业税收工作中存在的各种风险和隐患，查出应补缴各项税款 245.7 万元，规避企业涉税风险，树立企业依法纳税的良好形象。做好商业保险管理工作，商业保险采购延续 2008 年度共保方式进行投保，扩大保险保障，集中投保职工人数 16992 人，将员工保险限额从 40 万元提高到 50 万元，总采购金额 2607 万元。加大事故赔款索赔力度，收回赔款 959 万元。

【财务监督】　2009 年，长城钻探公司加强财务风险事前防范，持续做好财务系统内部控制工作，查找制度疏漏，完善制度体系建设，重新梳理工作流程，完成内控流程复核和岗位分工及系统赋权的规范工作。加大财务监督力度，充分发挥两级财务稽查机构职能作用，加强对长城钻探公司境内外单位对国家法律法规、集团公司和长城钻探公司财务管理制度的执行情况监督检查，规范会计行为和经营行为。长城钻探公司以防范资金风险为重点，加强境外项目和国内异地施工项目的资金监管，每月审核银行存款余额调节表，抽样稽核大额资金支付、资金计划等授权审批情况，监督境外项目资金限额执行情况，关注现金使用风险，确保资金安全。发挥月度《稽核通报》的问题披露平台作用，持续跟踪整改情况，规范会计核算，提升财务管理水平。

【资产管理】　长城钻探公司组织所属单位全面开展资产清查盘点工作，长城钻探公司资产产权清晰，固定资产质量总体优良，资产状况总体完好，资产使用管理制度全面落实。通过清查盘点，长城钻探公司固定资产原值 1301186.4 万元，净值 742809.5 万元，新度系数 0.57。油气资产原值 380158.9 万元，净值 286834.7 万元，新度系数 0.76。2009

年 5 月，启动资产核算系统 AMIS 与 FMIS 财务核算系统对接工作，保证资产核算数据与财务核算数据的统一。组织开展长城钻探公司产权变更工作，办理车辆产权变更和房屋所有权证办理工作，对长城钻探公司成立时以划入前企业名称登记的 1528 台机动车辆，完成产权变更。对长城钻探公司 2009 年重组时划入的 492 栋、建筑面积 453641 平方米房屋，完成房屋产权过户工作。

【资产划转】 2009 年，长城钻探公司组织做好重组划转资产交接工作，认真编制资产划转方案，做好资产实物清查盘点和价值量核实工作，加强交接过程中沟通协调工作，办理资产划转交接手续，确保资产划转工作的顺利进行，完成集团公司和长城钻探公司内部重组资产划转任务。2009 年 10 月，接收并入中油测井公司资产的 11946 项，资产原值 281910 万元，净值 147166 万元资产；接收集团公司所属企业固定资产原值 85006.9 万元，净值 38595.2 万元；向集团公司所属企业移交固定资产原值 129218.2 万元，净值 58147.2 万元；2009 年，长城钻探公司内部重组计划转资产 762 项，划转资产原值 35825 元。

【财会队伍建设】 2009 年，长城钻探公司加强财会队伍建设，完善人才培养机制，建设国际一流团队，为提升财务管理水平提供人才保障。长城钻探公司财务系统通过多种形式开展以“忠、真、善、廉、思、学、韧、勤”八字行为准则为核心的会计职业道德教育，提高财会人员爱岗敬业、职业道德修养和职业操守。研究制订财会人员培训规划，组织和参加集团公司、长城钻探公司各类财会知识和技能培训，提高财会队伍业务素质。加强财务队伍管理，加强总会计师、财务负责人队伍建设，建立总会计师例会、境外项目财务总监（经理）工作汇报、述职述廉制度，提高财务负责人政策水平和管控能力，保证各项制度有效落实。抓好人才保障，按照国际化人才标准和长城钻探公司发展需求，合理规划财务人员需求数量，加强出国财务人员培养和培训力度，满足境外项目对财务人员的需求，及时为境外项目选拔补充人才，保证境外项目财务工作的正常开展。抓好财会人员岗位交流，对部分财会人员在境内外、项目之间进行交流。截至 2009 年底，长城钻探公司有财务人员 450 名，其中，高级会计师 34 人、中级会计师 163 人，中级以下技术职称 253 人。国内财务人员 383 人，境外财务人员 67 人。

（杨　平）

设 备 管 理

【设备基本情况】 截至 2009 年底，长城钻探公司设备原值 119.17 亿元，设备净值 65.95 亿元，设备平均新度系数 55%。设备原值已经达到固定资产原值的 91.5%。钻井拥有钻机 188 部，其中，70 钻机 43 台，50 钻机 37 台，40 钻机 33 台，大庆－Ⅱ钻机 32 台，30 钻机 22 台，20 钻机 10 台，其他钻机 11 台。原值 40.7 亿元元，净值 23.2 亿元，新度系数 0.57。具备年 500 万米的施工能力。井下作业拥有修井机 38 台，其中，120 吨修井机 17 台，100 吨修井机 13 台，80 吨修井机 6 台，60 吨修井机 2 台，原值 1.62 亿元，净值 0.6 亿元，新度系数 0.37。具备年大修侧钻 800 井次的施工能力。固井拥有水泥车 59 台，其中，双机双泵水泥车 28 台，单机单泵水泥车 28 台，普通水泥车 3 台，原值 2.8 亿元，净值 1.7 亿元，新度系数 0.61，具备年固井 1650 口的施工能力。顶驱拥有顶驱 69 台，其中，500 吨顶驱 58 台，350 吨顶驱 8 台，250 吨顶驱 3 台。原值 6.8 亿元，净值 4.3 亿元，新度系数 0.63，具备年 650 井次的施工能力。测井拥有成像测井仪器 45 套，高精度数控仪器 61 套，数控仪器 53 套，VSP 测井设备 9 套，LWD 随钻设备 5 套，主要测井设备原值 25.24 亿元，净值 11.27 亿元，新度系数 0.44，具备年各类测井 12000 井次的施工能力。录井拥有综合录井仪 118 台、气测仪 56 台，原值 4.1 亿元，净值 2.7 亿元，新度系数 0.65，具备年各类录井 5000 井次的施工能力。试油测试拥有测试大中型装备 56 套，原值 4.0 亿元，净值 1.9 亿元，新度系数 0.48。具备年试油测试 1250 层的施工能力。钻井液拥有固控设备 900 台，原值 0.98 亿元，净值 0.65 亿元，新度系数 0.66。具备年服务钻修井机 220 台的施工能力。

【设备运行管理】　长城钻探公司开展设备管理大检查，促进提高长城钻探公司设备管理水平。2009 年 8 月，组织对辽河油区以外国内市场以及辽河油区各单位的设备管理工作大检查。9 月，迎接集团公司设备管理工作大检查，组织设备管理评优工作。长城钻探公司组织对国外设备管理工作进行检查。全年设备综合完好率达到 90% 以上，重大特大设备责任事故率控制在 0.5‰。

长城钻探公司制订国内大庆Ⅱ型钻机检测计划表，对长城钻探公司所有的大庆Ⅱ型钻机安排检测，达不到 A、B 级的钻机不允许使用，钻井一公司计划检测 41 部，实际检测 34 部，7 部钻机因为没有井位没有安排检测。检测结果是 A 级 12 部；B 级 19 部；C 级 3 部。钻井二公司计划检测 47 部（含 8 部备用井架、底座），实际检测 40 部，7 部钻机因没有井位目前没有安排检测，检测结果是 A 级 12 部，B 级 24 部，C 级 4 部。已对评定为 C 级的 7 部钻机进行报废处理。长城钻探公司在境外下达钻机年检计划并组织实施，已完成乍得、古巴、阿塞拜疆、委内瑞拉、阿曼、利比亚、伊朗、墨西哥、中哈公司 6 个项目部 47 部钻机的年检工作。通过年检发现设备隐患并要求项目部及相关二级单位限期整改，保证设备本质安全运行。

长城钻探公司加大外修、外加工的控制力度，将外修、外加工纳入计划管理。2009 年初，局长张凤山在长城钻探公司市场工作紧急动员会上提出“保增长，全员跑市场；保效益，全面降成本”的措施，提出各单位的维修费用必须降低 10% 的具体要求，根据 2008 年国内各单位设备外修、外加工费用的统计结果，将 2009 年国内外修、外加工费用控制在 26070 万元，同比实际压缩 16 个百分点，将设备外修、外加工纳入计划管理。要求各单位每月 25 日前上报下月外修、外加工计划，审查合格后长城钻探公司下达月度外修、外加工计划，各单位严格按计划执行。控制外修、外加工费用，要求各单位在执行前需填报修造申请单，对外修、外加工内容、费用及修造厂家进行严格审查。国内二级单位、境外项目部初步形成按计划进行修理的工作模式，国内各二级单位的修理计划完成率在 95% 左右。

长城钻探公司高度重视设备管理培训，建立长城钻探公司、二级单位、基层队三级培训体系。长城钻探公司抓好新装备、新技术培训和岗位取证培训，二级单位重点抓好操作技能培训、安全培训，基层队则重点进行单机技能培训和互助学习。2009 年，组织 85 期培训班，培训学员 3000 多人次。

2009 年，长城钻探公司有 27 队次钻井队应用电代油设备，完钻 29 口，使用 69.6 台·月，成本费用 453.47 万元（电费、检测等费用），替代柴油 1564.41 吨（2279.5 吨标准煤），节约柴油费用 453.89 万元，平均每台月节约费用 6.52 万元，节约费用 453.89 万元。气代油项目完善技术方案、制定操作规程、加强培训工作入手，做好推广应用工作。2009 年，在苏里格地区有 5 个钻井队使用双燃料发动机应用管网气供气模式施工作业，完钻 5 口，使用 2.85 台·月，应用天然气 72647 立方米，替代柴油 54.85 吨（79.92 吨标准煤），节约柴油费用 31.81 万元，成本费用 17.15 万元，节约费用 14.66 万元，平均节约费用 5.15 万元 /（台·月）。

【设备管理网络】 2009 年，建立长城钻探公司、二级单位、基层队三级设备管理体系。长城钻探公司成立设备管理委员会，装备部是长城钻探公司设备主管部门。各二级单位建立设备管理领导小组，设有专门的设备管理部门。基层队设有专兼职设备管理人员，负责基层队的设备管理。各海外项目部根据项目的大小不同，部分设立专门的设备管理部门，配备专兼职设备管理人员。各岗位按照“五定”原则建立明确的岗位职责，详细规定各岗位的工作内容、工作任务、岗位职责、岗位权限、任职要求。

【设备管理制度】 2009 年，根据国家和集团公司设备管理有关规定，长城钻探公司起草《长城钻探工程有限公司设备管理办法》、《长城钻探工程有限公司设备管理制度》、《长城钻探工程有限公司机关设备管理实施细则》，《长城钻探工程有限公司大庆Ⅱ型钻机管理实施细则》，《长城钻探工程有限公司油水润滑管理实施细则》等文件规范公司设备管理工作，设备管理办法、大庆Ⅱ型钻机管理实施细则已正式下发，其余文件等长城钻探公司领导审核后正式下发。

【设备购置管理】 2009 年，长城钻探公司严格执行《长城钻探工程公司装备招投标管理实施细则》。实行供应商准入制度，设备管理部门负责技术资格和制造能力审查，坚持“保证生产、总量控制、科学评价、优中选优”的原则录用供货商。加强招标过程管理，长城钻探公司纪检、监察、法律、审计、市场等部门全程监督，保证装备采购的各个环节受控。做好监造及验收管理，对钻机、修井机等大型装备，按集团公司规定签订监造合同并组织验收。加强与市场的紧密衔接，控制投资额度，优化设备技术参数，做好大型设备选型、选厂工作，确保设备能以较低的价格创造较好的经济效益。

【设备现场管理】

一、推行“三化”管理

2009 年，长城钻探公司继续推行现场管理制度化，基层岗位人员严格执行长城钻探公司制定的设备管理制度。现场管理规范化，现场设备严格执行操作规程、安装标准和定置管理，结合“杜邦”属地管理理念做好设备“三定”管理工作。维护保养精准化，按照维护保养时间及时准确做好设备维护保养工作。

二、操作维护保养规程

2009 年，长城钻探公司组织修订钻井、修井、顶驱、录井、测井等主要设备的操作维护保养规程，规范操作人员的操作、维护、保养工作。

三、安装标准、维护保养资料

2009 年，长城钻探公司修订完善钻修井、顶驱、录井等主要设备现场安装标准。修订钻修井、录井、固井、测井、车辆等设备维护保养资料。

四、持证上岗工作

2009 年，长城钻探公司要求对特种设备操作人员，必须持证上岗，对转岗人员，由技能鉴定中心进行转岗培训，合格后才能上岗。

五、油水检测能力

2009 年，长城钻探公司完善设备润滑管理制度，建立润滑图表和消耗定额，实现润滑“五定”管理工作。严把油水入口关，对润滑油、防冻液供应商实行准入制度，由长城钻探公司统一采购，抽样检验合格后方可使用。加强对油品储存、使用管理。油品储存做到专罐专储，密闭存放，分类摆放、标识清晰，并使用专用加油器具进行加注。充分发挥润滑站功能，建立设备润滑档案。为各基层队配备油品快速分析仪，使外围地区基层队能及时检测设备油水质量。加强换季油水管理。在春秋换季前，严格执行油品换季更换工作，确保设备使用合格的油品及防冻液。

六、设备修理管理

2009 年，长城钻探公司实行修理准入制度，对进入长城钻探公司修理市场的承包商从规模、历年业绩、专业技术资格和能力、人力资源状况、资信等级等方面进行市场准入资质审查，核定修理资质能力。钻机、修井机、特车等关键大型石油专业设备实行定厂修理。通过实行修理准入制度，提高修理承包商的质量，从源头保证修理质量。实行计划修理制度，修理费用纳入长城钻探公司年度预算管理。通过修理计划，提高设备修理的预见性，减少盲目性和随意性，控制修理成本。加强修理过程控制，确保设备修理质量。长城钻探公司定期检查二级单位修理计划执行情况，并做好出厂验收工作。年终进行修理工作分析总结，重点进行修理商评价、修理计划与实际执行符合性行分析等内容。

【装备监造验收】 2009 年，对于大型装备采取第三方入厂监造的方式，对产品制造的全过程进行质量监控，全年组织 4 部钻机、9 台水泥车的监造和验收，保证制造质量和进度。

（王心平）

内部控制与风险管理

【基本情况】 2009 年，按照集团公司内控与风险管理的工作部署，及长城钻探公司重点工作关于“全面加强各项基础管理，完善内部控制体系，提高风险防范能力”的工作要求，坚持“灵活务实、简则易从、稳步推进”的原则，推进长城钻探公司内控体系建设，强化特殊风险领域的风险防控，注重培育内控与风险管理理念，编制并发布《内部控制管理手册》，提前完成内控体系建设和风险管理各项工作。

【内控体系建设】 2009 年，根据集团公司对未上市企业内控体系建设的新要求，结合长城钻探公司的重组实际，开展以控制财务报告风险、投资业务风险和法律风险为目标、覆盖长城钻探公司总部和所属二级单位的内控体系建设，编制完成《内部控制管理手册》，手册包括控制环境、风险评估、控制活动、信息与沟通和监督五部分。

长城钻探公司将集团公司内控体系建设各项要求与实际管理需求结合，根据集团公司阶段性建设要求修改、完善实施方案，落实内控体系建设各项工作。宣贯高级管理人员和员工职业道德规范，梳理完善总部机关及所属单位聘任、培训、考核、薪酬、职务晋升、劳动合同等人力资源政策，组织长城钻探公司总部部门和所属单位完成 1827 个岗位工作说明书的描述工作。开展业务流程梳理，确定覆盖长城钻探公司各个经营管理领域的基本业务流程框架，形成基本业务流程目录 626 个，对涉及长城钻探公司重要风险和关键控制的 142 个末级流程进行描述，明晰管理权限与职责，促进各项业务的规范化管理。通过反复评估，建成长城钻探公司经营、财务报告、法律三大风险数据库，确定业务涉及的财报风险 571 个，法律风险 271 个，经营（投资）风险 19 个，将风险和控制措施嵌入重要业务流程步骤，编制形成风险管理文件，将风险理念、内控标准贯穿于机构重组、建章立制等各项工作中，为长城钻探公司基础管理工作的规范化和标准化提供保障。

【风险管理】 2009 年，针对长城钻探公司关注的重要业务和特殊风险领域，组织总部机关相关部门和二级单位，分别成立不同的专业工作小组，开展风险评估、流程梳理等各项风险管理工作，以加强各领域的风险防控。组织编制并发布《长城钻探工程公司投资业务管理规范》、《长城钻探工程公司总会计师业务管理权限指引》，促进投资业务规范化运作，健全财务授权管理机制。制订《境外项目内控与风险管理体系建设总体方案》和《2009 年境外项目风险评估工作方案》，组织开展境外项目风险评估，建立长城钻探公司境外项目风险数据库和风险管理流程架构。跟踪物资业务管理模式和运行机制的调整变化情况，梳理物资入库、出库、出入库成本核算等业务流程，理清各部门各岗位的职能权限，识别潜在的风险，落实防控措施。配合企管法规处，完成法律风险防控体系建设基础工作，通过增加流程描述、补充流程步骤等方式，将所有法律风险及控制对应到具体的流程当中，有涉及法律风险的末级流程48个，实现风险、控制与流程的紧密结合，为法律风险防控体系建设奠定基础。

【培训管理】 2009年是长城钻探公司开展各项内控与风险管理培训和宣贯。采取集中培训、视频会议、知识竞赛、门户网站和工作宣讲等多种形式，分别对长城钻探公司总部各部门和国内各二级单位负责人、内控工作主管领导和联络员，境外项目财务总监和财务经理等，开展内控与风险管理各项培训，强化内控与风险管理意识，将内控宣贯与培训贯穿于日常工作当中，加强理论培训和提高实际工作效率效果。

（赵伟红　曹晓红）

员工培训

【基本情况】 2009年5月6日，长城钻探公司下发《关于成立长城钻探工程有限公司员工培训管理中心的通知》（编委〔2009〕6号）文件，成立长城钻探公司员工培训管理中心，定编35人，按业务下设综合办公室和五个专业培训科室（钻井、测井、能源、管理、HSE井控），负责公司相关培训业务的组织，行使对各下属单位培训工作的管理职能。

【主要工作】

一、制定和完善规章制度

2009年11月13日，长城钻探公司印发《长城钻探工程公司培训管理暂行办法》。11月16日，长城钻探公司印发《长城钻探工程公司培训教师管理实施细则（试行）》（长钻公司〔2009〕178号）。

二、编写标准作业流程（SOP）

2009年8月5日，员工培训管理中心组织相关部门召开第一次SOP协调会，会议内容主要介绍SOP编写工作的目的和意义，SOP编写工作正式启动。2009年10月22日，员工培训管理中心组织召开第二次SOP协调会，阶段性总结SOP前期编写工作，征求编写标准、目录、激励政策、经费来源等建议。

三、规划培训基地建设

2009年12月，员工培训管理中心在调研的基础上，依据长城钻探公司各专业的培训需求，坚持“经济、节约、实用”原则，在兼顾培训基地业务特点和分工的基础上，统筹规划确定按地域建立三大培训基地：辽河技术培训基地、北京综合培训基地和海外培训基地。

四、师资队伍建设

2009 年 10 月，员工培训管理中心在各二级单位、直属机关、各海外项目中对生产经营专家、科技人员、两级机关优秀管理人员、技工技师、技能专家进行调查摸底，建立了 200 多人的兼职教师人才库，为逐步建设一支专兼职相结合的职业培训师资队伍做基础。

【获得资质认证】 2009 年 5 月，成功获得“集团公司井控培训甲级双认证资质（钻井和井下作业）”。2009 年 11 月 5 日，长城钻探公司井控培训中心辽河基地在辽河石油职业技术学院揭牌成立。2009 年 9 月，成功获得集团公司防恐培训资质，共有 12 人参加集团公司组织的防恐培训师培训和 SOS 急救员培训，取得培训教师资质。2009 年 12 月 5 日，公司海外项目人员防恐安全培训基地在钻井二公司教育培训中心揭牌成立。

【开展各类培训】 2009 年，长城钻探公司举办培训班 832 个，培训 2065 期，培训 53074 人次。

一、国际化人才培训

2009 年 9 月 6 日，长城钻探公司第一期国际化后备高中级管理人才培训班在北京石油大学继续教育学院开班，副总经理刘乃震出席开班仪式并讲话，33 名学员参加本次培训班的学习。

2009 年 11 月 28 日，从第一期国际化后备高中级管理人才培训班中选拔的 19 名同志赴美国休斯敦大学技术信息学院进行海外项目管理知识培训。19 名学员全部通过美国项目管理协会组织的 PMP 认证考试。

二、客户培训

2009 年，组织客户培训 357 人次。其中，5 月和 6 月举办国外甲方技术监督培训班 2 期，来自苏丹、伊朗、阿尔及利亚和利比亚 23 人参加；9 月份承办市场管理部委托的伊拉克甲方培训 14 人参加；10 月组织派出国内专家和外籍专家在苏丹 6 区甲方管理和技术综合培训 320 人参加。

三、管理类培训

2009 年，组织培训 11120 人次，项目包括机关中青年科级干部培训、科技管理培训、综合性专题讲座等。

四、HSE 类培训

2009 年，组织培训 29375 人次，项目包括各类 HSE、IADC 国际井控、国内井控、防恐和 SOS 急救培训等。协助安全技术环保研究院举办了 8 期操作层防恐培训班，培训 1560 人次。

五、技术类培训

2009 年，组织培训 10950 人次，项目包括井控技术、钻井复杂井事故预防与处理、钻井新技术和新工艺、水平井轨迹控制与计算，测井新技术等。

（赵桂华　兰樟林）

技能鉴定

【基本情况】　2009年，技能鉴定部门按照长城钻探公司要求，结合长城钻探公司实际，制定和下发《关于开展2009年职业技能鉴定工作的通知》、《关于举办长城钻探工程公司首届职业技能竞赛的通知》、《关于张广奎等72人具备技师职业资格　吴同健等14人具备高级技师职业资格的通知》等文件。截至2009年底，长城钻探公司报名参加技能鉴定2534人，其中，初级工程师1177人，中级工程师382人，高级工程师823人，技师136人，高级技师16人。组织理论考试2430人，操作技能考试2398人，经鉴定合格1066人。

【题库建设】　2009年，技能鉴定部门制订题库修订计划，组织工程技术人员对34个工种的集团公司统编题库和企业题库进行修订与完善，完成综合录井工、钻井柴油机工等10个工种的集团公司统编题库（操作技能题库）的修订工作。

【考评员队伍建设】　2009年，技能鉴定部门根据鉴定工作需要，对部分工种的考评员、高级考评员队伍进行更新、续聘与选拔，并报请集团公司聘任为长城钻探公司考评员。截至2009年底有考评员406人，高级考评员88人，基本能够满足鉴定工作的需要。

【鉴定质量与服务】　2009年，技能鉴定部门改变以往传统的鉴定报名、考试等管理模式，开发并使用《长城钻探职业技能鉴定信息管理系统》软件，更加科学、规范、有效地开展技能鉴定工作。同时采取增加考试批次、到驻地设立考场现场服务等方式来保证外出施工队伍人员参加鉴定，结合长城钻探实际确定考试内容，使鉴定更加贴近实际。

2009年，技能鉴定部门与各鉴定站签订“职业技能鉴定质量管理责任书”，对鉴定站提出质量责任目标，为鉴定工作的开展提供质量保证。技能鉴定工作坚持质量第一的思想，把促进操作技能人员队伍技术素质的提升作为技能鉴定工作的宗旨。加强考评人员的考前集训，鉴定前组织召开考前会，对考评人员考评行为提出具体要求，使大家统一思想认识，统一考试标准。狠抓考场纪律，加强鉴定过程中的质量监督，加大操作技能考试现场督导的力度，保证了鉴定结果的真实、客观、公正。

（谷　丽）

市场开发

【基本情况】

一、国内外部市场

2009 年 3 月，长城钻探公司成立长庆分部。国内市场部划分出国内市场部长庆分部合署办公，国内市场部主要职责负责辽河油区外国内市场的市场开发工作。国内市场部长庆分部主要负责长庆、新疆市场的市场信息收集、市场开发工作。下设 1 个综合信息科，有管理人员 4 人，其中，正副主任 2 人，由国内市场部正副主任兼任，副科长 1 人，科员 1 人。大学本科学历 3 人，成专学历 1 人，有党员 4 人。2009 年 5 月 12 日，长城钻探公司成立东部指挥中心，负责大庆海拉尔、吉林及蒙古塔木察格的市场开发工作管理工作。东部指挥中心隶属辽河分部，下设市场科，管理人员 3 人，其中科长 1 人、副科长 1 人、科员 1 人。冀东市场采用项目管理方式负责市场的开发与管理。国内市场干部职工落实长城钻探公司职代会、市场工作会议精神，按照“两保两全”的工作部署，实现“双百双增”工作目标。

长城钻探公司国内部市场工程技术服务队伍分布在 13 个国内省区，服务多个甲方单位。13 个国内省区是指新疆、青海、甘肃、宁夏、陕西、内蒙古、山西、江苏、海南、河北、辽宁、吉林、黑龙江等以及蒙古塔木察格地区。服务的甲方单位有辽河油田、塔里木油田、香港年代投资公司喀什北项目部、中国石化西北局油田、BP 公司吐哈盆地煤层气项目部、青海油田、长庆油田、壳牌反承包项目部（长庆油田）、延长油矿、香港年代投资公司石楼西煤层气项目部、内蒙古四子王旗、山西煤层气公司、浙江油田、海南福山油田、冀东油田、沈阳煤气公司、吉林油田、大庆油田。

二、辽河油区市场

2009 年，长城钻探公司结合工程技术社会服务队伍准入情况，起草《长城钻探公司工程技术服务专业市场暂行管理规定》。针对辽河地区钻井市场工作量情况，结合辽河油区现有各类钻机实际现状，起草《辽河油区钻井队伍优选管理暂行规定》。

三、国外市场

2009 年 9 月，长城钻探公司市场部与中油测井公司市场部进行重组整合，新成立中油长城钻探公司市场管理部，负责制定长城钻探公司的市场开发战略、市场管理规章制度和办法并组织实施，国内外石油工程技术服务市场开发以及招投标管理、市场准入和关联交易、投标备案等工作。市场管理部设立 13 个科室，编制定员 46 人，在册员工 37 名，其中，部门主任 1 人，副主任 8 人，正科级职数 15 人，副科级职数 10 人。

【工作成果】

一、国内外部市场

（一）“双百双增”。

2009年，国内外部市场动用钻（修）井、录井、测井和试油等主要专业队伍311支，新增队伍121支，其中，钻（修）井队115支，新增48支。录井队151支，新增55支。测井队43支，新增16支。试油队新增2支。与“双百双增”新增各类专业施工队伍98支的目标相比，超23支，增长23.5%。

截至2009年12月31日，钻（修）井开1447口，交1433口，进尺357.9万米。录井966口（124.2台·月），测井3811井次，天然气销售14.2亿立方米，煤层气销售1762.05万立方米。全年实现产值584839.1万元（内部互供127340.66万元），同比增加221609.3 万元，增幅61个百分点。

（二）扩大市场规模。

东部市场新开辟蒙古塔木察格以及吉林、浙江等市场，新增钻机20部。中标冀东4号人工岛总包项目和中油海7号钻井船测井项目，新增两部50型钻机及测录固等辅助队伍。

2009年，长城钻探公司落实西部市场长庆油田新增28部钻机钻井工作量，成功进入长庆油田公司水平井总包市场，完成钻井300口、进尺70万米工程技术服务总包协议的签订，中标并实施新疆BP公司吐哈煤层气及香港年代公司喀什北区块开发总包项目，新上2部70型钻机和1部XJ650型钻修机及辅助队伍。在壳牌长北项目的2部70型钻机和综合录井队平稳作业运行。

二、辽河油区市场

2009年，受世界金融危机，油气需求和价格大幅度下滑、生产投资持续压缩，国内油气田企业绝大部分限产，导致工程技术服务工作量骤减，长城钻探公司辽河油区工作量下降70个百分点，315支队伍大多数处于停等状态。长城钻探公司适时提出“两保两全”的应对措施和“双百双增”的工作目标，全年转移出队伍116支，其中，钻机36部、测井队17支、录井队63支。

2009年，辽河地区市场工程技术服务实现产值32.2 亿元，同比降低31.2个百分点。其中，钻井市场完井179 口，同比减少459 口。完成进尺37万米，同比减少88.6万米，降低70.6个百分点，完成产值26.1亿元，同比减少5.2亿元，降低16.6个百分点。测井市场完成各类测井2965井次，同比减少3704井次，实现产值31567万元，同比减少37373万元，降低62.9个百分点。录井市场完成各类录井1217 井次，同比减少1906井次。其中，仪器录井210口，同比减少609口，实现产值15918万元，同比减少10695万元，降低40.2个百分点。完成修井侧钻64口，同比减少200口。完成产值12415万元，同比减少22026万元，降低64个百分点。

三、国外市场

2009年，市场部签订合同提前超额完成长城钻探公司下达的工作目标，截至2009年12月31日，长城钻探公司海外签订工程技术服务合同12.85亿美元，同比增长27.2个百分点，其中，钻井板块签约10.05亿美元，测井板块签约 2.80 亿美元。新增队伍数量过百，完成公司“双百双增”工作目标，海外市场落实新增队伍 104 支，其中，钻井板块落实 71 支，测井板块落实 33 支。海外市场布局不断调整优化，2009 年，针对甲方预算缩减、工作量减少的不利局面，市场管理部对部分等停无合同的钻修机进行跨项目、跨国家调整和统筹安排，盘活 5 个国家的 9 台钻修机，海外队伍调整优化资源配置和市场布局，增加队伍效益。2009 年市场开发工作投标、备案情况见表 6–1。

表 6–1　2009 年市场开发工作投标、备案情况

年份	板块	备案数量（个）	投标数量（个）	投标金额（亿元）
2008 年	长城钻探	63	82	17.21
	CNLC	57	72	2.13
小计		120	154	19.34
2009 年	钻井板块	177	133	16.28
	测井板块	120	111	4.25
小计		297	244	20.53

2009 年，长城钻探公司有海外工程技术服务队伍 474 支，其中，钻（修）井队 110 支(含合资公司队伍)，钻井液服务队 65 支、固井服务队 15 只、定向服务队 15 支、测录试队伍 168 支其他技术服务队 101 只，见表 6–2。

表 6–2　海外工程技术服务队伍分布情况　　支

序号	大区	项目国家	钻(修)井队	钻井液队	固井队	定向井服务队	测录试服务队	其他服务队	合计
1	中亚	哈萨克斯坦	19	18	3	5	37	7	89
2		阿塞拜疆	2	2		1	3	3	11
3		土库曼斯坦					6		6
4		乌兹别克斯坦					1		1
5		印度尼西亚	2						2
6		泰国	3	1	1	1	2	1	9
7		巴基斯坦					1		1
8	中东	伊朗	4	3		4	14	10	35
9		伊拉克					4		4
10		阿曼	4	3	2		3	2	14
11		叙利亚	3				3	4	10

续表

序号	大区	项目国家	钻（修）井队	钻井液队	固井队	定向井服务队	测录试服务队	其他服务队	合计
12	非洲	苏丹	11	11		1	53	26	102
13		乍得	7	5	1		8	4	25
14		利比亚	6				12	4	22
15		阿尔及利亚	4	1	2		8	8	23
16		肯尼亚	2		1	1		1	5
17		尼日尔	7	5	4	1	9	10	36
18		突尼斯	3					3	6
19	美洲	委内瑞拉	13	12			2	8	35
20		古巴	7	1	1	1	2	8	20
21		墨西哥	3					2	5
22		秘鲁		3					3
23		加拿大	10						10

【重点工作】

一、国内市场

（一）“双百双增”成效显著。

2009年，受国际金融危机的影响，油气需求和价格大幅度下滑、生产投资持续压缩，国内油气田企业大部分限产，导致工程技术服务工作量骤减，只有大庆稳产、长庆上产，工作量未受影响。长城钻探公司适时提出“两保两全”的应对措施和“双百双增”的工作目标，将长庆、大庆作为市场开发的主攻方向，明确以钻井为重点，拉动其他工程技术服务。国内市场部利用与长庆、大庆等甲方建立的战略合作关系，深入甲方市场进行工作对接，采取贴身、近身和靠前的方式收集市场信息，最快掌握招投标动态，加强与甲方沟通协调。长庆安排从辽河转移出的钻机25部、测井队14支、录井队63支，大庆安排从辽河转移出的钻机11部、测井队3支，长城钻探公司转移出116支队伍，占长城钻探公司国内外部市场新增队伍121支的95%，确保公2009年“双百双增”工作目标的实现。

（二）市场规模稳步扩大。

2009年，长城钻探公司加强市场信息的收集和整理，适时开展市场调研，及时掌握市场动态，加大市场开发力度，开发并实施新项目，实现市场规模稳步扩大。新增长庆水平井总包项目、大庆海拉尔水平井、大庆塔木察格钻井及测井项目、吉林钻井及试油项目，成功中标冀东中油海7号船测井及4号人工岛总包、新疆BP公司吐哈煤层气总包及香港年代公司喀什北区块开发总包、浙江苏北油田钻井、西气东输金坛储气库固井等项目。

（三）市场运行平稳有序。

2009 年，长庆市场完成 2 次钻井队伍大的转移。2009 年 7 月底，苏里格自营区块钻井工作量完成转出 17 部钻机，8 月底至 9 月上旬总承包区块钻井工作量完成转出 20 部钻机，解决钻机的工作量，避免钻井队伍停等的问题，全年钻井进尺 280 万米。吉林市场跟踪伊通“勘探开发一体化”增储上产和扶余老区加快产建，陆续搬移 1 部 50 型、3 部 40 型去探井和伊通施工，3 部 20 型钻修机去扶余浅井施工，新增 1 部 40 钻机于 11 月底将搬向伊通地区。冀东市场容量小，施工队伍供大于求，通过大量协调工作，确保钻井工作量的接替，录井市场份额占 7 家单位之首。

二、国外市场

（一）发挥保障作用。

2009 年，非洲区和中东区是中国石油海外投资的重点区域，围绕乍得、尼日尔、伊朗北阿、伊拉克鲁迈拉等重点国家和重点项目，市场管理部实施海外资源战略提供工程技术服务方面保障，在乍得、尼日尔市场，跟进和分析业主需求，满足甲方作业需求。在伊朗北阿项目，市场部整合相关方为甲方进行钻井、钻井液、固井、定向井等服务的设计，派专人帮助甲方准备招标文件，加快项目实施进程。

（二）产业链整体优势。

市场管理部门围绕建设“国际化石油工程技术服务总承包商”的战略目标，发挥重组后石油工程技术服务产业链比较完整、熟知油田开发管理等的特色优势，加强总包和技术服务市场的开发力度，通过总包项目和综合日费项目拓展技术服务业务来稳定和扩大市场。古巴和伊朗市场，市场部整合调动各专业、集中优势力量获得进入 CUPET 总包市场的大包试验井合同和 NIOC 勘探部 12 口井综合服务项目，新带入钻井液、定向井和测录试等技术服务队伍。在哈萨克市场，斋桑项目合同已签订。

（三）依托高端市场。

通过为高端市场业主提供服务，能积累先进经验、锻炼队伍，较快提升品牌价值，对其他潜力市场的开发起到辐射作用。阿曼的 PDO 总包项目 3 年的服务已基本上得到甲方壳牌公司认可，长城钻探公司所承包的项目成为壳牌的试点项目，LEAP 600B 测井系统被选中与斯伦贝谢、哈里伯顿的测井系统同台竞技，壳牌的服务商在全球推广测井系统，扩大测井市场。

（四）主动宣传和推介。

长城钻探公司建立专业门类齐全、市场覆盖面广、综合技术实力强的油气田勘探开发及配套工程技术服务体系。苏丹市场，市场管理部组织谋划专家团 10 余次赴苏丹，采取主动走出去的方式，向多个甲方宣传和推介长城钻探公司实用技术和特色技术，以请进来方式邀请甲方高层来华访问，加深甲方对长城钻探特色和实用技术的了解。2009 年，长城钻探开发苏丹 6 区热采先导试验井项目、苏丹 3/7 区和 6 区定向井、稠油热采、找堵水、技术支持等服务项目，加快促进长城苏丹市场由传统的钻修机服务为主的工程服务型市场向高技术含量和高附加值的技术密集型服务的市场转型。

（五）开拓非 CNPC 市场。

利用长城钻探公司在海外市场数年经营积累的经验和品牌影响力，开拓非 CNPC 市场。伊朗市场中标 NIOC 12 口井大包项目，哈萨克斯坦市场组织推进 CNPC 以外的油公司市场，投标中新资源公司、PM Lucas、韩国 LG 公司、加拿大公司的项目，弥补原 CNPC 阿克纠宾油气股份公司所损失的工作量，降低经济危机影响。在肯尼亚市场组织中国政府优惠贷款，创造和扩大肯尼亚高温地热钻井市场方面。伊拉克北库尔德市场份额由 2008 年底的 65% 上升到 85%。

（六）丰富市场开发手段。

阿尔及利亚市场与哈里伯顿公司合作，扩大长城钻探公司市场份额，提升项目的执行和管理能力。哈萨克斯坦市场以成立合资公司的方式与威德福的子公司 GIS（2008 年被威德福收购）结为长期的合作关系。

（七）推进市场营销。

2009 年，市场管理部门持续推进广告宣传、客户关系维护等营销工作。通过在全球勘探开发主流杂志、报刊上刊登广告，参加在 7 个国家举办的国际石油展，收到来自世界 21 个国家的 149 封反馈邮件与长城钻探公司进行业务联系。

【对外反承包项目】 2009 年 9 月 29 日，长城钻探公司召开对外合作项目部成立大会。会议由长城钻探公司副总经理冯艳成主持，长城钻探公司副总工程师人事处处长唐国斌参加，对外合作项目部经理刘旭礼，副经理纪宏博及下属机关、地区项目部 19 人参加会议。理顺国内反承包业务的管理体制，对国内反承包业务推行海外业务管理方式，加强和规范国内反承包业务管理，巩固和发展长期以来反承包市场取得的成果，统一资源配置，打造统一品牌，反承包业务生产运行、安全环保、经营管理、市场开发、技术支持、人力资源、后勤保障等实行统一管理。建立统一决策、资源共享、规范运作、高效顺畅的管理体制和运行机制，提高反承包竞争。对外合作项目部总部设在北京，处级领导职数定员 3 人，其中经理 1 人，副经理 2 人。对外合作项目部编制定员 5 人，科级职数 3 人。在前线设置壳牌长北项目部、道达尔苏里格南项目部和年代喀什北项目部。编制定员 15 人，科级职数 9 人。

（鞠广起）

审 计 工 作

【基本情况】 2009 年，长城钻探公司审计系统认真贯彻落实集团公司 2009 年审计工作会议和公司职代会精神，紧密围绕公司发展中心目标，突破思维定式，更新审计观念，拓宽审计领域，严格执行公司工作部署，突出管理主题，以控制成本和加强规范管理为工作重点，扎实推进各项审计工作。2009 年，审计系统取得直接积极成果 2541.29 万元，其中，基建工程审计为企业避免经济损失 258.08 万元，合同审计和物资采购审计为企业避免经济流失 2282.72 万元，财务审计挽回经济损失 0.49 万元。

【审计信息化建设】 2009 年，长城钻探公司审计部门推广和应用审计管理信息系统，通过审计信息管理系统上报审计计划 35 项，在线实施审计项目 35 项。审计信息管理系统对审计计划的启动、审前调查、审计方案的编制、审计工作底稿、审计报告、审计意见等实行全过程网络监督管理，规范审计基础工作，加强审计工作指导和管理，提高审计工作水平。2009 年长城钻探公司获得集团公司审计信息化建设三等奖。

【审计管理工作】 2009 年，长城钻探公司加强审计理论研究，探索审计发展的新理论、新方法，全体审计人员参与审计理论研究，完成信息系统审计、内部控制、成本管理审计、科研项目审计等论文 18 篇，并被推荐参加集团公司优秀审计论文评选，其中，4 篇论文获得优秀审计论文二等奖和三等奖。加强业务培训，提高胜任能力。2009 年聘请审计署专家和大学教授为审计人员授课，传授审计工作经验和高级审计理论，丰富审计人员知识、拓宽审计思路，为提高审计管理水平和操作技能起到了积极作用。同时，选派审计骨干参加集团公司审计部组织的各类培训班，加强审计业务学习和沟通交流。钻井一公司、钻井二公司轮流选派审计人员常驻陕北项目部前线进行审计服务，使审计端口前移，规范外部市场的经营管理，防范资金风险和经营风险，逐步满足外部市场的管理需求，使审计作用得到更好发挥。2009 年，《物资采购管理审计》获得集团公司 2009 年度优秀审计项目三等奖。

【基建工程审计】 2009 年，长城钻探公司基建工程审计实行两级审计模式，各所属单位成本列支范围的基建零星工程由各所属审计机构负责审计，公司审计处进行监督检查；公司投资的重大工程项目先由各所属审计机构进行初审，审计处进行终审。在工程审计中，长城钻探公司强化乙方资质审查，加大招投标过程监督，对公开招标项目，投标单位资质、招投标过程进行监督。强化市场准入和计划管理审计。强化现场勘察工作，审计人员进行现场勘察，对质量、效果、工作量进行核实，监督工程按设计施工。坚持预算审计、工作量核实、工程验收结算等进行把关，做到事前参与招标谈判、事中参与控制、事后参与结算，确保工程项目完整、资金得到有效落实。2009 年，审计金额 13754.22 万元，工程审减额 259.05 万元，发现审计问题 258.12 万元，纠正金额 258.08 万元。

【经济合同审计】 支出性经济合同，长城钻探公司审计部门坚持按照合同会签审核、招标谈判参与监督、合同签订参与审批、合同结算进行审批的全过程控制。合同审计人员在审计过程中，认真负责，严格把关，为公司控制成本、提高经济效益起到积极作用。2009 年，合同审计标的金额 190138.94 万元，审减金额 2282.72 万元。

【专项审计】 长城钻探公司审计部门坚持以风险为导向、以管理为重点，紧紧围绕公司工作中心，强化事前调研，突出风险评估，科学确立审计项目。2009年，开展物资采购、经营管理、财务收支、设备基建维修、科技经费、安全措施专项资金等20个专项管理审计。通过专项管理审计，提出审计建议83条，并得到被审计单位采纳，促进被审计单位规范经营管理，建立健全内控制度，提高经营管理水平。

（何荣桂）

定额与概预算管理

【制度建设】　2009年，长城钻探公司加强概预算与定额管理工作，下发《长城钻探工程公司概预算与定额管理办法》和《工程计价依据管理规定》。根据长城钻探公司《工程技术服务内部预算定额》的试行情况，组织编制《固井、钻井液、钻具工程技术服务内部预算补充定额》和《国内其他市场钻井液工程技术服务内部预算补充定额》，明确长城钻探公司概预算系统的管理职责，规范长城钻探公司内部及外部预结算程序和计价行为，概预算的编制与审查工作有章可循、有据可依。

【优化管理程序】　2009年，结合长城钻探公司项目投资计划和二级单位成本项目计划，按照长城钻探公司制定的计价标准，完成各类项目结算审查4077项，审核额96104.38万元，审减2202.76万元。完成工程技术服务内部结算75531万元。

【关联交易】　2009年，辽河油田公司因受金融危机影响工作量大幅缩减、投资缺口较大，影响正常的关联交易结算。2009年9月9日，集团公司下发《关于2009年钻井业务结算工作的通知》，通知明确关联交易双方要依照《关于推进钻井类关联交易结算工作的通知》的规定确定结算价格。按照集团公司文件精神长城钻探公司组织相关人员统计测算2007—2009年在辽河油区已完工未结算井425口，预测结算金额503374万元，因辽河油田公司投资不足，2009年未能办理结算，经集团公司协调会协商双方财务部门暂按469753万元进行账务处理。

【资质管理与业务培训】　2009年，长城钻探公司选派12人参加中国石油工程造价管理中心等部门举办的业务培训班，完成7名造价工程师延续注册工作和造价员继续教育和资格验证工作。

（韩晓涛）

物资管理

【基本情况】 2009年，长城钻探公司实际采购49.32亿元，其中统购47.36亿元，自购1.96亿元，集中采购比例达到96%。降本增效、节约挖潜成果显著，节约采购资金约5亿元。实现出口退税近1亿元。长城钻探公司作为组长单位，由物资管理中心和物资公司承担集团公司钻头和螺杆钻具授权集中采购工作，被集团公司授予2009年授权集中采购优秀项目。

【计划与采购管理】 2009年，长城钻探公司强化采购计划执行，认真履行生产保障职能，转变计划管理模式，提高计划管理水平。发挥年度预算计划的指导作用，简化计划审批程序，提高审批效率。控制并减少零散计划，杜绝事后计划。针对海外项目，分类建立物资供应周期指南。坚持优化管理模式，细化管理手段，通过物资管理创新，不断提高公司采购计划执行率。深入了解供需动态，坚持物资供应立足一线。从制度规范、编制审查、监督执行等各个环节采取有效措施，提高月度执行计划的质量和时效性。

2009年，长城钻探公司加大招标采购比例，减少议标或谈判采购，控制单一来源采购。积极推动“节约挖潜、降本增效”工作，做好物资供应，控制并降低全年物资消耗总量，物资综合采购成本同比下降15.3个百分点。

【物资质量管理】 物资采购实行质量安全第一，坚持“谁采购、谁负责”的质量负责制。对质量有特殊要求的物资通过签订补充技术协议规避风险。长城钻探公司各级物资采购供应单位制定到货检验目录，根据到货检验目录或使用单位要求来进行物资检验。长城钻探公司规定的强制检验物资按要求一律进行质量检验，缺乏检验手段时，委托具有资质的第三方产品质量检验机构进行检验。长城钻探公司建立物资质量反馈机制，推行质量反馈卡，对出库物资实行质量跟踪，多渠道收集物资供应信息。

【仓储管理】 2009年。长城钻探公司对仓储设施进行专业化重组，国内各单位的仓储设施及管理人员整体划转物资公司，由物资公司统一承担仓储专业化管理责任。长城钻探公司对国内外仓储站点下达库存定额指标，进行监督考核，国外项目和国内二级单位库存分别下降10个百分点和15个百分点。物资管理部门根据集团公司和长城钻探公司物资管理要求，定期对呆滞物资进行统一调剂，对废旧物资进行统一处置。

【市场准入】 长城钻探公司依据“强化市场准入，严格资质审查”的指导思想，遵循“公开自愿、竞争择优、少量优秀、互惠双赢”原则，在市场管理部的统一组织下，物资管理部门作为物资专业市场办，负责物资市场准入，质量安全环保处和企管法规处配合完成物资供应商资质审查。截至2009年底，准入物资供应商727家。按照集团公司物资采购部“统一供应商管理”的要求，对长城钻探公司入网制造商先后进行二次深入的梳理，向集团公司提报161家符合上报条件制造商，其中，157家公示通过取得集团公司二级物资供应商准入证。加强国际货物运输服务商的资质审查和市场准入管理，促进长城钻探公司国际货物运输服务市场规范有序运行。全年收到运输服务商37家入网申请，审批通过33家，其中，可承运钻修井机、测井、录井等大型作业设备动复员工作的A类运输服务商有12家，可承运除大型作业设备外其他物资的B类运输服务商有21家。坚持动态管理、优胜劣汰的管理原则，开展对供应商和运输服务商的后评价工作。

【信息化建设】　2009年，长城钻探公司提出覆盖物资管理业务全流程、实现管理与交易的一体化、体现业务管理分层分流理念的平台建设目标和集成、实用、统一实施、安全性、稳定性的建设原则，与集团公司的ERP系统建设方针和“六统一”建设要求充分结合，2009年12月14日，启动ERP系统物资管理模块建设工作，提出从长城钻探公司海外物资管理实际需要出发，充分吸收国内外物资管理的先进经验和思想，以PEOPLESOFT ERP系统为平台，与集团公司国内ERP系统有机集成，建设安全、稳定、成熟可靠的海外物资管理平台的建议，得到集团公司认可，海外物资管理信息系统建设工作在准备中，通过ERP系统实现物资管理国内外一体化、信息化管理。

（何金胜）

资金结算

【资金结算】

一、完善资金结算报告制度

2009年，资金结算部门加强资金结算管理，积极协调、及时反馈结算中存在的问题，建立并完善资金结算分析报告制度，保证长城钻探公司资金结算顺畅有效运行，建立资金结算周报制度，加强资金结算动态管理，建立信息沟通机制，加速结算信息反馈，及时掌握结算进度，对结算的执行情况，按照市场分布、合同履约情况进行分类管理，敦促各单位加速办理结算，缩短结算汇报周期，为领导决策提供准确、快捷的信息支持。完善月度资金结算分析报告制度，根据境内外结算信息的差异化，结合管理需求，按月度编制结算管理性报表，制定结算信息标准化模板，分析结算滞后原因，通过分析及时查找结算中存在的问题，迅速跟进相关措施，保障结算的高效、顺畅。除关联交易市场由于受油田公司计划投资因素影响外，其他市场的结算资金回款率均有所提高。

二、资金结算主要工作

针对关联交易结算矛盾突出，部分项目结算不畅问题，长城钻探公司加强资金结算工作，通过各个层面、各种渠道、各种方式协调解决结算中存在的问题。经过协调，长庆油区结算遗留问题基本得到解决，中哈公司结算工作恢复正常，委内瑞拉、古巴项目结算工作取得重大进展。2009 年，长城钻探公司资金结算收回资金 121.39 亿元，占应收回资金 221.69 亿元的 54.8%。其中，关联交易结算收回资金 46.15 亿元，占应收回资金 112.51 亿元的 41%；境外项目收回资金 71.1 亿元，占应收回资金 99.52 亿元的 71.4%。2009 年底，长城钻探公司与辽河油田公司 2007—2009 年关联交易遗留问题基本得到解决，双方挂账应结算额基本确定。

【资金清欠】 2009 年初，长城钻探公司清欠工作由资金结算部门负责。长城钻探公司根据集团公司下达的清欠指标，确定所属单位应收款项清收、境外项目工程款回款率等考核指标，并纳入长城钻探公司考核指标体系，定期进行严格考核兑现，并发布考核通报，维护考核指标的严肃性，调动各单位资金结算及清欠工作的积极性。资金结算中心每月对各单位清欠情况进行分析，汇总编制《清欠月报》，对工作做得好的单位及时进行表扬，并推广先进经验；对清欠责任不落实、清欠进度指标完不成的单位发布《清欠提示》，进行督促指导，确保完成全年清欠任务。

2009 年，收回以前年度应收账款 503080.21 万元，其他应收款比年初降低 30884.30 万元。预付账款比年初余额 40675.13 万元增加 2367.40 万元，增长为 5.8 个百分点，超额完成集团公司下达的全年清欠指标。

【境外划转财务资产交接】 根据集团公司《海外工程技术服务市场划分移交实施方案》，长城钻探公司有 10 个海外项目需移交给其他公司，整体移交项目 7 个，共同经营项目 3 个，涉及交接的共 42 部钻修井机，其中，接收钻修机 29 部，其他钻探公司 18 支，辽河油田分公司 11 支，移交钻修机 13 部。

根据集团公司海外工程技术服务市场划分方案和公司海外项目交接工作部署，长城钻探公司财务资产划转小组认真做好交接项目和队伍账务核对、损益核实、实物盘点、价值确认等工作。截至 2009 年底，长城钻探公司按计划完成巴基斯坦、伊拉克、埃及、阿客套、克孜洛尔达 5 个项目整体财务管理责权移交和哈萨克、苏丹、委内瑞拉、乌兹别克、印度尼西亚 5 个项目部分业务财务管理责权移交工作。完成 29 台钻修井机资产接受工作，接收固定资产原值 78587 万元，净值 37005 万元。长期摊销资产原值 39718 万元，净值 10181 万元，存货 14288 万元。完成 13 台钻修井机资产移交工作，移交固定资产原值 49237 万元，净值 19059 万元。长期摊销资产原值 19978 万元，净值 3226 万元，存货 5963 万元。

（曾献鸿）

生产远程控制

【推广远程控制系统】　2009年，根据海外项目分布、人员配置及所在地区安全情况，制订远程控制系统推广计划。按照“应急为先、逐步推广”的基本原则，根据海外项目所在地区的安全局势和项目的重要程度，适当调整推广计划，实现在重点项目、重点井上的远程控制系统的部署，为应急指挥、技术支持提供保障。

截至2009年11月30日，完成15套远程控制系统在海外测井、测试项目的部署工作。针对国内长庆、海拉尔等地区测井作业对远程数据传输的需求，完成2套基于VSAT卫星网络接入的远程控制系统推广。2009年，完成17套远程控制系统的推广。

【应用远程控制系统】　2009年，远程控制系统作为技术支持的有效手段，为巴基斯坦项目、伊拉克项目、伊朗等测井项目、测试项目运行提供保障。同时，在进行伊拉克鲁麦拉项目、伊朗北阿项目的投标过程中，多次邀请甲方人员参观中央控制中心，通过对远程监控、数据传输等功能的全面演示，展示长城钻探公司对服务质量、技术支持、安全管理等方面的重视。

乌兹别克吉达3井是集团公司重点项目，针对地质条件复杂、施工难度大等实际特点，优先部署和应用远程控制系统，测井公司国际业务项目部组织技术专家，对现场施工进行远程支持，集团工程技术分公司杨庆理总经理主持远程视频会议，对现场施工单位进行工作协调和工作部署，为确保工程施工的顺利进行发挥积极作用。

【项目管理】　2009年，远程控制中心承担长城钻探公司重点技术攻关项目《LEAP-NET远程控制系统推广应用与发展》。结合技术发展和现场实际需求，进行深入技术调研，了解国内外发展现状，对系统的建设思路、建设步骤进行科学设计和组织实施，先后解决数据提取、传输等技术难题，确保整个项目的顺利进行。

【指挥平台规划】　2009年，根据《长城钻探公司“十二五”业务发展规划指导意见》的要求，按照生产协调处的整体安排，配合信息管理中心完成“信息化管理与远程指挥”专项职能规划。结合长城钻探公司发展思路和管理方式，完成远程指挥平台建设的总体规划。远程指挥平台的建设思路是以井为中心，以基础网络为支撑，按照生产经营活动和管理需求进行分类，搭建相应的信息管理与工程应用系统，实现服务生产、辅助管理、创造价值的目的。

（李晓蕾）

法律事务

【管理课题研究】 2009年,长城钻探公司开展有针对性的课题研究工作，为长城钻探公司管理决策提供有效支持。对长城钻探公司重组后的管理体制与运作机制情况开展题为《长城钻探公司管理体制与运行机制优化研究报告》的研究。该研究通过与西方先进企业的对标，系统分析长城钻探公司重组后的内部专业化水平、机关职能管控体制、区域化运作模式和项目矩阵式体制，初步评估长城钻探公司的专业化、集约化、扁平化、正规化程度，以战略地图的形式系统化地梳理公司战略目标对公司管理体制与运行机制所提出的各项要求，明确现阶段管理体制所存在的主要问题。根据长城钻探〔2009〕123 号文(《长城钻探公司“十二五”业务发展规划指导意见》)的统一安排，编写公司管理体制调整与完善专项“十二五”发展规划初稿。该规划系统总结了重组以来长城钻探公司在管理体制改革和发展上所取得的主要成果和经验，并针对现阶段管理体制存在的主要问题，明确长城钻探公司管理体制调整与完善工作在“十二五”发展阶段所面临的主要任务，制定管理体制调整与完善的工作思路、工作目标和工作部署。

【经营业绩考核】 2009年，结合长城钻探公司内部重组的持续推进，经营业绩考核工作始终符合公司改革发展的实际，不断完善和调整经营考核制度。初步建立长城钻探公司绩效考核体系。研究原辽河石油勘探局、原中油长城钻井公司、原中油测井公司重组以前的制度及文件，组织编制长城钻探公司内部经营承包考核多项配套政策及办法，初步建立起绩效考核体系。开展经营业绩考核工作。面对长城钻探公司专业化持续重组、组织机构不断调整等各种困难和现状，适时运用过渡期考核办法，顺利开展2008年终及2009年各季度经营业绩考核工作。保证长城钻探公司重组时期平稳过渡，职工收入稳定，对各单位经济管理水平和效益的提高起到了较好的激励作用。开展2008年外部市场开发奖励。为调动各单位积极开发外部市场，形成全员开发市场的良好局面，依据《长城钻探公司外部市场开发激励办法(暂行)》,开展2008年外部市场奖励，奖金额为2700多万元。

【政策制定】 2009年,制定并出台《长城钻探公司外部市场合同额确认规范》(长城钻探〔2009〕21号)、《长城钻探公司发展业绩排序暂行办法》(长城钻探〔2009〕54号)、《长城钻探公司分部机关工作业绩考核暂行办法》(长城钻探〔2009〕55号)。参与中油测井重组整合方案、组建境外大区实施方案、国际钻井等10家单位的机构调整及组建方案的编制。

【企业资质】 2009年，长城钻探公司获评“企业信用评价AAA级信用企业”，获颁“对外承包工程行业AAA级企业信用等级证书”。对外承包工程行业信用等级评价共分“三等九级”，AAA级为最高等级。信用等级评价结果被推荐给相关政府主管部门、行业主管部门、金融保险机构，帮助企业优先获得国家相关优惠政策支持，并向国（境）外行业组织、政府主管部门推介，同时成为在中国反欺诈网、对外承包工程商会网站、商务部“承包劳务行业频道”、国外展会进行免费宣传的主要依据，对长城钻探公司获得更多商机具有积极作用。

2009年，长城钻探公司成功通过国家级高新技术企业认定，并获颁高新技术企业证书。使长城钻探公司享有较大的税收优惠，享受国家及北京市政府针对高新技术企业建设、经营、人才引进与培养、政府采购、科技研发、知识产权、科技奖励等扶持和优惠政策。

【企协事务】 2009年，长城钻探公司继续保持与中国企业联合会、中国石油企业协会、北京市企业协会、辽宁省企业协会、石油与装备理事会、中国对外承包工程商会等企业协会与行业协会的沟通与交流，参加各协会组织的行业交流与研讨会议、评先树优、培训认证、课题研究与项目咨询等活动。长城钻探公司总经理张凤山在石油企协第六届会员代表大会暨六届一次理事（常务理事）会议上当选为中国石油企协常务理事。2009年“两会”期间，中国企协主办的《中国企业报》上发表《聚变奇迹：“新长城”是怎样筑成的》和《以更主动的市场战略迎战危机》2篇报道，取得较好的社会影响。

【评优评先】 2009年，长城钻探公司有11项测井工程自主创新成果被中国企业新纪录办公室认定入选第十四批“中国企业新纪录”。长城钻探公司总经理张凤山获得全国第八批高级职业经理（特殊贡献人才）资格证书。

【管理现代化成果】 2009年，长城钻探公司获石油石化管理现代化成果奖（行业部级）3项，其中二等奖（工程技术研究院“以自主创新为目标的科研生产运行机制”）1项，三等奖2项。获石油石化企业管理现代化论文奖（行业部级）7项，其中一等奖1项，二等奖1项，三等奖5项。

为规范企业管理现代化创新成果、优秀论文、优秀著作的评审工作，制定并发布《长城钻探工程有限公司企业管理现代化创新成果评审管理暂行办法》和《长城钻探工程有限公司企业管理现代化优秀论文优秀著作评审管理暂行办法》。并按照此办法组织了公司级首届管理创新成果与论文的评审工作。评出成果奖10项，其中，一等奖2项；二等奖3项；三等奖5项。评出论文奖9篇，其中，一等奖1篇；二等奖3篇；三等奖5篇。同时，评选出工程技术研究院等3家优秀组织单位奖。

【合同管理指标】 2009年，长城钻探公司签订各种经济合同10713份，金额为300.6亿元，合同履约率100%。有3户二级单位连续五年保持省级“重合同、守信用”称号。起草长城钻探公司合同管理办法并广泛征求意见；收集、细化和编制合同示范文本；组织2次50人合同管理业务培训；境外项目投标合同经济、技术和法律三项审查率100%；供应商、服务商法律主体资格审查率100%；参与127个重大项目谈判、招标鉴证等工作；前往10余户二级单位现场办公，指导相关业务并解决合同管理中出现的问题。

【法律事务】 理顺重组法律关系，规范法律机构，开展境内工商变更和境内外法律机构清理工作。将长城钻井的股权从国际公司和九大油田管理局收至长城钻探，理顺三家公司的股权关系。将中油测井的股权由国际公司和长城钻井转至长城钻探公司，同时，变更法定代表人，简化法人治理结构，从法律上实现中油测井重组整合工作。组织完成长城钻探公司钻井技术服务公司、机关车队和顶驱分公司3个二级单位的分公司注册工作。组织对59个境外法律机构（包括法人实体和分支机构）的清理工作，在清查的基础上，从“关、停、并、转、继续经营”的角度，提出针对每个法律机构的可行性处理建议方案，并组织实施。以授权管理为重点，加强法律风险防控工作，出台长城钻探公司《授权管理办法》并下发实施，通过规范开展公司授权工作，清晰界定授权事项和授权权限，防控授权方面的法律风险；同时在系统梳理主要业务流程的基础上，制定和编写了《长城钻探公司法律风险防控文档手册（国内业务）》，并以公司文件的形式下发实施。

【诉讼业务】 2009年，长城钻探公司加强案件指导，规范案件管理，全年纠纷案件计划申报率100%，实际完成案件申报率100%，全年挽回经济损失400余万元。集中组织公司内外部法律资源，加强对境内外法律纠纷的指导和管理。针对永丰公司拖欠的长城钻井土地开发款，依据双方签署的还款协议积极协调和敦促对方还款，促使永丰公司于11月底前归还全部款项；关于与天时集团海南一月东油田项目争议事宜，深入项目负责单位进行调研座谈，搜集证据，讨论分析案情，并上报集团公司法律事务部，为协调双方谈判、解决争议提供有力支持；针对境外项目劳动争议多的特点，聘请并配合专业律师，化解各种矛盾，努力将纠纷隐患消弭在“萌芽之中”。

【普法工作】 从长城钻探公司领导、法律专业人员和公司员工三个层面持续深入地开展普法工作。邀请人力资源与社会保障部劳动关系司领导就《劳动合同法实施条例》为中心组学习进行讲授，提高公司高层领导的法律意识和依法治企能力。组织机关和各二级单位的法律工作人员进行国际贸易和结算、法律英语的专题培训，提高广大法律工作人员的专业技能，增强大家学法用法的实践操作能力。员工层面，通过“12·4”全国法制宣传日契机，紧紧围绕“加强法制宣传教育，服务经济社会发展”的主题，以宣传教育《社会主义法治理念读本》为重点，采取多种形式，灵活创新，精心组织，扎实地开展了年度普法宣传工作，提高全体员工的法律素质。其中钻井一公司在盘锦市工商局组织的由盘锦市省级“守合同、重信用”工商企业参加的迎接“12·4”全国法制宣传日合同法律知识竞赛中，获得竞赛第一名。

【规章制度】 2009年，长城钻探公司根据“融合、稳定、立规矩”的指导思想，遵循“长远规划、年度计划、适时修订、定期清理、统一规范”的原则，开展规章制度体系建设工作，提升管理的规范化与信息化水平。

长城钻探公司通过制订中期规划和年度规章制度制修订计划，在确保各项制度相互衔接、效力递进的前提下，明确制度建设任务的内容和完成时间。2009 年，长城钻探公司颁布各类规章制度 88 项，内容涉及公司行政、党群、财务、市场、人事、生产协调、企管与法律事务、规划计划、内部控制与监督、科技和工程技术、物资供应、质量安全环保、外事管理等各个方面，其中，重要的制度都经过合法性、合理性、科学性审查，以确保不违反国家法律法规，避免制度之间的矛盾和冲突。

长城钻探公司通过颁布《长城钻探公司规章制度管理办法》，对规章制度的管理机构与责任、效力层级以及不同层级制度的制修订程序进行规范。同时，对长城钻探公司重组以来下发的规章制度进行全面的收集，根据业务领域以及效力层级予以梳理和归档，建立起规章制度数据库，在集团规章制度信息系统上实现公司规章制度数据上传，为实现长城钻探公司规章制度规范化管理和快捷高效的工作奠定基础。

（王英君　温宏杰　吴　雪）

第七篇

基础管理

安全环保

【基本情况】 2009年，长城钻探公司的安全环保工作以科学发展观为统领，坚持“环保优先，安全第一，健康至上，以人为本”的工作方针，牢固树立“效益至上、安全为天”的理念，落实集团公司领导干部会议、安全环保工作会议和视频会议精神，健全安全环保长效机制，推进HSE管理体系建设，执行集团公司《HSE管理原则》和《反违章禁令》，突出专项安全环保管理和重点整治，加强事故隐患治理与风险控制，加强职业危害监控，强化本质安全建设。杜绝工业生产亡人事故、井喷失控事故和环境污染事故的发生，各项指标控制在集团公司下达的指标之内。长城钻探公司获得“中华环境友好企业”、集团公司2009年度安全生产先进企业和海外防恐安全管理先进集体荣誉称号。

2009年，长城钻探公司境外项目实现无重大生产安全事故和死亡事故，无污染事故发生的管理目标。每百万工时损工伤亡发生率（LTIF）为0.16，低于长城钻探公司2.7的控制指标。

【组织机构建设】 2009年，长城钻探公司根据持续重组和机构调整的实际，调整HSE（安全生产）委员会组成成员和领导干部安全联系点，组建测井HSE部和质量安全环保处长庆分部2个直属部门，分别负责海外测井、录井、测试业务和长庆地区的HSE管理与监督工作，形成专业化、区域化的管理格局。完善监督网络，配备HSE总监41名，7个二级单位设立监督站，各单位配备管理人员315名，专兼职HSE监督577名。成立安全环保巡视组，形成管理、监督、巡视“三位一体”的机制。

一、境外HSE监督管理队伍建设

境外17个项目配备11名HSE专兼职HSE总监，4名专职HSE高级监督，124名专职HSE监督，34名兼职HSE监督，其中，包括47名外籍HSE监督。专职HSE监督配备率为73.8%，当地专职HSE监督率为29.7%。

二、完善HSE异体监督机制

长城钻探公司出台《HSE异体监督实施办法》和《长城钻探工程有限公司国外项目实施HSE异体监督试点方案》，制定具体实施细则，确定尼日尔和乍得项目为首批异体监督方案试点运行项目，增加古巴和利比亚项目为第二批HSE异体监督试点项目，阿尔及利亚项目也推进HSE异体监督工作，将现场队的4名监督纳入项目的管理。国外试点项目均成立以项目经理为组长、HSE总监（HSE高级监督）和主管作业的项目副经理为副组长的HSE异体监督试点方案实施领导小组，全面负责本项目的HSE异体监督的推进工作，根据试点方案制定适合本项目的HSE异体监督实施细则。

【建设 HSE 管理体系】 2009 年，结合长城钻探公司发展战略和重组后的专业特点，与 HSE 体系推进工作相结合，经过集中讨论、征求意见、认真审核和反复修改，编写完成《HSE 管理手册》、《程序文件》。组织规章制度修订，下发 HSE 规章制度 27 项。梳理海外 22 张检查表，并与国内钻修井现场 HSE 记录进行融合，形成完整的钻修井现场《HSE 管理应用工具手册》。

【推进 HSE 管理体系】 2009 年 1 月 12 日，长城钻探公司召开集团公司与杜邦 HSE 咨询合作长城公司推进启动大会，17 个单位分 4 批启动体系推进工作，展开境外体系推进工作。

长城钻探公司总经理张凤山、书记王忠仁分别对 HSE 理念和文化进行宣讲，副总师以上领导带头、机关职能部门领导进行安全经验分享，制订并实施《个人安全行动计划》。落实直线责任，对长城钻探公司副总师以上管理人员分工进行调整，完善《公司机关各部门 HSE 职责》。总经理张凤山与各二级单位、境外项目部签订《安全环保责任书》，与职能部门签订《HSE 与质量目标责任书》，各单位层层签订责任书，将安全环保指标逐级分解，使直线责任明确。局处两级领导按照长城钻探公司规定，开展安全联系活动、召开安全会议，进行安全环保述职，境外项目部坚持海外 HSE 总监回国述职制度，落实各级领导的 HSE 直线责任。实施属地管理，各单位把“五型五好”班组创建、“三标”管理与属地管理有机结合，现场员工主动参与管理，做到“我的属地我负责，我在属地您放心”。建立 70 钻机、30 钻机目视化模板，完成视觉形象手册，目视化管理逐步规范。安全观察与沟通、工作前安全分析、作业许可和挂牌锁定等风险管理工具得到推行。加强宣传教育培训，建立体系推进专题网站，开辟经验分享、大家谈专栏等 30 多个栏目，发布信息 350 条，组织专题网站评比活动。在报纸上开辟宣传专栏，发表文章 68 篇。组织 HSE 培训 1754 人，“1163”专职培训 549 人，培训师培训班 3 期，28 名员工成为长城钻探公司级培训师。

一、完善机构，加强宣传

长城钻探公司成立境外 HSE 体系建设推进办公室。根据境外 HSE 体系建设推进计划，有 17 个境外项目成立 HSE 体系建设推进领导机构，确立由项目经理为组长的境外 HSE 体系推进领导小组，加强境外 HSE 管理体系的推进工作。

二、践行有感领导

长城钻探公司各境外项目以“安全经验分享”作为 HSE 体系推进工作的突破口，领导带头在 3 人以上的会上 “安全经验分享”，养成人人讲、会会说的良好习惯，营造出安全文化氛围。2009 年 5 月 18 日至 11 月 25 日，境外试点项目部开会 789 次；安全经验分享 789 次；上报安全经验分享案例共计 320 个。

三、制订个人行动计划

境外试点项目经理及领导小组在境外 HSE 体系推进办指导下制订了个人行动计划 56 份，非试点项目有项目经理、HSE 总监的个人安全行动计划 10 份。通过个人行动计划，各个境外项目 HSE 体系推进领导小组成员都能够按照各自的安全行动计划到所属部门、基层进行观察与沟通。

四、推进属地管理

境外HSE体系推进办先后下发属地管理，直线管理责任等有关材料，并要求进行属地管理区域划分明细，落实直线管理责任。境外试点项目根据各项目情况，划分属地管理区域并要求属地管理者对分管区域、分管业务、分管系统的安全环保工作实施直线管理，谁管工作，谁管安全，一级对一级，层层抓落实，直至落实到各岗位，并结合岗位责任制和各岗工作循环检查路线，重新划分各岗的属地管理责任区域，包括对区域内的设备设施、工作人员和施工作业活动，明确相应的属地管理责任，并挂牌明示，形成“我的属地，我负责”的管理模式。

五、现场目视化管理

境外项目加强标准化现场、标准化班组、标准化作业管理，长城钻探公司目视化标识统一制作，境外项目维持现状，加强管理，作业重点区域和装置等重要位置设置安全指示牌、安全警示牌并挂牌锁定及定置化管理画线。实现员工行为从“被动监督”到“自我约束”的转变，规范施工现场。

六、推进HSE宣传、培训与观摩活动

境外项目，举办1期《境外项目高级管理人员HSE体系推进培训及观摩活动》班，2期《境外项目管理人员HSE体系推进培训及观摩活动》班，培训102人，其中，长城钻探公司副总师2人、处级干部30人、科级干部9人、基层管理干部61人。境外项目领导将培训学习资料、领导讲话资料光盘640张带进项目进行观看、宣讲，提升员工的安全意识，做到HSE体系推进工作不只是基层队的事，更是项目领导的事。根据境外项目推进需要，2009年11月30日，举办长城钻探公司境外HSE培训师培训班，加强项目的自主培训工作，加快境外体系推进步伐。

七、推行绩效管理

2009年，各境外项目部根据公司绩效考核的相关政策，结合年初与长城钻探公司签订的HSE责任指标，层层分解，层层落实，层层考核，层层兑现。业绩考核要与各境外项目领导、各职能部门的HSE职责相结合，与日常工作相结合，充分体现其对HSE体系建立、运行和推进的实际绩效。9月，结合长城钻探公司对境外综合管理考核情况进行评定，HSE体系推进权重30分，试点项目最高29分，最低23分，平均26分。

【执行HSE管理原则】　2009年，长城钻探公司主要领导在生产办公例会上亲自进行宣贯《HSE管理原则》，解读原则的本质、内涵。制定并落实《HSE管理九项原则》实施方案，广泛进行宣传教育活动，在长城钻探报开辟《HSE管理原则领导谈》专栏，制作《HSE管理原则》展板，交流体会、丰富学习内容。按照九项原则要求，完善安全环保重大事项领导决策程序，完善员工聘用雇佣、承包商管理等规章制度，将九项原则纳入各级领导、管理人员的安全环保业绩考核。各单位认真组织HSE管理原则宣贯活动，保证各级领导和管理人员自觉将《HSE管理原则》作为规范自身

HSE 管理行为的基本准则。

【落实《反违章禁令》】 2009 年，长城钻探公司开展“反违章禁令落实执行年”活动，下发活动实施方案，成立领导小组，部署落实禁令三个阶段工作。各单位结合本单位实施分别制订实施方案，开展“全员性风险辨识活动”，推广应用“STOP 卡”，宣传推广落实的典型经验，把禁令的宣贯融入企业安全文化建设，充分利用违章“积分台账”和“曝光台”，对违章行为进行记录并曝光。组织开展“三个一”主题教育活动。各单位在基层队、机关科室开展“至少识别一个自身可能违反禁令的行为、讲述一起因违章引发的事故案例、写一篇反习惯性违章的心得体会”的“三个一”主题教育活动，提升员工反违章意识。加强禁令落实情况的监督检查，长城钻探公司在组织日常检查和专项检查中，把执行禁令情况作为重要内容，加强监督检查，在长城钻探报上对违章处罚进行通报、曝光，促进《反违章禁令》的宣贯落实。

【井控管理】 长城钻探公司完善井控管理机构，全面落实责任。完善辽河、西部和海外 3 个井控监督管理中心，配齐井控人员。长城钻探公司与相关二级单位签订井控安全责任状，开展“井控隐患整改年”活动和专项检查，投入 2400 余万元，购置封井器、节流管汇和远程控制台。

一、加强井控宣传工作

长城钻探公司及时传达上级有关部门下发的井控文件和井控会议精神，并组织落实。设计制作中文、英文、西班牙、阿拉伯和俄文 5 种语言的井控管理工作宣传挂图，分发到各个项目部，帮助项目部开展宣传教育工作。向 16 个项目部发放 426 套宣传管图。

二、重视井控技术培训

长城钻探公司对无证或过期人员加强井控培训工作。举办 6 期 IADC 井控取换证培训班，对部分无证或过期人员进行培训，培训 492 人。利用当地培训资源对当地员工进行井控培训实际操作技能。

三、落实井控管理制度

长城钻探公司各国外项目组织员工传达和学习长城钻探公司下发的有关井控的文件，严格落实长城钻探公司制定的井控制度。长城钻探公司各项目进行井控演习 1172 次，应急演练 749 次，全面提升员工的井控技能。控制和处理溢流等井控复杂情况 14 井次。

四、落实井控安全责任

长城钻探公司有 20 位大区经理和项目经理签订井控安全保证书。要求各级领导认真履行承诺，并按照属地管理、直线责任与下属层层签订井控安全保证书，确保井控安全压力层层传递，人人承担。

【应急管理体系建设】 长城钻探公司按照“一个中心、两个机构”的模式，完善应急组织体系，强化应急工作的综合协调，制定应急管理工作要点，制订完善总体预案和 17 个专项预案。突出重点风险的应急演练，组织总部机关办公大楼防恐、消防疏散和灭火演习。各单位积极开展应急预案演练，各钻修井队伍坚持每周进行一次防井喷应急演练，提高基层员工的应急反应和处置能力。

【社会安全管理】　2009年，长城钻探公司加强境外项目社会安全风险管理，组织社会安全风险评估，完成苏丹等11个较高风险国家的社会风险评估报告，固化社会安全风险评估模板。境外15个较高风险项目有钻修井队伍72支，工程技术服务队伍125支，中方人员1366名，配有各类安保人员615人。长城钻探公司发生18起社会安全事件，未发生人员重伤以上事件，社会安全形势基本稳定。

一、实现动态风险评估

长城钻探公司制定下发《长城钻探公司境外社会安全风险评估制度》，定期对较高风险国家进行动态风险评估。2009年，11个较高风险国家项目针对项目划转导致的业务变化、社会安全形势的变化等因素，重新评估存在的社会风险并制定了相应的控制措施。

二、加强防恐安全培训

长城钻探公司积极组织境外员工参加防恐培训。全年参加集团公司9期管理层防恐培训班、10期操作层防恐培训班和3期海外防恐培训班，有2258人参加培训，其中，钻修项目较高风险国家人员有1290人，较高风险国家员工培训率达94.4%，部分还没有参加培训的员工在没有完成培训前不得返回项目。

三、完善物理安保标准

2009年，长城钻探公司制定下发《长城钻探公司境外项目物理安防措施配备标准（暂行）》和《长城钻探工程有限公司境外单位办公地、住所三级防护选择和配备标准（试行）》，进一步强化了海外物理安保设施的配备标准。根据对境外项目物理安保设施的梳理情况，长城钻探公司设置专项资金1092万元为各项目配备电子监控系统、卫星电话、应急车辆、防弹车、防弹衣、井场防护网等物理安保设施。新采购铱星电话38部，电子监控系统25套，GPS定位系统26套，对讲机250部，防弹车2辆，防弹衣100件。苏丹项目继续执行安保措施，对修井队搬家频繁的特点为每个基层队设计、制作门岗房，配备简易的“地笼式”井场周界铁丝网，有效地封闭了井场。

四、加强社会安全制度建设

长城钻探公司制定下发《长城钻探公司境外社会安全工作方针、目标及管理制度（暂行）》，“七项制度、两项标准”，《长城钻探公司境外社会安全风险提示制度》，建立风险提示制度。2009年，分别针对乍得群众示威游行、“七五”事件、斋月等事件，发出10期风险提示，指导项目的社会风险防控工作。长城钻探公司下发《关于境外项目中方员工学习防恐常用语句的通知》和《关于境外项目中方员工学习境外盗抢事件汇编的通知》，各项目举办121次当地话30—50句的培训，有824名中方员工进行培训。委内瑞拉项目将防恐用语制作成MP3，要求中方人员进行学习，进行考核。长城钻探公司为每位海外员工购买《旅行安全指南》。

五、加强社会安全信息的收集

长城钻探公司继续加强和完善信息收集网络并及时与项目部进行沟通。通过政府部门、集团公司、SOS、Control Risk社会风险管理机构、网络、各大媒体等各种渠道收集、分析社会信息，通过安保日报和安保周报，与项目部进行信息沟通，对境外的社会安全工作起到指导作用。2009 年，发布社会安全保安周报 52 期。

六、完善应急预案

长城钻探公司对《突发事件总体应急预案》及 16 个专项预案进行了修订，包括《恐怖袭击重大事件专项应急预案》。修订各项目各级社会防恐应急预案，增强预案的可操作性。全年境外项目组织防恐应急预案培训，组织管理层培训 6 期，操作层培训 8 期，培训员工 920 人，培训率达到 77%。境外项目通过卡片、电子邮件、宣传册等形式对员工进行培训，印制防恐应急宣传册 1314 本、卡片 979 张。通过定期演习，检验预案的操作性。境外项目定期组织现场的应急演练，全年各海外项目进行防恐应急逃生演习 426 次。长城钻探公司对预防恐怖袭击事件应急预案进行桌面演习，模拟伊朗项目 GW18 队附近发生的恐怖袭击事件。

【安全环保基层基础建设】 2009 年，长城钻探公司开展“安全生产示范队”、“安全型班组”和“绿色基层队”创建活动，并与 HSE 体系推进紧密结合，钻井一公司、钻井二公司、井下作业公司、国际钻井公司和国际钻修公司等单位建立钻修井队作为试点队，做到典型引路，确保创建计划落实。基层单位深入开展“个人无违章，岗位无隐患，班组无违纪，基层无事故”的“四无”活动，提高现场标准化水平，夯实基层安全环保基础。长城钻探公司完善 HSE 信息系统建设，及时客观精确地填报基础数据，前三个季度长城钻探公司被评为集团公司信息系统优秀地区。

长城钻探公司针对境外项目现场管理、设备配备及存在的其他问题，开展安全生产专项检查、安全活动月、百日安全专项检查安全专项整治活动，各境外项目组织多次安全大检查，对查出的隐患进行分类统计，建立隐患台账，制订整改计划，按照整改计划进行整改。发现安全隐患涉及井控、设备、交通、消防、社会安全、HSE 基础管理等多方面。2009 年，境外项目由长城钻探公司拨款治理的隐患有 28 项，由项目自行治理的隐患有 15 项。

【排查隐患】 2009 年，长城钻探公司建立隐患排查治理的长效机制，坚持全面排查和专项检查相结合的方针，健全隐患排查、评估、立项、治理、验收管理机制，保证隐患整改措施、责任、人员、资金和时间“五落实”。明确隐患排查重点范围，突出井控、设备“三超”（超能力、超负荷、超期限）、高危地区作业、危险化学品运输、油气开发、交通管理、消防管理、爆炸品管理及作业、放射性源管理等重点领域和关键环节，进行重点排查与整治。组织隐患治理工作，查出需立项整改隐患 172 项，审核确定长城钻探公司治理隐患 46 项，投入 9500 万元用于隐患治理。

【宣传教育】 2009 年，长城钻探公司组织世界环境日、安全生产月、职业健康宣传周和消防宣传周活动，开展主题演讲比赛、知识竞赛、板报比赛等宣传教育活动。长城钻探公司获集团公司“中国石油安全生产有奖知识竞赛”优秀组织单位称号。长城钻探公司下发《春季安全生产宣传教育材料》、《雨季宣传教育材料》和《冬季安全生产教育材料》，开展季节性安全生产教育活动，员工的风险意识、技能普遍提升。

【交通安全】

一、制度确立

2009 年，长城钻探公司制订《2009年交通安全专项工作方案》，开展交通安全示范车队建设和交通安全宣传阵地建设工作，提高员工交通安全意识。针对长城钻探公司队伍向油区外转移、大型搬迁增多的特点，下发《长途运输、大型搬迁交通安全管理规定》，加强长途运输、大型搬迁等交通安全管理。

二、落实准驾制度

长城钻探公司加强驾驶员内部准驾证管理，国内对 287 名车管干部、2055 名驾驶员的资质进行严格审核，重新办理内部准驾证。境外项目 17 个项目完成驾驶员台账的建立工作，对驾驶员的身体状况、驾龄、防御性驾驶培训、驾驶技术、准驾车辆等进行统计，境外项目准驾 694 人，其中，中方准驾人数为 232 人，当地准驾人数为 462 人。

三、记录仪安装

长城钻探公司完善 GPS 监控系统建设，投入 504 万元，完成 GPS 三级监控平台建设，安装车载终端设备 1548 台。实时监控，通报违章车辆 297 台次，经济处罚 18.1 万元。17 个境外项目有各类车辆 520 台，其中，叉车、吊车等特种车辆 45 台、皮卡车辆 175 台。已装防翻架数量为 195 部，防翻架安装率达 100%。行车记录仪已装 302 台，安装率 92.9%，安全带已安装 2245 副，配备率 100%。

四、节日期间的交通安全管理

2009 年，根据 HSE 委发 62 号文《长城钻探公司关于进一步加强新中国成立 60 周年庆祝活动期间境外项目安全环保重点工作的通知》等文件要求，全面开展境外项目的交通安全工作。

【消防安全】　2009 年，长城钻探公司开展《中华人民共和国消防法》宣传活动，组织消防重点单位、大型集会活动的现场消防安全检查，保障元宵节灯会和焰火晚会的消防安全。加强施工现场的消防安全管理，对苏里格项目的苏 11-1 号、2 号集气站进行投产阶段的消防安全检查，消除火险隐患。加强“三田”防火的安全管理，落实秋冬季“三田”和草原防火安全属地管理责任，建立日防火巡查制度，在“三田”、草原冬季禁火期的工业动火进行升级管理，制定周密的防范措施，确保“三田”和草原施工的消防安全。

【专项检查】　2009 年，长城钻探公司以日常检查为基础，以专项检查为重点，强化施工现场、重点部位安全环保监督检查。检查重点突出季节性安全环保措施落实情况，重大节日、特殊时期安全环保措施落实情况，HSE 体系推进情况，HSE 管理原则和反违章禁令落实情况，井控安全、火工品、放射源、危险化学品管理情况，“三超”作业情况，社会安全、交通、消防安全情况等。组织开展元旦、春节、“两会”期间、春季、冬季、百日安全生产、国庆节安全生产专项检查，发现各类隐患问题 10638 个，多数问题在现场进行整改落实。长城钻探公司对专项检查情况及时进行通报，并对隐患问题的整改情况进行跟踪，保障专项检查活动见到实效。

【火工品、放射源管理】 2009 年，长城钻探公司针对国内外测井作业区点多面广、作业分散等特点，重点加强源库、火工品库、路途和井场放射源、火工品的安全检查与管理。在新中国成立 60 周年大庆活动期间，严格执行《北京市环境保护局、北京市公安局关于国庆期间加强辐射安全防范工作的通知》要求，开展辐射安全专项活动，在北京行政区内暂停一切涉源活动，对涉源单位所属放射源的数量和位置(库房内、作业现场、途中)：采取的安全措施、负责安全检查的人员、异常情况等坚持了日报告制度，实施放射动态管理。加强载源车辆的动态监控，对源车安装智能监控报警装置，保证按指定时间、路线、速度行驶，降低环境风险。

【环境保护】 2009 年，长城钻探公司配备新型钻井液净化设备，各类危险化学品、含油废物得到妥善收集、储存和安全处置。钻井液公司投资 42 万元改造处理剂库房，古巴项目取消排污池，煤层气公司等 5 个单位开展清洁生产审核。2009 年，长城钻探公司钻井液无害化使用率达到 100%，回收钻井液 3 万立方米。

【职业建康】 2009 年，长城钻探公司开展《中华人民共和国职业病防治法》宣传，加强作业场所职业病危害因素的检测评价及职业健康监护工作。2009 年，963 人参加职业健康体检，65 个有毒有害场所监测均符合要求，开展 3 次“送健康到一线”服务活动，一线员工体检 700 人，发放药品 5500 盒。面对甲流疫情蔓延，长城钻探公司及时调整境外项目疫区人员倒班计划，坚持“零”疫情日报制度，对回国人员采取隔离和居家观察，对进入办公大楼的人员进行体温测试，有效预防疫情发生。

【“用户满意工程”活动】 2009 年，长城钻探公司持续开展以“创精品工程，树诚信形象，铸卓越品牌，展长城风采”为主题的“精品工程”和“满意服务”活动，着重在“企业创品牌，工程铸精品，服务树诚信，队伍争一流”4 个领域进行了深化。长城钻探公司获“2009 年辽宁省实施用户满意工程先进单位”称号。长城钻探公司所属 2 家单位分别获得 2009 年度石油工业和辽宁省“用户满意企业”称号，3 个工程技术服务项目分别获得石油工业和辽宁省“用户满意服务”称号；2 个基层站队被评为“石油工业用户满意服务明星班组”。长城钻探公司实施“精品工程”和“满意服务”活动经验在集团公司质量工作会上做经验介绍，并在《辽宁省政府公报》、《中国石油报》等多家媒体上进行报道，产生良好的社会影响。

（高 远 毕文杰）

技术监督与节能

【基本情况】 2009年，长城钻探公司认真贯彻落实《集团公司关于2009年质量、标准、计量和节能工作要点》和长城钻探公司一届一次职代会精神，围绕“建设国际化石油工程技术总承包商”的发展目标和“建设安全长城、效益长城、品牌长城、特色长城”的发展战略，以竭诚为油气生产的稳定和发展服务为宗旨，以培育和提升企业核心竞争力、着力打造长城钻探品牌为核心，以推进ISO 9001质量管理体系建立为主线，以深入开展“精品工程”和“满意服务”等质量品牌活动为载体，围绕“推进质量管理体系、质量管理基础工作”两个建设，强化施工作业和采购物资质量两个监督，深化“用户满意工程”和“QC小组”两项活动的中心任务，落实质量责任，夯实全面质量管理基础工作。

【ISO 9001质量管理体系】 长城钻探公司经过前期调研、整体策划、贯标培训，编写文件、征求意见、修订校核6个阶段工作，2009年6月29日，发布ISO 9001质量管理体系文件，确立“奉行质量至上，恪守诚信服务，铸造长城品牌，追求卓越绩效”的质量方针和明确的质量目标，先后举办高层领导质量理念导入专家讲座、质量主管领导、中层管理干部和骨干人员的贯标培训以及内审员培训班，培训领导和骨干人员770人次，在“质量月”活动期间开展全员质量知识竞赛答题活动，12300人参加。2009年9月，按计划开展首次内部审核和管理审核，10月通过2009版GB/T 19001质量管理体系整体认证，成为集团公司石油工程技术服务企业率先发布体系文件，并获得2008版质量管理体系认证资格的单位。长城钻探公司质量管理公司所属的二级单位和直属单位中，有11个单位建立实施和保持质量管理体系，其中，有6个单位通过换版体系认证，获2009版体系证书，推进长城钻探公司质量管理与国际标准接轨，质量管理步入规范化、标准化、系统化管理的运行轨道。

【质量标准化、计量】 2009年，长城钻探公司制定《长城钻探公司质量管理办法》、《长城钻探公司质量事故管理规定》等有关质量、计量、标准化管理和监督的规章制度，以及配套的考核奖惩机制，为规范和加强长城钻探公司的质量管理工作提供依据。组织承担石油天然气行业标准制修订项目2项、集团公司企业标准制修订项目1项，配发标准3700余种11000余册。组织完成长城钻探公司21项计量标准的建立和复审考核，其中，企业最高计量标准5项、石油专用计量标准9项，组织完成4个产品质量检验机构通过辽宁省计量复查换证，组织计量器具周期检定、校准4300余台（件）。

【技术监督】 2009 年，长城钻探公司实施产品质量认可管理，对 1330 余种产品进行产品质量认可审核，并组织推荐 178 种油化剂产品申报集团公司质量认可，杜绝不合格产品流入生产企业。以重要石油专用物资产品为重点，加大监督抽查及不合格品的后处理力度，累计组织产品质量抽检 77 次，抽查产品 410 余种、460 余批次，综合检验合格率为 94.1%，一批不合格产品得到及时查处和后处理。加大工程技术服务施工作业现场的质量监督工作力度，在全公司范围内组织开展施工作业质量大检查，成效显著。

【QC 小组活动】 2009 年，长城钻探公司注册 QC 小组近 900 余个，直接参与活动的员工 4100 余人次，有 4 项成果获国家优秀成果奖，21 项成果获省部级优秀成果奖，累计创效 4300 余万元。长城钻探公司连续 2 年获“辽宁省质量管理小组活动优秀企业”，2 家单位荣获“石油工业质量管理小组活动优秀企业”称号，9 个基层班组分别荣获石油工业和辽宁省“质量信得过班组”称号。此外 21 篇质量学术论文分别荣获石油工业、辽宁省“优秀质量管理论文”奖。

【节能节水指标完成情况】 2009 年，长城钻探公司综合能源消耗量控制在 20.5 万吨标准煤以内，新鲜水消耗量 130 万立方米以内，同比分别下降 15% 和 12%；新增技术措施节能量为 3010 吨标准煤，节水量为 2.4 万立方米，超额完成集团公司下达的节能量 2300 吨标准煤、节水量 2.27 万立方米的目标；钻井进尺柴油单耗为 33.3 千克 / 米，同比下降 12%。2009 年，长城钻探公司获集团公司“节能节水型先进企业”荣誉称号。

【节能技术措施应用】 2009 年，长城钻探公司使用双燃料模式打井 5 口，双燃料使用时间 2.85 台 · 月，使用天然气 72648 立方米，实现替代柴油量 54.49 吨，经济效益 36.18 万元。 推广应用电代油钻机项目，2009 年完井 35 口，实现替代柴油量 2011.26 吨，取得经济效益 116.65 万元。

钻井液公司在钻遇特殊地层或水平段为降低摩阻，投资 648 万元采用新型润滑剂替代柴油混入钻井液，减少 1800 吨钻井液柴油混油量。钻具公司利用钻具修造淘汰的压缩空气储气瓶等其他材料，制造井控车间污水循环净化再利用系统，每年可实现新鲜水节约量 1200 吨。井下作业公司投资 11 万元对 20 个修井队柴油罐进行流程改造，堵塞油品缺失的漏洞，实现节约柴油量 17 吨，价值 9.8 万元。钻井一公司等单位投资 245 万元实施驻地供水系统改造、钻井液重复使用等 10 类措施项目，实现技术措施节水量 2.4 万立方米。

（杨　勇　尹继伟）

计划生育

【基本情况】 2009年,长城钻探公司把人口和计划生育工作纳入整体部署,扎实做好重组整合各项工作基础,完善管理体制和运行机制,紧紧围绕"稳定低生育水平,提高人口素质,统筹解决人口问题,促进人的全面发展"的工作目标,全面夯实基层基础工作,提升服务质量和整体工作水平,实现计划生育工作的良性发展。其中,长城钻探公司驻辽机构有二级计划生育管理单位11个,下设10个处级计划生育三级管理单位,长城钻探公司驻辽地区期末总人口数19619人,其中,15—49岁育龄妇女2385人,已婚育龄妇女1937人,计划内出生71人,综合节育率93%,领证率80%,晚婚率95%,计划生育率100%,人口和计划生育政策执行率100%,群众满意率95%以上,全年无大月份引产,无非法生育,圆满完成长城钻探公司下达的各项工作目标。

【管理与宣传】

一、特色管理模式

长城钻探公司重组整合后,各级单位及部门计划生育干部变动相对频繁,计划生育工作开展难度较大。根据人口和计划生育工作的新形势、新任务,紧密结合各单位规模大小、人员总量、工作分布不尽相同的实际,创新提出计划生育工作的管理模式,长城钻探公司辽河分部及部分驻辽单位的计划生育工作隶属长城钻探公司直接管理;另一部分驻辽机构及单位的计划生育工作由长城钻探公司辽河分部管理,接受辽河油田公司计划生育管理部门代管,理顺管理体制,促进计划生育工作的顺利开展。

二、保障计划生育工作"四个到位"

2009年,长城钻探公司建立各级组织管理网络机构,及时帮助新成立的单位和项目部门建立计划生育组织机构,形成完善的管理网络和最优化的工作格局,保障人员到位。长城钻探公司各单位坚持人均活动经费30元/年的标准,为计划生育工作的开展提供物质保证。妥善解决生殖健康检查项目费、人口文化基地建设投入的资金以及组织多米诺骨牌赛的费用,保障投入到位。认真落实人口和计划生育奖励政策,包括独生子女奖励费、托幼费以及独生子女父母退休奖励费等,保障奖励到位。长城钻探公司各级主管领导年初听取驻辽机构各级单位计划生育工作计划及活动安排,针对各驻辽二级单位提出的要求和问题,积极协调,妥善解决,保障指导到位。

三、加强基础建设、完善考核机制

长城钻探公司计划生育主管部门制定年终考核与平时工作考察相结合、工作创新与育龄职工满意度相结合的考核评估办法,与各二级单位签订《计划生育责任状》，实现目标管理责任制。长城钻探公司驻辽各二级单位把人口计生工作纳入行政工作目标体系，坚持年初有计划、年中有考核、年底有兑现。结合各单位实际，细化和明确计划生育工作各项管理制度，简化工作程序，提高工作质量和工作效率。

长城钻探公司继续坚持党政“一把手”亲手抓、负总责，坚持“一票否决权”制度。各单位把人口和计划生育工作目标纳入本单位总体考核指标之中，对计划生育工作不达标的部门及相关负责人采取否决其他评选的硬机制。领导半年听取计划生育部门的工作汇报一次，切实帮助解决工作中的困难和问题，帮助协调相关部门配合本单位的计划生育工作。

【信息化建设】 2009年，长城钻探公司强化信息化管理，提高统计信息准确率，推动人口和计划生育信息化建设的步伐。各单位在育龄群众管理、宣传教育、日常办公、档案化管理等方面实现电脑自动化。长城钻探公司持续重组，人员变动频繁，各级单位加强计划生育信息化管理力度，认真及时地做好移交、接收信息工作，提高统计信息准确率和利用率。

长城钻探公司加强政务公开及监督管理，逐步规范计划生育办事流程。建立计划生育服务QQ群，及时宣传人口和计划生育方针政策和信息，提供各种计划生育咨询服务，实现计划生育工作的管理与服务并举。测井、钻井、录井等单位实行计划生育政务公开，统一按“服务需求指南、证件申领程序、奖励政策、法定生育条件、违法生育责任”5块内容向群众宣传政策，将独生子女托幼费补贴、医药费报销、再生育审批等办事程序形成正规化办事流程，链接到计划生育网页的办事大厅栏目，方便群众查阅。畅通敏感问题群众反馈渠道，做到计划生育政务“三公示”。长城钻探公司计划生育部门与各级电视台合办“人口计生园地”，与信息部门联手创办长城钻探公司计划生育网站。各单位向中国石油报、辽河石油报、长城钻探报投稿。将人口和计划生育宣传纳入长城钻探公司整体宣传之中，稿件发表在中国石油报40篇，各二级单位网页链接相关信息60余条，长城钻探网链接10条，增强计划生育的宣传力度。

【婚育新风进万家】 2009年，长城钻探公司重视外闯市场人群计划生育工作，启动“安心工程”活动，贴心服务一线职工家属，根据长城钻探公司一线职工长年在外施工作业的特点，钻井、测井、录井、分别组织召开外闯市场职工家属座谈会。计划生育干部与职工家属们倾心交流，解决工作和生活中遇到的各种困难，解除外闯市场职工的后顾之忧，让职工安心工作。2009年，为外闯市场职工家庭提供帮助500人次。

长城钻探公司选取新颖的载体，针对不同的群体，开展丰富的计划生育活动。围绕“关注生殖健康，提高生命质量，促进家庭幸福”为主题，加大宣传教育力度，推进新型生育文化建设步伐，长城钻探公司驻辽的12家单位、15个家庭、150名一～六年级的孩子和32名中学生组成23个组，参加“团结协作，共铸辉煌”、“长城杯”多米诺骨牌选拔赛。通过比赛选出4个优胜组，代表长城钻探公司参加暑期的辽河油区的骨牌大赛，取得小学A组第一名和小学B组第五名的成绩，荣获最佳组织奖。钻井二公司计划生育协会成立家庭教育问题咨询站，由国家二级心理咨询师王瑞英同志担任老师，有10个家庭通过咨询获得帮助。井下作业公司计划生育办公室以“情系考生、服务家长”为主题，组织开展制作“爱心卡”活动，重点做好家长和考生的心理疏导工作，缓解他们的紧张情绪和心理压力，把安慰和建议写到卡里，培养孩子的自信心，为孩子营建一个良好的备考环境。

长城钻探公司采取多种形式，普及计划生育相关知识，在纪念“九二五”活动期间，驻辽各二级单位举办多种形式的计划生育宣传活动。长城钻探公司辽河分部计划生育办公室将“爱心传递”计生宣传袋发放到基层站点，把计划生育知识普及到基层站点。驻辽各二级单位于2009年9月25日组织育龄女职工参加的《新光荣证》知识答题活动。井下作业公司开展计划生育知识有奖答题活动，宣传当前人口和计划生育工作面临的新形势、新特点和新情况，树立职工科学、文明、进步的婚育观念，增强职工自觉实行计划生育的责任意识。长城钻探公司参与油区论文及诗歌征集活动，向油田计生办推荐论文20篇，获一等奖1名，二等奖1名，三等奖1名，优秀奖6名；推荐诗歌50首，获二等奖3名，三等奖4名，优秀奖1名。

2009年，结合各单位实际，开展“六有”人口文化传播基地建设，结合长城公司驻辽单位的实际，重点进行，人口文化传播基地“六有”建设(一校、一网站、一角、一屋、一袋、一队),购买宣传书籍近1000册，制作爱心传递袋1000个，制作宣传卡、宣传折页20000多份，配备人口文化屋和声像制品100套，订购报纸杂志5种以上，宣传品的配备发放为传播新型生育文化发挥了重要作用。

【优质服务】　长城钻探公司关爱四类群体，提供优质服务，提高计划生育工作服务水平，开展优质服务，提高计划生育工作质量和群众的满意度。

一、推进疾病治疗跟踪服务

2009年，长城钻探公司按照辽河油区工作部署，以“家庭健康促进计划”为载体，把工作重点放在关注职工生殖健康方面，针对2008年底参加生殖健康检查的育龄女职工建立生殖档案，根据健康状况确定服务访视对象，外请专科医院的专家，进行出诊访视答疑，并针对思想压力大，病情较重的职工出具治疗方案。

二、推进生殖健康服务

2009年，长城钻探公司各驻辽二级单位积极筹措资金，利用职工每年的健康体检量身定做生殖健康检查项目，对易发病的重点项目进行单项检查，增加体检项目（包括钼钯、阴式B超、宫颈TCT、HPV内诊等检查)。女职工参检率达到95%以上。10月，开展的“关注男性健康，共享美好人生”男性生殖健康服务月活动期间，各驻辽二级单位组织男职工进行不同程度的生殖健康检查。在纪念“九二五”活动期间组织由钻井一公司主办其他驻辽二级单位协办的“生殖健康大讲堂”活动，聘请省计划生育科研院金瑛院长，就女性及男性生殖健康知识，常见生殖系统疾病、性病、艾滋病的预防知识等进行授课，200余名育龄职工参加培训。

三、推进优生优育服务

钻井一公司开展新婚夫妇婚检知识普及活动，继续在未婚及新婚职工中开展“幸福生活从婚检开始”的宣传活动，向未婚及新婚职工发放《新婚知识》、《性爱蜜语》等书籍400册，《新婚性生活》等宣传光盘200张，为新婚职工婚前检查买单。

长城钻探公司辽河分部机关、测井公司、录井公司等计划生育办根据长城钻探公司育龄职工服务面广、人员流动性大的实际，组织“爱心小分队”为新婚和待孕家庭送去“爱心宣传袋”，并到产妇家进行走访慰问，送去计划生育的关怀和温暖，为待孕职工购买“福施福”，提供各种形式的优生优育咨询指导，采取“四位一体”（即知识普及、宣传指导、自主选择、随访服务）的服务方式，满足避孕节育方法自主化、多样化的需求。

四、推进温暖家庭服务

钻井一公司坚持“以人为本、需求引导、分类服务、全程关爱”的服务理念，在计划生育优质服务上取得新进展，实现新突破，切实做到“一个清楚”，把好“两个关口”、开展“两项服务”。继续坚持重点服务人员的服务工作落实到人的制度。

测井公司、录井公司、工程技术研究院、井下作业公司等单位关心单亲困难女职工家庭及计生困难家庭，关爱未婚群体，参加油区玫瑰之约CLUB试点工作，现有会员40人。

【队伍建设】 2009年，针对重组后单位新、领导新、计生管理队伍新的实际，定期组织召开长城钻探公司驻辽机构人口和计划生育工作例会，确定“内部交流、以老带新、整体提高”的工作思路。从证件申领程序、奖励政策、法定生育条件、违法生育责任、服务需求指南五方面入手，为基层计划生育干部配备由测井公司计划生育办公室拟稿出版的《婚育服务指南》，选派基层计划生育干部参加辽河油区的培训班，通过内、外部考核交流学习，抬高工作标准，提升工作水平。录井公司计划生育干部队伍以“压力学习、微笑服务”的宗旨，坚持“以会代训”、“每月一篇学习笔记”、“心理咨询知识培训”，把宣传员业务学习情况、考试成绩纳入考核指标，以自觉学、督促学为手段，学习培训相结合，提高宣传员对学习重要性的认识，增强学习的自觉性。在不具备外请老师进行专业化培训的情况下，采取学中干、干中学的方法，利用计划生育会议学习，利用实际工作中遇到问题并解决问题的途径学习。

【获奖情况】 2009年，长城钻探公司在油田公司2年1次的评先表彰中测井公司获红旗单位称号，录井公司、钻井一公司、钻井二公司3家单位获先进单位称号，钻井一公司、钻井二公司获十佳人口学校称号，1人获辽宁省先进工作者，2人获“五星”干部称号，有17人获先进工作者称号。

（任　晶　张晓艳）

信息管理

【应用系统建设】 长城钻探公司工程技术生产运行管理系统于2008年底通过集团公司试点验收，同步上线试运行。2009年，不断完善系统功能，加强推广力度，已在国内钻测录专业579支队伍中推广使用，测井、录井专业实现单轨运行，各专业数据实现动态管理。

根据长城钻探公司组织机构调整情况，按照集团公司的统一标准和规范，2009年7月建设完成21个新组建单位信息门户系统，并正式上线运行。设计制作“学习贯彻集团公司会议精神”、“学习科学发展观”和“庆祝建国60周年活动”等专题15个。建成长城钻探公司网络电视网站，开设公司新闻、专题报道、企业文化和长城人物等栏目，2009年10月1日正式运行。

2009年，加强邮件系统管理力度，梳理邮箱注册、注销、变更管理流程，严格邮箱变更审批权限，确保公司员工每人拥有一个安全、合法的电子邮箱。至2009年底共注册邮箱5325个。

2009年，通过对协同办公软件进行调研，结合公司业务实际情况，提出公司协同办公管理平台建设方案，梳理电子公文流转、业务流程审批等流程，完成系统总体架构设计和公文处理、市场准入管理、出国团组管理、邮箱管理等模块的软件开发工作，2009年12月24日协作办公平台电子公文系统上线试运行。

2009年11月24日，长城钻探公司ERP系统正式启动，成立了项目指导委员会、项目经理部和8个专业项目组，2009年12月14日，机关部门关键用户集中开展工作。

【网络建设】

一、国内网络建设

完成长城钻探公司至集团公司的双链路（铁通、电信）改造工作，完成钻井二公司、测井公司三级网改造工作；完成长庆分部、西部指挥中心、物资公司、大庆海拉尔指挥中心、冀东项目部、测井研究院、东部服务中心和地质研究院的网络接入；完成辽河分部、长庆分部至北京总部备用网络专线建设；增加互联网冗余线路，扩容北京总部互联网线路带宽到50兆。

二、海外网络建设

根据集团公司海外区域网络中心建设进度，通过电话和发放调研问卷等多种方式，了解和掌握国外所有项目部的网络环境和基本需求，综合考虑技术和经济可行性，提出切实可行的海外网络技术建设方案，做好海外网络建设前期调研准备工作。

【视频会议系统】 2009年，按照集团公司统一标准，整改长城钻探公司总部视频主会场和已建视频分会场，规范会场标识、灯光等设施，新建长庆分部、物资公司、大庆海拉尔指挥中心3个视频分会场。同时，根据国外项目部的网络状况，拓展视频会议系统功能，实现国外项目部通过手机和电话方式同步加入视频会议。2009年底，长城钻探公司共建视频会场17个，其中，北京总部视频主会场1个，国内项目部和二级单位视频分会场16个，国外项目部通过电话接入视频会议系统。

（口永红）

文秘工作

【文书工作】

一、推行电子公文系统

2009年9月，长城钻探公司启动电子公文系统建设、应用与推广项目。12月25日，系统正式上线试运行，长城钻探公司机关和二级单位全部使用电子公文系统收发文件。通过流程定制，长城钻探公司公文流转程序和标准全部统一，初步实现标准化、规范化。加快各级领导和文书人员随时跟踪督办文件、决策的落实情况。文件传递时间极大缩短，提高公文的运转质量和运行效率。使用工作环境“低碳”、环保。

二、加强文书网络建设

由于长城钻探公司机构、人员变动较大，结合电子公文系统的应用推广，不定期对长城钻探公司公文管理人员进行梳理、确认，确保公司各类文件、制度和重要精神及时传达到长城钻探公司各单位。

三、业务指导

收集整理各类公文常用资料和培训资料，通过组织培训、上传公司门户、邮箱发送等渠道，供相关人员使用，并对疑惑问题进行解答，提高长城钻探公司公文管理水平。

四、加强跟踪、反馈

完善文件跟踪、督办和反馈制度，随时对急件进行催办，确保上级文件精神、公司文件政策得到贯彻、落实。上报长城钻探公司相关领导的审批文件，建立呈报文件登记和领取登记制度，杜绝文件中转过程中丢失或延误现象的发生。

五、加强印信管理

严格按照用印审批流程的要求，用印和开具介绍信均实行审批制度，建立印章使用台账，杜绝人情章和无审批单用章。

2009年，承办长城钻探公司外来文件1404件；制发长城钻探公司文件206号，长城钻探公司函85号，总经理办公室文件35号；电子公文系统注册用户1380人。

（孙启宏）

【秘书工作】 2009年，秘书科完善本职工作，创新工作思路和工作方法，并完成企业需要和领导交办的各项工作。加强理论学习，深入领会党和国家大的方针政策，仔细揣摩集团公司、公司领导的讲话和工作报告，提高自身素质和逻辑思维能力。全面提升文字工作业务水平，坚持高标准、严要求，加强对文字材料撰写能力的锻炼，确保为领导决策提供准确可靠的资料。全年起草《生产办公例会纪要》47 期、《总经理办公室通报》18 期、《情况反映》28 期，以及汇报、领导讲话、报告等各类文字综合材料 50 余万字。做好信息沟通协调，加强与集团公司相关部门沟通，反映企业生产经营等方面重要成果，做到了准确、及时。

（冯　光）

机要保密工作

【保密制度与宣传】　2009 年，编写《机要文件管理实施细则》、《商业秘密管理办法》两项制度，将长城钻探公司重组后出台的各项保密制度汇编成册。组织“涉密人员培训班”，增强长城钻探公司涉密人员对新形势下保密工作紧迫性、重要性的认识，提高防窃密的知识和技能。长城钻探公司总部和分部机关员工签署涉密人员责任书和保密承诺书 507 份。根据集团公司要求进行保密自查工作 1 次，编写上报自查总结。

（初　征）

国际事业

【外事管理与服务】

一、制定工作制度

2009 年，长城钻探公司海外业务不断扩大，为确保公司外事管理工作顺利开展，以原辽河石油勘探局、原长城钻井、原中油测井的外事管理工作为依托，根据长城钻探公司当前外事管理工作现状，明确本部门职能，完善管理制度，制定并印发适应公司当前形势的《长城钻探工程有限公司因公出国（境）团组和人员管理办法》、《长城钻探工程有限公司因公护照管理实施细则》、《出国管理工作流程》、《关于实行外事经办人制度的通知》、《境外出差费用办理及结算流程》、《关于网上查询出国信息的说明》等文件；转发集团公司国际事业部《关于加强因公出国（境）管理工作的通知》、《关于加强护照管理和严格签证办理程序的通知》，完善长城钻探公司出国人员管理制度，明确和规范出国管理工作。

2009 年长城钻探公司出国手续办理情况统计见表 7−1。

表 7-1　2009 年长城钻探公司出国手续办理情况统计表

	项　目	2009 年	同比增长
1	立项审批团组（个）	1055	38%
2	出国人次	4349	103%
3	护照办理（本）	1112	220%
4	签证办理人次（含出境证明）	2245	23%
5	机票订购（张）	1947	59%

二、提供外事保障

2009 年，办理加急护照 121 本，加急签证 62 个。根据《中国石油长城钻探工程有限公司关于加强出国人员 HSE 培训工作的通知》(HSE 委发〔2009〕11 号）的要求，启用《长城钻探公司出国团组审批表（境外项目）会签单》。初次赴境外项目工作或者境外项目工作有调动的人员，各单位、部门在上报出国团组审批表时，必须由生产协调处、人事处、国际事业部审核会签；凡是赴较高社会风险国家长期工作的人员，由生产协调处、HSE 监督中心、国际事业部审核会签后，国际事业部方可立项申报出国任务。严格执行集团公司关于出国（境）团组预防甲型 H1N1 流感的各项规定，尤其是长城钻探公司 HSE 委员会下发的《关于切实做好防控甲型 H1N1 流感工作的紧急通知》(HSE 委发 [2009]33 号）文件精神，关注海外的安全形势，关注甲型 H1N1 流感的疫情发展，把握海外项目倒班回国人员审批制度，适当调整团组出国（境）路线，确保出国（境）团组人员的安全。

三、加强护照管理

2009 年，长城钻探公司制定并印发《长城钻探公司因公护照管理实施细则》。认真进行护照管理的宣传教育，使出国人员认识到妥善保管护照责任重大。为加强护照管理，严防护照丢失，实行护照专项管理制度，指定专岗、专人负责护照管理。设有专门的护照保管专用柜，专人负责借、还护照，同时利用计算机信息技术，将护照的申报、保管、入库、借出、销毁等信息全部微机化，做到动态管理。境外项目部制定相应的因公护照管理条例。对于境外项目回国休假人员，休假期间由各单位外事经办人统一收缴护照上缴国际事业部保管。

【对外交流】　2009 年，长城钻探公司的对外交流活动增多。完善相关规章制度，克服人手缺乏等困难，组织 126 人次的 25 个外国代表团来访，安排 12 次长城钻探公司领导的出访活动，满足公司加强对外交流的需要。

一、国内项目指导工作

2009 年 11 月 4—7 日，总经理张凤山在公司有关部门、二级单位负责人的陪同下到苏丹项目调研指导工作。听取苏丹项目工作汇报，慰问生产一线干部职工，并走访甲方。对苏丹项目各项工作取得的成绩给予充分肯定，就如何实现持续有序较快协调发展提出明确要求。张凤山对苏丹钻修井项目、苏丹测井项目2个项目融合、发展定位和发展目标做了重点安排部署。张凤山等领导深入6区基地、124区基地，视察热采施工现场、GW44修井队作业现场、筑路基地，拜会尼罗河公司高层领导，同时与124区、37区和6区甲方联合公司主要领导进行了交流，并与6区石油能源勘探开发公司签署《6区生产开发及地质物探研究技术支持合同》，在喀土穆召开的苏丹项目全体干部大会上，张凤山强调海外项目要突出安全和效益的宗旨，针对苏丹项目面临的各方面挑战，加快融合，形成技术合力，实现快速增长，按照长城钻探公司的总体部署，扎实推进项目转型工作，努力开拓市场，做好2009年的收尾工作，为2010年的起步打好基础。同时给苏丹项目提出了“11884”的奋斗目标，即2010年，苏丹钻修项目和测井项目力争实现合同总值2个1亿美元，确保实现产值2个8000万美元。

二、海外市场调研

2009年8月17—31日，王忠仁等领导对尼日尔、乍得和肯尼亚3个项目部进行调研，分别听取各项目部的工作汇报，重点了解HSE体系推进、设备管理和保运体系建设、生产设施建设与改造、资金结算与预算执行等方面的工作。调研期间，王忠仁等领导分别拜访长城钻探公司在这3个国家的甲方以及当地政府和使馆有关人员，深入生产现场慰问一线员工，了解员工在安全、作业、管理等方面的实际情况，指导重点工作。

2009年9月10—23日，刘乃震、胡欣峰等领导组成代表团赴阿曼和伊朗进行调研，重点解决钻井、井控等工程方面的技术难题，以及PDO项目长期运作、劳务用工、市场开发与管理等方面的问题。拜访阿曼PDO和DALEEL、伊朗NIOC和CNODC甲方高层，向甲方全面介绍长城钻探公司的发展定位和核心业务、特色技术，同时了解甲方在勘探、开发及井筒工程技术服务方面的实际需求。

2009年9月9—21日，杜春玲等领导对印度尼西亚和泰国项目进行工作调研。重点解决财务结算、经营管理、物资供应以及HSE等方面的问题。拜访印度尼西亚和泰国的甲方高层，并慰问工作在海外的项目部员工和一线员工，听取海外项目干部职工的意见和建议。

2009年10月12—25日，张希勤等领导赴哈萨克斯坦、阿塞拜疆项目进行调研，走访甲方，听取工作报告，并慰问一线生产干部员工。10月12日上午，张希勤拜访中油哈萨克斯坦公司主要领导，介绍公司重组后的基本情况，并对中油哈萨克斯坦公司一直以来给予长城钻探的大力支持表示感谢。中油哈萨克斯坦公司总经理王仲才、副总经理徐安平在会谈中对长城钻探所做的工作都给予了充分肯定。

2009年9月25日，门廉魁到哈萨克斯坦项目慰问调研，看望生产一线的中哈公司、测井作业区干部员工。在SKGW9队现场，询问员工的生产生活情况，勉励大家，要扎实做好每项工作，挖潜节约，打造精品工程。

三、技术交流

2009年11月14日，中国驻阿曼大

使潘伟芳、长城钻探公司总经理张凤山会见阿曼石油次大臣 Nasser Bin Khamis Al Jashmi 先生。双方就加强合作进行了亲切交谈。张凤山介绍长城钻探公司的综合情况，继续加强与 PDO 的合作，扩大阿曼石油工程服务市场，在阿曼提供优质服务。

2009 年 11 月 15 日，中国驻阿曼大使潘伟芳、长城钻探公司总经理张凤山会见 PDO 总裁 John Malcolm 先生。双方就长城钻探在 PDO 的工程服务项目的执行情况以及合作前景进行深入交谈。张凤山表示继续加强双方的合作，扩大服务范围，提供优秀人员，提高作业效率和服务水平。对于固井、测井和定向井服务争取加大合作力度，寻求机会为 PDO 老井侧钻提供技术支持和工程服务。

2009 年 12 月 3—12 日，长城钻探公司副总经理刘乃震等领导到美国 ADVANCED PRODUCTS & SYSTEMS TECHNOLOGY APS、斯伦贝谢等公司走访调研，就旋转导向等技术问题进行交流，讨论双方的技术合作方案。

四、中哈长城钻井公司成立十周年

2009 年 11 月 1 日，中哈长城钻井公司召开成立十周年庆祝大会。长城钻探公司副总经理门廉魁出席，阿克纠宾副州长，油田所在地的十月城、铁米尔、白甘宁地区的领导，中油阿克纠宾油气股份公司总经理徐可强，中新资源 FIAL 公司总经理彭新春以及在哈中资公司、承包商等代表和嘉宾应邀参加大会。

中哈长城钻井公司于 1999 年 11 月 1 日在哈萨克斯坦阿克纠宾州注册成立。中哈长城钻井公司是拥有 30 部各种型号钻机的大型钻井公司，发展成为阿克纠宾十强企业之一。为 CNPC– 阿克纠宾油气、哈德合资普鲁士石油、里海石油、中国石化、中新等公司提供钻井技术服务，累计开钻 406 口，交井 388 口，完成进尺 160 万米，为哈萨克斯坦国家的石油勘探与开发做出了积极贡献。

五、外国代表团来公司参观访问

2009 年，到长城钻探公司进行技术交流的国外甲方增多，通过现场参观、集中座谈等形式，对公司有深入的了解，有利于海外市场的扩大以及海外项目的顺利运行。

2009 年长城钻探公司外事接待情况统计表见表 7–2。

表 7–2　2009 年长城钻探公司外事接待情况统计表

序号	日 期	接待团组	来访人数(人)	主要活动内容
1	1 月 15 日	道达尔勘探与生产（中国）有限公司总裁一行	3	张凤山总经理会见
2	3 月 7—17 日	苏丹 3/7 区 PDOC 代表团	5	张凤山总经理会见；考察参观北京总部及辽河分部
3	4 月 15—22 日	苏丹 6 区 Petro–Energy 副总裁	1	张凤山总经理会见；考察参观北京总部及辽河分部
4	4 月 21 日	苏丹 TOS 合资公司董事长一行	2	胡欣峰助理会见

续表

序号	日 期	接待团组	来访人数(人)	主要活动内容
5	4月23—30日	加蓬石油局勘探处处长及秘书主管一行	2	胡欣峰助理会见；考察参观北京总部及辽河分部
6	5月19日	阿曼NOSCO总经理一行	3	胡欣峰助理会见
7	5月31日	土库曼斯坦阿姆河公司总经理一行	5	张凤山总经理会见
8	6月16日	利比亚ABC公司总裁	3	张凤山总经理会见
9	6月19—20日	伊朗测井甲方代表团	4	冯艳成副总经理会见；技术交流
10	6月24日—7月4日	苏丹甲方监督代表团	4	技术交流
11	7月8—25日	古巴CUPET代表团	3	张凤山总经理会见；谈判，技术交流
12	7月24日	利比亚国家石油公司NOC代表团	4	张凤山总经理会见
13	8月1—2日	伊朗国家石油公司代表团	11	辽河分布现场技术交流
14	8月7日	BP伊拉克代表团	8	胡欣峰助理会见；技术交流
15	8月24日	美国Global Energy高级副总裁	3	张凤山总经理会见
16	9月8—9日	哈萨克斯坦斋桑项目代表团	10	冯艳成副总经理会见；谈判
17	10月16日、10月22日	伊拉克自然资源部一行	14	来华培训
18	10月24日—11月3日	伊朗南方油田公司一行	4	刘乃震副总经理会见；技术交流
19	10月27—29日	哈里伯顿公司代表团	3	冯艳成副总经理会见；讨论非洲及中东市场合作前景及开发机会
20	10月29日—11月5日	伊朗NIOC勘探部甲方代表团	4	胡欣峰助理会见；技术交流
21	11月8日	伊朗北阿代表团	4	胡欣峰助理会见；技术交流
22	11月10日	伊朗NIOC勘探部局长一行	5	冯艳成副总经理会见；技术交流
23	11月14—23日	苏丹GNPOC代表团	4	胡欣峰助理会见；技术交流
24	11月19日	尼日尔能矿部代表团	15	胡欣峰助理会见；技术交流
25	11月23—30日	印度尼西亚项目部甲方代表团	2	验收钻机及相关设备
合计人数			126	

（张永刚）

土地公路

【土地管理】 2009年3—10月，土地公路管理部门完成长城钻探公司辽河油区所有划转土地变更登记工作。办理土地使用证50个，变更登记面积162.9万平方米。其中，盘锦市办理土地使用证32个（兴隆台区25个，大洼县3个，盘山县4个），变更登记面积114.19万平方米（兴隆台区78.39万平方米，大洼县16.03万平方米，盘山县19.77万平方米），锦州市（凌海市）办理土地使用证18个，变更登记面积48.71万平方米。

根据集团公司土地清查要求，对长城钻探公司用地进行全面的清查，用土地332宗，224.68万平方米。其中，北京18宗3916平方米、盘锦32宗1141911平方米、锦州18宗487708平方米，均取得土地使用证。苏里格和煤层气项目分别在鄂尔多斯、阜新用地255宗和9宗，合计面积613260平方米，已移交给长庆油田分公司和阜新矿业公司。

【土地协调】 2009年，长城钻探公司征用土地362宗449.96万平方米，其中，井场用地200宗174.13万平方米，管线用地158宗205.58万平方米，道路用地3宗70.03万平方米，其他用地1宗0.22万平方米。2009年，土地公路管理部门协助盘锦市人民政府完成公园街迁建改造过程中涉及的长城钻探公司的地面设施拆迁让地工作。

（骆 意）

档案、年鉴

【基本情况】 2009年5月，原中油测井公司并入长城钻探公司。长城钻探公司档案由总经理办公室统一管理。北京总部的机关各部门档案由总经理办公室直接管理，各二级单位业务上归总经理办公室领导，管理模式保持不变，确保工作的连续性。长城钻探公司档案管理工作贯彻落实国家档案工作的法律和集团公司档案工作要求，围绕长城钻探公司建设国际化石油工程技术总承包商的各项工作部署，全面落实科学发展观，完善组织机构建设，加强档案资源建设，加大开发利用力度，强化基础管理，坚持开拓创新，提高档案管理水平，在服务企业改革发展、服务企业中心工作方面发挥积极作用。

2009年，长城钻探公司档案工作按照集团公司的要求，加强基础业务建设，推进档案信息化进程，提高档案管理水平。长城钻探公司收集档案2.48万卷、49.56万件，磁（光）盘195张，实物档案（主要是荣誉档案）60件。截至2009年底，长城钻探公司馆藏全宗18个，档案49.73万卷，以件保管的档案991.15万件案卷、件排架长度297346米。声像档案300盘，照片1365张，磁带1000盘，磁（光）盘2796张，有档案柜479组、密集架111列、计算机65台、磁盘阵列1万亿字节、服务器5台，其他专用设备305套。长城钻探公司档案用房总建筑面积6100平方米。长城钻探公司档案系统有专职档案人员66人。其中，34岁以下2人，35—49岁64人，大专以上文化程度的62人，占全部专职档案人员的94%，具有高级技术职称的2人，占全部专职档案人员的3%，具有中级技术职称的27人，占全部专职档案人员的41%。全公司有兼职档案人员42人。

【工作标准】　长城钻探公司的档案工作以综合档案为基础，以文书档案、财务档案、科技档案等专业档案为重要组成部分，形成一个覆盖长城钻探公司各方面工作的档案管理体系。充分调研和广泛征求意见，长城钻探公司档案工作遵循《中华人民共和国档案法》和集团公司等档案管理有关规定、结合档案工作的实际情况和长远发展的需要，制定《中国石油长城钻探工程有限公司档案管理办法》，计46000余字，内容包括“档案工作规定”、“档案基础业务管理规范”、“档案信息化规范”、“档案管理业务流程等”等，是长城钻探公司档案管理工作的规范性程序文件。按照“八防”要求（防尘、防火、防盗、防潮、防高温、防光、防蛀、防腐）强化档案保管措施，完善档案库房设施的配备工作，通过经常检查，加强档案管理工作，确保档案始终处在安全环境。严格按有关规定办理，突出加强对涉密档案的保密、降密或解密工作。全年没有档案泄密事件发生。

结合所属单位也根据自身实际，制定相应的规章制度，使档案管理制度更具操作性。钻井二公司下发《钻井二公司档案管理暂行办法》，制定《档案归档制度》、《档案的分类及整理方案》、《档案的借阅与销毁制度》，还制定《档案管理及档案工作标准汇编》等12项规章制度。根据《企业管理标准汇编》文件材料的形成与归档列入有关部门职责，长城钻探公司制定《档案工作员十条守则》、《档案员岗位责任制》、《档案工作负责人责任制》、《图纸更改制度》、《安全防火制度》、《安全保密制度》等，由12项增加到15项，使档案工作有章可循、有法可依，逐步向正规化、标准化、系统化迈进。国际钻井公司为适应工作需要，制定相应的标准和规范，制定《钻机设备技术资料编制规范标准》、《钻机设备技术资料印刷装订推荐规程》，从源头上规范厂家的设备技术资料，使每部钻机配备设备的技术资料档案达到国内同行业先进水平。

【档案基础建设】　2009年，针对档案相对分散，档案资料不断增加的实际需求，长城钻探公司新开辟出600平方米作为档案用房，投资20多万元购置安装铁门、防盗窗、窗帘、配备灭火器、温湿器等专用办公设备，满足档案管理工作的需求。针对28136卷超期档案，严格按照销毁程序进行销毁，获得50平方米的档案库房面积。针对驻辽新建单位档案存放问题，长城钻探公司按照《档案馆建筑设计规范》，计划在北京昌平科技园区设立公司的档案馆库房，有效解决档案库房面积不足的问题。2009年，档案部门对25400页纸样档案进行数字化处理，新增机读档案目录38540条。长城钻探公司数字化档案达到12.71万页，机读目录32.12万条，其中，钻井一公司局域网实现对大部分井史、科研档案（或数据）的网上查阅。

【信息安全管理】 长城钻探公司各级档案部门把安全管理作为档案工作的生命线，认真贯彻长城钻探公司HSE目标管理体系，采取有力措施，强化经常性安全教育，增强档案工作人员安全防范意识。按照“八防”要求，配套完善各种保护设施。以防火为中心，建立档案安全应急防范机制，建立档案安全应急防范机制，加强安全检查，发现问题及时整改。各二级单位采用先进的气体自动灭火装置，使档案库房安全系数大大提高。各档案部门严密档案验收和查阅利用等环节审查监管工作，贯彻集团公司部署要求，做好涉密地质资料清理工作，保证档案的完整和信息安全。做到档案库房安全事故为零，档案实体和档案信息安全事故为零。

【利用情况】 2009年，长城钻探公司各单位档案部门配合企业的各项改革管理工作，主动热情的服务态度，做好档案提供利用工作，树立良好的窗口形象。在日常的工作及管理之中，档案管理人员对每一位使用者做到热情接待，想方设法为使用者排忧解难，让每一位使用者希望而来，满意而去。长城钻探公司在档案利用服务方式方面进行创新，改变大家对档案的涉密认识。在扩大利用服务范围和维护档案安全之间寻求有机结合部分，对普通档案的利用需求，简化审批手续，降低审批级格，方便档案使用者。对于涉密档案，根据密级大小采取不同级格的审批程序，最大程度地维护档案安全。按照“普通”、“密A”、“密AA”和“密AAA”档案的密级区别，用不同颜色的纸张印制对应的《档案利用审批单》，提高档案利用率。截至2009年底，长城钻探公司各单位利用档案23490人次，提供利用档案211666卷、422800件。

【志鉴工作】 2009年以来，长城钻探公司落实集团公司办公厅召开的史志年鉴编撰工作会议精神，积极开展史志年鉴编撰工作，向集团公司提供《大事记》和《企业概览》等相关素材，同时扎实开展史志年鉴编撰工作，专门成立史志办公室，组织编撰《中国石油长城钻探工程公司年鉴（2009）》，并印发了《〈中国石油长城钻探工程公司年鉴（2010）〉编写大纲》，开展长城钻探公司2010卷年鉴编撰工作。

一、年鉴工作

2009年，长城钻探公司编撰《中国石油长城钻探工程公司年鉴（2009）》，印发《〈中国石油长城钻探工程公司年鉴（2010）〉编写大纲》，对年鉴条目的编写提出了统一的要求。组稿、编辑、编纂、校对、定稿等环节层层落实责任，确保编纂质量。全面、真实地记述年度工作情况，在各篇中重点反映能源开发、油气综合利用、技术研发、市场开发等热点问题。认真收集素材，精心设计条目，为《中国石油天然气集团公司年鉴（2009)》提供长城钻探公司企业概览和大事纪要，受到集团公司年鉴编辑部的肯定。

二、修（续）志工作

钻井二公司调整史志编纂委员会成员，成立修志办公室，编写《钻井二公司志》。全面、真实地记载钻井二公司在1991—2006年在改革发展过程中所取得的工作成绩和经验。钻井二公司编写的《钻井二公司1991—2008年大事记》在长城钻探公司局域网上发布，利用现代网络优势为经营管理服务。

（杨晓峰）

第八篇

党群工作

综合情况

【基本情况】　2009年，长城钻探公司党委坚持以学习实践科学发展观活动为主线，加强党的思想、组织、作风、制度和反腐倡廉建设。学习实践科学发展观活动3个阶段6个环节取得满意成果，增强各级领导干部引领企业科学发展能力。建立覆盖长城钻探公司生产经营领域的28个二级党工委机构，召开第一次党代会和工代会。开展“三树一增”形势任务教育和“三个最佳”党支部创建活动，夯实党建思想政治工作基础。开展反腐倡廉活动，认真落实“三重一大”规定，惩防腐败体系建设推进工作取得阶段性进展。开展扶贫帮困、送温暖、送文化活动，帮助员工解决实际问题。长城钻探公司与辽河油田公司密切配合抓好职工队伍稳定，2次受到集团公司通报表扬。

组织工作

【基层党建工作】　2009年，长城钻探公司组织好学习实践科学发展观活动。以“两保两全、双百双增”见实效，“四力、四实”助推科学发展为实践活动主题，突出重点、抓住关键、注重长效，圆满完成学习实践活动3个阶段6个环节的各项任务，提高企业科学发展质量。按照“三同时”原则，坚持打牢工作基础。调整组建二级党委15个，三级党委1个，党支部121个，选拔交流专兼职处级党务干部26人。成功召开第一次党员代表大会，选举产生长城钻探公司新一届“两委”委员，所属单位按期完成换届选举，调整二级党委委员54人次。举办党委书记、工会主席、团委书记、纪检监察干部、基层思想政治工作、维护稳定等业务培训班，保证党工团组织的正常运行。深入开展争先创优活动，出台《关于开展“三个最佳”活动，深化推进基层党支部“六个一”创建工作的实施意见》。开展“共产党员工程”、“党员责任区”、“党员示范岗”、“党员奉献日”等活动。年度表彰先进党委5个、先进基层党组织72个、“三个最佳”党支部4个，优秀共产党员198人、优秀党务工作者49人。全年发展党员255人，预备党员转正252人。

【领导班子建设与干部管理】　2009年，长城钻探公司以思想建设为基础，强化理论武装，认真抓好两级领导班子思想建设。落实党委中心组学习制度，做到重要会议精神必学，事关领导干部作风形象的重要文件必学，党的重要思想理论必学，做到国内外资料共享、视频同步。编发学习资料 27 期，30 万字。局、处两级中心组集中学习 184 次。撰写学习体会 198 篇，组织专家辅导 15 次，直接参加辅导 2187 名党员。开展“领导干部读书”活动，强化领导管理能力建设。组织开展“领导干部读书活动”，推荐 100 本书目供领导干部选读，为长城钻探公司副总师以上领导配备书籍近 500 册。

（李秉政）

宣传思想工作

【思想建设】

一、强化思想理论武装

坚持党委中心组学习制度，利用互联网和视频会议等现代化信息手段，做到学习资料国内外共享，专家讲课北京、辽河同步。深入现场调研，解决实际问题。各级班子成员撰写科学发展观调研报告 37 篇。

二、思想状况调查

组织员工思想状况和工作压力状况调查，下发调查问卷 1500 余份，掌握员工普遍关心的热点难点问题，分析产生工作压力的主要原因，为解决员工实际问题提供帮助。

三、消除错误思想情绪

结合每次重大变革和有重大影响的事件，持续开展形势任务教育，对集团公司、长城钻探公司各项方针政策进行深入解读。加强调查研究，深入基层，及时疏通员工思想，引导员工正确对待岗位变化，理顺情绪，稳定队伍。

四、“六个为什么”

在广大党员中深入开展“六个为什么”学习教育活动。下发学习材料，设置网络专题，牢固理想信念，增强责任意识和先锋意识，组织和动员广大党员在各自岗位上“履职尽责当模范，科学发展当先锋”。

五、铁人精神再教育

组织 3700 人次观看《铁人》电影，开展观后感征文比赛、座谈会等活动，为基层思想政治工作者安排“大庆精神、铁人精神”专题讲座，指导各单位教育活动有效开展。

六、选树先进典型

广泛宣传典型事迹，举办劳动模范事迹报告会、演讲会，利用内部报纸宣传《中国石油榜样·好干部典型事迹》，开辟“长城人物”专栏，通过长城钻探公司网站、新闻媒体等各种有效宣传手段，弘扬大庆精神、铁人精神，振奋队伍士气。

【主题教育活动】 按照集团公司关于开展“形势、目标、任务、责任”主题教育活动的总体要求，针对长城钻探公司步入“安全、效益、品牌、可持续”发展阶段面临的新形势、新任务和新挑战，长城钻探公司党委继续深入组织开展“三树一增”形势任务主题教育活动。

根据不同阶段工作任务，编发以集团公司工作会议精神和科学发展观为主要内容的形势任务宣传提纲，对集团公司工作会议进行深入解读，对长城钻探公司面临的形势进行全面分析，明确“双百双增”的工作目标，提出企业实现科学发展的保障措施，用大量生动事例、详实的资料来说明问题，指导基层开展转变观念教育，引导员工树立适应新形势发展要求的新观念。分层次组织宣讲会、事迹报告会、座谈研讨会、图片展、“算账对比”活动，通过电视、网络、宣传栏等多种载体对公司第二阶段发展目标、重点工作进行广泛宣传，重点查找各单位面临的有利形势和不利形势，明确各自发展方向和保障措施。将形势任务教育融入生产经营改革发展稳定各项工作中去，做到与学习实践科学发展观相结合，与生产经营工作安排相结合，与加快体制机制改革相结合，与做好维护稳定工作相结合，与勤俭节约挖潜增效活动相结合，与做好一人一事的思想政治工作相结合，与加强机关作风建设相结合。通过广泛宣传教育动员，促使广大干部员工把握科学发展观的深刻内涵和精神实质，学习好、领会好集团公司工作会议精神和长城钻探公司一届二次职代会精神，明确工作目标和努力方向，为全年生产经营任务的完成奠定坚实的思想基础。

（凌　庆）

纪检监察

【基本情况】　长城钻探公司纪委监察处成立于2008年3月，下设4个室，综合办公室、案件检查室、效能监察室和党风建设室，7人组成。

2009年，长城钻探公司纪委坚持以邓小平理论、“三个代表”重要思想和科学发展观为指导，深入贯彻党的十七大精神，认真履行党章赋予的各项职责，围绕长城钻探公司中心工作，以推进惩治和预防腐败体系建设为主线，以落实党风建设责任制为抓手，突出抓好领导人员廉洁自律、案件查处、效能监察等重点工作，为维护企业改革发展稳定提供有力保证。

【反腐倡廉教育工作】　2009年，长城钻探公司把加强教育作为党风建设的重要基础性工作。联系党员干部队伍实际，以学习贯彻《国有企业领导人员廉洁从业若干规定（试行）》、《关于严格禁止利用职务上的便利谋取不正当利益的若干规定》，以及中共中央纪委对国有企业领导人员廉洁自律提出的各项要求为主要内容，开展主题教育，在宣传廉洁从业党员干部先进事迹的同时，深刻剖析违纪违法典型案例进行警示教育，构筑思想道德防线。

把反腐倡廉教育与企业文化建设有机融合，探索、稳步推进廉洁文化建设。坚持思想先行、领导先行、活动先行，以廉洁文化进班子、进机关、进岗位、进矿区、进家庭为主要途径，建立教育基地，搭建教育平台，培育廉洁理念。

深入开展“牢记两个务必、加强作风建设”主题教育活动，解决领导机关和领导干部作风建设方面存在的突出问题。各级党组织集中开展中心组学习、专题党课、播放警示教育片、知识竞答等多种形式的宣传教育活动，长城钻探公司科以上领导干部对照集团公司党组提出的五个方面内容以及职工群众提出的意见和建议，认真查找自身在思想作风、工作作风、学风和生活作风等方面存在的问题，结合实际提出整改措施，认真加以整改，领导干部廉洁从业意识不断增强。

【干部廉洁自律工作】　紧密结合长城钻探公司重组整合实际，及时了解党员干部思想动态，深入分析产生腐败思想源头和动机，坚持以科级以上党员干部和重要岗位人员为重点，采取多种有效的方法和途径，有针对性地开展反腐倡廉教育。长城钻探公司党委把党风廉政宣传教育纳入党的建设和宣传教育工作总体部署，完善党风廉政宣传教育工作联席会议制度。长城钻探公司两级党政班子坚持每季度至少开展一次以反腐倡廉教育为主要内容的党委中心组学习，各单位党委书记、纪委书记带头上党课，两级纪检监察干部组织开展反腐倡廉教育活动。2009 年，长城钻探公司开展以学习十七届四中全会精神和“《国有企业领导人员廉洁从业若干规定》等 4 项重要法规文件”为主要内容的党纪条规教育活动、以学习宣传廉洁从业模范干部先进事迹为主要内容的典型示范教育活动。党委书记、纪委书记、支部书记讲党课 90 场次，召开专题座谈会和讨论会 101 场，观看警示教育片 98 场次，组织答题活动 7 次，收集“党员干部身边故事”征文 102 篇。通过《长城钻探报》宣传公司廉洁从业模范干部先进事迹 28 篇，其中，钻井二公司经理王立波的先进事迹，被作为“集团公司廉洁从业模范干部宣传典型”刊登在《中国石油报》“廉洁从业模范干部”专栏上。2009 年 9 月，开展的“四个重要法规文件”知识答题活动中，2668 名科级以上干部和重要岗位人员参加答题。长庆分部和境外项目部等市场党员干部，利用网络和发送邮件等方式参与，答题活动覆盖率达到 97% 以上。

【预防腐败体系建设】　2009 年。长城钻探公司要求各单位部门结合完善国有资产管理体制、建立现代企业制度和深化企业改革，将惩防腐败体系建设与企业管理体系、内控体系建设相融合，贯穿于企业决策和经营管理的全过程，以规范事权、财权、人事权和物权“四项权力”为重点，加强制度创新、管理创新。长城钻探公司机关各部门完善决策管理、财务管理、人事管理、资产管理、物资管理等重点领域和关键环节监督管理制度 12 项、相关业务流程 43 项。长城钻探公司所属各单位制定监督管理制度 130 多项，规范企业管理行为和领导人员权力运作行为。

长城钻探公司深入惩防腐败体系建

设工作，健全党风建设责任制反腐倡廉制度体系，完善“三重一大”集体决策领导班子议事制度，加大规范人、财、物、事“四项权力”制度建设力度，用制度管权、按制度办事、靠制度管人的工作机制初步形成。

【案件查处工作】　2009 年，长城钻探公司按照中共中央纪委《关于纪检监察机关依纪依法办案的意见》，坚持“一案两报告”制度、领导包案制度、信访初核和立案案件定期分析制度，突出办案重点，整合办案资源，正确处理惩处与保护的关系，严肃查处违纪违规案件。2009 年，长城钻探公司两级纪检监察部门初核违纪线索 13 件，立案 4 件，结案 4 件，结案率 100%，给予纪律处分 4 人，通过查办案件，挽回直接经济损失 17.5 万元。

【效能监察工作】　2009 年，长城钻探公司纪委监察处组织物资采购管理等效能监察，涉及采购金额 51.5 亿元，发现问题 25 个，提出监察建议 28 条，督促完善相关制度 12 项。参与职工群众关心的企业内用工、招生、职称考试等热点问题现场监督 8 场（次），促进公开、公平、公正办事。

2009 年，长城钻探公司两级纪检监察部门参与物资采购招标的监督工作，参与监督招标 90 余次，招标总金额 9.05 亿元，节约采购资金 7600 万元。

【队伍建设】　2009 年，长城钻探公司两级纪检监察部门结合实际，把坚定理想信念、牢记根本宗旨、严守政治纪律、保持良好作风作为加强自身建设的重要方面，通过多种方式和途径，提高纪检监察干部自身素质和工作水平，切实履行肩负的职责和使命。长城钻探公司选派 10 人次参加上级部门举办的培训班。2009 年 4 月，长城钻探公司纪委在石油干部管理学院举办纪检监察培训班，各单位纪委书记、监察科长和业务骨干 40 余人参加培训，集中学习“落实科学发展观”、“党风建设形势和任务”“纪检监察业务知识”等内容，丰富业务知识，提高理论水平，增强纪检监察干部岗位履职能力。

（张选春）

工会工作

【健全活动机制】　2009 年，长城钻探公司建立和完善工会活动机制，出台《关于开展群众性“合理化建议、技术成果改进、节约挖潜”竞赛活动的通知》、《关于明确工会经费、会员会费标准的通知》、《关于广泛开展“提升综合素质，岗位巾帼建功”主题活动的通知》、《关于调整因病或非因工死亡职工、离退休人员供养直系亲属月生活救济费标准的通知》、《长城钻探工程公司工会预算管理办法》、《长城钻探工程公司工会关于本级工会经费借款、报销、使用制度的暂行规定》等多项规章制度。

【强化活动组织】

一、“五型”班组建设活动

长城钻探公司落实《集团公司基层建设纲要》要求，以“五型”班组建设为载体，扎实推进基层建设。对“五型”班组创建活动基本原则、工作思路、基本内容、活动目标及考核评价办法、推进措施认真整理和提炼，形成具有长城钻探公司特色的班组创建工作制度。各级工会通过深入基层调研、组织班组长培训、召开现场会和参观学习等形式，推进“五型”班组建设，提高创建活动效果。

二、劳动竞赛活动

长城钻探公司各级工会认真研究新形势下劳动竞赛的特点，根据本单位生产任务和施工周期，制订切实可行的竞赛方案，组织开展多种形式的竞赛活动。围绕钻井提速，开展“促进工程技术升级、实现生产安全提速”、“强化协作提速度、遵章守纪保安全、节约挖潜增效益”等主题竞赛活动，在外部市场形成“队与队、班与班、岗与岗”之间，比质量、赛技能，比安全，赛提速，钻井日进尺、月进尺纪录不断刷新，在外部市场树立“安全长城、效益长城、品牌长城、特色长城”的良好形象。

三、文体活动

长城钻探公司开展多种形式的文化体育活动，组织迎建国60周年职工歌咏比赛、拔河、棋牌、羽毛球、篮球等文体活动，组织文艺晚会、电影观赏、员工健身等系列活动，组织文艺小分队深入施工作业一线，送节目、送关怀，温暖人心。

【合理化建议、节约挖潜】 2009年，按照长城钻探公司“两保两全”、“双百双增”工作要求，各级工会组织开展“合理化建议、节约挖潜和技术改进”主题竞赛活动，出台《长城钻探公司合理化建议、技术改进奖励实施办法》，倡导成本意识和节约理念，将竞赛指标分解到基层单位。各单位结合本单位实际，制定措施、分解任务、落实责任，调动和激发广大职工群众投身竞赛活动的热情。2009年，征集职工合理化建议5826件，实施4886件，完成技术改进成果1122项，修旧利废8246台（件），群众性挖潜428项，实现增收节支8700多万元。

【民主管理】 2009年，长城钻探公司各单位坚持职工代表大会制度，按期召开职工代表大会或基层民主管理大会，建制率达100%。坚持将企业发展思路、重大决策提交职工代表讨论，征求职工代表和职工群众的意见和建议，充分发扬民主，落实职代会的各项职权。坚持民主评议干部，领导干部在职工代表大会上述职述廉，发挥职工代表的民主监督作用。落实厂务公开制度，围绕企业生产经营管理的重点难点、职工群众关心的热点焦点问题，深化厂务公开的内容，对企业收支情况、奖金分配情况、业务招待费使用情况、聘用选拔干部等事项进行公开，接受职工监督。2009年，长城钻探公司一届一次职代会征集的45件提案全部得到落实。

【员工合法权益】 长城钻探公司工会组织人员赴基层一线调研，了解和掌握员工群众的思想动态以及员工诉求，通过工会将他们的困难反映到长城钻探公司领导层以帮助解决。以员工为本，为职工排忧解难，把企业为职工办的好事、实事做好做实。

长城钻探公司工会与天津、北京等地教育主管部门和学校取得联系，得到他们的支持，为71名职工子女在天津、北京上学，办理入学、转学手续，解除职工后顾之忧。改善员工生产生活条件，保障员工切身利益。经常组织到基层、前线慰问，带去生活、文体物资，改善员工生活条件。2009年，长城钻探公司工会为56名公司劳动模范员工建立补充商业保险。

【员工疗养】 2009年，长城钻探公司组织员工疾病疗养350人次，短期健康疗养1177 人次，省外疗养1380人次，组织员工体检22150人次。

【扶贫帮困】 2009年，长城钻探公司各级工会组织落实《困难职工帮扶工作管理办法》，对93户困难和105户特困户进行调查摸底，建立健全困难群体档案，国庆、中秋两节期间组织开展走访慰问活动，切实把党政领导对困难群体的关怀送到困难员工家庭。全年组织国庆、元旦、春节等大型走访慰问、金秋助学活动和实施日常帮扶2000多人次。墨西哥甲型H1N1疫情爆发后，采取短信报平安方式，安慰员工家属。端午节前夕，工会对23名员工家属走访慰问，送去长城钻探公司党政领导的关怀。在“七一”党的生日前夕，辽河油区开展“送温暖、送文化”活动，为长城钻探公司105户特困家庭每户送去29英寸彩电1台。

【女工工作】 2009年，长城钻探公司按照“全员素质提升工程”的部署，组织开展“提升综合素质、巾帼岗位建功”主题实践活动，出台《关于在全公司各级女职工组织中广泛开展“三提升素达标活动”和“一创三争”活动的实施方案》。各级女职工组织结合本单位实际，起草活动方案和实施细则。通过找准载体、精心组织和统筹安排，调动和激发广大女职工的参与热情，完成技改成果16项。提合理化建议276条，被采纳利用45条，创效300多万元。

长城钻探公司组织女职工开展“周末学校”，通过开办“女性成长课堂”、“女性形象设计知识讲座”、“女职工读书笔记展”、“女职工调查报告和读书心得评比”等系列活动，培养和提高广大女职工的学习能力和实践能力，促进女职工队伍整体素质的提高。16所女职工“周末学校”，举办各类培训班达148场次，培训女工达3600多人次。

长城钻探公司开展“特别关爱行动”，切实维护女职工合法权益和特殊利益。组织开展“女职工安康保险”工作，吸引广大女职工的积极参加，入险率达97%。目前，已为7名女职工出险，理赔金额约15万元。通过开展“温暖工程”、“姐妹献爱心”、“结对子”等活动，对23户单亲困难女职工进行帮扶，累计支出帮扶资金6.9万元。

固井公司技术发展中心化验室荣获全国能源化学工会“巾帼建功示范岗”，苏丹项目部颜静玉荣获全国能源化学工会 “巾帼建功先进个人”，钻具公司女职工委员会荣获辽宁省女职工工作“先进集体”，钻井二公司女工主任薛素艳荣获辽宁省女职工工作 “先进个人”。

【工会财务】 长城钻探公司制定《工会会计基础工作规范》、《本级工会经费开支范围、开支标准的规定》、《工会固定资产管理办法》等项制度。各级工会组织坚持依法收缴、管理、使用工会经费，完成年度经费预决算指标。

2009 年，长城钻探公司总部员工活动支出 220 万元，其中，文体活动 142 万元、宣传活动 60 万元、其他活动 18 万元。困难员工帮扶支出 150 万元。其中，补助下级 90 万元、临时困难支出 60 万元。行政慰问支出 103 万元，其中，节假日慰问 93 万元、慰问病号 10 万元。

【员工素质教育】 2009 年，长城钻探公司继续开展"全员素质提升工程"活动。各级工会按照"全员素质提升工程"的部署，充分发挥工会组织的优势，细化活动实施方案和推进措施，引导职工努力用科学知识来武装头脑，提高自身的学习能力、创新能力、竞争能力和创业能力，提高队伍的整体素质，提升企业的核心竞争力。通过开展岗位技能培训、岗位练兵、技能竞赛、职工周末学校等载体活动，推进"全员素质提升工程"建设活动的广泛深入开展。举办各类培训达 300 多场次，培训员工近万人次。

【工会建设】 2009 年，按照长城钻探公司重组后国内外一体化、业务管理专业化、机构设置扁平化、资源配置市场化、运行管理高效化的原则，适应长城钻探公司组织机构、施工地域、队伍结构、人员构成的要求，坚持"哪里建立党组织、哪里就要建立工会组织，哪里有职工、哪里就要发展会员"，以抓好建立健全新建机构的工会组织、完善各项基础工作为重点确定工会组织建设的工作目标、标准和要求，工会组织与单位重组和调整同步加强完善。长城钻探公司有会员 1.83 万人，二级工会 31 个、分公司级工会 230 个、工会小组 521 个，专兼职工会干部 260 人。

2009 年 11 月，召开长城钻探公司第一届职工代表大会第一次会议。会议总结听取、审议了张希勤主席作的《工会工作报告》，总结长城钻探公司重组整合以来的工会工作，研究确定工作任务，依法产生长城钻探公司第一届工会委员会和专门工作委员会。

2009 年 8 月，举办重组以来第二期工会主席（干部）培训班，就工会工作面临的机遇和挑战、企业工会的形势和任务、民主管理、员工维权、工会干部素质提升等内容进行培训，45 人参加培训。

（曾唯一）

共青团工作

【基层青工技能培训】 2009 年，长城钻探公司各级团组织，创新思维，开展各类青工技能培训。以"青年文明号"活动为载体，深入开展青年文明号、青年岗位能手、青年学技能导师带徒为主要内容的"青"字号工程活动。活动明确创建目标和创建对象的同时，引导创建活动健康规范发展，通过开展劳动竞赛、岗位技术练兵、导师带徒等工作，培养复合型、创新型的青年岗位能手。长城钻探公司团委根据企业改革发展的要求，围绕安全生产、效益生产等方面的急、难、新、险、重工作，扎实推进以技术创新、管理创新和服务创新为主要内容的青年创新创效活动。把开展“青年金点子”活动作为青年创新创效的重点，鼓励青年在观念、管理、制度、技术方面大胆创新，对取得的成果和经验及时总结并加以维护，推动青年创新创效活动向纵深发展。

【基层青工需求】　2009 年，长城钻探公司加大青年流动书箱、青年读书角的创建力度，侧重对专业知识、业务知识、继续投入学历教育等方面书籍，创建青年业务学习平台。建立共青团“育才、荐才、聚才”体系，强化青年的成才观念，激发青年的成才愿望和热情。做好青年“双推”工作和青年职业生涯导航设计活动，时刻关注、引导青年人才的成长进步，把青年人才最广泛地团结在团组织的周围，推荐到最适合的岗位。通过开展“我与长城同发展，我为长城献青春”演讲比赛、“长城钻探青年英语演讲比赛”、“长城钻探青年形象设计大赛”等各类主题活动，给青年创造更多的参与机会和进行交流学习的环境，为青年人才提供展示才能的舞台，推进青年素质工程。

【青工活动】　2009 年，长城钻探公司各级团组织结合实际，在团员青年中开展“传承、创新、超越”主题教育。准确把握青工队伍的思想脉搏，通过“主题团日”、“团队管理”、“职业生涯设计”、“青年岗位能手”、“挖潜增效、青年争先”、文体活动等载体，丰富广大青年业余文化生活，活跃青年团员文化体育生活，培养团员青年的团队意识，增强团员青年队伍的凝聚力。

（刘　焱）

信访维稳工作

【基本情况】　2009 年，长城钻探公司以科学发展观精神为指引，贯彻集团公司各项部署，充分发挥思想政治工作的主渠道作用，将“融合、稳定、立规矩”作为企业发展战略三步走中的“第一步”，将和谐、稳定作为企业发展的基石，作为出台各项方针政策的前提，持之以恒地做好遗留问题的化解工作，及时发现和分析新时期产生的新矛盾新问题，为长城钻探公司应对国际金融危机、辽河油区大幅限产和与中油测井持续重组等巨大考验提供有力保障。2009 年，长城钻探公司各级维稳部门受理群众来信来访 229 批次，接待上访人员 557 人次。

【健全组织机构】　截至 2009 年 12 月，

长城钻探公司国内单位全部建立维护稳定组织机构，形成维护稳定工作领导小组，保障维护稳定工作的组织和开展。长城钻探公司与所属单位签订《维护稳定责任书》，印发《维护稳定工作要点》，明确年度工作目标和要求，层层落实维护稳定责任。修订《维护稳定和群体性上访应急预案》，确保发生问题能够快速反应，依法快速处置，防止扩大蔓延。加强对稳定工作规律性的研究，编写《维护稳定工作手册》，收集整理国家、集团公司的相关制度、法规，绘制长城钻探公司信访办理流程图，形成二级单位答复、分部机关复查、总部机关复核的三级终结制度。举办维护稳定干部培训班，使维护稳定干部及时了解稳定工作新形势、新任务，研讨交流新方法，构建维护稳定长效机制。

【风险评估】 2009年，长城钻探公司以集团公司信访信息系统为载体，通过每日报平安、每逢重大节日报总结、每季度进行风险评估的方式，对不稳定群体和不稳定因素进行时时监控，科学评估不稳定风险，第一时间上报长城钻探公司领导和集团公司维护稳定办公室。以《信访工作信息简报》的方式，对驻辽7个维护稳定重点联系单位进行跟踪分析，做好统计和调研工作，及时反映带有倾向性、苗头性和典型性的问题。坚持日常和重点时期矛盾排查两手抓，经常性不间断地进行滚动排查，做到全面掌控长城钻探公司各类群体动态，将群众最关心、最现实、最直接的热点问题，特别是可能引发群体性上访的矛盾问题，及时上报，为领导决策提供第一手材料。

【重点时期工作监督】 2009年，长城钻探公司明确责任目标，先后3次向二级单位下发《维护稳定特别重点阶段责任令》，明确责任主体和工作目标。在“两会”、国庆60周年和新疆“七五”事件等维护稳定重要节点，召开专题工作会议，客观分析企业稳定形势，找出存在的问题和矛盾，对如何开展工作做出周密部署。长城钻探公司党政主要领导带头，各级领导干部深入一线，了解生产经营和队伍稳定情况，听取各级干部员工的意见和建议，统一思想，提高认识，鼓舞队伍积极情绪，抵制消极情绪。对重点人群联防联控，在各进京交通枢纽值班，掌控重点人员活动状况，走访不稳定群体家庭，实现中央和集团公司确定的重点阶段大局稳定，3次受到集团公司嘉勉电报。

（初　征）

机 关 工 作

【基本情况】 截至2009年底，长城钻探公司总部机关人员385人，其中，副总师以上领导26人，正副处级干部92人，正科级干部128人，副科级干部78

人，科员及其他 61 人。

【机关建设】

一、党组织建设

2009 年，长城钻探公司机关集中办理原中油测井 294 名党员的党组织关系划转，并按党员所在新的党支部及党委进行划分。按照“三同时”原则，新组建机关党支部 2 个，调整增补支部委员 16 人。截至 2009 年底，机关发展新党员 6 人，预备党员转正 2 人。

二、干部队伍建设

按照长城钻探公司科级干部管理办法，对长城钻探公司机关各处室拟提拔 20 名科级干部人选进行考察，完成对 20 名科级干部的认定工作。完成长城钻探公司机关和部分在京单位 43 人的高级、中级和初级职称评审工作，完成毕业生转正定级 9 人。组织 2 期在京机关科级干部培训班，69 人参加。

三、作风建设

组织开展长城钻探公司机关作风建设年活动，并下发《长城钻探工程公司机关作风建设年活动实施方案》，机关各部门根据活动要求，制订整改方案，落实整改措施，加强长城钻探公司机关作风建设。起草《长城钻探工程公司员工职业道德规范》等五项制度、《长城钻探工程公司机关干部定期赴基层开展工作的暂行规定》以及《长城钻探工程公司机关干部赴基层挂职锻炼暂行办法》，帮助基层解决实际问题，提高工作效率和工作节奏，树立长城钻探公司机关良好形象。

（姚玲玲）

第九篇

企业概览

钻井一公司

【基本情况】 钻井一公司（以下简称公司）是长城钻探公司下属的钻井工程专业化施工企业。公司矿区占地总面积33.24万平方米。2009年公司在册职工3423人，职工中有专业技术干部1128人，高级技术职称35人，中级技术职称292人，初级技术职称684人，技能专家8人，有高级工人技师12人，工人技师65人。公司设22个机关科室，公司机关直属科级单位4个，一线生产单位7个，辅助生产单位4个。共有基层单位（队、车间）121个，其中钻井队92个，大修队、侧钻队2个。

2009年，公司在组织机构发生较大变化。公司将所属10个钻井分公司整合调整成5个钻井分公司。修井一公司更名为五分公司；长城公司更名为六分公司；修井二公司更名为华庆项目部；质量技术监督科更名为工程技术管理科；新技术推广中心更名为科技科；安全监察科更名为安全管理科。撤销机关职能科室“科技科”和二线辅助生产单位“技术服务公司”2个建制单位，整合组建“钻井一公司新技术推广中心”。撤销月东项目部、长庆气井项目部。技术服务公司无线随钻部分人员划归到钻井技术服务公司，供应站划归到物资公司。

公司有固定资产原值22.6亿元，净值12.75亿元，有各种主要生产设备1679台（套），设备原值22亿元，净值12.38亿元，其中在账钻机59部、修井机2部、运输车辆435台、各种机械加工设备42台、施工机械设备125台、动力设备252台、其他设备1114台、设备完好率99.65%，利用率32.46%。

2009年，受国际金融危机冲击和影响，公司在国内外的钻井工作量骤减，价格下降。公司实现收入42.5亿元以上，完成长城钻探公司经营考核指标。

【主要措施】

一、“三减三补”攻坚战

公司大打辽河油区减收外部市场补的攻坚战，从辽河油区转移16部钻机，在辽河油区完成进尺22万米，少打进尺46万米，工作量同比下降70个百分点，开钻747口，交井 773口，完成进尺211万米，修井65口，试油37口，实物工作量同比基本持平。确立西部主战场的工作定位，长庆地区自营钻机总量增加到46部，完成进尺139万米，动用民营钻机35部，完成进尺37万米，累计进尺176万米，占公司全年实物工作量的84%，同比增长61个百分点。开发南方关联交易市场取得历史性突破，中标浙江油田苏东地区2个平台8口井大包合同。新疆修井项目交井62口。继续拓展海外市场，有序推进海外钻机划转交接工作，2009年托管钻机实现收入5.96亿元。巩固发展反承包业务，壳牌长北项目 2 部 70D 钻机继续提供服务，配套服务增加收入总量。公司与专业公司联合投标道达尔苏里格南钻机及专业服务项目，技术标、商务标均名列前茅。跟踪壳牌川中金秋项目。公司以总包方式承担香港年代能源公司喀什北项目，动用 2 部 70D 钻机，开钻 2 口评价井，预期年收入 2 亿元以上。公司推进“三提”（提素、提效、提速）、“两井”（水平井、欠平衡井）工作，发挥典型引路、标杆领跑作用，钻井速度大幅度提高。70131 队施工的兴古 7−H226 井，完钻井深 4897 米，建井周期 91 天，打破区块同等井深钻井最快纪录。40640 队施工的沈 625−H16 井，四分支水平井完钻井深 4172 米，进尺 4812 米，建井周期 98 天，创区块 4500 米以上深井施工新纪录。陕北项目部平均完钻井深 3064.11 米，平均建井周期 15.35 天，同比缩短 36.2 个百分点。华庆项目部平均完钻井深 2225.7 米，平均建井周期 13.36 天，平均机械钻速 21.1 米 / 小时。苏里格水平井施工高点起步，苏 10−34−61H 井连创区块完钻最深、水平段最长、钻井周期最短、机械钻速最快 4 项新纪录。长庆地区全年 42 队次月进尺超过 7000 米，10 队次月进尺超过 1 万米。32806 队用 267 天时间突破年进尺 10 万米，40503 队主打 3500 米深井单井，用 287 天时间进尺 8 万米。公司实施“亮家底、大预算、严计划、降成本、抓内控、保效益”的“十八字”管理办法。实施设备维修和运输费用专业归口管理，充分发挥内部资源保障能力，全年压缩外雇运费 2400 万元，压缩设备维修费用 4000 多万元。推行“四单”管理，在钻井队推行“单井卡”管理办法，深入挖掘成本潜力。公司通过落实各项降本增效措施，化解工作量减少、价格下降、成本上升各种综合减利因素 4.5 亿元。

二、工程技术服务升级

2009 年，公司立足于助推油气增储上产，将科技创新与转变开发方式贴近靠实，适应水平井、分支井和其他特殊工艺井增多的趋势，完善特色技术体系。承担“多分支井钻完井技术研究与应用”等 3 项集团公司、长城钻探公司科研攻关和推广项目，完成“华庆地区丛式井快速钻井技术攻关”、“苏里格地区丛式井快速钻井技术攻关”等 38 个公司科技攻关和推广项目，取得重要科技成果。

三、水平井 / 分支水平井技术

40568 队施工的边台 −H12Z 井，双主眼分支水平段 9 个分支，标志公司在鱼骨分支水平井钻完井技术领域取得关键突破。50021 队施工的三分支水平井兴古 7−305 井，完钻井深 4723 米，建井周期 116 天，分支进尺 752 米，水平段长 807 米，平均机械钻速 4 米 / 小时，创兴古潜山分支水平井最快纪录。2009 年，公司完善欠平衡钻井技术。完成 5 口欠平衡钻井。70131 队施工的马古 11 井在辽河油田首次应用套管阀，实现口井全过程欠平衡钻进，创古潜山欠平衡进尺最长纪录。滩海大位移钻井技术达到新的高度。2009 年，完成 5 口大位移井施工，海南 33−9 井创辽河油田位移最大、大位移井斜角最大、海南区块大斜度最深、水垂比最大、4000 米以上深井机械钻速最快和完井周期最短 6 项新纪录。

【科技创新】 2009年，公司科技工作围绕长城钻探公司“建设国际化石油工程技术总承包商”的总体定位，科研项目重点围绕长城钻探公司“4+5”市场的技术需求开展科技攻关。公司加强科技项目过程管理，加快成果转化力度。完成集团公司重点科技项目1项，长城钻探公司重点科技项目3项，公司科技项目26项。《苏里格气田水平井提高单井产量配套技术应用》、《复杂结构井技术在潜山及深层油气藏的应用》、《钻机电代油技术研究与应用》3项技术成果，获长城钻探公司技术创新奖。2009年投入科技经费560万元，累计实现科技创效6000万元。

2009年，公司加大钻井科技含量，推广应用新工艺、新技术。通过引进、消化、吸收、集成创新，形成以“苏里格、华庆气田定向井、丛式井、水平井钻井配套技术”、“城区高危井安全快速钻井技术”、“潜山深水平井与潜山鱼骨分支水平井钻井技术”、“深探井安全快速钻井与油层保护技术”、“密集井网大位移调整井钻井技术”、“欠平衡钻井技术”、“PDC钻头导向钻井技术”等为主导的优势特色技术。实现“三提、两井”工作上水平，提高公司核心竞争力。

【QHSE管理体系认证工作】 2009年，公司深化质量管理体系运行，完成体系认证监督审核。公司进行体系改版的策划，对管理手册、程序文件进行修订，修改完善钻井工艺流程图等几十份文件。对管理体系运行进行总体安排，根据公司内外变化的形势需要，适时研究编制公司管理体系运行总体安排的调整计划。修订印发包括5项质量指标和24个分解项的质量目标，并组织逐级分解和落实，对各季度公司质量目标完成情况进行统计和分析。选派2名骨干人员参加长城钻探公司组织的质量体系标准和文件培训。对职能部门、分公司和钻井队、直属单位等39个受审核单元进行QHSE管理体系全面系统的内部审核。计划审核工作量增加29人/日，实际完成51人/日的审核工作量，同比增加47.1个百分点，增加审核内容，加大审核深度。2009年8月14日召开管理评审会议，进行QHSE四整合管理体系运行以来的第4次管理评审，作出改进指令。8月27日通过北京中油健康安全环境认证中心对公司QHSE管理体系2009年度现场监督审核。11月4日在公司机关和70039钻井队现场，接受东北认证有限公司现场审核，完成外审迎检工作。公司质量管理体系得到持续改进，处于健康、可靠、有效的运行之中。

【安全质量环保】 2009年，公司安全、环保、质量管理工作以科学发展观为统领，深入贯彻集团公司和长城钻探公司工作会议和文件精神，建立长效QHSE管理机制，促进企业管理上水平。公司召开HSE体系推进启动大会，成立体系推进领导小组和体系推进办公室。利用闭路电视、网络和展板宣传公司HSE体系推进计划以及HSE理念、管理方法等，开展HSE管理知识竞赛。落实个人HSE行动计划，执行安全生产的各项规章制度，严格遵守安全生产“五同时”（在计划、部署、检查、总结、评比生产工作的同时，计划、部署、检查、总结、评比安全生产工作)。会议前领导做安全经验分享，听取员工对做好现场 HSE 管理工作的建议和意见。按照 HSE 直线管理的原则，将属地管理、目视化管理程序下达到相关科室，形成“谁组织谁负责、谁管理谁负责、谁执行谁负责”的良好局面。推进属地管理，实行“按岗划区，挂牌明示”，形成“属地是我家，我家我负责”的新理念。在 20 个井队实行工作安全分析、作业许可管理、高处作业管理、吊装作业管理、挂牌锁定管理、设备与工艺变更管理 6 项管理程序，风险管理得到加强。加强 HSE 目视化建设。公司投入 160 万元配备统一的安全标识、安全防护用具、用品。安全标识醒目，职工着装整洁，身份标识明确，“安全长城”、“绿色钻井”的 HSE 理念得到体现。进行风险识别、风险评价和制定削减风险措施，修订 HSE 作业指导书和 HSE 检查表，组织开展 HSE 检查、纠正和整改安全隐患。公司抓好职业病防治工作，全年对 5 种职业病危害因素场所进行抽检，对 350 名职工进行职业病防治健康体检。开展环保宣传教育培训、完善各项环保制度，加强治理污染的，检测井队取暖锅炉、改造井场隔音墙、做好钻井液池防渗及钻井液倒运工作、开展清洁生产审核和加强高危井监督等措施，预防和控制环境污染。公司电视台滚动播放《反违章禁令》。开展反违章讲演比赛、板报比赛、答题竞赛等活动。

2009 年，公司开展“三个一” 主题教育活动（每个员工至少识别一个自身可能违反禁令的行为、讲述一起因违章引发的事故案例、写一篇反习惯性违章的心得体会）。认真组织开展全公司安全生产月、“六五”世界环境日、环保宣传月、质量月、职业病防治宣传周、三项行动、三项建设和“119”消防宣传周活动。公司制定 STOP 卡管理办法，下发 STOP 卡和 STOP 卡箱。全年收到 STOP 卡 4400 张。落实应急演练制度和岗位练兵制度。举办公司第一届技术比赛，加大安全投入。开展井控、交通和起重作业安全专项整治。杜绝失控井喷事故、交通公司负同等以上责任重伤事故和起重作业安全事故。2009 年，工程技术管理科组织征集和评选 12 篇质量管理论文。公司参加长城钻探公司的质量管理知识答题活动，对优秀试卷进行奖励。9 月 18 日，公司参加长城钻探公司举办的《质量经营与可持续发展》专题报告会。

【QC 小组活动】　2009 年，公司持续推进以质量管理小组为载体的群众性质量管理、质量改进和质量创新活动。组织举办不同层次的 QC 活动骨干学习培训班，重点培养活动骨干。公司选派 2 名骨干人员参加长城钻探公司组织的 QC 诊断师培训班，获辽宁省质协颁发的省级 QC 诊断师证书。制订年度 QC 小组活动计划，进行活动具体部署。组织 2009 年 QC 小组和课题注册。2009 年，公司注册的 63 个小组和课题中，现场型或攻关型占 93.7%。注册 63 个小组和课题，431 人参加，参加活动人数占职工总数的 10.5%，开展活动的小组 55 个，活动率达到 91.7% 以上，完成成果 48 项，成果率达到 80%，全面完成上级任务和公司计划。原供应站网络管理QC小组获得由中国质量协会、中华全国总工会、共青团中央、中国科学技术协会、中华全国妇女联合会授予和颁发的“全国优秀质量管理小组”荣誉称号和证书，成果《降低网络安全事件发生率》获国家级优秀QC成果一等奖和辽宁省优秀QC成果一等奖。公司三分公司工程组QC小组《提高海南三块三开井机械钻速》获石油工业优秀QC成果二等奖，40501队QC小组《提高纯钻进时效》获辽宁省优秀QC成果一等奖，50640队QC小组《缩短兴古7块钻井周期》获辽宁省优秀QC成果二等奖。推荐优秀成果报局14项，公司奖励一等奖9项、二等奖9项、三等奖30项。

【组织建设】　2009年，公司开展学习实践科学发展观活动。创建“六个一”（选配一个好书记；建设一个好班子；带出一支好队伍；完善一套好制度；建立一套好机制；创造一流工作业绩。）“三个最佳”（最佳创造力、最佳执行力、最佳凝聚力。）党支部，开展“学铁人、当先锋、立足岗位作贡献”等活动。开展“三树一增”（树观念、树形象、树品牌，全面增强企业核心竞争力）主题教育，为企业发展提供思想保证。开展群众性纪念教育活动，激发广大员工爱党、爱国、爱石油、爱长城、爱钻一的热情。举办基层党支部书记培训班。为每个支部配备《新编党支部工作实用手册》、党群工作记录本等资料，提升基层党支部书记的政治修养和履职能力。参加长城钻探公司第一次党员代表大会。一分公司党总支等9个党组织获长城钻探公司先进基层党组织，张守明等30名同志获长城公司优秀党员，侯书平等5名同志获长城钻探公司优秀党务工作者。五分公司70136队党支部获长城钻探公司“最佳执行力党支部”。

2009年“七一”期间，公司对五分公司等5个党总支，40611等17个党支部、刘思明等127名优秀党员和董立新等29名优秀党务工作者进行表彰。组织党员开展“五抓五创五提高”（抓理论武装，创建学习型班子，提高创新力；抓责任落实，创建务实型班子，提高执行力；抓目标激励，创建效能型班子，提高引领力；抓团结协作，创建和谐型班子，提高凝聚力；抓形象塑造，创建表率型班子，提高感召力。）、“时刻牢记我是共产党员”、“创三优”（创优秀共产党员工程，创优秀共产党员责任区、创优秀共产党员示范岗）等行之有效的主题实践活动。号召党员开展的“六赛”（赛安全、赛环保、赛质量、赛速度、赛服务、赛效益）活动。持续深入开展“四好班子”（政治素质好、团结协作好、作风形象好、经营业绩好。）创建活动，注重强化提升“四个”能力，即：领导力、执行力、凝聚力、竞争力，努力打造“政治坚定、团结向上、求真务实、开拓创新、奋发有为”的两级领导班子。开展金银铜牌钻井队创建活动，组织基层井队长和经营管理人才竞聘，将电气工程师纳入基层井队班子成员管理。提出并认真落实“双十”（即：每个井队有10名外语骨干，有10名懂技术会管理能独立带队伍的复合型干部）人才培养计划。

【群团工作】　2009年，公司党委现有党总支10个，党支部123个，党员1603人。举办两期入党积极分子培训班，培训积极分子80人，发展党员62名，转正党员64名。公司学习贯彻落实长城钻探公司一届一次党代会精神，以创建“四好班子”为目标，切实加强领导班子建设，提高引领企业科学发展的能力。提升基层基础工作水平，围绕生产经营重点难点工作，充分发挥基层党组织的战斗堡垒作用和共产党员的先锋模范作用。全年发稿，《辽河石油报》350篇、《长城钻探报》227篇、《长城杂志》38篇，《中国石油报》38篇、《石油商报》26篇，各报头条达88篇，1000字以上稿件280篇，在长城钻探公司网络电视及辽河油田电视台播放公司新闻45条。

2009年，公司扎实推进反腐倡廉建设，加强对领导干部和领导班子监督检查以及案件查处和效能监察等重点工作。组织207名科级以上干部及重要岗位人员全员参与答题。组织观看警示教育片《贪之害》。公司选树、表彰、宣传2009年度 “十佳勤廉干部”。组织“四公”（公正、公心、公德、公仆）主题教育党课、编发《长天惊雷》警示教育读本以及《勤廉干部风采录》等，纪委全年参与招（议）标签证6次，通过监督减少费用支出约60万元。监督检查基层队工资奖金发放、油料材料管理、市场开发与协调费用支出等情况。狠抓反腐倡廉教育，干部职工“免疫力”和“自治力”明显增强，信访举报初核件为零。

公司全年举办各类培训班292期，培训10943人次，主要包括新工人入厂教育培训班7期，548人次。安全管理知识培训班1期，145人次。科级干部培训班（杜邦HSE咨询服务）3期，254人次。特殊岗位培训班11期，389人次。硫化氢防护取证培训班12期，449人次。计划生育宣传经费8万元，有238名育龄妇女参加了职工健康检查，人均395元，总费用82万元。各项优待奖励经费近50万元。接收大学毕业生150人，复员兵70人。

公司加强“严打”整治和治安防范，持续开展“平安单位创建”活动，确保职工群众生命财产安全和矿区安全稳定。实现“两个平安”（公司生产办公区平安，职工生活区平安）、“三个稳定”（公司政治稳定、治安稳定、队伍稳定）、“四个为零”（职工刑事犯罪为零，毒品案件为零，邪教案件为零，群体赴省进京访为零）的工作目标。维护稳定工作实现“三无”，（无赴省进京个人无理访，无群体赴省访，无群体性进京上访治安案件发生）。接访151人次，协调办结59件。对所属25名越级访重点人员，做到人员到位、措施到位、责任到位，全程监控、快速处理。对涉油违纪行为的单位和个人进行严肃查处。

公司创造条件安排46名职工子女就业，走访慰问困难家庭267户，发放特困家庭补助金10.2万元。日常生活帮扶、医疗帮扶职工224人次，开展金秋助学和“一帮一”助学，帮助114名贫困家庭子女顺利完成学业。

公司投入资金及时更换失效的报警主机29部、新安装报警探头37个，布设8套电子墙、458个报警探头以及6部视频监控的73个摄像头，公司开办法制讲座26场，3158人参加。

【职工生活】　2009年，为公司一线职工解决实际困难，树立典型。其中，树立40503队一班节约型班组、32993队一班清洁型班组、运输公司七中队二班和谐型班组、40611队一班学习型班组、安装工程公司一队一班安全型班组“五型”班组典型。公司参赛班组荣获长城钻探公司举行的首届技能大赛“先进班组”称号。召开4次专题协调联席会议，解决职工家属患重大疾病药费报销、抚恤金承担等问题，接待职工家属来信来访210（件）人次，答复职工、家属各种咨询380余次。慰问伤病职工640人次。多次组织慰问一线职工队伍，收集一线职工生产生活信息34条。为27户特困户、48户一般困难户、104户低收入家庭发放生活帮扶金195480元，节日慰问金290200元，金秋助学款69000元，全年办理丧葬费34份，支付4.04万元，帮助遗属办理抚恤金39.81万元。办理女职工“安康互助”保险。完善特困家庭、医疗帮扶、助学帮扶等10项工作档案，走访慰问困难家庭135户，支付慰问金55.54万元。发放特困家庭补助金3.3万元，日常生活帮扶216人次，机关领导、工会干部带头签订“一帮一”结对助学，筹集7.8万元帮助34个贫困家庭子女顺利步入校园。组织职工省外疗养115人次，一线外部市场职工健康疗养103人次，办理职工疾病疗养19人次，支付病疗费用5.81万元。为3位劳动模范发放专项商业保险，坚持节日慰问退休劳动模范和患病劳动模范。深入地区市场和陕北市场进行“送清凉”慰问活动。开办女职工“周末学校”系列培训，80%的女职工参加学习。

（周凤霞　唐有余）

钻井二公司

【基本情况】　2009年，钻井二公司（以下简称公司）用工总量4700人，其中，合同化员工人2336人（内养职工20人），市场化用工670人（市场化就业180人，子女劳务工490人），农民劳务工1694人。公司干部786人，其中，高级专业技术职称18人，中级专业技术职称128人，初级技术职称396人；工人技师63人，高级工人技师27人。

公司设机关21个职能科室，7个直属（附属）机构。设9个项目部和3个分公司，原公司机关劳资业务并入劳动工资科。机关科室较重组前减少6个。公司有9个项目部，辖管86支钻井队。其中，辽河地区3个项目部下辖21支钻井队，社会市场5个项目部下辖50支钻井队，国际市场1个项目部下辖15支钻井队。公司有3个辅助生产单位，包括钻前工程公司、运输公司、生产服务公司。公司拥有各类设备 3507 台（套），固定资产原值 20 亿元，净值 12.47 亿元，设备新度系数为 0.62。主要生产设备 960 台。

2009 年，公司开钻 629 口，交井 621 口。完成进尺 160 万米，同比增加 8.46 万米。实现营业收入 32.42 亿元，其中，地区市场收入 12.55 亿元，社会市场收入 11.93 亿元，国际市场收入 6.23 亿元，其他业务收入 1.71 亿元。营业成本 30.42 亿元，完成长城钻探公司下达的承包指标。

【企业管理】 2009 年，公司面对钻机大面积停等的严峻形势，转变固有的市场观念，采取有效措施，将社会市场作为全年市场开发的主攻方向，制定以“特色技术巩固辽河市场、规模化开发社会市场、统筹调配国际市场”的工作方针，全盘调整钻机布局。公司适度保留特殊工艺施工队伍，以高风险、高回报的特殊工艺井、新技术井为立足点，重点加大技术研发和攻关力度，确保有限工作量的效益提高。公司打破关联交易市场的限制，拓展新的市场空间。海拉尔项目队伍规模达到 16 支，成为全年公司效益增长的重点区块；陕北项目部完成 78 万米进尺，占公司进尺总数的近 50%；吉林项目利用成熟的技术，克服区块地层可钻性差、浅气层多等风险，实现 6 部钻机施工的规模；塔木察格项目克服批文、通关、运输以及自然条件差等困难，人员总配额只有 55 名，井队 20 余名干部职工始终保证正常生产。34 台车辆用一个月就完成 205 车次的跨国境运送，单车一周多达 3 次。国际市场密切跟踪海外市场动态，全力盘活钻机资源，2 部 40D 钻机进入尼日尔市场，扩大市场规模。

2009 年，公司保证生产衔接顺畅，生产组织效率稳步提高。公司坚持“生产组织有计划、上传下达有回应、特殊情况有措施、物资储备有保障”的四有保证机制，保障生产组织流程的顺畅衔接。实施管理前移，公司分管外围、技术、生产的副经理和各路相关科室人员，常驻前线项目部为基层井队实时解决问题。在施工相对集中的兴隆台地区成立兴隆台项目部，对关键工序进行现场检查指导，处理复杂情况，统筹调配资源，提升区域综合管理能力。推进服务前移，公司成立生产服务公司，负责一线设备保养、配件修理、营地服务、后勤保障等工作。二线服务单位实施带队领导负责制，靠前服务，解决市场开发、生产组织中遇到的实际问题。完善队伍管理机制，干部职工提速意识明显增强。通过完善激励机制，加大钻井周期和建井周期的考核力度、设立钻井综合提速奖等措施，调动干部职工主动提速的意识。2009 年，陕北、海拉尔、冀东、辽河油区以及海外市场均实现了提速。海拉尔项目 7—9 月技术指标名列油区各家钻探之首，全年平均井深 2611 米、平均机械钻速 18.1 米 / 小时，建井周期 19.81 天，在海拉尔油区全年综合评比排名第一。推广典型成功经验，区块整体提速工作上水平。陕北 30643 队被华庆油气项目部授予“华庆地区钻井第一速度标杆队”的称号，带动区块提速工作。陕北有 8 支钻井队进尺突破 4 万米；海拉尔有 6 支钻井队突破 3 万米；40639 队在苏里格连续 5 口井的施工中，平均井深3685米，平均建井周期17.89天，受到华北油田项目部的表扬。

2009年，公司稳步推进扁平化管理，机关压缩50%，辽河油区取消一个钻井分公司，油区营地服务和修理业务由新成立的生产服务公司承担，保持队伍的稳定。推行工厂化运行管理，公司通过计划、财务、审计等部门联动，逐步推行工厂化运行管理。由计划部门做出预算，财务部门对成本和工期定额、定量、定进度进行控制，审计部门进行监督，工作效率和生产运行水平不断提高。通过开展“精品工程”和“满意服务”活动，推进“金银铜牌工程技术服务队伍”创建活动，提升公司的质量管理水平。全年有4支钻井队获“名牌施工作业队伍”，公司获辽宁省 “重合同、守信誉”先进单位，获长城钻探公司 “精品工程和满意服务活动优秀组织单位”。公司撤并7个科室，调剂123人充实到项目部工作，并结合实际制定实施《钻井二公司停产期间薪酬管理暂行办法》，清退部分外雇工，将富余职工转岗从事设备维修保养、井队营地服务、设备搬迁等工作。既压缩机关编制、简化工作流程，又缓解一线人员紧张的问题。

【科技创新】 2009年，公司完善科技项目管理模式和科技创新工作的激励机制，推行重大项目科研津贴和科研攻关重大突破奖励制度，全年科技项目投资达650万元，公司科委在国家二级刊物、学术交流会上发表论文8篇，完成科技项目28项，取得科技创新成果53项，获得各类奖项28个，多项技术成果达到国内先进水平。

2009年，大庆油田在海拉尔地区部署6口水平井，公司承揽5口井的施工任务。水平井日均稳产在35吨以上，是常规井的5—7倍，得到甲方认可。公司加大科技创新成果在生产中的应用力度，以解决甲方难题为己任，向科技创新要效益，实现既能满足甲方要求又能增加自身效益的双赢。公司自主研制管内助推器，解决大斜度井段卡钻，随钻仪器的打捞、测卡以及爆炸松扣等难题。公司结合区域地层岩性特点，个性化设计PDC钻头，提高机械钻速。推广使用节能环保的电代油设备，全年节约柴油费用465.8万元。

2009年，公司完成集团公司重点科技项目1项，长城钻探公司重点科技项目6项，公司科技项目21项。获长城钻探公司技术创新成果一等奖2个，二等奖1个，三等奖2个；获得公司科技进步一等奖4项、二等奖8项、三等奖11项，实现科技创效5000万元。

【工程建设】 2009年，社会市场海拉尔项目规模扩大，队伍数量增加到18支；成功开辟吉林市场，实现6部钻机的施工规模；5部钻机进入蒙古塔木察格施工，项目全年实现3部钻机启动，完成进尺1.34万米。国际市场尼日尔进入2部钻机，国外队伍总数达到14支，业务分布于7个国家。公司按照“三提、两井”和长城钻探钻井持续提速的总体要求，单井提速向区块整体提速转变，从单纯提高机械钻速向缩短建井周期总体提速转变，加快钻井提速步伐。公司30643队、32801队、32784队、50022队等提速先进队伍多次受到甲方表扬。

公司按照“全要素降成本”的要求，严格成本过程控制，公司全年设备修理费用减少 1780 万元，管理费用减少 1500 万元，外雇运费减少 580 万元。

【安全生产】 2009 年，公司严把关键环节的安全防范，使事故得到有效预防。在井架安全管理方面，坚持实行起放井架首席操作员制度，加强井架安全检测，杜绝井架超负荷使用。全年由机动科、安全科、技术监督科现场组织指挥安全起放井架 48 井次，井架基础测量 102 井次，检测井架 16 部。公司提高干部职工的井控意识和防抽汲能力，落实井控设备安装、坐岗观察、带班队长、防喷演练制度，保证井控安全。公司针对社会市场队伍增多，长途搬迁任务重的实际，加强运输车辆的干部带队和 GPS 监控力度。全年完成 2667 万吨的设备物资周转，安全行程 2174 万千米。公司扎实学习杜邦先进管理理念，按照长城钻探公司体系总体推进方案，结合实际制订推进计划，健全工作制度、明确岗位职责，把 HSE 体系“十二项任务”中的“有感领导、直线责任、属地管理、目视化管理、安全经验分享”作为切入点，借鉴好的经验和做法，有序开展 HSE 体系推进工作。公司组织井控检查 8 次，检查基层队 137 队次，查出并整改问题 402 个。针对检查出的问题，更新 5 部大庆Ⅱ型井架，新投入 8 台绞车、30 台钻井泵、18 套高压管汇系统，并与厂家一起研究，解决电动钻机因停电误操作出现的刹车失灵问题。公司开展素质提升工程，队伍安全意识逐步提高。由过去集中“上大课”逐步向“上小课”、“一对一”培训模式转变，初步形成自上而下的“金字塔”式培训模式。公司深化“三个一”岗位技能培训，全年举办各类脱产培训班 102 期，培训 5707 人次。实施“内部技师津贴和技术专家津贴制度”，完善激励机制。成功举办长城钻探公司首届井控技能竞赛，取得集团公司 IADC 井控培训资质，建立海外人员防恐培训基地。公司通过实施管理前移，加强井控、井架起放，长途搬迁等关键点源的监控，保证生产设备投入，提升队伍安全意识，全年安全生产形势保持平稳，获长城钻探公司“安全生产、环境保护”先进单位。

【企业改革】 2009 年，公司制定完善《社会市场合同管理办法》、《社会市场物资管理办法》、《社会市场物资结算流程管理规定》。根据长城钻探公司下达的非生产性费用指标，公司对各单位的办公费、业务招待费制定控制指标，并修订《差旅费和会议费管理暂行办法》、《公务通讯费标准》等制度。公司对 9 个项目部和 3 个二线分公司实行利润承包，对技术推广中心、小车队、招待所下达费用指标，实行费用承包，并复合考核收入指标。对教育培训中心实行行政管理费和教育经费承包，复合考核培训收入指标。公司对物资管理中心实行费用承包；对公司机关实行科室费用总承包，复合考核差旅费、办公费、材料费、运费、水电费和电话费单项指标。

2009 年，公司根据长城钻探公司的发展定位和工作目标，结合公司组织结构和市场情境变化，基本工资部分依据员工出勤按月发放，不参与经营考核，效益奖金部分实行综合绩效与单位所承担的工作目标、业绩挂钩考核。效益奖金分为基础奖、激励奖、超额利润三部分。根据钻井队岗位增减变化、原奖金分配系数不能满足现实需要的实际，及时修订下发《关于下发钻井队二次分配岗位系数的通知》。新的奖金分配系数更切合实际、更具指导性，得到一线单位的广泛认同。

2009年，公司根据辽河油区工作量不足的严峻形势，制定《钻井二公司关于停产期间薪酬管理暂行办法》。为便于理解和执行，补充《钻井二公司关于停产期间薪酬管理暂行办法》的相关解释。公司制定《塔木察格项目施工人员薪酬待遇暂行办法》，推动塔木察格项目的顺利开展，满足开辟新市场的激励需求。公司下达《关于修订劳务工薪酬标准的通知》，调动了一线广大基层劳务人员的积极性，规范劳务工薪酬标准，合理控制收入差距。

【基层队伍建设】 2009年，公司党政领导班子以“四好”班子创建、“六个一”党支部创建为重点，加强基层建设工作。改良硬件环境，提升职工生活标准。2009年，公司投资100余万元对大学生公寓进行改造，将原固井办公楼改造为职工宿舍楼，解决矿区内无房职工的居住问题。2009年7月，公司投资15万元改造职工食堂，解决职工就餐的问题。公司投入3330万元购置265栋野营房，对旧野营房进行维修，投入118万元，更新钻井队的炊灶具和生活用品。公司开展“春风行动”和“送温暖工程”，实行外部市场职工季度轮流休假和探亲制度，坚持定期体检，全年投入120万元开展职工体检，保证职工的职业健康。班子成员定期深入陕北、海拉尔、冀东等施工现场慰问和调研，坚持节日慰问一线职工，投入42万元进行职工生活和医疗帮扶，救助困难家庭29个，帮扶22名困难子女就学。

2009年，公司把新职工的教育作为凝聚队伍的思想保证，挖掘各类载体，开展“情系长城、爱在钻二”主题文化活动、青年科技成果发布会、钻二青年论坛、适龄职工联谊会等丰富多彩的活动，增强职工对企业的归属感，调动职工投身企业、奉献企业的积极性，持续为公司的快速发展注入活力。

全年人性化工程投入4000余万元，新建职工食堂，改造大学生公寓，解决职工的食宿问题。帮扶困难职工家庭，切实解决急难问题。更新营地设施，改善基层职工的生活环境，提高职工生活质量。2009年，钻井二公司获集团公司基层建设先进单位。

（冯　东　杨玉琼）

国际钻井公司

【基本情况】 国际钻井公司（以下简称公司）成立于2008年8月，主要从事境外钻井工程技术服务。公司有员工2056人，其中，中方员工638人，占31%，外籍员工1418人，占69%。公司拥有钻机33台，其中，ZJ70D钻机11台、ZJ50DBS钻机6台、ZJ50D钻机3台、ZJ40T钻机1台、ZJ40DT钻机1台、HH300液压钻机1台，ZJ30C钻机10台。钻机资产原值19.37亿元，净值6.93亿元，设备新度系数0.36。公司33台钻机分布在10个国家，为13个油公司服务，其中，国家石油公司6家（CNODC、PDVSA、PEMEX、PTTEP、CUPET、PDO）、跨国石油公司6家（VEBA、ENI、REPSOL、DALEEL、TPOC、AOC）、肯尼亚国家电力公司KENGEN。

2009年，公司获长城钻探公司安全生产先进单位、质量管理先进单位、先进工会、统计工作目标管理先进单位，并在“我爱伟大祖国、我爱长城钻探”歌咏比赛中荣获铜奖；GW80队获全国总工会工人先锋号，平台经理韩民久获集团公司中国石油榜样人物。GW116队、GW80队获集团公司工程技术服务金牌队，GW119队、GW125队获集团公司工程技术服务银牌队，GW189队、GW126队获集团公司工程技术服务铜牌队，GW106队获集团公司绿色钻井队。GW38队、GW139队、GW181队获长城钻探公司安全生产示范队，GW110队、GW116队、GW78队、GW229队、GW125队获长城钻探公司绿色基层队。GW81队、GW80队、GW126队、GW39队、GW119队、GW182获长城钻探公司名牌施工作业队，GW20队一班、GW88队二班、GW119队二班、GW39队一班、GW82队一班、GW80队工程二班、GW180队一班、GW108队二班、GW126队三班获长城钻探公司安全型班组。

2009年，公司开钻192口，完井190口，钻井进尺45.68万米，同比增加4.62个百分点。实现收入15.06亿元，完成年度收入指标的95.5%。

【安全生产】 2009年，公司无环境污染、无生态破坏及放射性污染事故，井喷、井喷失控及井喷着火事故为零，井控安全隐患整改率100%，井控培训完成率100%，井控操作证持证上岗率100%。

2009年7月27日，公司HSE体系推进启动会召开，制订下发《国际钻井公司HSE管理体系建设2009—2010年推进计划》，公司成立由经理、书记任组长，其他领导班子成员任副组长的HSE体系推进工作领导小组，负责推进工作的指导、检查和验收，解决推进工作中的难题，领导班子成员率先垂范，主动参加培训，展示有感领导、落实直线责任、实施属地管理，43 人参加 HSE 体系推进培训，4 人取得长城钻探公司级培训师资格。同时，建立 HSE 体系推进专题网页，广泛宣传 HSE 体系推进工作。

根据集团公司和长城钻探公司反恐工作的要求，建立公司反恐组织机构，编制《国际钻井公司反恐工作应急处置预案》，加强对境外生产安全和社会安全事件的监控和应对工作，对委内瑞拉、乍得、伊朗、泰国等风险较高国家的社会安全局势进行重点关注和评估。

2009 年 9 月 8 日，公司与 GW107 井队进行桌面防恐演练，验证反恐应急预案的适用性，提高前后方的应急能力和实战能力。针对泰国发生的政局动荡，公司及时启动应急预案，高度关注当地局势变化，配合项目部确保 GW80 队各项工作平稳度过，不受影响。

根据长城钻探公司总体安排，积极推进 HSE 异体监督实施，在乍得、古巴和利比亚 3 个项目实施中，为 12 个井队配备异体监督共 24 人，满足项目对异体监督的需求。同时，加强对异体监督的管理，通过下发异体监督资质规范、执行 HSE 监督中心的异体监督管理办法、组织参加 HSE 监督培训班等方式增强对异体监督的培训和管理，提高异体监督的业务素质和工作能力。

2009 年，公司开展“办公室安全月”活动。组织机关办公室进行安全检查 6 次，对发现的问题及时整改；组织机关人员进行消防演习 4 次，对演习过程中出现的问题进行总结评估，提出持续改进措施；开办安全警示教育材料，每周一期，提高员工安全意识。

针对 2009 年爆发的甲型 H1N1 流感疫情，公司密切关注海外相关地区的疫情动态和井队现场周边情况，及时向井队提供 H1N1 流感知识和预防措施，为员工配备口罩及体温计 600 余个，督促现场做好防疫工作，同时，组织机关 13 人接种 H1N1 流感疫苗，避免流感疫情的传播。

2009 年，公司开展“您的安全，就是家人最大的幸福”签名活动，利用员工休息室设立签字条幅，张贴《反违章禁令》宣传画、安全生产宣传画，摆放《反违章禁令学习手册》及安全生产教育材料，组织倒班人员在上项目前专门学习、领会反违章禁令，推动“反违章禁令落实执行年”活动的深入开展。针对海外作业面广线长的特点，加强以井控为中心的日常安全和定期自查自改工作，发现和整改井控隐患 116 项。强化现场学习、培训和各项演习工作，督促井队认真做好反违章六条禁令的全面落实和实施，开展海外作业现场 HSE 体系推进工作，增强员工安全意识和提高现场生产管理、HSE 管理水平。

【生产协调与监督】　2009 年，公司理顺信息沟通渠道，保持与海外项目部、井队联系。坚持每日做到 4 个收集（收集井队生产动态、收集人员队伍状况、收集材料组织情况、收集设备运转情况）、1 个汇总（汇总现场出现或遇到的问题及难题）、1 个编制（编制生产信息统计与处理进展大表）、1 个分析（分析原因，提出工作建议，协助井队制订解决方案，跟踪方案实施进度与处理效果），增强前后方工作互动性，实现工作相互促进，提高支持效率和力度。定期召开公司生产经营协调会，针对各井队生产动态、工作中存在的问题以及可能遇到的问题或风险，提出生产组织与风险控制工作建议，开展风险提示，随时提醒现场工作注意事项，协助项目部解决工作中存在的问题，为现场生产提供支持和服务。全年召开48 次生产协调会，并将会议纪要及时下发到机关各科室和一线井队。

认真审定井队搬家、安装工作的搬安计划，跟踪现场组织运行和计划执行情况，与井队进行搬安工作总结与分析，取长补短，挖掘潜力，提高搬安速度。2009年，泰国GW80队在搬迁过程中统筹协调，在保证安全的前提下实现高效搬迁，进尺超10万米，满日费率达到100%。利比亚GW167队在长达1500千米的搬迁中，制订详细的搬家方案，对搬家路线和新井场的布局进行周密勘察，针对新井场条件复杂等情况，制订相应双保险应急预案，完成千里大搬迁，从搬家开始到安装完毕用时31.5天，搬家进度和安装进度均创下利比亚项目长途搬家的最快纪录。

根据公司统一安排部署，美国新接收的GW86队钻机启动到乍得市场。针对钻机在到达喀麦隆后的2000千米长途陆路运输设备超限、钻机主机自行困难等情况，要求运输车辆编队行驶，特种设备车辆专人押车，平台经理带队负责运输工作，85车设备的陆路运输在道路复杂、生活条件艰苦、运输保障条件差的情况下历经50天，未发生任何事故安全运抵井场。公司组织专人保持与现场工作人员的联系，并给予协调解决，协调设备调试中设备整改、材料供应、人员配置等工作，检测通过甲方验收，2009年5月21日，GW86队钻机正式开钻。公司对GW86队钻机遗留在美国的发电机、钻具等闲置资产寻找利用之地，将这些设备资产调拨、转运到墨西哥，盘活资产，实现资产最大利用率。

2009年，公司编制钻机交接注意事项，对相关人员进行短期培训，总结先期交接钻机的经验与教训，对交接工作出现的问题和交接工作程序提出工作建议，成功完成钻机交接任务，实现“生产经营不放松、资产效益不流失、市场机遇不错过、安全生产无事故”。2009年顺利完成GW20队、GW109队、GW229队钻机作业管理权交接及11台钻机资产交接工作。针对下套管服务项目的接收工作，公司制订具体的交接计划，开展人员筹备、相关技能培训和取证工作，制定下套管服务作业程序、安全操作规程和岗位职责，完成阿曼项目和墨西哥项目下套管服务的接收工作，实现平稳过渡。

【设备管理】 2009年，公司安排专人负责乍得项目GW86钻机开钻前的设备安装以及验收工作，主动联系处理现场提出的各种问题。公司派专人对阿曼项目GW110柴油机大修及阿塞拜疆项目GW88钻机进行年检工作。公司建立一套适合30C、50D、70D钻机海外现场操作、维护、保养的设备管理制度、油水润滑制度，对设备现场管理行为进行系统、全面的规范，保证现场设备管理的有序进行。公司与井队建立“强制”沟通机制，要求相关部门定期主动与现场进行电话或邮件联系，了解设备运转、后勤支持等情况，与设备有关的邮件和电话必须在12小时内给予回复。制订公司中、长期设备发展规划和设备更新改造、购置计划，提出设备购置和选型计划及技术改造的经济论证和实施方案；按照公司发展规划，制订公司设备发展三年规划及大、中、小维修计划。

【市场开发】　2009年，公司全年参与投标22次，为5台钻机寻找新市场，无合同钻机由年初的6台降至1台，钻机利用率由年初的82.4%提高到96.9%。

2009年，公司新签续签合同额4.01亿美元。其中，完成合同额2.20亿美元，后续储备合同额1.81亿美元，创下历史新高。委内瑞拉GW31队、GW32队和GW108队和甲方签订5年的合同，合同金额2.75亿美元。阿曼GW19队、GW20队、GW38队续签合同4116万美元，GW110队续签合同628万美元。墨西哥GW81队续签合同900万美元。伊朗GW107队续签合同758.32万美元。利比亚GW167队续签（TPOC）合同400万美元，GW78队续签合同825.96万美元，GW181队续签合同601.13万美元，GW118队续签合同769.19万美元。古巴GW139队续签合同719万美元，GW119队续签合同731万美元，GW122队续签合同685万美元。乍得GW86队新签合同920万美元，GW199队新签合同920万美元，GW88队新签合同230万美元。泰国GW229队续签合同270万美元。

【队伍建设】　2009年，公司中方员工用工形式比较复杂，包括合同化、社聘、借聘、劳务派遣，其中，社会聘用制用工占49.8%，劳务派出用工占28.3%，两项合计占用工总量的78.1%。针对公司实际情况，认真贯彻落实长城钻探公司人力资源管理方针政策，制定有利于提高员工素质、稳定职工队伍的管理规定，对项目部、一线井队形成较强的人力支持。组织3期公开招聘，录用70人，36名毕业生已经全部单独顶岗，其中，带班队长1人，电气师9人，机械师4人，副司钻岗位11人，司钻岗位5人。针对GW116队整建制借用，在长城钻探公司重组过程中出现的不稳定因素，与渤海钻探公司相关部门沟通，保持与员工联系，掌握员工思想动态。

2009年，公司积极与海外项目部结合，解决影响正常倒班工作的困难。阿曼项目和利比亚项目针对人员配置不足及签证办理周期长的情况，公司补充所缺岗位员工，同时，督促项目部想尽办法，加快签证办理进度，经过努力，倒班不正常的80余人全部得到解决。

2009年，公司举办各类培训班35期，参加培训977人次，培训用时40182学时，人均培训60学时。安排海外项目休假人员参加HSE证、井控证的取换证培训，取得HSE证289个，井控证214个。组织钻井英语培训和西班牙语培训各1期。重点开展针对海外高危国家员工的安全防恐培训，取证227个，对在钻机划转过程中出现的暂时未上岗人员进行2期培训70余人。

【党建工作】　2009年，公司有党员75名，其中，国内18人，海外57人。递交入党申请书12人，积极分子3人。公司认真贯彻落实学习实践科学发展观活动，围绕“党员干部受教育、科学发展上水平、人民群众得实惠”的总体要求，准确把握科学发展观的深刻内涵。组织召开民主生活会，公司领导班子成员结合本职工作，深入查找个人和班子在贯彻落实科学发展观方面存在的问题，查找党风党性党纪方面的突出问题，按照“四明确一承诺”的要求，提出具体整改方案和期限，确保问题得到切实解决。在开展的群众满意度测评中，评价为满意的占 92%，比较满意的占 8%。

2009 年，公司推进党风廉政建设和反腐败宣传教育工作，筑牢拒腐防变的思想防线。制订下发《国际钻井公司建立健全惩治和预防腐败体系 2008—2012 年实施计划》、《国际钻井公司党风廉政建设责任制实施细则》、《国际钻井公司党风廉政建设和反腐倡廉工作联席会议制度》。组织机关科级干部开展廉洁从业承诺书签字活动。组织观看《贪之害》警示教育片并进行座谈交流。公司制定《国际钻井公司员工职业规范》，从办公环境、日常行为、职业行为三方面规定公司员工职业规范共 30 条，规范机关干部的行为准则，严肃纪律，增强服务意识。

【精神文明建设】　2009 年，公司召开工会会员代表大会，选举产生第一届工会委员会。经多次协商，员工住宿由花虎沟宾馆迁至汉庭连锁酒店北京鸟巢店，改善公司员工的居住条件。同时，建立员工倒班休息室及送站制度，开展员工健康体检及疗休养工作，组织 270 名员工参加健康体检，安排 14 名员工、8 名员工家属参加疗休养。开展“节约挖潜、增收节支”活动，2009 年，收到合理化建议近 300 条、技术改进成果 60 多项、修旧利废群众性挖潜 60 多项，累计实现增收节支达 400 万元以上。公司开展健康有益的文化娱乐和体育锻炼活动活跃公司员工业余文化生活，增进员工之间的交流与友谊，增强员工身体素质。公司开展送温暖活动，维护员工合法权益，困难补助 3.2 万元。加大新闻宣传力度，开展企业文化建设，发表新闻稿件 42 件。

（罗伟强）

测井公司

【基本情况】　截至 2009 年底，测井公司（以下简称公司）用工总量 1871 人。其中，合同化员工 1591 人，市场化用工 100 人，农民劳务工 85 人，其他用工 95 人。专业技术人员 1077 人，其中，教授级专业技术职称 2 人，高级技术职称 146 人，中级技术职称 468 人，初级技术职称 386 人，技术员 75 人。公司级技术专家 2 人，企业级技术专家 9 人，厂级技术专家 19 人。

公司有各类设备 1220 台（套），资产原值 4.43 亿元，资产净值 2.19 亿元，新度系数0.5。其中，车辆257辆，地面设备93台（套），成像13台（套）、便携成像2台（套）、高精度数控20台（套）综合数控41台（套）、便携数控3台（套）、射孔14台（套）。一线小队92个，有射孔小队17个，数控测井队36个，3700小队5个，5700小队19个，开发小队14个，EXCELL2000队1个。

【机构改革】　2009年7月，经过长城钻探公司人事处的核定，公司机关部门缩减为16个，87人。机关附属部门6个，42人；基层单位18个，189人。重组整合后，中油测井划转过来146人，其中53人为市场化就业职工。公司原物资供应公司、研究所均归口到物资公司和测井研究所中。撤销4个野外分公司，成立测井事业部、射孔事业部、数字测井事业部、过套管测井项目部。

【生产经营】　2009年，公司实现产值171834万元，其中，国内市场60377万元，同比下降34个百分点。国际市场111457万元，同比增长17.8个百分点。2009年，公司完成井上作业7278井次，同比10250井次减少2972井次，降低29个百分点。完成测量米3129.6万米，同比4564.5万米减少1434.9万米，降低31.4个百分点。完成射孔厚度28533米，同比43373米减少14840米，降低34.2个百分点。完成取心颗数10223颗，同比18471颗减少8248颗，降低44.7个百分点。

【财务管理】　2009年，公司财务工作围绕长城钻探公司"两保两全，双百双增"的工作部署和公司制定的"54321"指导思路，以"降本"为中心任务。

一、推进预算机制建设

公司建立全面预算管理体系，结合公司整体部署，把上级下达的经营工作指标，细化分解，覆盖面达到100%，做到"无缺口、无空头、无保留"，为降本工作提供量化标准。突出预算执行过程控制。实现预算执行情况即时通报，完善预算执行分析报告制度，增强预算执行力和管控力。控制成本费用，变动成本降幅高于收入降幅6个百分点。通过按月开展预算考核与执行情况分析，重点关注生产单位经营情况，查找预算执行过程中存在的问题，提出解决措施。测井国际业务项目部整合到测井公司，公司对各单位全年预算指标进行适当调整，促进公司以效益为导向的战略调整顺利实施，把公司采取的各项降本措施落到实处。加强对标管理，在公司内部各单位间开展对标分析，深化对盈利能力、管理成本、经营风险等重要指标的对标研究，提高决策科学性。

二、推动资金集中管理

公司按照上级要求，严格执行资金集中管理，严守资金收支两条线，严把贷款账户核查关，全年未出现资金管理方面的问题。公司同财务资产处及相关部门紧密配合，加强关联交易结算协调，取得上级支持，弥补5.7个亿的资金缺口。按轻重缓急合理安排资金支出，控制款项支付节奏，科学管理资金头寸，提高资金使用效率。加大清欠监督考核力度，保障公司现金流安全。

三、降本增效

2009年，公司加强计划管理，杜绝无计划支出；加强采购管理，确保物资采购价格下降 10 个百分点以上目标的落实；加强材料领用管理、修理报批管理、建立仪器设备维护、保养、验收、使用责任制度。通过加强成本消耗的过程管理，促成生产过程节约化，节约成本 2883 万元。加强技术创新与工艺改进，强化引进仪器及配件与国产化的兼容性，提高国产化率，降低一次性投入和消耗成本。强化修旧利废，减少突发性和临时性采购。用小改进、小革新来改进工艺、改造流程，提高时效。以科技降本作为长效手段降低成本，节约成本 691 万元。全员增强节约意识，培养节约习惯，以习惯降本，节约成本 73 万元。

四、实施细化成本核算

2009 年，公司加强划小核算单位建设，强化基层利润中心地位。在公司全范围展开基层成本细化系统，成本控制压力传导至各基层单位。细化成本工作同基层生产紧密结合，促进精准化管理的提升。公司提出的成本细化要求，推进各基层单位规范生产业务流程的工作，建立起生产指挥、产值统计、材料收发、维护报修等内部控制体系。各项分析数据反馈到管理层面，公司以利润为导向进行战略调整，优化生产经营环节的衔接运行。2009 年，营业收入同比下降 34 个百分点，成本同比下降 40 个百分点，达到成本控制目标。

五、加强制度建设

公司严格遵守《中华人民共和国会计法》和上级公司的规章制度，执行各项政策要求，建立健全财务管理制度，制定《差旅费报销补充规定》、《职工报销家属及子女医疗费的规定》等多项规章制度，恪守法规、履行职责，严格执行财经纪律。推进内部稽核制度建设，构建内部稽核机制。全面梳理各类内外部审计检查反映的问题和薄弱环节。2009 年，公司迎接长城钻探公司组织的科技费、工会经费、零星工程、安全费用等专项现场审计 3 次，税务主管部门的专项检查 1 次，未发现违纪违规问题。顺利通过长城钻探公司内部年终效益现场审计和中介机构的年终汇算报送审计。

【科技工作】　2009 年，公司开展科技攻关、前期研究和新技术推广项目 40 项；在公开会议和刊物上发表论文 39 篇；申请国家专利 12 项；获集团公司科技进步三等奖 1 项，辽宁省科技进步三等奖 2 项，长城钻探公司科技进步二等奖 1 项、三等奖 1 项，盘锦市科技进步一等奖 1 项、二等奖 2 项、三等奖 2 项，有 5 项成果通过辽宁省科技成果鉴定。评选测井公司科技成果 70 项，其中一等奖 22 项，二等奖 20 项，三等奖 28 项。全年科技推广创收产值 9900 万元。测井技术、射孔工艺、解释方法等都取得较大进步。

一、过套管电阻率测井技术

2009 年，经过公司科研人员与协作厂家 2 年攻关，成功研制出过套管电阻率样机，在曙古 -15 和齐 2 - 17 - 10 两口井进行现场试验，完成 9 口井的生产应用。对比国外同类仪器及裸眼井的电阻率测井资料，样机所测资料满足质量要求，并且在液压系统、信号同步传输等关键技术上取得突破。过套管电阻率仪器的成功研制，填补国内过套管电阻率测井仪器研制的空白。

二、国家重大专项课题研究

2009 年，公司承担的“大斜度井水平井测井、射孔工艺技术与解释评价方法”研究课题，隶属于国家重大专项“大型油气田及煤层气开发”。截至 2009 年底，按照合同要求，完成全年的计划目标，提前开展 2010 年的研究工作。

三、推进集团公司重点项目

2009 年，公司承担集团公司项目 7 项，其中，6 项已完成合同规定的全部研究内容，1 项完成年度工作目标。“辽河东部凹陷黄沙坨油田粗面岩储层测井解释处理评价研究”项目，通过对火成岩测井解释方法综合研究，形成一套适合火成岩储层的、具有独立知识产权的测井解释评价技术，解释模型、裂缝识别方法等技术可在大庆、吉林、辽河、新疆等深层井中推广应用，为提高各油田的整体勘探效果提供可靠依据。2009 年，完成 30 口井声电成像及 15 口井的核磁共振测井资料的处理工作，单井的解释符合率提高了 5% 以上。 公司承担的“水平井动态监测测井新工具与工艺现场试验”、“复合射孔新技术配套集成与应用研究”、“小井眼深穿透、复合射孔技术配套及应用产业化”、“辽河油田水平井测井解释方法研究及软件编制” 等项目已完成研究内容，并组织和编写验收材料，提请集团公司验收。2009 年底，公司承担的“水平井测井解释评价技术”研究，已经完成合同规定的第一阶段的研究内容，提前进入项目研究的第二阶段。

四、套后测井技术

2009 年，公司针对套后测井开展技术攻关，初步形成套后测井系列，为公司的市场开拓奠定基础。水平井套后测井技术和硬电缆及水力输送测井技术与湿接头、连续管、牵引器等技术形成水平井套后测井系列，实现低成本、高效、快捷的水平井套后测井施工。针对稠油热采区块的动态监测问题，公司开发高温直读五参数组合仪、高温存储式组合仪和光纤传感器测温等高温测试技术，开展冷水循环测试工艺研究，使公司具备稠油热采井所有生产阶段的测试服务能力，公司的稠油热采动态监测已形成技术配套。公司利用电子压力计进行油气水井探液面、测梯度、井温测试、压力降落测试、压力恢复测试、探边测试和干扰试井等多种测试作业，开展试井技术服务，拓宽公司服务范围，满足市场需求。

五、成像测井技术

公司推广成像测井技术，开展相关备件的自主研发工作。自主研发出新型交、直流电源，集成 5700、EXCELL 2000 及 LEAP600 等系统的电源特点，缓解进口设备备件供应的难题，节约成本，通过 5700 和 EXCELL2000 共用电源，实现 EXCELL2000 便携地面系统与 5700 系统的有效组合，做到使用一台测井车可同时完成 5700 和 EXCELL2000 的测井项目，节约公司的设备投入。

六、解释处理技术研究

数解中心以内外部测井市场的需求为导向，创新科研管理模式，深入开展特色技术和综合性研究工作，全年先后承担各级科研项目 22 项，通过鉴定的科研合同达到 14 个，合同金额达到 1294 万元。数解中心开展大量的研究工作，形成以地质学、岩矿、测井相结合的潜山油藏测井岩性识别及储层评价方法。数解中心获得并完成中国石油天然气股份有限公司的“辽河陆上太古界变质岩潜山油藏测井评价方法研究”项目、辽河油田分公司勘探开发研究院的“兴隆台潜山测井二次解释评价研究”项目以及辽河油田分公司勘探处的“探井复查”项目。

水平井测井解释与设计一体化软件实现水平井三维描述与显示、三维模型的水平井轨迹设计和测井曲线模拟等功能，并将测井二维解释与三维建模工作流程进行融合。多级子阵列声波的研究中，发现并弥补阿特拉斯 5700 的 eXpress 平台上岩石力学参数计算软件设计的缺陷，解决长期困扰测井压裂预测技术市场推广的静态岩石力学弹性模量、静态破裂压力和静态闭合压力的计算问题，并找到正确的检验测井压裂预测结果的方法，为多级子阵列声波的压裂预测技术的市场推广准备基础条件。

2009 年，数解中心完成海外研究中心的“南图尔盖盆地测井综合评价方法与技术”项目，是公司首次承担国外区块评价测井项目。数解中心建立测井评价参数解释模型以及油、气、水层评价方法，形成一套南图尔盖盆地低阻油气藏以及潜山复杂岩性储层的综合识别及评价技术。

七、射孔新技术

2009 年，公司加大空气介质射孔、稠油区块观察井定向射孔、跨隔射孔技术、水平井射孔技术及小井眼深穿透、复合射孔技术的研究与推广应用力度，全年完成空气介质射孔 34 井次、观察井定向射孔 7 井次、跨隔射孔 31 井次、水平井射孔 6 井次、小井眼深穿透及复合射孔 97 井次，提高射孔产品附加值。

【安全生产】 2009 年，公司推进 HSE 体系建设，强化直线责任和属地管理，夯实各项基础工作，重点加强社会安全、放射源、火工品、交通、硫化氢、防仪器落井等风险识别和控制，圆满完成 2009 年各项工作目标，获长城钻探公司“安全生产先进单位”和“环境保护先进单位”光荣称号。

一、HSE 体系建设

2009 年，公司对国内体系文件进行修订换版，发布 D 版体系文件。组织开展全员 HSE 危害因素辨识活动，强化 HSE 风险管理。组织体系内审和管理评审，接受中油认证中心的 HSE 监督审核，促进 HSE 体系建设。国际市场按照年初计划，国际业务项目部对基层 5 套文件进行重新编辑，完成基层 5 套文件英文版的修订和 HSE 管理分册的变更，并印刷发放各项目。项目部还专门建立项目经理 QHSE 管理工具包，把工具包放在项目部公共邮箱上，使项目能够在第一时间得到最新的文件、资料、管理工具等，保证各项目执行标准的一致性和严肃性，规范和提升项目经理管理项目 QHSE 工作的水平，2009 年 11 月底，完成原 CNLC HSE 换证 DNV 外审。

二、落实直线责任

公司制定国内外 2009 年度 HSE、质量管理工作目标，明确安全环保管理责任主体和责任人，与 15 个基层单位和 25 个海外项目签订《安全环保承包责任书》和《质量管理责任书》，和 1095 名关键岗位员工签订《安全生产合同书》，与海外项目车辆驾驶员签署《交通安全责任书》，对机关职能部门实施“HSE 工作指标”控制，将 HSE 指标逐级分解，明确直线责任。实施领导干部安全环保承包制度、安全环保述职报告制度和安全生产事故行政责任追究制度，完善各级领导责任制考核标准。修订《测井公司安全环保监督检查、考核奖惩管理办法》，明确 HSE 考核内容、标准和评比奖励办法，并对各单位进行季度考核，年度综合评比奖励兑现。

三、HSE 教育培训

2009 年，公司根据季节和节日等特点，组织开展全员性的春季、雨季、冬季和各节日期间的 HSE 宣传教育，以“安全生产月”、“六五”世界环境日、“119 消防宣传周”、“九七警示日”和“12·23 警示日”等活动为契机，采取多种形式进行宣传教育，营造浓厚的 HSE 氛围。公司加大系统培训的工作力度，全年组织特种作业培训、海上“四小证”培训、消防、井控专项培训、国际 HSE 防恐培训、应急培训以及危险品操作人员上岗资格培训等 22 期，培训 1619 人次。为强化 HSE 体系推进工作，公司与杜邦公司专家合作，开展 HSE 体系推进宣传、培训工作，建立体系推进专题网站，开辟管理制度、工作动态、通知公告、经验分享等 12 个专栏，组织 HSE 体系推进培训师、“1163”工程等专题培训班 17 期，HSE 体系推进培训取得初步成效。

四、加强专项整治

（一）突出放射源、火工品管理。

2009 年，对新购进和出境、出省施工用 124 枚密封放射源及时办理了出、入境和出省转移、审批、备案手续，有效地促进了放射源属地管理。公司针对国内外测井作业点多面广、作业分散等特点，加强了火工品的控制管理，严格履行火工品长途运输押运、备案手续，并与当地公安机关指定的民爆单位签订火工品储存合同，确保了火工品临时储存的安全和有效控制。公司对危险品库区可视监控系统和红外线报警系统进行升级改造，由原来的 8 画面增加到 18 个画面监控。增设定位报警、可视跟踪设备，提高可视监控的及时性和准确性。对放射源库智能机械手进行升级改造，配备双套起吊装置，确保装卸放射源的及时性和安全性。参与长城钻探公司“创建中华环境友好企业”活动和“绿色基层队”创建活动，强化基础设施、作业环境监测和评价，控制环境污染因素，各项指标均控制在国家标准允许范围之内，杜绝环境污染责任事故。公司危险品管理中心荣获集团公司“绿色基层队”光荣称号。

（二）交通安全管理。

2009 年，公司在有车单位安装 GPS/VDO 监控平台，建立 GPS/VDO 数据分析和监督机制，严格 GPS/VDO 终端设备管理，控制交通责任事故的发生。强化交通秩序整顿和专项治理，严格长途车“三三”制审批和节假日、双休日车辆“三交一封”制度，充分运用 GPS/VDO 监控平台对车辆进行实时监控，加大对运输车辆监督检查的力度，做到超前预防、超前预测、超前控制。

（三）井控管理。

2009 年，公司落实长城钻探公司井控工作部署，签订《井控安全生产责任状》，明确工作目标，完善井控管理规章制度，全面落实各级领导井控职责，完成取、换证 375 人次，确保重要岗位员工持证上岗。加强“三高井”井控管理，对重点井和关键工序严格履行审批程序，坚持施工现场井控安全检查和隐患排查工作，开展“井控隐患整改年”活动和“九七”井喷事故警示日活动，杜绝各类井喷事故发生，实现井控工作持续、稳定、规范、健康发展。

（四）硫化氢安全管理。

2008 年，国际业务项目部依据公司标准为各项目定购了 200 多个硫化氢报警器和紧急逃生呼吸器，目前已全部配备到各项目。在硫化氢防护设备使用上，各项目严格按照要求检查保养硫化氢防护设备，确保了项目所使用的硫化氢防护设备均在有效期内，且状态良好。2009 年各项目已 100% 完成了硫化氢应急演练。

五、强化质量管理

2009 年，公司认真贯彻落实长城钻探公司质量工作部署，制订年度质量管理工作计划，层层分解落实质量管理工作目标，完善《测井公司质量管理办法》、《质量事故责任追究实施细则》等 14 项质量管理制度，落实各级领导和业务部门的直线责任，圆满地完成年度质量管理控制指标。按照 GB/T 19001—2008 质量管理体系要求的标准规定，公司主管部门组织专业人员对公司质量管理体系进行全面的补充和完善，完成质量管理体系文件的换版修订工作，通过认证中心的监督审核。2009 年，根据技术进步和市场发展的要求，公司及时制定完成《过套管电阻率作业规范》等行业标准和项目标准 22 项，制定、修订各种标准 300 余项，其中，行业标准 13 项。完成基层班队标准配备和标准的宣贯任务。公司建立量值溯源体系，制定《计量监督管理办法及其实施细则》等管理程序和管理制度，规范计量检测设备的使用和管理。2009 年，全面完成计量器具检定计划，检测在用计量器具 2000 余台（件），定期检验率 100%，强检计量器具合格率 100%。达到预定考核指标的 96%。树立全员“以取全取准资料为天职、为己任”的理念，严格执行 SY/T 5132 测井原始资料质量要求和测井原始资料质量管理规定，对测井资料实行基层小队长、解释中心专职验收员、质量部门三级把关验收，确保资料准确、合格。公司每月定期召开质量分析会，对资料质量问题进行分析整改，严格质量管理承包考核。

2009 年，测井国际业务项目部质量管理工作重点是严把产品质量入口关和现场原始资料质量出口控制，将质量管理的源头和过程控制有机结合，重点关注。

（一）产品质量管理。

优化产品选型和配套，关注产品质量的升级和持续改进，关注现有的压力导通安全短节和 EBBA 短节技术升级，减少损工，保障安全。完善并升级现有深度、张力、压力和 CBL 自由套管刻度和标定装置，提高现场的可操作性，以确保仪器设备记录数据的准确。严格测井车辆、水平井工具和射孔器材等的选型和配套，确保设备质量，提高时效和作业质量。建立设备分类技术细则和技术标准，制定验收流程，严把设备入口质量，并建立标准设备仪器档案，实现全生命周期设备管理。组建专门的验收队伍，以现场作业队的模式规范运作，组织设备的调试和验收，做好设备商业化投产的保障。

（二）测井资料质量管理。

建立现场采集、项目和国际业务项目部三位一体的质量管理体系，现场工程师通过测井曲线认知培训，提升操作工程师对现场资料的自我验收、评审和质量问题的补救能力。项目经理根据甲方的要求，结合公司标准，与同属解释部门制定适合项目的出图规范和基地资料验收标准，对项目资料质量进行月度分析评审，对资料验收和质量问题及时与解释工程师沟通交流。国际业务项目部制订年度质量管理方案和考核管理规定，特别关注重点井、特殊井、新项目首次作业（第一口井）资料质量，与解释研究中心召开月度质量分析会，建立原始资料抽查制度。2009 年，公司测井资料合格率、射孔资料合格率 100%，取心收获率 91.3%，探井、调整井、生产井解释符合率分别为 72.5%、83.0%、93.0%，均达到规定标准。公司推进 QC 小组活动，1 个 QC 小组被评为国家优秀 QC 小组，7 个 QC 小组与成果分别获省部级优秀 QC 小组并获奖。

【员工培训】　2009 年，按照“双百双增”的工作要求，公司确立“国际化综合型”的人才培养定位，修订《测井公司员工教育培训管理办法》、《员工培训千分检查考核评比细则》，对培训绩效进行科学量化与考核；编制 46 万字的《测井技术与工艺培训教材》，为培训提供软件支持。结合公司人才队伍存在的专业技术单一，综合能力较差，在外语、国际 HSE 操作方面能力不足的短板现象，加大培训力度和速度。随着队伍有效转移，公司明确提出“人才培养数量无上限”，只要有学习意愿的员工，都可以参加相应培训，成为国际化综合型人才。

公司将普遍施训与重点施训相结合，分层次、有重点地开展培训，公司注重通用性与系统性，基层注重针对性与灵活性。公司重点开展英语及 2530 仪器培训，英语培训 “送出去”培训变成“请进来”培训，请专业教师在公司内部举办培训班，设立班主任负责考勤和课堂纪律，节约培训资金 100 多万元，保证培训效果，通过模拟托福考试人员 115 人，通过英语 900 句考试人员 72 人。100 人到北京学习 2530 操作与维修培训。组织常规测井、5700、射孔取心、成像解释，国际 HSE、司机、绞车等专业技术及通用知识培训班 11 个，培养综合型人才 340 人，缓解国际市场人员匮乏的压力。

测井事业部门成立综合仪修组，培养精通多种仪器维修 36 人。数字测井事业部门组织员工国际资质培训，19 人参加。数解中心成立综合解释室，培养能够独立完成所有解释工序的人才 15 人。过套管测井项目部和射孔事业部加大综合队培训力度，改变以往只能在辽河地区从事单一套后测井或射孔的被动局面，培养具有完井测井能力的综合小队 7 支，分别在大庆榆树林、长庆、内蒙古东乌旗等地区市场服务，实现队伍有效转移。

2009 年，公司针对海外项目实际，推进人员当地化培训。先后培训 4 批 36 名外籍工程师。建立外籍员工培训跟踪档案，为每位参加培训的外籍工程师指定一名中方操作工程师担任其实习老师，给予相应的指导，要求定期写技术报告。外籍工程师有 19 人能够独立带队上井，占外籍工程师的 43.2%，巴基斯坦项目实现全部由外籍工程师带队作业，伊朗项目和苏丹项目各有 3 个队、哈萨克斯坦有 2 个队实现外籍工程师独立作业。

2009 年，公司完成各种培训项目 193 项，培训人员 5648 人次，其中，经营管理人员培训 2726 人次，操作人员培训 2180 人次。在长城钻探首届技术竞赛中专业技术人员培训取得 3 块金牌，5 块银牌，6 块铜牌。

【企业文化建设】 2009 年，公司重新确立“建设具有国际竞争力的测井专业技术服务公司”的发展目标，对企业文化框架体系进行调整、完善。编制企业文化手册，筹建企业文化展示室。召开执行力有形化建设现场展示会。完成企业文化手册历史篇、理念行为篇 2 册初稿的编印，改版完善测井事业部基层建设等展示室，筹备公司企业文化展室展示内容；推进“三树一增”主题教育活动、学习实践科学发展观活动，开展形势任务教育和“三新”主题教育，组织宣讲团赴基层开展 8 场形势任务宣讲报告会，1600 余人参加，制作主题《长城钻探公司学习实践科学发展观形势任务宣教提纲》、《弘扬大庆精神铁人精神，为建设具有国际竞争力的专业化测井公司努力奋斗》的专题片，2009 年 4 月 30 日和 6 月 5 日下午，组织员工收看该专题片，机关及基层单位设立 40 个分会场，2200 余人参加。专题片制作成光盘邮寄到外部市场各项目部，由项目部统一组织学习收看。在公司网页的“学习园地”和公司自办电视台开设专栏，要求广大员工共同学习。

【党建工作】 2009 年，公司构建党建思想政治工作保障体系，开展学习实践科学发展观活动，培育建设特色企业文化，增强队伍的凝聚力、执行力、战斗力。公司党委获长城钻探公司先进党委。

2009 年，公司在市场开发、科技创新、基础管理、成本控制、人才培养等各个层面，推出举措。认真分析制约公司发展的市场、利润、人才、成本等“瓶颈”性问题，展开软科学项目研究。2009 年 5 月，按照精干组织结构、推行扁平化管理的要求，实施组织机构改革。公司重组整合以后，按照优势互补原则，对组织机构进行调整和完善，实现管理、技术资源的优化组合。2009 年 9 月，迅速启动以“新公司、新形势、新任务”为主题形势任务教育活动。公司领导倡导“相对分工、绝对责任”理念，完善各项机制，强化领导干部的责任意识、指挥督办能力和驾驭复杂局面能力。10 月，举办科级干部培训班。以整合促融和，实现思想共通、感情共融、文化共享、能力共进、责任共担。

【开拓市场】 2009 年，公司领导班子成员分路奔赴国内目标市场，进行深度开发。先后 12 次到各采油厂、油公司回访，收集各类信息、建议 33 条。东北市场完成产值2755万元，同比增长24.1个百分点。占领山西煤层气市场绝大多数煤层气公司的全部射孔市场。蒙古国市场的射孔及取心队伍增加到5支，创产值2400万元，同比增长66.5个百分点。地区市场极度萎缩，公司进行人员、装备的培训与准备，实施“走出去”战略，国内外部市场新增20支队伍，增创产值5973万元。国际市场新增17支队伍、新增13个海外项目，增创产值500多万美元。2009年，国内外部市场有45支队伍，国际市场有77支队伍，达到预期目标。

【安心工程】　2009年，公司走访慰问困难职工家庭、重病职工、遗属、军烈属、一线职工等156户，发放26.1万元的慰问金和价值2.2万元的慰问品；实施医疗帮扶8人，发放医疗帮扶金3.3万元；为298名一线员工、单身员工、外部市场员工注射乙肝疫苗。组织98名一线职工到兴城疗养院进行短期疗养，组织职工参加体检。加强外部市场项目部文体设施建设。国际业务项目部倡导先进的健康理念，各作业区竭尽所能配备体育运动设施。公司组织开展“庆‘五一’、迎‘五四’”第七届职工长跑比赛、各种球类比赛活动，受到广大职工普遍欢迎。

（王恩德）

录井公司

【基本情况】　截至2009年底，录井公司（以下简称公司）在册职工1531人，其中，干部687人，工人844人。干部中有专业技术职称的631人。其中，具有高级技术职称的44人，中级技术职称的288人，初级技术职称的299人。工人中有技师38人，其中，高级技师7人。职工中具有大专以上文化程度854人。技术专业涵盖石油地质、钻井工程、机械、测井、物探、电子、自动化仪表、计算机、经济、外语等15个专业。

公司机关设11个部室，党群系统3个部室，生产管理系统3个部室，经营管理系统4个部室，行政管理系统1个部室。下设17个科级单位。其中，一线录井主业生产单位6个，主业服务单位6个。录井一线小队总数382支，其中，有地质小队138支，气测小队38支，综合录井小队191支，地化队15支。公司有232支录井小队获集团公司甲级队资质，甲级队总数在全国同行业中名列第一。

公司拥有固定资产原值10.3亿元，净值2.4亿元。设备原值3.9亿元，净值2.3亿元。有包括美国、英国、德国、日本进口装备在内的各类设备1316台（套），设备新度系统0.59。2009年，投资5667.5万元，新增主要生产装备45台（套）。

【生产经营】 2009年，公司提前谋划布局，在人员、设备、生产材料等多方面进行准备，应对全球金融危机可能带来的影响，有针对性地开展形势任务教育，引导干部员工认清形势、统一思想，坚定信心，明确任务，增强危机感，责任感和使命感。确立“保持稳健经营，苦练企业内功，努力化危为机，实现持续发展”的工作思路，提出“三个确保”的工作目标（确保完成年度利润指标、确保员工收入和福利待遇不下降，确保长远发展不受影响）。全年实现收入5.05亿元，其中，国内业务实现收入3.45亿元，国际业务实现收入1.6亿元。公司发展业绩位居二级单位前列，经济效益在国内同行业中名列前茅。

【科技创新】 2009年，公司远程录井系统在生产现场试用获得成功，初步形成“有人值守、简化操作、远程控制、专家决策”的远程录井作业模式。录井综合导向系统完成现场测试进入试应用阶段，水平井地质导向技术服务在长庆、苏丹等国内外市场破冰。完善地质分析化验、油井信息服务，具备海内外推广应用条件。录井信息平台升级，录井数据库平台建设取得阶段性成果。工艺研究技术实现历史性突破，完成19台具有自主知识产权、国际领先水平的Pacemaker综合录井仪制造，在国内外市场广泛应用。启动仪器的省级鉴定工作，商标注册已通过审查。开展应用软件英文系统编译工作，为新技术冲出国门做好准备。基本解决“两个不受限制”对录井施工的不利影响，为钻井提速提效打下坚实基础。推广应用井场视频管理系统，丰富现场管理手段，提高管理的时效性。地质分析化验项目推广应用取得新突破，开辟吉林、乍得市场。油气层解释评价技术冲出辽河油区，打入长庆，增加服务含金量，提升市场竞争力。

公司全年投入科技经费602万元，取得公司级科技成果11项，获省部级科技成果三等奖1项，局级科技成果一等奖1项，二等奖1项。获得应用新型专利4项，申报计算机软件著作权6项。

【市场开发】 2009年，针对市场形势的新变化，公司调整市场开发思路和主攻方向，以优质服务保障市场开发，以特色技术助推市场开发，以激励机制促进市场开发，使市场开发取得重要进展。在苏丹、利比亚、哈萨克斯坦、阿尔及利亚4个市场严重萎缩，公司工作量没有降低，新增综合录井仪11台，其中，伊朗4台、伊拉克3台，乍得、古巴、泰国、尼日尔各1台，叙利亚市场收入同比大幅增加。长庆新增录井队67支，实现收入1.17亿元，同比增长26个百分点。冀东市场份额跃居第一位，收入同比增长46个百分点。新疆、海南市场工作量分别同比增长10个百分点和51个百分点。成功中标BP吐哈煤层气、香港年代公司喀什北项目。全年外部市场新增录井队82支，其中，国际市场11支，国内外部市场71支。国内外部市场实现收入1.81亿元，同比增加3900万元，增长27.5个百分点。形成辽河油区市场、国内外部市场、国际市场“三分天下、各有其一”的新格局。

【管理创新】 2009年，公司根据市场形势变化，将国内业务全年成本预算由原来的3.2亿元调整为3亿元，通过适时适度的动态调整，提高预算的指导性和可操作性。通过严格监控计划实施，杜绝计划外支出。严格实行物资预算计划管理，建立完善零星采购物资价格库和统管物资价格对比台账，将物资采购价格压缩10个百分点以上，最高达15%。从严生产材料管理，对库存材料实行统一调配，发动全员修旧利废，全年材料费支出同比下降34.3个百分点。从严财务资金管理，强化费用报销审批程序，加大外协项目、物资采购、小额支出审计力度。从严劳动用工管理，清退临时工54人。推行国际项目用工当地化，降低人工成本。从严车辆管理，采取停车、严控长途车等措施，全年燃油费、材料费、修理费同比下降35个百分点。掌握生产运行信息，从组织调度到生产运行多个环节，做到科学有序，环环相扣。对停、等设备全面进行维护保养和校验调试，实行供应商信誉绿色通道和回访制度，提高设备完好率和利用率。组建地质研究中心，将地化、定量荧光、油藏监测、分析化验等产业项目归入地质检测中心，提高专业化水平和市场竞争力。

【质量安全】　2009年，公司选派两级机关20多名管理人员进驻外部市场，加大技术指导和质量监督力度，提升外部市场质量管理水平。加强安全环保工作组织领导，完善落实安全环保管理保障机制。认真组织学习杜邦理念，扎实推进QHSE体系建设，有感领导、属地管理、直线责任等理念得到较好落实。推进现场目视化与定置化管理，开展“反违章禁令落实执行年”活动为载体，全面加强井控、交通、消防等安全管理，加大安全监督检查和事故隐患排查整改力度，保证员工的人身安全，使公司的安全生产形势始终保持稳定。

【党群建设】　2009年，公司党委和各级党组织深入开展学习实践科学发展观活动。按照长城钻探公司“两保两全”见实效、“四力”明显增强的要求，围绕公司改革发展目标，深入扎实开展活动，确保高标准启动、高质量运行，严要求推进，圆满完成各阶段任务，取得明显的成效。根据公司机构结构调整，录井业务整合，建立健全基层党组织，选好配强党组织负责人，保持党组织建设与企业发展同步。开展“六个一”、“三个最佳”、“共产党员工程”、“党员示范岗”、“党员责任区”等创优活动，各级党组织带领员工增收入、降成本、保效益、谋发展，创造出优良业绩。在长城钻探公司第一次党代会上，公司党委获“先进党委”称号。录井三分公司党总支等3个党组织获“先进基层党组织”称号。15名党员获“优秀党务工作者”和“优秀共产党员。”

【思想政治工作】　2009年，公司强化“三树一增”形势任务教育，以“坚定信心，迎接挑战，抢抓机遇，促进发展”为核心理念，以公司发展目标，发展战略和应对危机举措为重点内容，组成宣讲团，深入基层开展多场次专题宣讲。在公司网页上开辟共克时艰视频专题，制作公司领导、生产单位、机关部室、科研及服务单位4期专访，展示公司迎难而上，促进发展的良好精神风貌。开展“提升四种意识”大讨论活动，教育员工爱岗敬业精神，增强责任意识、市场意识、质量意识和服务意识，提升队伍的思想素质和企业凝聚力。推进思想政治工作“十个坚持”的有效作法，并取得良好效果。组织开展对集团公司企业文化“四统一”（企业标识、企业精神、企业宗旨、企业核心经营管理理念）的宣贯工作。开展“健康与我同行”、“趣味运动会”、长跑、球类等群众性文化体育活动。组织参与辽河油区庆祝建国60周年群众性歌咏等活动，丰富员工的业余文化生活。

（嵇建华　张红霞）

工程技术研究院

【基本情况】　2009 年，工程技术研究院（以下简称工程院）在册职工 286 人，其中，博士研究生 2 人、硕士研究生 28 人、本科学历 155 人，占总人数的 64.69%；有教授级高级工程师 2 人、有高级工程师 55 人，工程师 76 人，占总人数的 46.5%；集团公司专家 1 人，公司级技术专家 5 人、公司技能专家 1 人，厂处级技术专家 10 人。工程院下设 8 个基层研究所，1 个钻井工程设计监督中心，1 个科技信息中心，11 个机关科部、室，1 个生产服务单位。工程院的国有固定资产原值 6056 万元、净值 3566 万元。

2009 年，工程院承担长城钻探公司级以上科研项目 24 项，申请 62 项国家专利，其中发明专利 20 项，取得 4 项重大技术突破。获公司级以上科技进步奖 10 项，创历年获奖数量之最，其中集团公司和辽宁省科技进步一等奖各 1 项，长城钻探公司和盘锦市科技进步奖各 4 项。开展技术创效项目 25 项，实现收入 4090 万元。

【领导班子建设】　2009 年 5 月 7 日，长城钻探公司下发文件，李永和兼任长城钻探公司钻井技术服务公司副经理，免去长城钻探公司工程技术研究院常务副院长兼安全总监职务。喻晨为长城钻探公司工程技术研究院副院长兼安全总监。7 月 30 日，长城钻探公司下发文件，杨立文为长城钻探公司工程技术研究院副院长。9 月 10 日，长城钻探公司下发文件，李伟为长城钻探公司地质研究院副院长兼安全总监，免去长城钻探公司工程技术研究院副院长、总地质师职务。

【科技发展】　工程院围绕长城钻探公司重大科技项目开展技术攻关，提升技术创新能力，科研主体地位进一步凸显。科研立项质量和层次得到大幅提高，全年承担科技项目 33 项，其中国家级项目 1 项，集团公司级项目 6 项，长城钻探公司级项目 17 项，院级科技项目 9 项。部分重点项目技术攻关取得重大突破。全油基钻井液研究取得实质性进展。通过大量室内实验，优选出全油基钻井液的连续相以及适合该体系的结构剂和降滤失剂，完成密度每立方厘米

0.87 ～ 2.1 克、温度最高达 200 摄氏度的全油基钻井液的室内配方及其性能评价，在沈 307 井进行现场试验，取得良好效果，填补国内该项技术的空白。分支井技术研究与应用取得了积极进展。四级分支井硬地层套管高效开窗工具及施工技术在沈北潜山硬地层应用达到预期效果；六级分支井工具室内实验见到较好的效果。超短半径径向水平井技术研究取得新突破。研发出具有自主知识产权的 5 英寸半套管工具系统，在静 35–30–135 井进行现场试验，工艺技术在低渗油藏开发、剩余油挖潜、稠油开采、煤层气开采等方面具有广阔应用前景。"一炉三注"项目取得重大进展。对装置的主流程进行试运行，产品气二氧化碳浓度达到 86%，充分验证烟道气回收分离技术方案的正确性和合理性。科技攻关成果收获丰富，获院级以上科技进步奖 17 项。其中，"辽河油田分支井钻完井技术研究与应用"获集团公司科技进步一等奖，"分支水平井钻完井配套技术研究"获辽宁省科技进步一等奖。申请国家专利 62 项，超额完成长城钻探公司下达的任务指标。

【技术创新】　2009 年，工程院突出科技支撑作用，着力解决长城钻探公司国内外市场开发中遇到的技术难题，技术支持发展作用得到有效体现。苏丹项目技术支持取得重要进展，计 10 批 31 人次赴苏丹进行技术推介和提供技术支持。参与苏丹工程技术项目推介工作，提出工程与地质相结合的理念，打破苏丹 3/7 区水平井技术的瓶颈制约，解决甲方对仪器要求高而长城钻探公司长期未能进入该领域施工的技术难题，保证苏丹第一口水平井 PP–29H 井的顺利完成，得到甲方充分肯定。通过积极为苏丹项目部提供全面的技术支持，推进苏丹项目的转型工作。肯尼亚高温地热井泡沫定向钻井提速效果明显。通过优选钻头、优化钻具组合和钻井参数，应用新型滚子稳定器等措施，使试验井段机械钻速提高了 5 倍。与邻井同井段钻头相比，单只钻头平均进尺增加 300 个百分点、寿命延长 129 个百分点，平均机械钻速提高 57 个百分点，平均钻井周期同比缩短 6.2 天。哈萨克斯坦项目技术支持圆满完成。完成 1 口井的取心和 5 口定向井的技术支持，其中在希望油田 H5555 井取心 102m，收获率高达 98.7%。阿克纠宾油田 H8068 井定向井段机械钻速同比提高 30 个百分点，周期缩短 5 天，创造阿克纠宾油田区块的最高纪录。伊朗项目技术推介与市场开发进展顺利。组织 12 项中英文技术推介材料，与伊朗南阿油田进行交流和技术探讨，宣传、推介优势特色技术。完成伊朗北阿油田 FEED 区块钻井方案编制，并就分支井和取心技术服务进行深入交流，前景看好。公司总承包业务对口支持成效良好。通过为乍得、古巴、斋桑、喀什等区块提供方案设计和技术支持，支持长城钻探公司区块总承包、建井总承包业务发展。

2009 年，工程院搞好优势特色技术集成配套，加快技术成果转化。构建工程设计和技术支持的一体化服务，保障长城钻探公司内部市场开发。通过积极为长城钻探公司内部市场提供钻井、钻井液、压裂一系列设计、钻井监督和技术支持等配套服务，保障长城钻探公司内部市场开发的安全快速推进。全年完成钻井工程设计636井次、压裂设计357井次，为222口井提供钻井监督。其中苏10-31-48水平井成功完钻，裸眼分段压裂取得显著效果，为苏里格低渗区块实施水平井开发和实现“少井高产、少井高效”奠定技术基础。强化传统优势技术集成配套，支持辽河油区油气开发。发挥分支井、取心等优势特色技术的作用，为辽河油区潜山油气藏开发提供技术保障。沈采边台H12Z分支井为潜山裂缝性高凝油油藏的多层次分支井，含鱼刺分支10个，平均日产油量18.8吨，是同区块的常规水平井日产量5倍以上。全年完成取心34井次，继续保持垄断地位。通过提供差异化技术配套服务，开拓新的发展领域。为辽河、中油海、冀东、吉林等甲方提供侧钻井、侧钻水平井、气体采油、特色取心、特殊工艺井完井等特色技术服务82井次，拓宽市场领域。

【人力资源】 2009年，工程院引进包括计划分配大学本科以上毕业生和急缺工程技术人员28人，其中研究生学历4人。同时，培训各类人员661人次，培训覆盖面89%。通过出政策、建平台、创机会、给任务、压担子等措施，使青年科技人才逐步成为科技创新的重要力量。采取学术报告会、科技专项研讨会、专项技术培训等形式对技术人员进行培训和知识更新，先后邀请国内外专家开展学术交流10余次，委派多名科技骨干赴国外进行技术培训和交流。工程院有1人被聘为集团公司高级技术专家，5人被评为长城钻探公司专家，10名青年科技人员成为课题项目负责人，初步形成高、中、低各层次合理的梯次人才队伍体系。

【质量安全环保】 2009年，工程院夯实安全环保基础，构建安全环保长效机制，企业安全发展得到有效保障。牢固树立“环保优先，安全第一，质量至上，以人为本”的理念，抓好工作落实。依托长城钻探公司HSE体系推进，制订工程院HSE体系推进计划，成立体系推进办公室，领导班子成员带头履行安全承诺，科级以上干部制订并实施《个人安全行动计划》，开展安全经验分享活动，启动取心所、钻井液所2个单位的试点工作，并严格实施HSE绩效考核。工程院深入开展“安全环保执行年”活动，全面落实安全责任制，明确两级责任主体，同基层单位签订安全责任书，组织编制各岗位人员岗位责任制，层层传递压力，形成全员参与、齐抓共管的良好局面。推广“绿色科研和技术服务”，积极保护科研实验区和现场施工区域生态资源，尽可能减少技术、设备、工具对环境造成污染，无害钻井液使用率达到100%，各类污染物排放全面达标，实现环境保护工作规范化管理。遵循“奉行质量至上、恪守诚信服务、铸造长城品牌、追求卓越绩效”的质量方针，落实质量分析制度，推动了质量工作水平的提高。先后获省、集团公司奖励4项，获长城钻探公司“精品工程”1项、“优质设计奖”3项。

【企业管理】 2009年，工程院专业化重组工作顺利完成。工程院调出128人，划拨资产1.47亿元，分别占总人数的27%和总资产的88%。实现重组过程中科研攻关、安全环保、职工队伍“三个稳定”。规范科技管理，分层次列出全年科技工作的运行表，强化主管部门的管理、协调、指导作用，加大科研项目的全过程管理力度，确保年初有计划、月度有检查、季度有考核、年终有验收。修订新技术和新工艺方案审定与现场实施等多项管理制度，使科技管理工作更加规范。加强经营管理工作，强化预算管理的刚性。严格执行费用预算，强化预算管理的预测、控制职能，注重预算执行过程中的动态监测管理。严格执行项目收入与产值毛利率标准，控制费用支出，严格按科研立项合同中审定预算进行支出控制，专项费用全部纳入三级控制网络。严格控制成本支出，健全和完善资金管理制度，狠抓生产、经营、物资、财务等重要环节，使成本支出得到控制。技术创收项目注重收支配比的原则，控制各种支出，专项费用严格控制在预算之内，从严控制五项费用支出，严格制定各项费用补贴标准，控制非生产性支出。夯实基础建设，制定完善的业务流程、管理制度和规范。对基层基础资料进行“模板式”规范管理，形成整齐统一的基础资料管理模式。建立完善安全环保等 8 方面工作的组织机构，使各项工作责任到人、工作到位，实现考核的“系统化”。科研实验室建设按长城公司要求有序推进。完善组织机构。组建科技信息中心和压裂酸化技术研究所，形成了“8+1”科技创新体系基本架构。

【党群建设】　2009 年，工程院深入学习实践科学发展观活动，领导班子引领企业科学发展的能力普遍增强。深入开展“三树一增”形势任务教育和“三个最佳”党支部创建活动。按照长城钻探公司建设“四好班子”目标，推进领导班子和干部队伍建设，完善尽职尽责考核体系。推进以“六个一”党支部建设为核心的基层基础建设工作。开展纪念建党 88 周年、建国 60 周年活动。认真做好党员的发展和积极分子的培养工作。扎实开展反腐倡廉活动，认真落实“三重一大”制度规定，惩防体系建设推进计划得到落实。落实稳定责任制，超前部署，形成合力，实现职工队伍稳定。以“勤俭节约、挖潜增效”、“全员素质提升工程”等活动为载体，做好群团工作，在推进企业发展和构建和谐中发挥应有的作用。

【职工生活】　2009 年，工程院坚持以人为本，维护职工的切身利益。关注 16 户困难职工生活，定期走访帮助解决实际困难。对离退休、“内养”、“买断”职工进行慰问。认真做好职工疗休养工作。严格执行职工疗休养政策，保证职工疗休养工作的顺利运行，安排职工疗休养 71 人。做好职工体检工作，坚持每年为全院职工进行一次健康检查，建立职工健康档案，为职工提供健康导向服务。严格执行倒班制度。通过合理调配人员，保证在外长期工作职工的正常休假。职工生活工作环境得到改善。积极争取政策，多渠道筹集资金，对办公楼卫生间和单身公寓进行装修。同时，相对解决职工活动场所的问题。先后组织男子篮球、女子排球、羽毛球等体育活动，丰富职工的业余文化生活。

（李　壮　杨璐荧）

井下作业公司

【基本情况】 井下作业公司（以下简称公司）是集钻井、侧钻井、修井、压裂酸化、试压测试业务为一体的石油工程技术服务企业。下设一线生产项目部8个，二线辅助单位2个。公司机关设立13个科室，下设4个附属部门。用工总量1505人，其中，全民职工871人、农民劳务工634人。拥有各类生产施工设备721台（套），ZJ30、IR750、K650、XJ650、XJ550、XJ450等各类钻、修井机35台（套）以及有线随钻测量等完善的生产辅助系统，压裂酸化车组一套。固定资产原值4.46亿元，净值2.45亿元，主要装备新度系数0.53。

2009年，公司钻井交井96口，进尺11.9万米。侧钻交井45口，进尺21787米。大修35口，全年收入4亿元。

【市场开发】 2009年，受金融危机、油价下跌、油区限产的影响，市场份额大幅锐减，公司向辽河油区外转移生产能力。公司成功中标BP吐哈煤层气反承包项目，在新疆地区投入1部钻机从事钻井服务，顺利完成15口井合同，钻井进尺12933米，实现收入4068万元；加强沟通协调，争取政策支持，在海拉尔地区进入2部钻机，完钻27口，进尺43700米，收入4077万元；大庆、吉林地区进入4部钻机，钻井完钻13口，进尺6845米，试油交井6口；长庆地区配套3部模块钻机，完钻10口，进尺21856米；内蒙古地区年底前进入1部钻机。海外市场在原有项目基础上，顺利接收叙利亚酸化、阿塞拜疆捞油和水泥车服务3个项目；压裂业务成功签约哈萨克斯坦酸化技术服务项目，全年完成40口井；乍得修井项目工作量饱满，施工进展顺利；尼日尔第二部修井机及时启动，第三部修井机海运途中，实现海外市场的区域集中；斋桑钻井项目完成合同签订、设备配套工作，已动员启运。公司现在7个国家拥有12个项目。

【企业改革】

一、成本管理

2009年，公司落实“规范管理年”工作要求，开民全员全要素降成本活动。对22大项、50小项的成本项目确定费用目标，制定控制措施，明确责任主体，落实管理职责。采取基本工资与承包指标挂钩、绩效工资与口井周期、目标成本挂钩的考核机制，增强全员降本的责任感、紧迫感。严格控制非生产性支出，对差旅费、招待费、办公费、印刷费、会议费5项费用实行定额包干管理，全年减少费用支出450万元；针对生产、停工、培训、放假等不同情况，确定不同的工资、津补贴发放标准，人工费用减少支出480万元。以扁平化管理为契机，辞退食堂、物业、保安等外雇用工30人，由公司职工自行承担，减少支出150万元。

二、内部改革调整

公司按照“地区专业化、国内区域化、海外一体化”的原则，坚持“成熟一个、组建一个、见效一个”的工作思路，逐步取消分公司设置，建立项目管理模式。成立8个一线项目部、2个二线项目部。合并2个职能科室，缩减3个附属部门。15名科级干部赴基层任职，73名机关职工到一线从业，机关“瘦身”工作进展顺利。项目管理人员按需定岗、按岗定责，按照“让明白人干明白事”的原则，从两级机关调剂人员，充分发挥“明白人”的作用。通过内部改革调整，组织机构得以优化，一、二线人员比例4 ∶ 1，项目部管理人员占一线职工6.8%。

三、人力资源管理

公司全面实施“全员素质工程”，“三支人才队伍”建设取得丰硕成果，用工结构明显改善，人才后劲显著增强。新入厂110名高校毕业生、30名复转军人、19名市场化职工充实一线，成为公司发展的新生力量。

四、科技管理

2009年，公司投入科技经费130万元，完成公司级科技创新项目3项，新技术推广项目16项，技术配套项目2项，对公司内外部市场重点项目形成全面技术支持。独立承钻2口水平井，填补公司水平井施工空白。杜813–H208井被长城钻探公司评为“施工作业精品工程”。全年投资4000万元，对主要装备进行更新改造，技术装备整体水平明显提高。

五、物资管理

公司严格执行计划内领用，杜绝先消耗后补计划现象，控制不合理材料发生；实行供应商评审，清退中间商210家，提高了产品质量、缩短供货周期；开展清仓查库，对各单位积压物资集中入库，统一调剂，避免重复领用，节约开支300万元；对自采物资实行招标比价采购，五金类物资降价40个百分点。对价格高、资金占用大的统购物资，实行价格优选、成本倒算、代储消耗，物资采购价格下降15个百分点，节约采购成本1500万元。

【QHSE管理】　2009年,公司遵循安全是第一责任、第一要务、第一效益的宗旨，扎实推进各项工作。HSE体系建设有序推进，转换目视化、属地管理、作业许可等12个程序，全面推行属地管理、落实直线责任，重点实施HSE绩效考核，大属地、大安全理念初步树立。领导干部带头履行安全承诺，带头进行安全经验分享，带头参加程序转换，带头参与职工培训，确保体系推进工作进展顺利，通过HSE体系外审，取得北京健康安全环境认证中心的体系资质。健全井控管理网络，完善制度体系建设，明确各级井控责任，全面做好井控装置安装、现场监督检查、关键环节控制、应急预案演练等重点工作，井控管理水平显著提升。实施“双ABC”管理机制和驾驶员安全奖励办法，实现了驾驶员的自我管理，确保交通安全。利用工作安全分析方法，推进隐患整改消项圈闭，下发圈闭通报13份，固化形成安全管理制度。开展经常性安全检查和夜查活动，全年监督检查500井次，查出各类问题及隐患2300个，签发现场HSE通知单200份，投入隐患治理资金 725 万元，完成 10 个项目改造，所有隐患全部整改。全面推进清洁生产审核试点工作，投入资金 280 万元，实施清洁生产方案 5 项。开展“绿色示范队”创建活动，钻井 30701 队和 20943 队被长城钻探公司评为“绿色基层队”荣誉称号。成功发布 ISO 9001 质量管理体系文件，确立“全员参与，持续改进，过程管理，满意服务”的质量方针，质量管理工作稳步提升。落实节能节水技术措施，全年节水 4.6 万立方米，节能 508 吨标准煤，钻井进尺柴油单耗下降 7.8 个百分点，超额完成长城钻探公司下达的考核指标。公司质量管理、安全生产、环境保护工作获得长城钻探公司先进单位荣誉称号。

（唐鸿宾）

国际钻修分公司

【基本情况】 国际钻修分公司（以下简称公司）在册员工 203 人，其中，具有高级技术职称的 15 人，具有中级技术职称的 53 人，具有初级技术职称 54 的人，工人技师 6 人。

截至 2009 年底，公司固定资产原值 14184 万元，净值 9169 万元，设备 423 台（套），设备新度系数 0.64。公司在国外市场有 12 支队伍，主要包括修井（试油）队 11 支，稠油注汽队 1 支，主要分布在苏丹、乍得、印度 3 个国家。

2009 年，公司完成产值（考核）9.93 亿元，实现收入 7.47 亿元。其中，海外市场实现产值 1.59 亿元，超额完成 2428 万元。华庆 35 万吨产能建设项目完成产值（考核）8.33 亿元，总体盈利 15.5% 以上。

【华庆 35 万吨产能建设】 华庆 35 万吨产能建设是长城钻探公司第一个油田区块工程技术总承包项目，公司严格执行总包协议，全年完钻 454 口井，进尺 102.6 万米。井下作业施工完井 1364 井次，基建系统建成场站 6 座，敷设各类管线、架设电力线合计 260 千米，抽油机及配套设施等安装 368 套，作为示范工程一次性通过长庆油田竣工验收。

确立华庆项目管理模式，以扁平化管理为基调组建项目部，严格控制机构人员编制，以公司为“管理中心”，以华庆油气项目部为“生产运行中心”，以前线项目组为节点，完成与 55 家分包方及地方政府的无缝对接。以精准化工厂管理为平台，以“五项机制、一个保障”为载体，建立统一指挥、统一协调、整体联动的高效生产运行体系，得到长庆油田“效率最高、速度最快、安全生产形势最好”的高度评价。

公司实现产能建设提速、提质、提效。项目突出协调职能，整体平衡上百支队伍、各专业之间的及时跟进。整体项目提前 20 天完成产能建设任务，使长庆油田万吨产能投资下降10个百分点。严把入口，严格坚持安全、技术、资质等方面的市场准入标准。突出指导职能，实行不同性质的队伍分类管理，通过派驻安全监督、提供技术支持等办法重点加强对民营队伍的管理。

公司全面落实“双百双增”任务，发挥主导作用运作市场，为自有队伍营造30支钻井队的市场份额和全部测井、录井、固井队伍的市场空间，占长城钻探公司区域内新增钻井队伍总量的86%。实行捆绑式服务，解决部分ZJ30型钻机的市场难题，并为钻井、测井、录井、固井一体化服务扫清障碍。发挥引领作用创造市场，通过加挂井、双机运行等非常规措施，额外争取18口井的工作量。依靠长城钻探公司地质研究和工程技术设计力量，争取到钻井、压裂等施工设计制作权，以及钻井取心井等15口井的工作量，增加产值120万元。发挥促进作用经营市场，与甲方和地方政府建立良好的合作关系，做到市场认可、政府认同。项目代表各施工单位统一处理与甲方及地方的关系，降低协调成本和时间成本。开展结算工作，核实工作量，争取超大费用，新增收入3200万元，实现公司效益最大化。2009年，华庆总包区块内的长城内部队伍实现收入34510万元，占项目总收入的57.3%。

【海外市场】　2009年，公司完成海外业务划转工作。前期做好思想摸底、正向宣传等工作，人员到位率68%。交接初期采取留用部分辽河劳务人员、分批清退、有序补充的办法，保证生产不断、效益不减、市场不丢、队伍不乱。通过细致资产盘查、有理有据谈判，核减油公司提供的资产净值4589万元，以账务盘实维护公司整体利益。

公司面向4个海外大区制定“以油田增储上产为目的、以修井工艺技术为基础方针，开展单井产能建设总承包及油田增储上产工程技术总承包”的开发策略。以苏丹和乍得工程技术总承包为立足点，实施技术引领。公司组织技术推介团，组织23次稠油热采等8项技术推介。2009年，公司海外队伍完井310口，签订稠油热采先导试验合同。公司开发苏丹3/7区水平井项目，打破西方公司在苏丹市场长期的独家垄断，获得定向井先导试验合同。全年国外市场续签合同额2022万美元，新增合同额219万美元。

【企业管理】　2009年，公司推进全面预算管理，建立“人人有责、层层把关、奖罚分明、成果共享”的预算管理责任体系，实行专项费用分级管理制度，做到“全面预算、过程受控”。公司“五项费用”得到控制，比年初核定计划人均下降了近10个百分点。建立目标成本和内部核算管理体系，细化成本费用，量化考核指标，控制预算外支出。强化合同管理，全年合同签订额2.74亿元，实现依法经营、依法管理。

公司完善考核指标体系，强化生产经营指标全覆盖的绩效管理，从工作量、安全、质量、环保、井控管理、队伍建设等多方面对施工队伍进行综合绩效考核。实施月度、季度考核与半年、年度考核相结合、定性考核与定量考核相结合，每月下达考核通报，奖优罚劣，在结算时统一体现，提高绩效考核的科学性，发挥绩效考核对提高项目管理水平的激励作用，全年发放奖励支出38.85万元。

公司按照“保效益，全要素降成本”的要求，实施“挖潜增效”活动。盘活海外修井平台闲置设备及物资，发挥资产效能。严格控制非生产性成本支出，采取伙食补贴集中管理、统一安排员工住宿、整体控制房间使用、优化配置办公设备等有效措施，提高资金使用效率。严格控制车辆费用，取消往返北京、长庆、辽河之间的长途车，提高安全系数，降低成本，年节约费用46万元。

【安全管理】　2009年，公司以精准HSE管理为基础，落实“有感领导、直线责任、属地管理”，构建三级安全管理网络，完善24项安全管理制度及办法，打造“组织健全、制度完善、过程受控”的安全管理体系。华庆项目部严格执行HSE合同制度，对总包区块内的自营、民营、油公司3支队伍实施分类管理、分级控制，实行项目部、参建单位、专业队伍具体监督三级风险管理，强化现场监察、项目组巡查、安全管理部门抽检三位一体的安全监督，实现生产全时空受控。通过统一规范“两书一表”、安全警示牌、逃生路线牌、紧急集合点牌，初步完成总包项目的现场标准化建设。公司海外队伍加强各类人员的安全培训，完成境外修井项目危险点源风险识别手册规范安全管理。公司实现安全环保生产无上报事故、交通无事故。

【员工生活】　2009年，公司员工收入明显增长，海外员工收入人均增幅70个百分点，国内员工前线补贴、伙食补贴、洗理费等政策以现金发放或统一使用的方式得到落实，人均收入增长15个百分点。公司解决163户374名员工和家属的天津落户问题，落户人数位于长城钻探公司二级单位前列。

【思想政治工作】　2009年，公司深入开展学习实践科学发展观活动，坚持党建思想政治工作与生产经营同心、同向、同步，树立“四种意识”、提高“六种境界”。公司加强“四好班子”建设，落实中心组学习制度，对企业定位、市场发展方向等重点问题进行专题研讨，增强班子引领发展的能力。加强党组织建设，党支部战斗堡垒作用、发挥党员的先锋模范作用。开展系列主题教育活动，通过集中学习、领导宣讲与自主学习，将“三树一增”主题教育、“十七届四中全会精神”和“国有企业领导人员廉洁从业若干规定”的宣贯、“全国双百人物事迹”学习等工作覆盖到公司国内外各个项目，形成广大员工谈思路、谈管理、讲责任、讲奉献的浓厚氛围。关注改善员工的工作生活环境，在华庆项目部推行自助餐，配备健身器材及各类体育设施丰富员工的业余文化生活，落实反探亲、企业为员工过生日等活动，体现企业的人文关怀。落实“60年国庆”等关键时期的维稳责任。公司党委获2008—2009年度长城钻探公司先委党委荣誉称号，华庆油气项目部获长城钻探公司工会模范职工之家荣誉称号。

（刘　颖　张　霁）

顶驱技术分公司

【基本情况】 2009年，顶驱技术分公司（以下简称分公司）负责长城钻探公司的顶驱技术服务和海外控压钻井技术服务。截至2009年末，分公司用工总数165人（含外籍员工16人），其中，管理人员34人，顶驱辽河项目部5人，海外技术服务人员96人，新分配大学生30人。拥有大专以上学历人员121人，占员工总数73.3%。分公司拥有各类型号顶驱78台、控压钻井装备52台（套），设备总资产72082万元，净值43897万元，新度系数为0.60。海外市场分布于委内瑞拉、古巴、苏丹、阿尔及利亚、利比亚、肯尼亚、伊朗、巴基斯坦、墨西哥、叙利亚、阿曼、尼日尔、阿塞拜疆、突尼斯等14个国家和地区。2009年，分公司的主要生产经营指标实现收入24640万元。

【主要工作】

一、生产经营形势良好

2009年，分公司动用顶驱74台，其中国外项目动用46台，国内项目动用28台；投入61支顶驱服务队，其中国外项目35支，国内项目26支；计服务201井次，其中国外项目服务151井次，国内项目服务50井次；在肯尼亚项目动用2套空钻设备，服务12井次。

二、服务能力不断强化

顶驱整体现场服务能力持续得到提高。通过建立专家团队，远程技术支持能力得到加强。通过建立分公司技术培训体系，增强培训实效，人才培养进程加快。继续巩固原有服务能力，分公司新增产层氮气钻井技术，可实现氮气钻井、充氮气钻井液钻井、氮气泡沫钻井以及提供各种钻井方案设计。

完成分公司的各项安全环保指标，实现零事故、零污染和零死亡，保持良好的安全环保形势。

【主要措施和成果】 2009年，分公司平稳有序推进业务整合，各项工作快速步入正轨，实现了重组整合与生产经营“两不误、两促进”，以及生产、安全、队伍“三个稳定”，开创了工作新局面。做好市场调研工作，进行市场开发工作，使国内外市场协调发展。2009年，分公司新签续签海外合同21个、国内外部市场2个，新增顶驱服务队10支。增强现场生产组织的计划性、科学性和预见性，配合钻井队“提速”，保障钻井核心业务。构建物资支持体系，实现区域管理和物资的合理调配，实现现场配件的资源共享。以推进HSE管理体系为契机，加强风险防范和控制，落实《反违章禁令》，强化井控管理，强化交通、消防安全管理与整治，实现全年安全生产形势的稳定。坚持面向生产、面向实际、面向一线，加大瓶颈技术攻关和成熟技术推广，自主创新能力不断提升。加强员工培训，队伍建设再上新台阶。2009年，分公司组织参加各类培训 414 人次，使现场服务人员技术培训覆盖率达 85%。将承包商盘锦辽河油田天意石油装备有限公司的技术服务纳入到自身服务体系之中，推行标准化管理、程序化服务流程，加大对服务商的监督和检查力度，提高服务商现场服务水平和服务能力,实现“互利双赢”。

【科技创新】 针对肯尼亚地热井钻井存在的实际问题，2008 年至 2009 年分公司承担长城钻探公司“肯尼亚 OLKARIA 高温地热井泡沫定向钻井技术研究”科技研究项目，通过在肯尼亚现场 10 口地热井的试验应用，解决施工中井漏、卡钻、扭矩偏大等各种复杂问题，提高了机械钻速，缩短钻井周期 5—10 天。项目获得长城钻探科技进步二等奖。完成“空气钻井作业安全防护措施的本质安全设计”的安全科研项目，增强高压气体管汇的安全性和可靠性。

2009 年，分公司严格按照投资计划执行“完善配套购置气体钻井设备项目”，2009 年底，项目完成全部 3809 万元投资，主要是配套增压机、高压旋转防喷器、膜制氮设备和空气锤。分公司对存在润滑问题的国产北石顶驱进行升级改造，使齿轮箱内的齿轮和轴承都能得到有效的喷淋润滑，保证顶驱润滑系统的正常工作，解决顶驱设备在高寒环境下润滑系统油品流动性变差的问题。

【安全生产】 2009 年，分公司成立 HSE 委员会和质量管理委员会，对分公司的质量安全环保工作进行统一协调和指导，积极推进 HSE 管理体系和质量管理体系建设，使各项工作得以有序开展，实现全年安全生产形势的稳定。

强化基础工作，狠抓三级教育，提高员工素质，开展“安全生产月”、“6·5 环境日”和“全员性危害因素辨识”等活动，组织消防应急演习 2 次，识别各方面安全风险，制定应对措施；深入开展《反违章禁令》检查，加强事故隐患治理和应急管理，加强过程控制和监督检查，突出重点整治和专项安全管理，进行现场安全检查 191 井次，排查和整改隐患 300 余项；制订具有分公司特色的“两书两表”，并在现场推广应用；完善应急管理机构，根据实际编写应急预案；开展“精品工程、满意服务”活动，现场回访基层作业队 10 余支，顾客满意度达 90% 以上，同时分公司积极推行清洁生产，多次收到甲方和当地政府表扬现场服务队和工程师的信函，其中肯尼亚空气钻井队还因对生态环境所作的贡献受到所在国野生动物保护组织的高度赞扬。2009 年，分公司被长城钻探工程有限公司授予质量管理先进单位称号。

【企业改革与管理】

一、专业化整合

2009 年，分公司顺利完成设备划转工作，海外项目接收顶驱 19 台，转出顶驱 5 台，国内新增顶驱 35 台，完成资产划转、财务分账等工作。同时，搭建起适应分公司发展的组织结构，将技术设备管理与生产组织协调独立运行，加快推进建章立制、流程再造和内控体系建设，初步构建起技术支持、设备管理、物资采购及仓储、物流货运等各项体系，实现重组整合与生产经营“两不误、两促进”。

二、加强财务计划管理

科学合理做好年度预算工作。增

强投资计划执行力和管控力。加强会计和统计基础工作。加强内外部沟通协调，有效落实经营和财税政策。做好财务资产交接、规范财务稽核、加强内控管理。

【精神文明建设】　2009 年，分公司党委深入贯彻落实科学发展观，围绕中心工作开展活动，坚持服务生产经营大局，充分发挥党组织的政治保障作用，精神文明建设取得累累硕果。

分公司党委不断加强班子建设和队伍建设，提高党政领导思想政治觉悟，在开展学习科学发展观活动中查找和挖掘出七大方面 16 个问题，已解决 9 个问题，建立长效机制 7 项，切实解决了影响和制约发展的突出问题。分公司工会积极稳妥地为职工办好“五件实事”，2009 年，协助 36 户员工办理天津户口，为 6 名员工子女办理了天津、北京就读转学手续。分公司党委关心青工成长，通过开展主题教育、劳动竞赛、读书成才等活动，鼓舞了广大青工苦练“内功”的积极性。

2009 年，分公司先后获得长城钻探工程有限公司“先进工会”、“纪检监察先进集体”、“党风建设工作达标单位”、“五四红旗团总支”，“优秀职工小家”等荣誉称号，获得“《铁人》观后感”征文比赛组织奖、新闻摄影大赛优秀组织奖、“我身边党员干部故事”征文活动优秀组织奖，驻京机关歌咏大赛银奖。涌现出集团公司“设备管理先进个人”马俊江，长城钻探“十大杰出青年”获得者宋路江，先进共产党员林红等一大批先进模范人物。

（李　巍）

钻井液公司

【基本情况】　钻井液公司（以下简称公司）是长城钻探公司在海内外专门提供钻井液、完井液和修井液等工程技术服务的国际专业化服务公司，公司主要业务范围涉及全球领域的钻井液完井液工程服务、固控服务、盐水过滤、废弃钻井液处理、销售和提供化学添加剂、实验室测试、技术咨询和培训等。公司目前有机关科室 12 个，编制定员 89 人，含公司副总师以上领导 13 人。机关科室分别为经理办公室、党群管理科、组织人事科、财务资产科、经营计划科、市场管理科、国际作业科、生产协调科、生产技术管理科、物资管理科、质量安全环保科。公司直属单位 1 个调度室。基层单位 7 个，有兴隆台项目部、欢喜岭项目部、外围项目部、西北项目部、海拉尔项目部、设备管理中心和技术中心。公司用工总量 1155 人，其中，合同化员工 630 人，市场化员工 283 人，劳务工 230 人，借聘员工 12 人。钻井液技术服务队伍 256 支。

公司固定资产原值 9449 万元，净值 6729 万元。化验仪器 160 台（套），车辆 43 辆，固控净化设备 827 台（套），化验房 60 栋。公司实现主营业务收入 94977 万元，完成指标 93000 万元的 102%。其中，海外业务实现收入 71278 万元，完成指标 63000 万元的 113.1%。

【主要措施和成果】

一、主要措施

2009 年，海外市场新签合同额 1.075 亿美元。新增钻井液服务队伍 23 个（不包括塔木察格项目 5 个），已经作业的 16 个，等待启动 7 个业务扩展到 15 个国家。新签订合同中，PDVSA 等油公司的合同额占到 53.56%，首次超过中国石油市场；规模市场迅速增加，市场布局质量显著提高。随钻机从辽河油区转到社会市场 31 支队伍，业务范围扩展到西北、海拉尔、吉林、冀东、新疆、江苏及塔木察格等地区。

（一）加强管理控制。

2009 年，公司坚持“以收定支，量入为出，保证重点，兼顾一般”的原则进行成本管理。海外市场以全力保障为手段，国内市场以提高效率为根本，海内外打造“以目标成本为中心，向节约挖潜要效益”的经营氛围。

（二）加强制度建设。

自公司重组后，建章立制工作持续进行。2009 年审定并通过了一系列成本控制措施及方案，分别从资金管理、内控管理、资产管理等多方面入手，加强资金使用监控力度。以明确的工作流程规范资金使用程序，以严格的工作制度约束资金流动过程，构筑全员参与、相互监督的成本控制平台。

（三）确立目标成本。

2009 年，公司以单井作为考核对象，针对管理、执行、检验等各环节制定施工标准，通过执行结果与既定标准之间对比，对承包单位进行相应奖励与处罚。通过在辽河油区开展“一井一策”、“一井一考”、“一井一兑”的“单井承包考核”制度，为公司在国内市场全面推广“区块管理”和“精准化管理”模式奠定基础，油区成本控制工作也得到落实。

（四）挖掘内部潜力。

2009 年，公司狠抓降本增效工作，削减不必要开支，各项管理费用严格以制度、规定进行审批，杜绝资金浪费现象发生，充分盘活企业经营潜力，提升成本使用效能，公司克服经济危机对生产经营的不利影响，扩大市场份额，增收节支，超额完成长城钻探公司下达的各项经营指标。

二、主要成果

2009 年，公司贯彻长城钻探公司“2009 年工程技术工作会议”精神，完成长城钻探公司下达的生产任务，各项技术指标得到全面提升。见表 9–1。

表 9–1　2009 年钻井液公司生产任务完成情况汇总表

项　目	海外市场	国内市场	2009 年合计	同比增长
开钻（口）	420	1237	1657	
交井（口）	422	1248	1670	53.77%
钻井进尺（米）	867072	3150614	4017686	23.76%

（一）国内生产任务完成情况（见表9–2）。

国内平均井深由1988米增至2524米。事故损失率0.53%，复杂情况损失率0.76%，完井电测一次成功率93.8%，中完电测一次成功率97.9%。事故发生频次同比下降38.5个百分点，复杂情况发生频次同比下降31.9个百分点，事故损失时间同比减少45.9个百分点，复杂情况损失时间同比减少6.7个百分点，完井和中完电测一次成功率均达到历史最高水平。从钻井液服务方面保障长城钻探公司“三提两井”工作的平稳运行。

（二）国外市场生产任务完成情况（见表2）。

国外市场重点开展“以成熟技术巩固市场，以新技术开发市场”的活动，生产经营运行平稳，推动钻井液公司生产任务与市场份额双丰收。

表9–2　2009年钻井液公司生产任务完成情况明细表

国家	区域	项目部	开钻（口）	交井（口）	钻井进尺（米）	平均井深（米）
国内市场	辽河市场	兴隆台项目部	101	123	265936	2162.08
		欢喜岭项目部	58	68	171925	2528.31
		合计	159	191	437861	2292.47
	西北市场	西北项目部	833	823	2169366	2635.92
	东部市场	海拉尔项目部	205	202	470198	2327.71
		吉林项目部	35	27	59757	2213.22
		塔木察格项目部	5	5	13432	2686.40
	国内总计		1237	1248	3150614	2524.53
国外市场	美洲区	秘鲁项目	38	37	38779	1048.08
		委内瑞拉项目	61	67	136910	2043.43
	中亚区	中哈项目	41	56	172611	3082.34
		阿塞拜疆项目	3	2	13281	6640.50
		乌兹别克斯坦项目	1	1	1430	1430.00
	东南亚区	印度尼西亚项目	40	36	68560	1904.44
		泰国项目	9	8	20915	2614.38
	非洲区	苏丹项目	117	109	198390	1820.09
		尼日尔项目	21	19	52239	2749.42
		乍得项目	45	42	83931	1998.36
	中东区	伊朗项目	8	8	12254	1531.75
		阿曼项目	36	37	67772	1831.68
	国外总计		420	422	867072	2054.67

【科技创新】 2009年，“十一五”期间公司各单位获得国家科技进步奖1项、省部级科技进步奖3项，有2007年《环保型膜结构无渗透钻井液完井液技术研究》获石油化工协会二等奖，2008年《辽河油田防漏堵漏钻井液技术研究》获中国石油三等奖，2008年《油气钻探工程中防漏堵漏钻井液技术研究》获石油化工协会二等奖，2009年《化学固壁与保护储层的钻井液技术研究与工业化应用》获国家二等奖。

公司的特色技术有油基钻井液技术、环保钻井液技术、无固相钻完井液技术和水平井等特殊工艺井液技术。无固相钻完井液技术在海内外市场得到普遍应用，重组后又进行综合整理和完善，现应用在国内外市场上千口井，能满足不同地层、不同密度、不同钻井工艺的需要，对油层保护起到重要作用。高温高压盐水钻井液体系在乌兹别克斯坦、哈萨克斯坦、伊朗等海外市场和国内的喀什反承包项目的市场开发和施工中起到关键性作用。

重组后公司每年承担局级以上的科研项目6项以上，公司级项目10项左右，科技研发经费投入近千万元。2009年，承担的全油基环保型钻井液技术、超高密度超高矿化度钻井液技术、钻井液废弃物无害化处理技术等10项技术攻关，均取得初步成果。高温高密度高矿化度钻井液技术在乌兹别克斯坦卡拉吉达构造JD−3井成功应用。2009年11月，公司承办中国石油学会钻井工作部2009年度钻井液与完井液技术研讨会，发布论文50篇，评选出的优秀论文结集出版。

【工程建设】 2009年，公司固定资产原值9449万元，净值6729万元。主要设备房屋22栋，固控设备827台（套），化验房60栋，中心实验室5个，车辆43台，水基钻井液厂1个，其他设备389台。

2009年，长城钻探公司下达的基本建设投资计划为3040万元，全部为非安装设备，实际完成2785万元。其中，固定资产2505万元，长期摊销资产280万元，全部控制在长城钻探公司下达的计划投资之内。

2009年，公司以“一线生产及时保障，生产辅助从严办理，非生产用途简化遏制”为原则，为各生产及非生产部门配套生产辅助设施。其中，为补充及更新海内外一线净化设备，新购固控设备98台（套），满足一线生产运输需求，新购车辆15台，新购工具及仪器154万元，为新增队伍配置化验房28栋，全面提高公司的整体后勤保障能力，促进生产时效的稳定提升。

【安全生产】 2009年，公司积极贯彻落实“安全第一、预防为主、综合治理。”的方针，认真贯彻落实上级的各项指示精神，安全生产工作在上级领导的正确指导和帮助下，朝着有利于公司安全发展、清洁发展的轨道迈进。

一、建章立制

重组整合以来，针对公司特点，下发数十项安全管理文件，完善了32项规章制度，根据工作性质和季节变化，修订20多个管理措施。公司以“反违章禁令落实执行年”活动为载体，结合本单位实际对六大禁令内容进行细化，制定违反禁令的处罚规定，建立反违章通报和“三违”积分台账制度。先后制订、修改和完善《突发环境事件应急预案》、《人身伤害应急响应预案》、《洪涝冰雪灾害应急响应预案》、《防火应急预案》等10个应急预案。

二、强化交通消防管理

运用GPS监控系统，对车辆实行动态管理。加大路检路查工作力度，强化安全带的使用，杜绝超速行驶、无证驾车、酒后驾车、疲劳驾驶等不安全行为。

三、建立健康监护档案

教育岗位员工掌握相关职业卫生知识，增强自我保护意识和自救、互救、自防能力。针对有毒有害作业场所的特点，制定切实可行的职业危害事故应急程序，并组织培训、演练。在可能发生急性职业病事故的有毒有害作业场所配备安全防护设施和用品，醒目位置设置警示标志，加强职业健康监护。按照年初制订的体检计划，组织200名岗位职工进行职业病健康体检，检测率达到了100%。

四、开展HSE体系推进工作

采取会前5分钟培训、巡回培训、安全经验分享等方式，强化员工的安全意识。认真组织、参加“安全生产月”、“安全咨询日”、“节能宣传周”等活动。积极完善“属地管理”、“目视化管理”，制订个人安全行动计划，加快促进体系推进，全面提升公司管理水平。

【企业管理】　2009年，公司坚持“国内以‘保’为主、国外以‘闯’为主”的管理模式，全面推行专业化扁平化管理，本着稳妥渐进的原则，按照先精简后撤销的方式，将国内油区原有的16支钻井液中队取消，成立兴隆台、欢喜岭、西部和东部4个项目部，根据所在地区进行分工，分别负责钻井一公司、钻井二公司和冀东、吉林、大庆的钻井液技术服务。机关科室对项目部进行考核，年终按照项目部工作完成情况进行考核兑现。整合后，45名中队管理人员分配到一线，增强现场管理的技术力量。同时，实现二级管理直接到小队的模式，工作指令一插到底，提高工作效率。

【精神文明建设】　2009年，公司获集团公司度先进集体，公司工会获长城钻探公司先进工会。技术中心女职工委员会获长城钻探公司女职工工作先进集体，欢喜岭项目部70110小队获长城钻探巾帼建工示范岗，欢喜岭项目部陈娟获长城钻探巾帼标兵；公司团委获长城钻探红旗团委，欢喜岭项目部50668钻井液小队是长城钻探青年文明号，西北项目部崔庆华获集团公司机关直属团委青年岗位能手荣誉，公司青年职工黄清清获长城钻探青年英语演讲比赛一等奖，科技论文上报2篇均被选入汇编。在长城钻探公司第三届新闻摄影大赛上发布作品35个；在长城钻探公司召开的企业文化推进会上，公司副经理董伟和对外合作部刘日江被选入典型事迹库。

（窦爱红）

钻具公司

【基本情况】 钻具公司(以下简称公司)组建于2008年9月17日，隶属于长城钻探公司下属专业化技术服务企业，公司用工总量789人，下设直属单位7个，机关职能科室8个，基层车间10个。固定资产原值13000万元，净值7000万元。公司始终坚持以竭诚为用户提供优质产品和满意服务为宗旨，主要为油区内外市场提供钻具、工具、井下动力钻具、采油井口、套管、井控装置的检测、维修配套业务等。服务区域主要分布在兴隆台、欢喜岭、陕北、海拉尔、吉林以及委内瑞拉、乍得等，公司年提供钻具能力165万米，钻具年修复能力达35万米，钻具修扣54000头，可保障国内年钻井市场约400万米进尺，130部钻机的钻具供应。公司学习实践科学发展观，实施“科技创新”和“科技兴企”战略，依托强大科技技术为用户提供专业化技术服务，其中，科技项目中聚晶金刚石钻杆接头耐磨带投入试验，其耐磨性比其他材料的耐磨带提高5倍以上，SD-H长寿命传动轴总成技术得到推广应用，井下动力钻具预期使用寿命最大可达260小时以上，促进钻井提速。

2009年，公司实现主营业务收入34232万元，同比增加8017万元。其中，辽河油区收入10286万元，外部市场收入22936万元，境外收入911万元，其他收入99万元。2009年，钻具公司提供上井钻具103万米，供井工具14407件，对焊钻杆4.86万米，喷焊钻杆4.51万头，钻具校直及修扣61万米，供井螺杆1809套，送井防喷器508套，采油树交井127口。

【工程建设】 2009年，长城钻探公司为钻具公司下达非安装设备投资计划38项，计83台（套）设备，计划投资1330万元。实际完成38项，购置83台（套）设备，完成投资1317.6万元。投资的方向都用于外部市场和主要生产设备，为公司的发展奠定了物质基础。

2009年，基本建设项目23项，计划投资3070.6万元（其中包含配套设备费用477万元）。实际完成投资2067.3万元。其中完工工程 19项775.39万元，未完工工程4项1291.9万元。

【安全生产】 2009年5月，公司成立HSE委员会，截至2009年底，公司先后完成质量体系认证、安全生产许可证申报、HSE体系认证和编制各项HSE制度等工作。公司建立和修改“一书一表”管理规定、各项消防管理及特种设备管理制度等安全管理制度30多项，转换长城钻探公司下发的HSE管理体系管理制度24项，编写完成HSE体系手册1种，HSE体系管理程序27项，作业文件49项，各作业文件相关记录99种，新建HSE作业现场检查表11种，作业指导卡96张。公司HSE管理体系扎实推进，十二项重点工作逐项落实，“有感领导、属地管理、直线责任”等理念深入人心。公司突出管安全必须抓井控的原则，落实标准，加强设备管理、现场监督、资质升级，井控运行安全得到有效保障。2009年投入资金465万元用于改善生产条件、消除事故隐患，安全整体管理水平进一步提高。

2009年，公司质量安全环保科在机关科室、基层办公室，就防火、防触电、人机工程、出行安全、环境卫生、家庭安全等方面的安全工作，深入开展了办公室安全月活动，提高办公室人员的安全意识。同时开展办公室安全检查活动，重点检查办公室用电、杂物、纸张存放等，检查结果在公司范围内进行通报，并纳入到各单位的绩效考核中。

【企业改革与管理】　2009年，公司编制“十二五”发展规划，公司发展目标更加明确、发展措施更加具体。HSE体系、质量管理体系、内控体系等先后启动，SOP体系、ERP体系加紧筹划，公司管理的规范化、精细化日渐成型。公司结合发展实际，不断强化责任体制建设，逐步完善规章制度，理顺管理流程，全年共出台了《创建“四好班子”实施办法》、《成本核算和管理办法》、《设备管理考核办法》、《井控管理实施办法》等54项公司级管理制度以及33项部门专项管理规定。公司的党建、生产运行、安全保障、经营管理等体系日趋完整，机制更加完善。以目标成本管理为中心，全面加强投资、资产、物资、能源等各项基础管理，各种经营要素配置更加合理。广泛开展群众性增收节支、挖潜增效活动，全年共征集合理化建议108项，完成修旧利废2000余台（件），挖潜创效169万元。

公司依靠跟进策略，细化目标市场，围绕提高市场开发的效益和水平，进一步健全完善考核奖惩机制，加强品牌建设和管理，促进了市场开发提档升级。市场开发策略更加灵活适用，综合运用成品供给、现场服务、技术营销等一体化服务联合开发，实现了速度和质量、份额和效益的有机统一。全年先后向外部基地调运钻杆耐磨带喷焊机、钻杆校直机、电气动试压装置等各类技术装备35台（套），充实操作人员24名，有效增强了各基层车间的服务能力。目前，公司跟进范围已达陕北、海拉尔、吉林、新疆、冀东、江苏，国外新开辟了尼日尔、塔木察格等市场，公司的市场布局日趋合理，规模效应初步显现，外部市场全年实现收入2.48亿元，呈现了良好发展态势。

（张孝文）

【科技创新】　2009年，公司依托长城钻探科技投入，确立局级科技创新项目2项，其中，“抗高温耐腐蚀螺杆钻具的研制”申报局级重大科技验收项目，共投入资金70万元。公司投入资金286万元，确立公司级新技术推广项目6项，2009年，实施4项，实际投资133万元，主要成果有聚晶金刚石钻杆接头耐磨带投入试验，其耐磨性比其他材料耐磨带提高5倍以上；SD−H长寿命传动轴总成技术得到推广应用，井下动力钻具预期使用寿命最长可达260小时以上；采油树井口及内防喷工具微机检测及管理系统逐步完善，实现相关数据收集、处理储存、定位定量跟踪管理，解决多岗位交叉管理的矛盾；网络化钻具管理系统初步建立，利用计算机网络环境实现数据实时传送、准确生成、自动汇总，提高钻具管理效率与准确性。

新技术新产品推广应用成效显著。4137H 和进口钻铤成功应用，有效控制了底部钻具连续断裂事故，为防止井下事故、促进钻井提速奠定了坚实基础。钻柱转换接头使用标准得到规范，通过使用标准型成品转换接头，控制深井、探井、水平井和水平分支井转换接头失效事故。127 毫米内平外加厚钻杆应用初见效果。根据“三提两井”工作部署，购置 127 毫米内平外加厚钻杆 5000 米，通过在兴古 7−H301 分支井实际应用显示，机械钻速明显提高，钻机月速度比邻井多 431 米。加强现场检测探伤，有效控制钻具事故。开展对辽河油区、苏里格、吉林 3 个市场施工的三高井、重点深井、水平井和水平分支井进行现场钻具探伤，组织现场探伤钻具 4303 根，发现隐患 177 根，避免入井钻具事故的发生。

【精神文明建设】　2009 年，公司坚持以邓小平理论和“三个代表”重要思想为指导，深入贯彻落实科学发展观，围绕创建具有较强竞争力的钻具技术服务公司发展定位，以发挥“四个作用”为目标，以“四好”班子、“六个一”党支部建设为重点，推进“四力”文化建设，开展“四强、四优”创先争优活动，为公司科学发展、和谐发展、持续发展提供坚强的组织保证和人才支持。

一、宣传教育活动

2009 年，公司继续开展石油工业光荣传统教育，弘扬正气，提升文明。以纪念大庆油田开发建设 50 周年为契机，加强对中国石油光荣传统的宣传教育，开展延安精神、大庆精神、铁人精神再教育活动，彰显崇高的追求，激发自律的力量，注重行为的养成，积极引导干部职工遵纪守法、遵章守制，忠诚企业、爱岗敬业。坚持把社会主义荣辱观教育作为思想道德建设的重要内容和长期任务，广泛开展文化教育活动，不断提高队伍的综合素质和文明程度，培养良好的社会公德、职业道德和家庭美德。认真做好一人一事的思想政治工作，掌握职工的思想动态，尊重职工的意见建议，理解职工的合理诉求，支持职工的岗位创造，关心职工的成长进步，进一步凝心聚力、构建和谐。

二、学习实践活动

结合公司生产经营实际，按照“13656”基本工作思路，团结和带领全体干部职工，以开拓进取的精神、奋发向上的态度、求真务实的作风、切实有力的措施，促进公司持续稳定发展。面对严峻的生产形势和艰巨的发展任务，公司充分发挥思想政治工作优势，把“传承、创新、超越”形势任务教育主题活动作为全年工作的“起步工程”，把钻具公司竭诚服务的理念、精益求精的态度、开拓进取的精神以及成功的管理方法、成熟的特色技术、成型的内部机制，在职工队伍中构筑共同的思想基层，营造艰苦创业、争先创优的浓厚氛围。

三、职工文化生活

公司工会履行工会组织维护、建设、参与和教育职工职能，深化“三项行动”，推进“三项活动”，加强

“三项建设”，发挥“三个作用”，进一步凝聚职工群众的智慧和力量，促进工会工作的创新发展。开展以“当好主力军、建功新钻具”、“精品工程、满意服务”、“讲贡献为挖潜增效献计策、比智慧为扭亏解困立新功”为主题的劳动竞赛活动。扎实开展合理化建议“金点子”、“经典操作法”、“群众经济创优创效奖”评选活动。深化“五个一”岗位练兵活动，提高岗位操作技能，促进全员素质提升。公司推进“三项活动”，充分发挥促进职工深入融合的作用，推进“五型五优班组”创建活动、推进“巾帼建功”竞赛活动，推进和谐文化建设活动。

四、典型选树

公司继续开展典型选树活动，以推进学习功勋员工聂维霞活动为契机，继续开展公司标兵、先进文明员工和“五型五优”样板班组创建活动，广泛利用板报、网络、光荣榜、内部简报等宣传手段，采取典型事迹报告会、发展成果汇报等形式，对先进典型进行广泛宣传。注重提高党员综合素质，努力把党员培养成和谐稳定的骨干、服务有针对性的思想教育能手、挖潜增效的标兵、创新创业的模范、服务发展的先锋，在干部职工队伍中牢固树立党员先锋模范作用，为公司发展提供坚实保障。

五、开展创建活动

公司把开展“争创治安综合治理工作先进单位”和创建“平安单位”活动，作为建设和谐企业、构建平安和谐厂区的有效载体，作为维护和实现职工群众根本利益的民心工程来抓，所属各单位、各部门按照“争创”工作的总体要求，认真分析研究本单位本部门的治安稳定状况，结合本单位、本部门的实际，制订创建“平安单位、平安班组、平安和谐家庭”的实施方案。开展“无邪教单位、无毒厂区、无案件单位”的创建活动，完善内部治安防范网络，明确工作目标，强化工作责任，制定创建措施，严格考核奖惩，加强检查指导，构筑厂区治安防范巡控网，提升创建工作水平。

（李　铮　王艳玲）

固井公司

【基本情况】　2009年，固井公司（以下简称公司）用工总量631人。其中，管理和专业技术人员共179人（管理人员127人，专业技术人员52人），操作服务人员452人。按用工性质分类，合同化员工510人，市场化用工56人，劳务派遣用工65人。合同化用工有研究生5人、大学本科83人、大学专科84人。党政领导班子成员9人。公司下设8个机关科（部）室，4个直属单位，5个固井项目部，1个辅助生产单位。

2009年底，公司固定资产原值

43572万元，折旧19002万元，减值准备777万元，固定资产净额23795万元，新度系数为0.55。主要设备（水泥车）辽河地区21台（含已返回的新疆BP项目1台、正在运行的江苏盐城2台及冀东项目1台），西北市场苏里格项目部和新疆项目8台，华庆项目部7台，国外运行和准备运行的23台（含双机双泵橇3台）。其中，尼日尔项目3台、乍得项目2台、肯尼亚项目1台、中哈项目3台、泰国2台（其中1台为报废的账外资产）、阿曼项目2台、阿尔及利亚项目2台、伊朗项目3台、斋桑项目2台、塔木察格项目3台。2009年，公司主要设备投入为5163万元，固定设备增加149台（套）。公司房屋建筑面积21531平方米，原值为1148.4万元，净值566.45万元。

2009年，公司实现主营业务收入28501万元，其中，国内16473万元，国外12028万元；其他业务收入1392万元；主营业务成本29935万元，其中，国内21072万元，国外8863万元；其他业务成本1356万元，财务费用2万元，营业务税金及附加1万元，营业外支出22万元。固定资产原值43572万元，固定资产净额23795万元，新度系数为0.55。共实施固井作业1222口/井次，其中，辽河油区市场326井次，占总指标的26.7%；苏里格市场固井263口，占总指标的21.5%；华庆市场固井491口，占总指标的40.2%；国外共固井142井次，占总指标的11.6%。

【科技创新】

一、深井、复杂井固井技术

2009年，公司完成超过3000米39口井固井施工，其中，超过4000米深井23口，固井井深最大4972米。总封固段最长3695米（岭深1井），一次封固段最长3100米（长深平6井）。固井质量优质率同比提高1.5个百分点。完成长深平6井、岭深1井、马古9井、马古8井、哈35井、马古11井等难度大的深探井固井施工，固井合格率100%。

二、低密度水泥浆体系

低密度水泥浆体系解决低压易漏井和长封固段井固井时易发生井漏，引起固井质量问题和对油气层造成伤害的难题。低密度水泥浆体系的完善与推广为公司在低压易漏地层区块和长封固段井固井提供有力保障。2009年，辽河油区市场使用低密度水泥浆体系固井89口。庆阳地区通过科技研发，研发出的高强低密度水泥浆体系，降低固井成本，提高公司的整体经济效益。

三、平衡压力固井技术

针对钻井生产中井漏或地层压力系数不一，采用常规固井技术固井时面临发生井漏和井喷风险，采用平衡压力固井技术保证压稳油气层。兴古7区块、奈曼地区、冷东的洼60块、洼38块等地区地层压力低，存在极大的井漏和井喷风险。兴古潜山地区地理位置特殊，井控风险大，井下地质条件复杂，公司通过采用平衡压力固井技术，保证兴古潜山地区的固井成功。庆阳市场地层压力低，井漏现象比较普遍，通过采用平衡压力固井技术，井漏现象得到控制，提高固井质量。

四、深井尾管固井技术

2009年，公司把提高深井尾管固

井质量作为重点课题进行研究，对影响尾管固井质量的原因进行认真分析，开展深井水泥浆体系研究，优选配套性能好的尾管悬挂器、套管扶正器等附件以及特殊规格套管尺寸固井工具开发，实现特殊规格套管尺寸尾管固井碰压，确保尾管固井施工的顺利。2009 年，完成尾管固井 82 口，其中，3000—4000 米尾管固井 9 口，4000 米以上深井尾管固井 16 口，马古 11 井固井井深 4972 米，兴古 7-15 井封固段长达 1914 米（井深 4855 米），创造深井尾管最长封固段的纪录，并且固井质量优质。长深平 6 井尾管回接固井，封固段长 3100 米，长深平 6 井是公司首次采用尾管回接固井技术，长深平 6 井的固井成功标志着公司的技术水平又上升一个台阶，为公司今后开拓市场奠定基础。

五、水平井固井技术

2009 年，公司通过推广应用双胶塞固井工艺、合理采用施工参数、刚性滚轮扶正器等措施，使得水平井固井技术得到较快的发展和提高。全年固水平井 48 口，固井质量合格率 100%。

六、侧钻水平井固井技术

公司针对侧钻水平井的特点，进行侧钻水平井的固井工艺研究，制定出侧钻水平井的固井工艺；通过对水泥外加剂配伍性试验，研究出一套具有低失水、短候凝、直角稠化特点的适合侧钻水平井的水泥浆体系配方，在现场进行 3 口试验井，固井质量合格率达到 100%。

七、防二氧化碳腐蚀的防腐水泥浆体系

2009 年，公司开展防二氧化碳腐蚀的水泥浆体系的研究，并在长深平 6 井中的技术套管和尾管固井 2 次应用，固井质量优质，得到建设方的好评，赢得甲方的信誉。

【安全环保】

一、落实安全主体责任

2009 年，在公司安全大会上对安全生产工作进行总体部署，并与基层单位签订《安全生产环境保护目标责任书》，明确安全、环保责任目标和指标。与基层员工签订《安全生产合同书》，与 155 名司机签订《安全生产军令状》，实行安全风险保证金制度。公司选定 10 个关键要害部位作为安委会成员的安全重点防范部位，明确责任科室和责任领导，落实领导干部安全承包联系点制度。

二、基层基础工作

2009 年，加强公司 HSE 管理体系的建立工作，完善 HSE 管理体系文件。做好 HSE 管理体系的宣贯和推进工作。结合实际开发相关的管理程序文件和作业文件，切实组织好 HSE 管理体系在公司的运行和持续改进，做好 HSE 体系审核工作。采取多种形式组织 HSE 基础知识、消防安全管理、班组长安全管理知识、交通安全法律法规等培训学习。每个季度组织开展 HSE 管理综合考核，指导基层 HSE 管理规范运行，帮助基层解决 HSE 管理中存在的问题。加强对特种设备和特种作业人员的管理。2009 年，按期完成特种作业人员的取证和复审工作，特种作业人员持证上岗率 100%。加大作业场所职业病危害因素的检测和职业健康监护力度，组织接触职业病危害因素人员 137 人接

受体检，体检率达到100%。2009年，公司统一作业现场标识规范和标准，制作各种安全警示标牌、公共提示牌124块、车间属地牌5块、定位属地牌149块、灭火器箱37个、安全出口标识牌24块、电源2块、应急照明灯11盏、STOP卡箱具、卡片3套，对兴隆台场区的所有配电盘（箱）重新喷刷“当心触电”标志；制作公司厂区平面图和固井公司简介标识牌，制作各种入场胸牌800个。对各区域的属地进行明确和划分，完善各属地管理牌标识的内容，明确属地责任人的管理职责。

三、落实《反违章禁令》

公司成立活动领导小组，结合生产特点制订《固井公司“反违章禁令落实执行年”活动实施方案》，制定落实禁令保障措施和组织机构。加大反“三违”的工作执行力度，避免违章行为的发生。设立“违章积分台账”和“违章行为曝光台”，对违章行为进行记录并曝光。公司制定《固井公司安全生产管理处罚规定、员工违章积分表》，下发到每位生产岗位员工手中，对生产过程中出现的违章现象进行违章记分，职工违章记分达到一定分数后，要待岗组织学习，并实施相应的处罚措施。

四、交通安全管理

公司坚持带队干部落实口井监督检查，负责关键工序、特殊路段、异常天气、长途运输等作业全过程监控，保证安全管理制度、防范措施的落实。充分利用GPS全程监控系统，对司机、车辆运行和道路行驶等情况进行跟踪。开展道路风险识别活动，制定完善切实可行的风险消减措施，认真落实节假日车辆“三交一封”及路检夜查制度。强化设备润滑、软化水（防冻液）使用、一二级维护保养、回场（或现场）检查和资料管理五项基础工作，保证设备的完好率。

五、质量管理工作

公司制定质量管理、质量事故追究制度，完善计量管理和标准管理制度，下发《固井公司质量奖考核发放办法》，重新修订《施工指挥口井质量考核办法》、《固井现场施工质量考核细则》等制度。明确责任编制《固井施工工艺流程质量责任管理实施办法》，将固井作业的流程进行细化建立固井施工质量控制点并将责任落实到岗到人。2009年，以固井过程各个环节的质量控制为重点，从采购物资入手，严把产品入厂、库存、出厂质量检验关，不合格产品不许入厂、使用和出厂。全年油井水泥及外加剂入库检验46批次，监督检验8种外加剂共计3批次，确保采购物资的质量。严格履行设计审批手续，坚持口井由技术监督对固井施工技术人员及施工单位进行现场考核，并填写《固井施工现场监督检查表》，出现质量问题，及时分析原因，有针对性地制定整改措施，按相关规定对责任者进行处罚，确保固井质量稳步提高。

六、环境保护工作

公司认真贯彻安全发展、清洁发展的理念，严格落实环境保护的法律法规，强化环境保护监督管理。加强废弃物处置管理，杜绝了废液乱排、乱放现象。

七、QHSE监督管理

2009年9月，公司成立QHSE安

全监督站，强化现场安全监察指导。QHSE 安全监督站对重点井施工、长途施工任务和不良天气，选派安全监督随行实行全程监察；辽河矿区外围项目，安全监督站实行派驻监督，负责对庆阳项目部和苏里格项目部安全监察督促工作，发现问题及时整改，切实起到监督、指导的作用。

【党建工作】 2009 年，公司党委根据公司实际，确立“建设具有国际竞争力的专业化固井公司”的工作定位，制订公司三年发展规划。结合重组后队伍的实际状况，把 2009 年确定为公司“基础建设年”，紧密围绕经济建设这个中心,选举配齐党（总支）支部书记 11 人，建立起（总支）支部委员会 11 个。公司党委先后制定《领导班子理论中心组学习制度》、《党的组织生活制度》、《关于实行党务公开的意见》、《党籍管理制度》、《党费收缴管理制度》、《党员组织关系管理制度》等党委制度，以严密的制度规定、严格的制度执行、严肃的制度追究，形成横向到边、纵向到底、覆盖较全面的党委制度管理网，使公司党委各项工作处在受控状态。

公司开展形势任务责任教育，使公司全体干部员工认清形势，统一思想。通过“请进来、送出去”、理论授课与现场实习相结合等方式，举办外语、固井技术普及等培训班 35 期，举办技术员、操作手、化验工等专项培训班 10 余期，培训员工 980 多人次。增强培训的系统性、规范性和针对性，协助相关职能科室组织有关人员，编写完成 24 万字的《固井安全技术设备培训教材》，为持续推进培训提供可靠的专业教材支持。

按照长城钻探公司党委关于深入学习实践科学发展观活动的总体部署，2009 年 3 月份，公司坚持把学习实践科学发展观活动作为重大政治任务，围绕长城钻探公司“‘两保两全’见实效、‘四力’明显增强”的实践活动主题，围绕“党员干部受教育、科学发展上水平、人民群众得实惠”的总体要求，根据工作实际，扎实开展各阶段的工作。制订《长城钻探固井公司深入学习实践科学发展观活动的实施方案》和《固井公司关于开展 2009 年度“共产党员精细工程”活动方案》，成立相应的组织机构，明确每个阶段的重点工作，以党委文件形式下发各单位组织学习。把深入开展学习实践科学发展观活动与开展“共产党员精细工程”相结合，促进党委工作再上新台阶。开展争当“优秀操作手、技术能手、学习型员工”等活动，全面营造“素质高低使用不一样、技能强弱岗位不一样、贡献大小薪酬不一样”的浓厚氛围 。

公司强化党风廉政基础建设，为公司稳定发展提供思想基础和纪律保证。从规范“事权、财权、人事权和物权”4 项权力入手，建立完善内控体系，保证权力的规范行使，形成用制度规范从业行为、按制度办事、靠制度管人的良性机制。党委逐步健全完善《固井公司党委和领导班子议事规则》和《重大决策征求意见制度》。开展《铁人》、《南京！南京！》、《奠基者》观后感、“思索·成长·脚步”、观看反腐倡廉警示教育片和“向祖国报告”计生等征文活动，收到各科室及基层单位的征文近 50 篇，部分征文在《长城钻探报》上刊登且获奖。

公司支持协助有关部门制定《固井公司财务报销管理规定》、《固井公司赴境外工作人员薪酬福利管理实施细则》等制度，实现公开、公正、公平。完善公司《市场管理实施细则》，对有不良行为记录的单位和人员实行准入限制，形成决策程序规范、决策责任明确、决策水平提高的有效机制。完善公司的《资金管理制度》和《重大财务会计事项报告制度》，以及公司《财务工作内部控制制度》、《资金授权管理制度》和《会计核算细则》等制度。建立资金预算执行监控机制，逐步形成“全面预算管理、资金集中管理、债务集中管理、会计集中管理”财务管理体制。在干部选拔任用工作上，公司严格坚持民主推荐、民主测评、任前公示制度和程序，制定《科级干部管理暂行规定》，对科级干部的素质与条件、选拔任用、考核、奖惩等方面进行详细的规定。

公司制定《固井公司贯彻落实〈长城钻探工程有限公司建立健全惩治和预防腐败体系2008—2010年推进计划〉的实施细则》、《固井公司惩治预防腐败体系建设工作考核打分细则》以及《固井公司2008—2009年贯彻惩防体系〈实施细则〉推进计划责任分工及进度要求运行表》，全面推进惩防体系建设。

公司工团组织开展各类活动，丰富员工的业余文化生活，开展“快乐迎‘三八’趣味运动会”、“让党旗高高飘扬”文艺晚会、“职工运动会”等活动。公司做好“三保一防”（保关键时期正确导向、保公司安全生产、保职工队伍稳定，防止群体上访事件发生），推进公司各项工作扎实有效的开展。

（孟　鑫）

物资公司

【基本情况】　物资公司（以下简称公司）负责长城钻探公司的物资采购、仓储和配送，公司业务覆盖哈萨克斯坦、委内瑞拉、苏丹等18个国家和地区。2009年，公司在册职工602人，职工中有专业技术干部347人，其中，有高级技术职称的42人，有中级技术职称的110人，有初级技术职称的130人。公司下设12个机关科室，12个机关直属科级单位，下属基层科级单位8个，项目部26个。

2009年，公司全年实现主营业务收入48.83亿元（其中境内物资供应收入32.22亿元，境外物资供应收入15.7亿元），贸易收入6996万元，办理出口退税1.01亿元，完成长城钻探公司下达的各项指标。

【物资管理】

一、采购管理

2009年，公司加强采购管理，降低采购价格。公司认真分析采购形势，钻井套管、钻头、螺杆钻具等Ⅰ类物资利用电子商务进行采购，批量大的Ⅱ类物资部分采用网上采购，市场极度丰富、采购量较大的物资利用招投标竞争淘汰机制，最大限度降低采购价格，全力服务长城钻探公司“4+5”的市场格局。

二、供应商管理

公司加强供应商管理，严格筛选做到优中选优。2009年，公司遵循“谁选用、谁推荐、谁负责”的原则，供应商入网760家，生产商523家，经销商237家。公司配合长城钻探公司梳理供应商准入制度，建立合理的反馈和管理机制，保证物资供应质量。

三、库房物资管理

公司对库房入库材料严格把关，确保入库材料数量无差错，确保入库材料质量。严格按照送货数量清点验收物资，发现质量问题与供货商联系，出现问题马上处理，对库房物资按期进行盘点，确保账、物、卡、资金保持一致，确保库存物资数量，资金准确无误。

四、合同管理

公司规范物资采购合同文本，明确合同审批权限，强化对物资采购合同经济、技术和法律审查，使合同管理在规范公司经营活动、保证交易安全、规避法律风险等方面发挥应有作用，提高物资管理水平。

【财务管理】　2009年，公司认真落实长城钻探公司一届一次职代会工作部署，建立财务规章制度，健全会计核算方法，强化预算管理，从严控制费用支出，适应重组变化，顺利完成业务交接，做好外经工作，确保完成出口退税。公司注重保障物资供应，强化资金管理，排除层层困难，完成全年结算工作。公司根据长城钻探公司相关文件，制定《物资公司资金管理暂行办法》、《物资公司经费管理实施细则》、《物资采购招投标和谈判费用收取暂行规定》等管理办法及相关规定，通过梳理各项业务核算流程，确保公司会计核算工作有章可循，有据可依。

【QHSE管理】　2009年，公司践行“环保优先、安全第一、质量至上、以人为本”理念，落实质量安全环保责任、推进HSE体系等措施，使公司质量安全环保工作基础更加扎实，杜绝各类事故发生。公司加强QHSE培训和管理，召开QHSE体系推进大会，经理李茂成宣读《体系推进承诺书》。公司领导带头开展安全经验分享，制订《个人安全行动计划》。公司建立质量计量标准化三级管理网络，制定质量事故管理办法等6项管理制度，配备各类标准20类1948种。增强供需双方质量意识，物资质量得到提升，合格率达98%以上。通过质量检测，2家供应商受到暂停业务处理，长城钻探公司物资市场开除2家供应商，优化供应商队伍。设立专兼职管理人员，形成三级管理网络。公司组织40人参加防恐知识和HSE知识6期培训班，4人参加8期安全管理干部培训班、HSE体系贯标培训班，制订《个人安全行动计划》，加强《HSE管理原则》和《反违章禁令》学习宣贯。公司对回国人员采取隔离和居家观察，预防疫情发生，组织开展世界环境日、安全生产月、职业健康宣传周和消防宣传周活动，112人次参加“安全生产知识竞赛”和全国职业安全健康知识竞赛答题活动。

【国际贸易】　2009年，公司转变思维方式，发展国际贸易，组建国际贸易部，抽调业务精、外语好、能力强、有海外工作经验的人员跟踪国内外石油市场的物资需求，收集国内外物资进出口厂家的产品信息，参与投标。2009 年，跟踪项目 20 个，执行完毕 10 个，包括 BP 吐哈煤层气、塔木察格项目、进口 MWD、苏丹 6 区和 3/7 区固井材料等。公司与多哈 AL Ghariyah industrial 公司签订每年 3.5 亿元的管材代理协议。

【基础建设】 2009 年，公司坚持以队伍建设为核心，推进基层基础建设。按照《基层建设工作考核暂行办法》和《千分考核细则》的要求，重新细化考核标准、量化分值权重，把党建管理、职工生活条件改善、仓储基地建设作为考核的重头，依据考核结果划分档次，树立标杆。公司以创建“品牌和文化”活动为载体，提升基层基础建设工作上水平。公司深化“五型班组”、“六型机关”创建活动。加强机关作风建设，增强管理职能，提高服务质量。加强“四好班子”和干部队伍建设。完善基层领导班子民主生活会、民主议事以及民主管理、厂务公开等制度，用简单易行的制度加过程控制，提升干部执行力。

【精神文明建设】 2009 年，公司获长城钻探公司环保先进单位荣誉称号，公司工会获长城钻探公司先进工会荣誉称号，7 个基层单位获长城钻探公司先进集体荣誉称号，28 名员工获得财务、党务、维稳、安全、计划生育等工作先进个人，财务科获长城钻探公司第一届财务人员英语演讲比赛优秀组织奖。公司环境保护获长城钻探先进单位，华威公司获长城钻探公司安全生产示范队，质量安全环保部获长城钻探公司环境保护先进部门，4 个基层班组获长城钻探公司安全型班组，5 人获长城钻探公司质量安全环保先进个人光荣称号。

【员工生活】 2009 年，公司开展“进百家门、知百家情、解百家事、暖百家心”的扶贫帮困送温暖活动，为职工群众排忧解难。公司发放困难补助 8 万余元，医疗慰问金 4 万余元。公司解决员工生活休闲问题，为员工租赁民房，联系食堂，组织开展各种文体活动，获长城钻探公司京津地区“庆祝建国 60 周年”歌咏大赛第二名。

【外协工作】 2009 年，公司解决长城钻探公司职工户口及子女就学等问题，办理 2340 名员工的天津户口，公司与地方沟通安排长城钻探员工户口在天津的 68 名子女入学就读，为 35 名 2010 年即将高考的子女办理学籍、身份证等相关事宜，公司承担长城钻探公司户口在天津职工的孩子生育落户及生育证、独生子女证的办理、子女上学、职工办理身份证及护照等具体事宜的咨询协调工作。公司协助上级部门解决关键岗位人才的身份问题，签订无固定期限劳动合同，原社聘用工中关键岗位人才纳入公司正式员工管理，借聘员工和派驻队伍中关键岗位人才调入公司。

（李成森）

苏里格气田项目

【基本情况】　2009年，苏里格气田项目（以下简称项目）在册职工165人，其中，干部44人、党员57人。

2009年，项目新增产能6亿立方米，新增产量5亿立方米，项目所属3个开发区块探明地质储量2604.6亿立方米，截至2009年底，建成天然气产能15.5亿立方米。苏里格气田项目部2009年全年实现天然气产量14.24亿立方米，实现产值10.96亿元。完成长城钻探公司下达的各项生产经营任务。

【科技创新】　2009年，项目开展科技项目研究，项目总工程师陈德民负责“苏10区块水平井钻完井及分段压裂现场试验”和项目总地质师王国勇负责“苏里格合作开发区块天然气开发配套技术研究”2个项目获得科技立项，其中“苏10区块水平井钻完井及分段压裂现场试验”项目研究取得重大突破，水平井提高单井产量现场试验获得成功。由陈德民、王国勇负责研发“苏里格气田水平井提高单井产量配套技术”获长城钻探工程技术有限公司科技创新一等奖。截至2009年底，先后实施5口水平井，为水平井技术在苏里格气田的规模化推广应用提供科学依据。合作区块开发模式从初期的直井开发提升到现在的“直井评价、水平井整体开发、丛式井完善井网”模式，单井产量大幅度提高，降低单井投资，苏里格低渗气藏的开发水平、开发效益得到稳步提高。

【安全生产】　2009年，项目坚持“安全第一、环保优先、以人为本”的方针，落实安全环保责任制，加强现场监督监理工作，严格执行工程设计标准。坚持经常性的安全教育活动，增强全员安全环保意识，提高安全技能。注重加强HSE管理工作，推行“有感领导、属地管理、直线责任”理念，完善和健全安全监管网络，履行总承包商管理职责，加强对施工方的监督力度，保证天然气生产和产能建设的顺利进行。

【企业管理】　2009年，项目依靠管理创新，合理降低单井投资。项目单井投资从开发初期的1000万元以上，降低至700万元以下。项目产能建设坚持管理式运作模式，做好协调者、支持者的职能定位。项目加强优化设计、合理简化流程、加强现场管理，控制原材料价格，建立工期控制体系，确保安全生产，提高工作效率，提高投资利用率。项目依据工艺流程需要重新设定岗位，实现生产组织结构扁平化，形成一套从现场施工、系统维护、资料应用、生产管理全过程数字化、智能化的独具长城特色的气田开发管理模式，实现“10亿产量，百人管理”的目标。

【精神文明建设】　2009年，项目坚持“以人为本”的人才理念，大力改善生产、生活环境，切实保护员工切身利益。坚持突出人文关怀，做到“四个坚持、四个确保，力求四心（坚持刚性倒班制度，确保员工探亲和休息时间；坚持将图书馆、活动室建在作业区，确保员工业余文化生活丰富多彩；坚持将培训重心落在班站，确保员工职业发展；坚持建立一线员工谈心制度，做好心理疏导，确保员工身心健康；力求员工住得舒心、吃得放心、生活开心、工作安心）”。项目突出传承与创新，按照长城钻探公司“以大庆精神、铁人精神为灵魂；以领导力、执行力、凝聚力、创造力为核心；以团队文化、HSE 文化、廉洁文化为基础”的总体要求，明确长城钻探公司企业文化建设体系，能够立足基层和基础，开展一系列企业文化实践活动，秉承长城钻探公司“人企和谐，共同发展”的人才理念，坚持以人为本的管理理念，致力于员工与企业共同发展。项目建立职工之家，通过“家文化”建设，深切关心职工的生活和身心健康，解决职工的困难，为职工创造和谐温馨的生活工作环境。

（徐志鹏）

煤层气开发公司

【基本情况】　截至 2009 年底，煤层气开发公司（以下简称公司）在册员工 30 人，具有大学以上学历 23 人，其中博士研究生 1 人，硕士研究生 6 人，大学本科 16 人；具有高级技术职称 9 人，中级技术职称 16 人。公司下设生产运行科、煤田地质科、工程技术科、财务资产科、经营管理科、质量安全环保科和综合办公室 7 个科室。主要生产作业区域位于辽宁省阜新市郊外刘家、王营、海州、五龙 4 个高瓦斯矿区，现场日常生产、安全等工作由阜新作业区项目部管理。公司固定资产原值 175 万元，净值 27 万元；油气资产原值 722.77 万元，净值 361 万元。

2009 年，煤层气自营开发业务未实施产能建设新工作量，截至 2009 年底，阜矿合作区块累计完钻各类井 40 口，其中未采区 32 口、采动区和采空区 8 口，形成了日产纯气 5 万立方米、混合气折纯 9 万立方米的生产能力。主营业务收入 7707 万元，比去年增长 274 个百分点，其中煤层气销售实现收入 3020 万元，工程技术服务总包收入 4445 万元。

【主要产品】　2009 年，完成煤层气产量 2742 万立方米（其中未采区纯气 1762 万立方米、混合气折纯 980 万立方米），同比增长 100 个百分点，其中，纯气产量同比增长 29 个百分点；完成煤层气销售量 1750 万立方米，同比增长 41 个百分点。外部市场煤层气工程技术服务完成 BP 吐哈盆地煤层气评价项目 15 口井的钻井、录井、测井、取心工作量，钻井进尺 1.3 万米，取心进尺 417.5 米，收获岩心 328.1 米，平均取心收获率

78.57%，获得BP公司的高度认可。

【主要措施和成果】　公司首次进入国内煤层气工程技术服务市场，成功中标BP公司吐哈盆地煤层气评价总包项目，完成第二期工程工作量；参与完成香港年代公司喀什北区块2口探井的设计任务，已顺利开钻；成功进入黑龙江省煤矿瓦斯治理技术服务市场，与大庆油田公司成功签署技术支持协议，为黑龙江省国有大型煤矿瓦斯综合治理工程提供专业技术支持。

【工程建设】　2009年，完成作业73井次，其中检泵64井次、二次压裂2井次、老井补孔1井次、电泵转抽1井次，其他作业5次。完成红山混合气抽放泵站建设，具备日处理混合气12万立方米的能力，2009年12月15日投入试运行。

【科技创新】　将阜新作业区稳产增产作为首要任务，开展阜新高瓦斯矿区煤层气地质特征及开采规律、钻完井工艺、煤层气排采工艺优化、采空区和采动区地面抽吸工艺流程优化、纯气与混合煤层气利用等方面的研究，总结高产水井“高套压、大排量”抽采经验，选用并改进旋转活塞防砂泵、带旋转功能捞砂泵等新技术，解决单井作业频繁、产量下降过快的问题。

公司加强基础理论研究和学术交流活动，技术创新成果显著。在国家各类专业期刊、会议上发表煤层气勘探开发论文10篇；获辽宁省自然科学学术成果一等奖1项，盘锦市科技进步成果二等奖1项；获国家专利授权1项。

【安全生产】　2009年，公司以科学发展观为统领，认真贯彻落实长城钻探公司安全生产工作部署，坚持“安全第一，环保优先，预防为主，综合治理”的工作方针，健全安全生产长效机制，深入开展“反违章禁令落实执行年”活动，提高全员安全素质，加强事故隐患治理和应急管理，严格过程控制和监督检查，突出重点整治和专项安全管理，有效监控职业危害，强化本质安全建设，确保安全生产形势稳定。

2009年，公司围绕建设“既能独立从事煤层气开发，又能提供煤层气工程技术服务”的公司发展定位，树立“安全第一，全员共管”的思想，扎实推进HSE、质量管理工作，制定公司的HSE管理、质量管理体系文件；修订下发公司《2009年安全环保考核与奖惩办法》、《环境保护管理办法》等HSE管理制度；与各承包商签订《HSE合同》，明确双方的安全责任、义务，形成扁平化管理，这些制度的建立和职责的明确，使公司HSE管理工作真正做到了有法可依、有章可循、有责可查、健康有序。加强HSE和《反违章禁令》宣贯，营造“安全生产月”等活动的良好氛围，提高员工HSE素质，获得长城钻探公司的好评和板报优秀组织等奖励。按照“隐患就是事故”、“事故隐患必须及时整改”的管理要求，加强监管力度，加强设施管理，保证设施完整性，全年未发生各类工业生产事故，各项指标均控制在长城钻探公司下达的指标之内，被长城钻探公司评为安全生产、环境保护、质量管理先进单位。

【企业改革与管理】　2009年，公司全面推进预算管理和配套政策，强化过程控制，实现预算编制的整体性和科学性，突出预算执行过程控制，实现了按月分析、考核各科室预算执行结果，及时发现问题和解决问题，为公司领导生产经营决策提供了可靠依据；狠抓责任落实，注重全面分析，实行目标管理，公司预算委员会把关，把公司的总目标层层分解，最终量化到每个具体岗位的负责人，按要素确定管控目标，月末将各要素指标执行情况汇总，对照预算目标进行对比分析，讲评考核结果；圆满完成财政补贴资金的申请工作，根据财政部《关于组织申报煤层气（瓦斯）开发利用财政补贴资金的通知》的文件精神，通过申请，获得财政补贴资金 242 万元；加强资金计划性，积极做好结算和清欠工作，提前做好资金使用准备，保证生产过程中的资金需要，做好与客户的结算和清欠工作，催缴欠款，使回款率达到 80% 以上；认真研究税收政策，做好纳税筹划，运用税收政策，采取多种形式，减轻个人所得税负担，落实外部市场地区税收政策，减少发票开具次数，减少人力、物力消耗；科学建立核算形式，实行分类核算，分市场对收入和成本费用进行归集，能够直接考核出每个市场或每个责任单位对公司经营成果的贡献水平。

【精神文明建设】 2009 年，公司党建思想政治工作全面加强。切实加强领导班子建设，坚持党委中心组学习制度，提高了领导干部的思想素质和理论水平；强化民主集中制，使领导班子决策科学化、民主化；深入开展“牢记两个务必，加强作风建设”教育活动，使各级领导干部廉洁自律意识、法纪政纪观念得到了明显增强；组织开展“深入学习实践科学发展观活动”，在提高党员队伍素质、应对金融危机挑战、促进生产经营工作等方面取得成效；扎实做好党建基础工作，建立健全各项党建工作制度和各级党组织，抓好领导班子建设和基层党组织建设，开展党内争先创优系列活动，夯实党建、思想政治工作基础；做好维护稳定工作，建立健全维护稳定组织机构、工作制度和应急预案，落实各级领导干部维护稳定责任，在国庆 60 周年维稳特别重点阶段任务期间未发生一例进京访和群体访事件，受到长城钻探公司电报嘉奖；持续加强基层建设，对阜新作业区基地进行全面改建，办公和生活环境得到全面改善；落实年初培训工作计划，组织公司干部员工参加长城钻探公司组织的各类培训 62 人次；充分发挥工会职能，开展职工健康疗休养、健康体检，组织职工接打季节性流感疫苗、甲型 H1N1 流感疫苗，稳定职工队伍，保障公司正常的生产办公秩序；建设“职工之家”，配备文体活动硬件设施，组织开展丰富多彩的文体活动，丰富公司职工的业余文化生活；人口与计划生育、社会治安综合治理、档案管理等工作扎实推进，为公司快速发展提供了有力的保障。2009 年，公司 9 名员工荣获“长城钻探公司先进个人”荣誉称号。

（陈泽升）

测试公司

【基本情况】　测试公司（以下简称公司）是集油气田勘探开发生产、技术服务于一体，以地层测试、地面油气分离计量、完井作业、酸化、连续油管作业、PVT取样分析、射孔、抽吸、防砂、堵水等为主打产品的专业化、国际化技术服务公司。作业基地拓展到苏丹、乍得、尼日尔、阿尔及利亚、伊拉克、伊朗、巴基斯坦、哈萨克斯坦、土库曼斯坦、乌兹别克斯坦等10个国家23个国外项目。

截至2009年底，公司用工总量414人，其中中方员工94人，外籍员工320人。公司机关14人，设5个科室。测试一线小队69支；其中，有DST队24支，地面队26支，试井队19支。公司拥有固定资产原值4.90亿元，净值2.40亿元；设备新度系数0.51。拥有各类测试设备：5英寸、$3^7/_8$英寸和$3^3/_4$英寸APR及MFE工具，防硫三相分离器和除砂器，ZONEII防爆试井装备，15K PVT取样装置等共108台（套），为油气勘探开发提供硬件保障。

2009年，公司面临国际金融危机、油公司限产、服务价格降低等多重挑战和公司重组的契机，公司认真贯彻长城钻探公司“两保两全”和“双百双增”的指导思想，克服困难、逆势而上，实现“收入利润双增长”的成绩。公司实现营业收入6500万美元（4.48亿元人民币），同比增长38.5个百分点，超额完成全年考核指标4870万美元的33.4%。其中，非洲地区实现测试收入2.60亿元，同比增长23个百分点；中东地区实现测试收入1.40亿元，同比增长64个百分点；中亚地区实现测试收入0.48亿元，同比增长31个百分点。2009年完成测试工作量871层。

【市场开发】　2009年，公司市场策略是重点伊拉克和伊朗市场、成熟市场转型、开辟新型市场和做好市场维护。加强新工艺和服务项目的技术推介和有效实施，逐步解决合作模式的规范化问题。全年新签合同额6254万美元，完成全年考核指标6134万美元的102%；全年可执行合同总额6261万美元，完成全年考核指标5544万美元的113%。全年新增海外项目5个，动员10套新设备投入生产，完成“双百双增”任务。

非洲地区市场实现了成熟市场的转型。完成苏丹6区项目、苏丹124区项目、苏丹9区项目、苏丹11区项目，乍得中国石油CNPCIC项目延期，完成阿尔及利亚OCTOUAT项目、CNPCIAE项目延签，苏丹124区多相流量计业务及机械完井防砂项目继续发展，苏丹5A5B螺杆泵抽吸开始作业。2009年，签订合同额3031万美元。

中东地区市场完成重点两伊的策略。签约伊拉克绿洲项目，首次进入伊拉克南部市场。中标伊朗NIOC勘探 87131 项目及长城大包项目，巩固非 CNPC 市场份额。2009 年，实现合同额 1823 万美元。

中亚地区市场得以拓展。签约哈萨克斯坦中国石化 Sagiz 项目；高含硫化氢作业能力获得甲方认可，再次签约土库曼斯坦 CNPCIT 项目。成功完成乌兹别克斯坦吉达 3 井高温高压测试。2009 年，签约合同额 550 万美元。

【科技创新】 2009 年，公司以科学发展观为统领，按照集团公司和长城钻探公司科技总体规划，紧密围绕长城钻探公司“努力建设国际化石油工程技术总承包商”的发展思路，依托高温高压高盐高危井测试、完井作业、海上测试、多相流量计计量等重点工程，实施“科技创新”和“为客户分忧”战略，技术创新取得丰硕成果。

乍得项目稠油燃烧技术取得突破。CNPCIC（CHAD）的投资区块位于乍得的自然保护区，测试生产过程中产生的稠油相对密度为 0.993，在燃烧处理过程中出现过稠油飘落和未完全燃烧的情况，造成环境污染。通过应用新的理论技术，在工艺上进行改进，在增加较少设备的基础上，达到斯伦贝谢燃烧处理的效果，同时减少稠油燃烧成本。稠油燃烧技术创新荣获局级技术创新一等奖。

“高压、高温、高盐，超深”井测试工艺取得突破。吉达 3 井是 CNODC 乌兹别克斯坦 SRG 项目位于 Ferghana 盆地 Karajida 构造的第一口探井，也是公司在海外的一口重点探井。吉达 3 井具有“三高一超”的特点，2009 年 7 月 20 日至 7 月 31 日，吉达 3 井作业取得成功，创造多项公司作业纪录：第一次在盐结晶的情况下测试成功，第一次在 2.50 压力系数下测试成功，第一次在固相含量高达 51% 钻井液体系下使用插管封隔器测试成功。

【质量安全环保】 2009 年，公司落实“有感领导、属地管理、直线责任”，实现全年无责任安全事故、无环境污染事故、无质量事故、无重大客户投诉的目标。

一、完善规章制度

公司组织相关专家完成了高温高压、硫化氢、吊装、物体打击 4 个高风险控制和应急方案；完成了测试各岗位 HSE 应知应会；编写并发布了“测试公司特殊工种持证上岗管理规定”对 HSE 体系文件进行了完善和补充。

二、严格落实禁令

公司积极落实集团公司《反违章禁令》，加大取证培训力度，完成硫化氢、压力容器、井控、防恐年度培训指标。

三、推广使用 STOP 卡

公司在巴基斯坦、伊朗、苏丹已经形成良好的使用 STOP 卡制度，建立良好的 HSE 氛围，新项目在启动后也相继开展活动。STOP 卡的推广制度已经在公司 10 个作业国家得到很好的开展。

四、加大安全投入

公司加大隐患整改力度，根据排查出的隐患先后为伊拉克、伊朗购买持续供气系统、正压呼吸器、硫化氢报警仪等硫化氢防护设施，为其他项目补充了试井井口控制设备、消防设施、劳保用品、应急物资等，在硬件设施方面加大投入 1000 万元。

五、争先创优

公司被评为质量管理先进集体，

HSE管理先进集体，伊拉克绿洲测试项目被评为精品工程，伊拉克AD008井测试设计被总部评为优质施工设计，乍得综合测试一队，尼日尔综合测试一队被总部评为名牌施工队。

【企业改革】 2009年,公司针对企业重组本着“领导放心、群众满意”的原则，树立大局观念和“一盘棋”思想，提高整体作战能力。实现重组整合平稳推进、生产经营顺利进行、员工队伍总体稳定。公司实现海外员工薪酬体系延续，实现海外员工收入水平的稳步提升。通过与作业区和长城钻探公司相关部门的沟通，重新对海外科级以上干部进行梳理、调整、任命，形成一支能力更全面、战斗力更强的管理团队。对公司北京机关办公室的机构进行调整，成立5个科室。实现与长城钻探公司各职能部门业务的平稳对接,信息的上传下达,完成“融合、稳定、立规矩”各项工作任务。以体系推进为契机，夯实基础、规范管理，提升质量、安全、健康、环保业绩；健全完善各项管理制度，加强内控体系建设。强化成本管理，突出加强对高额配件、办公费、材料费等费用的控制，深入开展“以勤俭节约、挖潜增效”为主体的实践活动。加强人力资源管理，根据发展实际需要，先后招收毕业生6名，借聘6名，新增当地雇员67名，满足公司发展的人力需求。通过不断提升培训，完善培训教材，以创新SOP培训和“师傅带徒弟”相结合的模式，培养技术全面的中方员工、专业技能合格的外籍员工、适应全球竞争的国际化员工。

【精神文明建设】 2009年,公司党委工作的指导思想是深入学习、贯彻、落实上级党委的工作部署，融入中心工作，加强领导班子建设和基层党组织建设，加强员工队伍职业化建设，着力加强员工思想政治教育，维护队伍稳定，构建和谐企业。认真执行“三重一大”制度，坚持民主集中制原则，对重大事项、干部任用等重要问题，按照议事规则和程序进行集体讨论决定。成立二级单位党政工团组织，选举第一届工会代表，保障组织工作平稳有序的开展。

2009年，公司维护队伍稳定，由于公司员工分散无法及时、准确了解重组过程中的各种信息和政策，部分员工的思想出现波动。本着对企业负责，对员工负责的宗旨，公司机关和上级相关部门加大沟通力度，及时反映员工关心的问题。通过召开专门会议、邮件、一对一谈话等多种形式，沟通、交流，使员工了解公司各种安排的背景，理解公司各种政策的初衷，支持公司的各项决策，稳定职工队伍。加强基层建设，提倡大庆精神和铁人精神，提升公司的竞争力，公司完成AD-2井和AD-1井的测试作业。得到甲方的好评。公司坚持扶贫帮困，为困难员工解燃眉之急。推进企业文化建设，增强干部员工归属感、荣誉感和责任感，激发员工工作热情。

（曹永祥）

地质研究院

【基本情况】 2009 年 9 月 12 日，根据长城钻探公司重组整合的总体部署，稠油技术中心更名为地质研究院（以下简称地质院）。地质院有员工 127 人，新增本科毕业生 11 人，研究生 12 人。2009 年，地质院组建科学技术管理委员会，成立科技管理科，形成科委会、科技管理科、基层所（中心）三级科技管理体系。

2009 年，地质院实现技术服务收入 3484 万元（含 KBM 公司未结算收入 1800 万元）。其中，辽河油区收入 33 万元，新疆及苏里格油区收入 911 万元，境外收入 2540 万元（含 KBM 公司未结算收入 1800 万元）。2009 年，地质院总支出 3936 万元。其中，主营业务成本、税金及附加支出 3166 万元；科研经费支出 770 万元。

2009 年，地质院争取长城钻探公司的技术装备投资 1012 万元，购建工作站及软件 3 套，计算机、笔记本电脑、打印机等 67 台。争取长城钻探公司科技投入，购置科研生产软件 4 套，381 万元，占科技投入总额的 49%。

【市场开发】

一、国内市场

地质院开展苏里格地区油气藏综合地质研究和复杂结构井现场地质跟踪导向技术服务，保证苏里格气田产能建设的需要。通过技术推介，新增喀什北及石楼西区块技术支持市场，阿克 101 井和阿克 5 井正在钻进。

二、国际市场

2009 年，地质院服务的国外市场包括哈萨克斯坦卡拉赞巴斯油田、苏丹 6 区及 3/7 区、乍得 H 区、哈萨克斯坦斋桑油田。地质院对卡拉赞巴斯的技术服务内容分为四大类，包括方案编制、日常技术支持、特殊专题研究和现场技术支持。2009 年，承担研究课题 11 项，研究工作已接近尾声。地质院为苏丹 6 区提供稠油热采技术服务，第一口蒸汽吞吐先导试验井 FC-12 井日产液 198 立方米，日产油 109 吨，是常规冷采阶段产量的 5 倍，累产液 25388 立方米，累产油 11952 吨，试验效果明显。9 月 26 日，地质院负责地质跟踪导向技术服务的长城钻探公司在苏丹的第一口水平井 PP-29H 井成功钻遇 Yabus 组油层，钻遇油层段 312 米，油层钻遇率达到 100%，各项技术指标均达到甲方要求。地质院为乍得 H 区提供 3 个区块的方案编制工作，包括 Prosopis 油田定向井 / 丛式井先导试验方案、Mimosa 油田综合地质研究及稠油开发可行性研究和 Baobab 油田开发概念设计。地质院为哈萨克斯坦斋桑油田提供工程技术服务，完成 S-101 井、S-8 井和 S-11 井的单井钻井地质设计、单井钻井工程设计。

【科技创新】　2009年，地质院承担6项局级以上科研课题，使用科研经费432万元，获得局级以上科技成果奖励8项。

一、全球重油资源评价

《全球重油资源评价》项目为集团公司重大科技专项《全球非常规油气资源评价》的子课题，研究包括为全球重油资源的分布范围、资源序列、评价方法、油藏主控因素、油藏形成原因等内容，项目经费30万元。

二、苏里格气田合作开发区块综合地质研究

《苏里格气田合作开发区块综合地质研究》项目为长城钻探公司重大科研项目《苏里格合作开发区块天然气开发配套技术研究》的子课题，开展苏里格气田苏10区块、苏11区块、苏53区块气藏综合地质研究，为各区块产能建设提供有利依据和指导。项目经费40万元。

三、苏丹6区稠油蒸汽吞吐先导实验

《苏丹6区稠油蒸汽吞吐先导实验》是长城钻探公司项目，主要为苏丹6区Fula油田不同区块蒸汽吞吐参数优选研究，不同区块蒸汽吞吐方案设计、效果预测研究，温度分布测试技术研究，蒸汽吞吐试验总体效果评价研究等，项目经费83万元。

四、斋桑油田深层稠油蒸汽吞吐应用试验与效果评价

《斋桑油田深层稠油蒸汽吞吐应用试验与效果评价》是长城钻探公司项目，开展哈萨克斯坦斋桑油田的蒸汽吞吐参数优选、注汽工艺优化、采油工艺优化、效果评价等研究工作，项目经费80万元。

五、喀什北区块综合地质研究及开发方案编制

《喀什北区块综合地质研究及开发方案编制》是长城钻探公司项目，开展喀什北区块中和地质研究、地质建模、井位优化不俗、储量估算等研究工作，项目经费149万元。

六、石楼西区块评价阶段综合地质研究

《石楼西区块评价阶段综合地质研究》是长城钻探公司项目，包括石楼西区块构造特征、地层特征、储层特征、隔夹层特征研究，气藏特征研究，天然气储量评估，前期地质评价等，项目经费50万元。

2009年，地质研究院开展生产性研究课题18项，其中，哈萨克斯坦卡拉赞巴斯油田11项，苏丹6区、3/7区2项，哈萨克斯坦斋桑油田1项，乍得H区3项，吐哈油田1项。

2009年，地质院获长城钻探公司科学技术进步奖6项，其中，《苏里格气田水平井开发地质研究与现场试验》获长城钻探公司科学技术进步奖一等奖，《苏11区块地质优化布井技术研究》、《 苏里格气田苏53区块开发方案》获长城钻探公司科学技术进步奖二等奖，《稠油热采测试技术的完善及综合应用》、《鲁克沁油田东区深层稠油油藏工程研究及热采效果评价》、《卡拉赞巴斯油田北区综合调整方案及浅层水平井工艺技术研究》获长城钻探公司科学技术进步奖三等奖。《乍得RonierC-1块开发概念设计》获盘锦市科学技术进步奖二等奖，《吐哈油田鲁克沁东区英4井区深层稠油油藏工程研究及英4平1井热采阶段效果评价》获盘锦市科学技术进步奖三等奖。

【精品工程】 2009年,地质院大力开展“精品设计工程”活动，实施品牌战略，提升技术服务水平，加强质量管理，提升方案设计整体水平，2009年，地质院的《乍得Bongor盆地P、B、M油田有利勘探目标部署及油藏评价研究》获长城钻探公司“施工作业精品工程”奖，《苏10-32-50H钻井地质设计》获长城钻探公司“优质设计”奖，李勇获长城钻探公司“质量管理先进个人”奖。《苏丹六区蒸汽吞吐先导试验》获院级精品设计一等奖,《苏53区块开发方案》、《卡拉赞巴斯油田蒸汽吞吐、蒸汽驱开发效果分析及下步措施意见》获院级精品设计二等奖，《斋桑油田S101井蒸汽吞吐先导试验设计》、《乍得Ronier C-1块开发概念设计研究》、《卡拉赞巴斯油田东区、北区开发调整实施方案》、《卡拉赞巴斯油田2010年开发工作部署》4个项目获院级精品设计三等奖。

【安全环保】 2009年，地质院按照长城钻探公司的有关要求，开展“安全经验分享活动”，将“安全经验分享活动”纳入各类会议议程，并持之以恒。加强制度建设，通过建立健全各项规章制度，实现事事有章可循，实现制度化管理。完善业务流程，加快建立符合企业发展实际的管理体制。

一、落实安全环保责任制

按照“谁组织谁负责、谁主管谁负责、谁执行谁负责”的原则，强化安全环保直线责任，落实安全环保责任制。成立地质院HSE委员会，设立HSE委员会办公室，形成完善的安全环保组织机构，定期召开HSE工作例会、安全环保形势分析会，定期开展安全联系活动，逐步建立完善安全环保长效机制。

二、完善安全环保规章制度

2009年，按照长城钻探公司制修订安全环保规章制度的原则，地质院及时进行修订和完善安全环保规章制度。

三、开展“反违章禁令落实执行年”活动

宣传推广落实《反违章禁令》，把宣贯融入企业安全文化建设，使其常态化、制度化、规范化。将《反违章禁令》纳入HSE体系建设，与推行“两书一表”、风险管理和生产受控管理相结合，完善现场操作规程。加强《反违章禁令》的学习和培训，提高员工对违章行为的识别能力。通过教育，让每名员工首先做到自身无违章，并能识别和抵制他人违章。

四、加强HSE风险管理

实行事故隐患排查制度，建立事故隐患台账，对事故隐患做到早预防、早诊断、早排除，为整改隐患、消减和预防风险打好基础，实现零伤害、零事故、零污染。

【精神文明建设】 2009年，地质院领导坚持按照长城钻探公司党委的工作部署，加强党的思想、组织、作风、制度建设。建立覆盖地质院所有单位的基层党支部和基层工会组织。组织学习实践科学发展观活动动员会，组织全体党员收听讲座、学习，进行学习成果交流活动，召开专题民主生活会，增强贯彻落实科学发展观的自觉性和坚定性。深入开展“三树一增”形势任务教育活动，转变员工思想观念，加强党建思想政治工作基础。开展反腐倡廉活动，学习贯彻十七届四中全会精神和中央颁布的《国有企业领导人员廉洁从业若干规定》、《关于实行党政领导干部问责的暂行规定》、《中国共产党巡视工作条例（试行）》、《关于开展工程建设领域突出问题专项治理工作的意见》4 个文件，增强反腐倡廉意识，规范廉洁从业行为，促进依法依规治企。持续推进基层基础建设工作，增强员工的集体荣誉感，促进企业基层基础建设和企业文化建设向纵深发展。深入开展扶贫帮困送温暖活动，帮助员工解决实际问题。

（田大亮　郤袁美智）

钻井技术服务公司

【基本情况】　2009 年 3 月 29 日，钻井技术服务公司（以下简称公司）宣布成立。公司在册员工 295 人，现场服务人员 131 人；教授级高级工程师 1 人，高级工程师 18 人，拥有中级技术职称 53 人，初级技术职称 109 人；技师 1 人，拥有中专以上学历 257 人，其中大专学历 65 人，本科学历 147 人，研究生学历 7 人。公司机关设置 7 个科室，下设水平井技术服务、欠平衡钻井、仪器研发与检修、PDC 钻头等 6 个项目部，公司主要从事辽河油区及国内外水平井、定向井钻井技术服务；欠平衡钻井技术服务；随钻仪器研发与检修；PDC 钻头研发与制造。

截至 2009 年底，公司固定资产原值 27943.79 万元，净值 21993.18 万元，主要设备新度系数 0.78。其中，MWD 随钻测试设备 102 台（套），LWD 随钻测井仪设备 5 台（套），空气钻井设备 1 套，欠平衡钻井设备 5 套；房屋 1 栋（原钻井一公司技术服务公司办公楼），使用面积 3849 平方米，原值 243.65 万元，净值 144.5 万元。

【主要工作】　2009 年，公司全年完成水平井、定向井服务 523 口，欠平衡钻井服务 14 口，生产销售钻头 263 只，实现内部收入 15657 万元。公司超前组织、合理安排，保障辽河地区技术服务市场平稳运行。完成水平井和定向井服务 86 口，欠平衡钻井服务 12 口。公司转移队伍 13 支，开辟了苏里格、海拉尔、吉林等技术服务市场，完成长城钻探公司“双百双增”的工作部署。其中，长庆地区完成水平井服务 6 口，定向井服务 42 口，MWD 仪器租赁 357 井次；海拉尔地区完成水平井服务 5 口；吉林市场完成欠平衡井服务 2 口。国际市场：积极稳妥接收哈萨克斯坦、泰国技术服务项目，新增定向队 5 个，组织技术骨干优质高效完成苏丹 3/7 区水平井、6 区开窗侧钻井的技术服务；依托优势特色技术，获得古巴、尼日尔等国家的大位移井、定向井技术服务合同。全年完成水平井服务 9 口，定向井服务 15 口，直井纠斜 2 口，开窗侧钻 1 口。

【企业改革与管理】 重组之后，公司广大干部员工贯彻长城钻探公司总体部署，平稳有序推进业务整合，完成人员资产划转、业务界定等各项工作。按照精干高效原则，科学确定编制定员，推行适应企业发展的扁平化组织结构。按照界面清晰、权责明确的要求，加快推进建章立制、流程再造和内控体系建设，各项工作快速步入正轨。

公司突出战略引领作用，应对形势变化，制定“12334”企业中长期发展思路，为企业未来发展指明方向。切实加强计划管理，合理确定投资规模，强化过程控制，2009 年，公司完成长城钻探公司批准投资 4248 万元，保障开发高端市场、发展特色技术、建设核心能力的需求。争取上级科技经费 488 万元、安措费 426 万元专项资金用于技术创新、装备维修改造、安全环保治理和基层建设，为发展打下基础。加强境内外项目运行的动态协调，基本实现平稳、均衡生产。抓好财务资产管理。完成财务资产交接、建账工作，保证重组期间会计业务平稳过渡；建立财务、资产各项管理制度，确保公司经营行为规范化运行；加强会计基础工作，保证会计信息质量；加强预算管理，保障公司效益指标的完成；加强结算和清欠工作，保证资金正常运转。加强物资管理，顺利完成国内外市场物资供应、管理和核销工作，全年上报物资计划 718 项，核销材料费 4600 万元，降低采购资金 400 余万元。强化人力资源管理，建立内部用工调剂和培训机制，先后招聘技术、管理人才 4 名，接收大学毕业生 37 名，招聘劳务工 30 人，缓解现场队伍短缺的压力。全年组织各类培训 31 项、610 人次，完成职业技能鉴定 21 人次。

【科技创新】 2009 年，公司技术创新体系初步形成，建立以科技管理委员会为核心的技术创新领导体系，以技术管理科为中心的技术管理体系，以仪器研发、控压钻井、钻头制造为支撑的技术支持体系。公司将数据实时传输、油层准确导向、轨迹精确控制为一体的 IGD 技术成功应用到苏丹 3/7 水平井项目，以井身轨迹控制为核心的水平井技术达到国际先进水平。水平井 / 分支水平井技术向深层、多分支、分级分支、薄油层领域挺进。施工完成的边台 -H12Z 井，2 个主水平段累计 9 个分支，油层钻遇总进尺 3555 米，公司在复杂多分支水平井技术领域取得关键突破。将井眼轨迹控制技术成功应用于海南 33-9 井，完钻水平位移达 2991 米，水垂比达到 1.28，创辽河油田位移最大、水垂比最大施工新纪录。马古 11 井全过程欠平衡钻井技术的成功应用。完成正脉冲涡轮发电 MWD+ 伽马系统的室内试验、LWD 壳体设计。在苏里格地区首次采用 MWD+ 伽马系统进行轨迹控制，提高井身轨迹控制精度，保证有效气层钻遇率，单井产气量达到邻井的 8—10 倍；在海拉尔地区首次使用 LWD 进行地质导向，油层钻遇率达到 91% 以上，单井产油量达到周围直井的 5—7 倍。自主设计生产的 PDC 钻头在苏里格水平段与同层位使用百斯特钻头相比平均进尺和机械钻速分别提高 25.99% 和 26.1%；

311 毫米大尺寸 PDC 钻头在海拉尔创造单只钻头进尺 1744 米的地区纪录，机械钻速也比邻井同井段提高 163%。

【QHSE 管理体系认证工作】　2009 年，公司加强 QHSE 管理体系运行控制，完成 QHSE 管理体系认证工作。制定 HSE 手册，28 个程序文件，105 个 HSE 记录清单，20 个作业文件。9 月 15—18 日，公司内审组对 8 个职能部门、6 个基层（科级）单位进行 QHSE 管理体系内部审核。11 月 24 日至 27 日，北京中油健康安全环境认证中心进行现场审核，认定公司健康安全环境管理体系符合标准 Q/SY 1002.1—2007 和 SY/T 6276—1997，认证覆盖的范围包括钻井工程技术服务施工、随钻测量仪器、PDC 钻头生产及相关技术服务；质量管理体系符合标准 GB/T 19001—2000 idt ISO 9001：2000，认证覆盖的范围包括钻井工程技术服务施工、随钻测量仪器、PDC 钻头生产及相关的技术服务；职业健康安全管理体系符合标准 GB/T 28001—2001《职业健康安全管理体系 规范》，认证覆盖的范围包括钻井工程技术服务施工、随钻测量仪器、PDC 钻头生产及相关技术服务；环境管理体系符合标准 GB/T 24001—2004 idt ISO 14001：2004，认证覆盖的范围包括钻井工程技术服务施工、随钻测量仪器、PDC 钻头生产及相关技术服务。

【安全质量环保】　2009 年，公司安全生产、环境保护、质量管理工作以科学发展观为统领，以贯彻集团公司《反违章禁令》为契机，“安全环保基础年”活动为载体，实施和完善 QHSE 管理体系为主线，落实逐级工作责任制，加大教育培训和监督力度，夯实基础，建立完善长效机制，提高企业的管理水平。

一、强化质量监督

公司以岗位职责落实和标准规程的有效实施为重点，依据《现场质量考核标准》加大对作业现场的动态监督检查力度。实施现场监督检查月度汇报制度。重点加大对上井随钻服务队的监督力度，建立现场质量监督信息汇报制度。

二、开展 HSE 危害因素辨识活动

识别危害因素 353 个，公司级重大危害因素 10 个。编制《风险评价报告》和管理方案，制定风险削减措施。现场水平井施工队伍和欠平衡施工队伍编制《HSE 作业计划书》，消减现场作业施工风险。坚持重点井施工《HSE 作业计划书》报上级审批制度。

三、加强职业病防治

公司进行职业病防治宣传教育，加强职业病危害因素检测，对 10 名员工进行职业病防治健康体检。检测率、体检率均达到 100%。按年初计划对钻头厂进行工作场所检测，检测指标达到要求。

四、推广使用 STOP 卡

2009 年 5 月，公司在基层单位中推广使用 STOP 卡，举办 4 期基层单位主管安全的领导、安全员、基层干部参加的推广使用 STOP 卡培训班。下发 STOP 卡、箱和登记本。每月收集基层单位上报的 STOP 卡进行统计、分类、分析，查找问题的苗头和趋势，为工作重点提供理论依据。

五、创建“绿色”水平井服务

公司制订完善《钻井技术服务清洁

生产方案》，开展“绿色服务队”创建活动。制订下发《创建“绿色”服务队活动方案》和《“绿色服务队”考核验收标准》。

六、获奖情况

公司控压钻井项目部服务一队获长城钻探公司“安全生产示范队”，钻头生产厂铆焊班获长城钻探公司“安全型班组”。公司被辽宁省质量管理协会评为“用户满意服务”单位，获长城钻探公司“安全生产达标单位”和“质量管理先进单位”，获辽宁省安全生产监督管理局颁发的“安全生产许可证”。

【领导班子建设】 公司领导班子严格按照长城钻探公司党委和公司的要求，加强自身学习和修养。坚持秉公办事、厂务公开、集体决策；坚持下基层、进现场，身先士卒；坚持团结协作、互相补位；坚持廉洁自律、清正廉洁。公司先后补充完善各类工作制度、学习制度、议事制度和惩防体系建设等6项制度；合理配置基层领导班子，对新提干部进行培训，建立科级干部定期汇报制度和职工评价制度，并对基层薪酬分配进行跟踪监督。

【员工培训】 2009年，公司完成定向井轨迹控制培训2期共60人次；组织GE LWD仪器使用培训2次共30人次；组织QHSE培训10余次近300人次；欠平衡技术培训1次15人次；钻头研发培训1次5人次；HSE取证培训4期74人次；井控取证培训9期42人次；IADC取证培训4期41人次；防恐培训4期45人次；非煤矿山安全生产许可证培训2期4人次；节能节水培训1期1人次；交通管理培训1期2人次；信息类培训2期3人次；英语送高校培养1期20人次；管理者代表培训1期1人次；国际化后备干部培养班1期3人次。

【群团工作】 2009年，公司为单身职工解决食宿问题、建立员工餐厅，为每个宿舍配备电视机、更衣箱、床头柜，新装修职工公寓、添置电脑、铺设网线、安装空调等办公设备。公司工会对职工家庭状况进行摸底调查，建立员工动态档案，积极为困难员工解决实际问题。2009年，公司工会为职工操办红白喜事4次，看望住院职工19人，走访慰问出国施工人员家属21户，慰问长城钻探特困户、公司困难户、一般困难户7户。公司工会和共青团为解决未婚青年配偶问题，邀请辽河油田医院、振兴公司等单位的男女青年43人次，参加公司举办的两场适龄青年联谊会。公司获长城钻探举办的青年形象设计大赛一等奖。

【党建工作】 2009年，公司建立9个党支部，党组织覆盖率达到100%。以学习实践科学发展观为统领，扎实推进公司重组融合和生产经营工作。2009年3月16日，长城钻探公司全面启动开展深入学习实践科学发展观活动，公司边重组边开展活动，努力做到两不误两促进。坚持以“弘扬大庆精神，推动科学发展，建设和谐新技服”为活动主题，以推动公司重组整合为实践载体，学习实践活动开局良好，完成各阶段的工作任务。2009年4月24日，公司召开党员干部学习科学发展观成果交流会。5月22日，公司召开领导班子专题民主生活会。8月11日，公司召开群众满意度测评会等，满意度达98%。公司党委紧密联系“保持稳定、加快发展”的实际，坚持“围绕中心、服务大局、发挥优势、提供保证”的方针，以学贯长城钻探公司一届一次党代会精神为契机，以创建“四好”领导班子为重点，以“内强素质外树形象”为抓手，以“六个一”党支部创建工作为重点，全面加强党建思想政治工作。公司党委加强党员队伍建设，充分发挥先锋模范作用，充分发挥党员干部排头兵作用，努力推动公司生产经营快速发展。公司党委根据工作的实际情况，开展先进基层党组织创建活动，争创“红旗党支部”、争创“模范党员责任区”、共产党员“争优”活动。开展党员安全责任区、无职务党员设岗定责等活动。在基层各支部设立党员安全责任区34个，以党员带动群众，真正做到“一个支部就是一个堡垒，一名党员就是一面旗帜”，发挥公司党委的核心作用，提高公司的服务能力和服务水平。同时，公司党委坚持筑牢“堡垒”，夯实“基础”、架好“桥梁”，切实打牢企业发展的根基。建立完善《钻井技术服务公司党群工作制度汇编》。完成与辽河、长城钻探党群工作系统的对接，畅通业务流程；召开党员大会对2个先进基层党组织和16名优秀共产党员进行表彰。

（姜正治）

测井技术研究院

【基本情况】　测井技术研究院（以下简称研究院）前身是测井技术开发中心，主要从事世界高端测井技术装备研发工作，2009年5月，更名测井技术研究院。根据长城钻探公司业务发展要求，研究院明确自身发展定位，总体实施以方法研究、系统设计、总装调试、产品制造、产业化推广为主要内容的一体化发展模式；从事油田技术服务的测井、录井和测试专业新技术、新方法的创新研究；推进长城钻探公司测井、录井和测试技术装备产业化发展，打造长城钻探公司国际技术品牌；开展油田服务测井、录井和测试专业国内外前沿科技信息的跟踪和研究工作，为长城钻探公司建设国际化石油工程技术总承包商提供技术保障。

截至2009年底，研究院有员工100人。其中，博士研究生10人、硕士研究生36人、本科学历33人，占总人数的79%；高级工程师15人、工程师34人，占总人数的49%；长城钻探公司技术专家2人。研究院下设9个研究所（部），4个职能科室。

【科技创新】　2009年，研究院承担3项长城钻探公司级科研项目，分别为LEAP800测井系统优化和现场试验、三维阵列感应成像测井仪器研发。申请2项国家专利，获得科研经费3214万元，重点技术取得突破性进展。

一、LEAP800测井系统

研究院在第一台LEAP800测井系

统样机的实验基础上，完成系统软硬件组成和性能的完善和改进，定型地面系统和井下仪器，生产 2 套 LEAP800 测井系统，进行上井试验，为产业化生产做好技术准备。同时，对需要集成的成像和特殊方法仪器进行技术资讯和评估，拓展 LEAP800 系统的服务能力。

LEAP800 地面系统的改进主要体现在软硬件两个方面。在软件上，改变第一台样机的仪器库开发模式，由原来合作开发对研究院保密的仪器库改为自主开发整个测井系统软件，提高对测井系统软件核心知识的掌握能力，增强测井软件的修改、升级等后续开发能力。同时，测井软件界面更友好，功能更强大，增加环境校正和地层压力测试快速处理解释功能。在硬件方面，对 LEAP800 整个地面系统重新进行功能分配和组合，使整套系统体积更小，模块化、网络化的功能更加完备，每个功能模块的监视和诊断更有效，性能也更稳定。LEAP800 第一台车的地面系统完成首次上井试验。

LEAP800 井下仪器的升级主要是自主研发的阵列感应和阵列声波仪器。针对第一台样机的测井响应，改进仪器的部分设计和选材，使仪器的性能更加优良，同时改变阵列声波的尺寸，使之能够在功能上完全覆盖常规声波仪器，能够组合在大满贯仪器串中并进行固井质量测井。

成像和特殊仪器的集成。研究院进行集成和开发的仪器有交叉偶极子声波、微电阻率扫描、抽排式地层测试器、旋转式硬地层取心器和八扇区水泥胶结测井仪。这些仪器的集成将使 LEAP800 的服务能力覆盖常规裸眼井测井、生产井测井、陈列声波和感应、声电成像、固井、地层测试、射孔、取心等多项技术服务，以满足国际市场的作业需求。

二、三维阵列感应技术

三维阵列感应技术属于世界最前沿的测井技术。2009 年，研究院开展前期调研和专利文献查询和分析，并与科技项目外协机构进行技术交流，完成技术协议工作。开展仪器总体概念设计，完成仪器信号特征分析及三分量感应的 0 维模拟计算，取得预先设计的理论和计算成果。

三、过套管电阻率 –I 型仪器

过套管电阻率 –I 型仪器技术指标处于国内领先水平，完成 20 口井的现场试验，取得 5 口井的完整测井资料。过套管电阻率仪器在解决特殊地质问题方面具有先进性和适用性，提高测井技术服务对油藏评价的水平和能力。

【安全生产】 2009 年，是研究院 HSE 管理提升年。研究院成立 HSE 管理委员会，总结 2008 年经验和成果，客观分析 2009 年 HSE 管理工作中存在的问题。本着“预防为主、领导承诺、全员参与、持续改进”的管理理念，研究院继续细化 HSE 管理，强调落实与监督。实施以“岗位排查单”方式进行自查，以“部门排查单”方式进行互查，编制《事故报告和分析表》，作为事故责任追查和 HSE 改进的依据，避免事故再次发生。组织员工进行逃生演练、火灾常识讲座、体验 FIRST–AID 教育，开展安全培训 5 次。制作安全警示牌、HSE 宣传框和展板、HSE MILESTONE BOARD

(MANHOURS)、《Good Practices 图解手册》等。建立样机上井试验前的安全例会制度，明确 HSE 责任人。完善操作流程，确保现场 HSE 监督和管理落实到位。健全 HSE 文档、强调共享交流，在技术开发过程中充分考虑 HSE 因素，体现 HSE 设计理念。

【企业改革与管理】 2009 年，研究院认真执行集团公司、长城钻探公司总体部署，明确自身长远发展目标。坚持走测录试和定向井仪器设计、制造、实验、成套的技术型企业道路，3 年内发展成为国家级测井技术研究中心，经过 15 年的发展，应该发展成世界顶级的测井技术研究中心。要选好项目，扩大研发规模。要针对油藏识别问题确定研发项目，各项工作应以市场为导向，以需求分析为前提做好后续发展工作。

2009 年，研究院调整和理顺研发管理模式，建立适应长城钻探公司发展要求的工作体制和机制。在科技管理方面，制定研究院科技项目实施办法，全面实施项目管理，推行项目经理负责制，建立起纵向为职能部门、研究所（部）管理，横向为项目组统一运作的矩阵式研发模式，为实施一体化发展奠定组织基础。

【精神文明建设】 2009 年 5 月，研究院党委成立，按照长城钻探公司党委要求，紧紧围绕研究院工作定位和工作目标，加强基层组织建设，充分发挥思想政治工作优势，教育、引导全体员工，推进科研项目，保证了各项工作的有序开展。研究院按业务模块成立 4 个基层党支部，加强党员教育管理，加大积极分子培养力度；选举产生研究院第一届工会委员会，成立研究院团总支，理顺党团工会组织的工作机制。面对发展机遇和挑战，研究院党委深入开展“形势、目标、责任、任务”主题教育活动，引领广大职工把思想统一到长城钻探公司的发展上来，统一到研究院的发展上来。坚持开展“三个最佳”党支部创建活动，严格党员教育管理，强化思想政治工作保障机制。从党政工团各方面入手，多方面建立信息反馈渠道，及时捕捉群众关心的热点问题和焦点问题，对群众反映的意见认真研究分析，及时反馈，确保信息上下传递畅通，从根本上消除不稳定因素。

（胡静瑶）

工程服务公司

【基本情况】 工程服务公司（原东部服务中心，以下简称公司）在册员工 101 人，其中，合同化员工 74 人，市场化员工 3 人，劳务用工 24 人（不包括苏里格基建项目劳务人员 119 人）。大专以上学历的 81 人，其中，包括研究生 12 人，博士和在读博士生 3 人，具有高级职称的 15 人，中级职称 38 人。

公司机关设7个职能科室，有经理办公室、党群工作科、人事科、经营计划科、财务资产科、生产协调科、物资管理科。根据业务开展需要，公司下设6个业务管理部门，有国外基建项目部、辽河金属构件厂、辽河化工助剂厂、装备事业部、文印广告部和综合服务事业部，分别负责相关具体业务的组织实施。

【企业管理】 2009年,公司紧跟长城钻探公司发展步伐，坚定“43210”发展思路,明确“11233”(“1”是“一个目标”。即将公司建设成为“国内一流、国内外一体化的钻修井服务及工程技术服务总包商”。第二个“1”是提升“一个保障”。即抓好“四好班子”建设，充分发挥公司各级领导干部“12345”系统工程的保障作用。“2”是实施“两大战略”。即工程技术总包经营战略和特色技术战略。“3”是推进“三项工程”。即安全环保工程、队伍建设工程和品牌建塑工程。第二个“3”是指践行“三大责任”。即践行长城钻探公司工程技术总承包的发展责任，推进和提升长城钻探公司海外战略实施的政治责任，构建“和谐企业”的社会责任）发展思路。准确把握公司定位和新增业务整体规划，紧跟长城钻探业务，立足长城钻探市场，按照 “增量、统一、效益”的原则,坚持“高起点、高标准、高技术、高要求”，筹划油田基建、化工助剂、金属预制、装备国产化制造、试油（气）作业等新增业务。

【经营管理】 2009年,根据长城钻探公司对公司延用费用单位考核政策，对技术装备国产化项目和文印制作项目实行内部结算考核,两项业务产值1525万元，同比增长33个百分点。

【主要措施】

一、生产组织

2009年，建立适应公司业务发展、组织严密、高效快速的生产组织运行系统，根据新增业务项目相继启动和运营实际。完善生产例会制度，理顺生产运行流程，形成高效的生产运营信息反馈制度，推进生产组织运行系统建设。

二、HSE管理

2009年，制定公司产品质量标准及服务质量标准等规范性文件，其中，质量体系认证将在2010年正式启动，开展五大系列产品API认证工作、HSE管理体系推进工作，根据长城钻探公司统一部署和要求，按计划正在组织实施。

三、财务管理

2009年，公司建立和完善财务核算和管理体系，制定实施资金管理制度、物资采购与核销办法、相关费用报销办法等日常运营可操作性规章制度，实施预算管理、成本分析与考核常规工作机制，保障公司业务运营发展。

四、经营考核

根据长城钻探公司经营业绩考核办法和要求，针对公司各项业务相对独立、项目运营关联性不强的实际，形成全面覆盖的经营考核管理办法。促进新增业务快速发展，扩大传统业务规模。

【员工管理】 2009年，公司统一解决2328户有需求职工的天津户口问题。中油测井整体并入长城钻探公司，统一薪酬标准，员工平均工资收入增长23.8个百分点，劳务人员薪酬有不同程度增长。企业文化建设有效推进，以开展学习实践科学发展观活动为主线，开展“八荣八耻”等宣传教育活动，增强广大干部员工企业荣辱感和使命感。

【党建工作】　2009年，公司以建设“四好班子”为目标，推进党建思想政治工作。以“围绕中心服务大局”理念，按照“经济组织延伸到哪里，党组织就建到哪里”的要求，根据业务发展布局建立相应的党支部，根据长城钻探统一部署，结合自身实际组织开展“传承、创新、超越”主题教育活动。注重发挥基层党组织的战斗堡垒作用和党员先锋模范作用，争先创优活动富有成效，公司技术装备部获长城钻探公司“巾帼建功示范岗”荣誉称号，1人获长城钻探公司党委“优秀共产党员”表彰奖励，2人分别获长城钻探公司团委“优秀团干部”和“优秀团员”表彰奖励，3人分别获长城钻探公司工会“先进女职工”，“先进女职工工作者”荣誉称号，2人获长城钻探公司“安全生产先进个人”表彰奖励。

【队伍建设】　2009年，公司加强干部队伍建设，运用“以应用为背景，以解决问题为导向”的理念，围绕公司业务发展要求与干部队伍建设，开展学习大庆精神、铁人精神，加强中层以上干部的学习和交流，促进中层干部队伍建设上水平。选人用人突出“精、严、细、实、勤”的原则，有计划、分步骤定期组织中层干部学习、研讨和交流，提高中层管理人员的素质，提高干部队伍解决实际问题的能力。提升干部队伍的思想境界、提升干部队伍的执行力、战斗力，树立良好的管理队伍形象。

（刘亚青）

解释研究中心

【基本情况】　2009年，解释研究中心（以下简称中心）评价各类原始资料1932井次，其中，常规测井资料606井次，测试资料178层，录井资料163井次，VSP资料17口，固井资料530井次。

长城钻探公司重组后，测井北京分公司解释研究中心更名长城钻探解释研究中心。2009年，中心签署国家科技重大专项子课题《非洲和中亚地区重点探区低电阻率油气层和碳酸盐岩储层录井技术研究》合同，承担长城钻探公司科技重大专项《滨里海盆地盐下地震处理及碳酸盐岩复杂圈闭识别与储层综合预测研究》中的子课题《滨里海盆地碳酸盐岩测井综合评价和测井沉积相研究》；承担长城钻探公司科技重大专项《海外成熟探区深化研究与下步勘探潜力综合评价》中的子课题《海外成熟探区复杂岩性和低阻油藏综合评价》。

2009年，中心完成产值842.1万美元，完成经营指标835万美元的100.9%。实现人均收入14.3万美元。

【生产组织与管理】　2009年，中心按照长城钻探公司管理制度组织生产，中心北京总部负责管理和协调海外解释站人员和设备，提供生产技术支持。根据生产需要下设中亚、非洲、中东3个大区15个解释站。员工总计81名，其中，中方员工为64名，当地员工17名。

【市场营销】　2009年，根据长城钻探公司的营销要求和市场开发的实际特点，中心完成营销架构的组建并开展工作。加强市场开发工作，细化市场分析，强化市场开发的管理，提高各解释站的负责人和技术骨干的市场分析能力。整理和重新编写数据处理和咨询的报价体系，长城钻探公司已经审核批准并发布实施。

2009年，中心参与市场开发和投标工作，签订和顺延新的数据服务合同。参加招投标36次，签订合同或者顺延合同17份（国内合同9份）。阿曼解释站获得测井解释合同，乍得解释站首次取得储层综合评价的研究合同。

【培训工作】　2009年，中心开展多项针对甲方的技术宣传和技术培训以及多种形式的技术交流会。中心配合长城钻探公司业务需求，做好对客户的技术培训。参与长城钻探公司在北京组织的国际井筒技术培训、伊朗客户的井筒技术培训、哈萨克斯坦PKKR井筒技术培训。结合中心的技术现状和生产需求，针对性地开展多次内部培训。

【技术发展】　2009年，中心录井技术通过对常规气测录井资料皮克斯勒图版的认识和解析，定义新的评价参数Ip，利于单井纵向分析和多井横向对比。将原来的图版转化成指数，可进行油气显示特征的交会图分析，综合判断储层性质和流体性质。完善储层评价综合研究技术，乍得测井储层评价综合研究技术，利用SP曲线对该区地层水的变化规律的研究，解决由于天然水淹导致的油气水识别困难的问题。阿克套解释站2009年3月完成中信KBM3617井的注蒸汽剖面解释任务，是中心完成的第一口注蒸汽剖面资料解释。中心撰写论文26篇。其中，康晓泉等同志撰写的《An Improved Plot for Wireline Pressure Data Gradient Interpretation》发表在国外测井界最高级别的杂志“PETROPHYSICS”，论文提出一种利用FMT测压数据进行流体密度解释的图版，用新的视点进行油、气、水识别以及对FMT测井质量控制。

（程维营）

塔里木测井作业区

【基本情况】　塔里木测井作业区（以下简称作业区）前身是现代测井公司，2000年重组成中油测井公司塔里木测井作业区，2009年与长城钻探公司合并。基地位于库尔勒市西站塔指大二线工业园区。2009年，作业区在具有高温、高压、高产、地质结构复杂等特点的塔里木油田，开展测试专业的现场实习培训工作，举办 1 期测试学员培训班。

【安全生产】　2009 年，作业区严格执行长城钻探公司 HSE 管理体系的各项规章制度，开展安全经验分享活动，加强人员培训和现场演练，做好交通安全教育及车辆管理，保证生产安全及人身安全。截至 2009 年底，作业区无任何安全事故及环境污染事故发生。

（谢天发）

委内瑞拉项目

【基本情况】　2001 年 8 月，委内瑞拉项目（以下简称项目）成立，与委内瑞拉国家石油公司（以下简称 PDVSA）重新签订 8 台钻机的服务合同。2009 年，集团公司海外工程技术服务业务重组后，项目拥有自营钻修井机 13 台，钻井液技术服务发展到 12 支队伍的规模。 项目主要设备有 13 台钻修井机，其中，ZJ70D 钻机 4 台、ZJ50DB 钻机 2 台、HH300 液压钻机 1 台、E-1700 钻机 1 台、ZJ30C 钻机 3 台（2 台修井，1 台钻井）、XJ650 修井机 2 台，钻井液固控服务设备 7 套。新度系数 0.59。

2009 年，受全球金融危机和国际油价持续走低的影响，7 支钻修井队伍服务合同陆续暂停，PDVSA 终止 SANTOME 地区的钻井液技术服务合同，10 支钻井液服务队伍因没有后续工作量而解散。由于 PDVSA 长期拖欠钻井承包商巨额工程款，采取停工措施，截至 2009 年 11 月中旬，除处于裸眼井段作业的钻机，PDVSA 东部地区大多数钻修机停工，自 2009 年 11 月 15 日起，项目采取部分钻修机队伍停工的措施。

项目拥有 25 支队伍，其中，9 支钻井队伍，4 支修井队伍，水基钻井液及固控服务 12 支队伍。作业地区分布在委内瑞拉东部地区的 MATURIN、PUNTA DE MATA、ANACO、MORICHAL、SAN TOME、URACOA 6 个作业区块。项目有中外方员工 873 人，其中，中方员工 125 人（机关人员 31 人，基层作业队 94 人）；外籍员工总数 748 名，其中办公室 95 名（包括实习生 11 名），现场作业队月薪工 197 名，现场作业队日薪工 368 名，雇佣临时工 88 名（其中属于 PDVSA 要求用工 31 名）。

2009 年，项目钻井 34 口，完成进尺 95805 米，修井 13 口，钻井液技术服务完井 67 口井，实现收入 77101 万元。完成总工时为 4896202 小时，无控制指标内事故发生。百万工时有损失工时的事故率（LTIF）为 0.60。每百万工时可记录事件率（TRCF）为 1.80。完成长城钻探队伍新签合同额 57646 万美元，其中，完成钻修机新签合同 53412 万美元，完成钻井液技术服务新签合同额 4234 万美元。项目完成新签合同额 129981 万美元（包括完成渤海钻探队伍新签合同额 72335 万美元）。

【交接工作】 2009 年，项目贯彻集团公司关于海外钻井服务项目划转交接“市场不丢，人心不散，工作不断，效益不减”的工作方针。在划转交接初期，项目提出“分路交接”的思路，并与渤海项目部协商一致，将交接工作分为 HSE 管理、作业管理、人力资源、财务资产、市场开发、后勤保障、法律事务七路工作开始交接。2009 年 7 月 31 日，完成划转交接工作。长城项目与渤海项目继续保持沟通和协商，督促渤海钻探项目妥善处理划转交接后的对外关系。

【钻井技术及装备】

一、快移钻机技术

项目拥有一台快移钻机 GW–182，可以实现井间平移搬家，当天平移，当天开钻。最快的平移搬家安装时间仅为 8 小时，最高钻井速度 4516 米 /（台 · 月），平均机械钻速超过 20 米 / 小时。

二、高压喷射钻进技术

项目在 PUNTA DE MATA 作业区施工的井队，井深 1500—4000 米之间钻进通常平均机械钻速可达 12 米 / 小时，最高平均机械钻速可达 20.3 米 / 小时，高压喷射钻进技术是一个集固相控制、钻井液运用、钻头选型、设备硬件配套等各方面的综合运用的技术，在高压喷射后期阶段随着井深的增加，立管压力通常在 29—30 兆帕，泵输出端压力在 30—31 兆帕，对设备的配套要求标准非常高。

三、全自动液压钻机技术

GW–180 队的 HH300 钻机是意大利制造的全自动液压钻机。钻机平均月速度 3343.4 米 /（台 · 月），完井井深平均 1972.4 米左右，搬家时间平均 5 天，近距离搬家最快时间 3.3 天，均为三开水平井。液压钻机无论从安全性和现场作业的实用性方面都有其他钻机无可比拟的优越性，GW–180 钻机为长城钻探公司在委内瑞拉市场创造良好的经济效益和品牌形象。

【主要措施】

一、市场开发

（一）全员闯市场。

项目坚持以市场为导向，经济效益为中心，要求机关及作业队全员参与市场开发工作，以 HSE、现场作业管理业绩获市场工作量和经济效益。建立定期分层次与甲方交流的机制（项目领导对甲方服务公司领导、部门经理对甲方部门经理、井队平台经理对甲方监督）。

（二）提高商务报价水平。

项目加强对当地社会政治、经济和文化的研究，提高商务报价水平。新合同的日费价格上涨幅度较大，摆脱项目成立初期中低价介入市场的策略，并与当地服务的国际知名钻井承包商保持同等的服务价格水平，抵消当地日益恶化的投资环境所带来的各方面经济损失。

（三）开拓高端技术服务市场。

通过优质的服务质量，稳定在执行钻井液固控一体化技术服务合同，将钻井液技术服务业务稳固扩大。项目与 PDVSA 联系接管 4 支其他公司停止作业的钻井液技术服务队的工作量，钻井液技术服务队伍由 2008 年底的 8 支队伍增加到 12 支队伍的规模。

（四）确保后续合同及工作量。

截至 2009 年底，项目所有钻修井机（包括渤海项目部钻修井机）队伍都签订 5 年期合同。长城钻探公司自营钻修井队伍剩余可执行合同额约 8.5 亿美元，钻井液技术服务剩余可执行合同额约 800 万美元。协商动员其他区块停等钻机来 MATURIN 地区替代 HP 钻机作业，动员 ANACO 作业区停等的 GW-106 和 GW-68 钻机来 MATURIN 区块作业，动员 MORICHAL 地区停等的 GW-74 队到 SANTOME 作业区块作业。

（五）市场细分工作。

根据对当地工程技术服务市场的细分，初步建立第一阶段的工作方针，即“一大两小”（“一大”是指将钻井液技术服务做大做强，“两小”指“扬长避短，发展投资少，风险小的项目”），内外兼顾（兼顾内部市场，中国石油南美公司合资项目市场和外部 PDVSA 市场），扩大高端市场份额、实现项目的可持续发展。

二、精细化管理工作

（一）加大工程款催收力度。

成立以项目经理为组长、项目领导和中外方各部门负责人参加的清欠工程款工作小组。从多方面、多层次加大催收工程款的工作力度，通过电话、写信、与甲方高层开会等方式，向甲方反映资金困难，催收工程款；通过项目各部门和基层作业队中外方员工向甲方传递项目资金匮乏的信息，向集团公司南美地区协调组汇报资金问题，通过协调组和大使馆出面与甲方交涉。

（二）加强经营管理。

项目的人工成本和后勤保障成本相对较高，项目重点研究和解决“精细化管理”、“节约成本，挖潜增效”课题，实行全过程物资采购成本控制，降低人工成本，挖潜增效，加强考核和精细化管理，加强内部风险管控体系的建设，加强协调，确保钻机的生产时效，对停等队伍的重新启动，提出“安全、快速、协调、节约”八字工作方针。

【主要成果】 利用项目各种资源，通过多种途径，全年回收工程款达 2.07 亿美元，完成 2009 年工程款回收指标，工程款回收率达 100%。妥善地处理工会、社区组织的 30 多次罢工、封堵事件，保持员工队伍稳定，克服各方面的困难，完成与渤海钻探公司委内瑞拉项目的钻修机划转交接工作。

【安全工作】 2009 年，根据长城钻探公司安全质量环保管理工作的指导思想，项目完成划转钻修机管理责权交接工作后，确定新形势下的工作指导思路，以“安全、快速、协调、节约”的经营思想，安全工作重点抓好防恐培训、各项应急预案体系及安全基础工作的建设，确保项目健康平稳的运行，全年没有发生重大人身伤害和财产损失事件。

一、防恐及应急体系建设

项目完善通信系统功能，保持对讲机、电话、网络三者通信系统畅通，加强社会安全物防措施落实和检查，作业队搬安和停等期间，警察与保安同时驻井。加强对作业队物资的管理，等停作业队把贵重物资入库，电缆等易盗物品尽量转移到基地保存。做好应急物资的储备和应急车辆的使用。加强进入作业现场人员的检查登记和等停作业队中方人员业务学习和培训。严禁各作业队平台经理使用大额现金，使用支票发放当地雇员的各种费用，严禁作业队人员穿工服出入各种公共场所。制订节假日及特殊时期的应急预案，聘请国民卫队24小时在办公区和井队作业区巡逻。聘请专业人员对办公室人员进行灾难避险培训和演习指导，提高项目人员应对突发事件的反应和处理能力。

项目加强井控管理，层层签署井控安全责任书，认真落实设备年检制度。落实交通安全管理的各项规定，加大对交通违章人员的处罚力度。贯彻和推行HSE体系推进工作的各方面要求，体现有感领导，落实责任、实现直线管理，安全分享、利用事故资源，注重素质、强化教育培训，培育文化、推进目视化管理，源头治理、强化隐患整改，严格考核，推行绩效管理，建立安全经验分享制度。加大对政府安全环保部门的公关工作，为生产创造良好的外部环境。

二、甲型H1N1流感的预防措施

全球爆发甲型H1N1流感，由于委内瑞拉地处甲流高发地区，项目制订甲型H1N1 流感疫情防控预案。机关和作业队都配备了红外体温检测仪，建立覆盖项目的“零”甲型H1N1流感病例日报制度，严格执行倒班人员的隔离措施，做好防控甲型H1N1流感的物资保障工作。基层作业队都配备有应急车或救护车，MATURIN区块作业队还配备有驻井医生和护士。

【稳定工作】 依法管理当地员工，严格依据当地《劳工法》、《石油集体协议》等相关法律规定管理当地员工，并根据法律变更及时对相关政策进行调整，杜绝任何法律上的漏洞，调整工资水平，处理参与非法罢工的雇员，依据当地法律积极应对甲方的不合理要求。

【精神文明建设】 根据集团公司党组和长城钻探公司党委的统一安排，项目开展学习实践科学发展观的活动，中方员工学习和领会科学发展观的实质和内涵，并结合本职工作，运用科学发展观理论武装自己，找差距，促发展，增强员工学习实践科学发展观的自觉性和坚定性，增强机关和基层队伍的创造力、凝聚力、战斗力，提高党员干部的服务意识，改进工作作风，提高各项经营管理工作。在对人员的管理工作中，项目把“以人为本”的思想贯穿于各个环节，采取多种措施，建立长效的人才管理激励体制。

（惠铁盈　许庆刚　周春勇）

古巴项目部

【基本情况】 2009年，古巴项目（以下简称项目）有7支钻井队1支固井队和1项大包井综合技术服务项目，有5个合同在执行。中方员工192人。其中，项目在册16人，前线基地2人，作业现场174人，甲方为井队提供的当地员工342人。

2009年，项目开钻9口，完井

8口，进尺3.7万米，平均钻井时效98.74%。项目收入3.17亿元。从2005年项目成立至2009年底，累计实现收入12.78亿元。根据集团公司的要求，2009年12月31日，项目完成固井服务队伍在华北固井与长城钻探固井2个公司之间的固井设备交接和资产划拨。

【HSE管理】　2009年，项目以中国石油天然气集团公司《反违章禁令》和“强三基、反三违、严达标、除隐患”的安全环保基础年活动为主线开展现场HSE管理工作，实现1461696工时，可记录事件（LTI）为1；可记录事件发生率（LTIF）为0.68，未发生人员重伤事故、井喷事故和交通事故。取得“零伤亡、零损失、零污染”的业绩。

一、加强HSE体系运行

健全机构，明确以项目经理为第一责任人，项目各部门以及井队各级人员的HSE责任和权利。为切实做好项目部HSE管理工作，项目配备安全总监和基层队配备专职的HSE监督。加强项目部全体员工的安全意识，认真履行安全施工生产职责，做到“三不”伤害。2009年，4月1日起成立项目HSE部，开始实施HSE异体监督管理。2009年初项目组织各基层队负责人签订“安全承诺书”，按照公司HSE考核细则，下发执行。

二、宣传教育培训

2009年，组织参加国内井控培训78人，国内HSE培训60人。参加特种岗位培训的司钻证12人、电工4人、电气焊8人、仪表1人、钻井新技术18人。基层队利用班前班后会及停等时间在现场培训井控、HSE及反恐用语和英语等培训4497人。

三、加强安全检查

项目组织开展季度检查和年终检查，成立检查小组由项目经理、副经理、HSE总监、作业经理、设备经理以及抽调部分井队的HSE监督、机械师、电器师、顶驱师参加的对全部基层队进行设备和HSE大检查。并进行评比和奖励。7个基层队共发现隐患1137个，对检查出来的问题项目下发整改通知单，监督基层队对发现的隐患进行“消项整改”。

四、召开半月安全生产例会

项目严格要求各队坚持开展交接班前的安全讲话和每周一次的安全例会制度，以便将公司有关文件精神、各项管理规定、专项工作开展等及时传达贯彻执行，保证全体员工真正关心安全、重视安全、懂得安全。严格执行安全观察与沟通和工作前的安全分析工作，坚持做好风险识别使每位员工都能知道岗位风险、掌握消减风险措施，如何规避风险及应急处置能力，避免事故的发生。

五、HSE体系推进工作

项目成立以项目经理为组长的HSE体系推进领导小组。加强对HSE体系推进工作的宣传和动员工作，项目部加大对现场HSE推进工作的培训力度。2009年，项目7支钻井队通过学习杜邦公司HSE管理体系，总结整理“安全是一种仁爱；安全是一种尊严；安全是一种文明；安全是一种文化；安全是一种幸福，幸福是一种美好状态；安全是一种挑战；安全是一种财富；安全是权利也是义务；安全是一种责任，安全是一个永恒的主题”共10条安全理念，各钻井队的 HSE 监督利用搬迁等停时间、班组学习等场合把理念的内涵实质向职工宣贯。2009 年 GW139 队被评为长城钻探公司“安全生产示范作业队”。

六、推行《古巴项目 HSE 监督日常数据统计和分析系统》

2009 年，项目推出《古巴项目 HSE 监督日常数据统计和分析系统》，并根据实际需要不断增加统计内容。通过对 HSE 基础数据的正确统计避免以往资料缺失，避免需要统计数据时很难统计的现象发生。对数据进行分析，更好地掌握监督的日常工作。

七、工作许可制度和锁紧解锁程序

基层作业队建立许可证报批台账，在包括高空作业、热工、冷工作业、临时用电作业或断电修理、进入限制性空间、打开油气层以及工作条件变更下作业等，已严格执行工作许可制度。在维修设备时严格执行锁定和解锁程序。

八、加强风险管理

风险管理是 HSE 管理的核心，识别作业中的风险，评估风险，确认不可接受的风险，制定预防控制措施，落实控制措施把风险降低到可接受的程度。2009 年，项目认真做好安全工作分析(JSA)，并与现场实际应用相结合。对员工进行 JSA 的培训，并对包括吊装作用、起放井架（底座作业）、进入限定性空间作业、安装防喷器作业、滑割大绳作业、下套管、固井作业以及完井试油等较高风险和常规作业进行 JSA。并将 JSA 结果与班前班后会想结合。在班前会上对参加作业者告知作业的风险，落实风险控制措施，让参加作业的员工都清楚本班的主要工作内容以及主要风险和注意事项，以达到预防事故的作用。

九、STOP 卡推广工作

项目根据长城钻探公司要求加强了 STOP 卡的推广工作，当年共收到 STOP 卡 1305 张。

十、井控管理

项目施工的井位主要在古巴的第 6 和第 7 区块，区块存在浅气层，高压层并含有 H_2S 气体。项目督促严格实行坐岗观察制度 ，创新“双坐岗”方法。执行油气层钻井井控技术措施。项目对可能出现的后效或溢流，采取提前关井循环的措施。加强重点井施工的硬件配置。强化班组的实战演习，杜绝表演化和表面化，提高班组关井意识，及时控制井口。加大检查力度，纳入季度、年终考核。

十一、交通管理

项目加强道路交通管理工作，加强对驾驶员进行培训，严格控制出车频率，同时加强对行车记录仪的安装与维护。2009 年，项目 22 台车辆行驶 608386 千米，没有发生有责交通事故。

【主要措施和成果】

一、以人为本

2009 年，项目继续坚持“以人为本”的经营理念，按照公司提出的“建设国际化石油工程技术总承包商”企业定位和“43210”发展思路，大力开发市场加强思想教育。2009 年，项目获得长城钻探公司年度安全科技立项三等奖 2 项《套管扶正台电控系统改造》和《职工信息和培训管理系统》。《法律视角下杜绝违章行为的可行性分析》和《安全意识培养的心理学研究维度》2 篇获集团公司HSE征文二等奖。

二、加强队伍建设

2009年，项目加强队伍建设，努力提高干部员工的思想水平和综合素质，提升基层队伍的竞争力。加强干部员工的思想素质教育，提高中层骨干的业务技能和一线员工的综合技术技能，使他们成为项目部发展的坚实力量。2009年，项目推荐蒋斌全参加长城钻探公司总部举办的为期半年的中层干部培训班。合理安排一线员工倒班，回国参加长城钻探公司总部举办的HSE、井控和反恐的培训138人，为项目和长城钻探公司发展打下坚实基础。

三、开源节流

项目注意开源节流，坚持月、季度经营分析，细化各项指标、分解指标，层层落实责任。加强成本管理、指标监测，除严格控制成本，尽最大努力争取作业收入外，做到具体问题具体分析，努力拓展多种收入渠道，增加收入。

四、开拓市场

2009年，古巴钻机市场萎缩，项目拓展综合服务井服务，开展深入细致的定向井、钻井液及测录井服务市场调研、沟通、开发工作，组织技术交流、技术标确认、商务标谈判，2009年11月25日，项目签署大包井技术服务合同，合同号为CUPET /GWDC-029/09。合同包含钻井液、定向、测井和录井4项技术服务项目带入古巴市场，实现古巴市场的“增项扩容”，为后续市场拓展和技术服务的转变奠定基础。

五、加强设备管理

2009年，项目认真贯彻落实公司各项方针、政策，落实《长城钻探公司设备管理办法》。加强贯彻和完善岗位责任制、巡回检查和保养制度。实行“三定”和“属地管理”，把设备管理工作做到“横向到边、纵向到底”。通过实践，结合当地的实际情况及工作习惯，将钻井队的机械师和电器师的工作重点转移到保障设备正常运转上，作业部要求各队根据设备情况制订长远调整维护计划，并将计划上报项目部作业部和后勤保障部，由专人及时联系服务厂家到现场服务，陆续将各队的CAT柴油机，BOP和车辆进行全面的维修。对于钻机，泵等主体设备每口井完井时对设备进行鉴定，确定其运行状态，制订整改维护方案，利用试油和搬家期间进行整改，做到不与甲方要求设备的整改和维修时间，促进生产效率，提高满日费率。

六、做好防腐工作

项目各井队常年在海边作业，设备极易遭受腐蚀，加速设备老化的速度。2009年，项目在设备防腐方面做了大量工作，更换营房门几十套，进口各种地板、防水材料、内饰材料等。在长城钻探公司的协助下项目投入资金对现有营房发电机的改造，改变重维修轻保养的现象，防患于未然。为保证设备的使用安全，项目积极配合长城钻探公司搞好设备年检工作，2009年，项目钻机全部进行年检，BOP等主要井控设备坚持厂家人员现场检验，对于需要回厂检修的BOP，坚决回国维修。聘请设备厂家服务人员现场检查维修，先后进行卡特皮勒柴油机和营房维修。

七、密切协调

项目把“高效运作、优质服务、安

全生产”作为实现钻进生产快速运行的指导思想，优化钻井施工方案，对作业生产的全过程进行跟踪，认真做好施工方案策划，保证生产作业安全高效的完成。项目立足提高生产运行的组织协调能力，保证信息传递及时、准确，指令畅通，衔接紧密。加强项目与国内、项目部与甲方、甲方与井队、井队与第三方各个环节的协调，同时合理调配资源保证各队正常生产，实现无缝衔接。

【人力资源】 2009 年，项目根据人员流动较大，新上岗人员较多的情况，各钻井队形成关心新人进步、鼓励新人成才、支持新人干事业的氛围，实行师傅带徒弟等多种方式，重点培养懂技术、会外语、会管理的复合型人才，抓好基层队伍建设。项目定期展开民主生活会，征求员工的需求和建议，使员工的生活得到改善，不定期地组织员工娱乐活动，丰富大家的业余生活，强化归属感，强化团队精神，做到“以岗为家”，尊重当地员工风俗和习惯。在员工倒班休假期内，进行操作技能及语言的培训。项目对管理人员及井队员工进行分类培训，主要是 HSE 安全管理的培训、合同管理培训、市场风险及谈判技巧培训、现场管理人员如何与甲方沟通及下达正确的安全指令等培训。2009 年 H1N1 流感传播期间，项目没有发生 H1N1 病例，保证井队人员的身心健康。

【后勤保障】 古巴当地物质匮乏，基础工业薄弱，钻井队的机械配件全部从国内或第三国采购。结合项目实际情况，项目本着“资源共享，人员技术互援”的原则，建立配件二级库，把各井队同样型号的设备常用配件、易损配件、日常大宗消耗品统一存放在基地进行管理。加强与长城钻探公司和物资管理部门的协调，针对古巴物质匮乏的情况，长城钻探公司允许项目在执行半年计划，年终计划的同时，增加月度应急料的上报计划，解决项目很多急需的材料，同时减少空运料的次数，2009 年国内执行月度急料计划 12 次，国内组织上料共计 51 批次。

（周　英）

墨西哥项目

【基本情况】 2009 年，墨西哥项目（以下简称项目）有钻机 3 台，其中，2 台 30C 车载钻机（GW81、GW82）和 1 台 70D 电动钻机（GW176）。项目设作业部、财务部、人力资源部、HSE 部、采办部 5 个部门，人员总数 199 人，其中，中方员工 30 人，外方员工数 169 人，当地化率为 84.9%。

2009 年，项目资产总额为 5746.28 万元。流动资产总额为 5746.28 万元。项目 3 部钻机开钻井口数为 11 口，完钻井口数 12 口，钻井进尺为 34079 米，完成产值 11301.82 万元。

【安全生产】 2009 年，项目按照《长城钻探工程有限公司突发事件总体应急预案》、《长城钻探工程有限公司突发公共卫生事件应急预案》等要求，结合项目的应急制度，启动应急预案，成立疫情防控领导小组，严格执行防护、防疫、隔离、汇报、控制倒班等措施，无人感染甲型H1N1流感病毒。截至2009年底，项目未发生任何作业、交通事故。项目落实HSE管理的具体措施，加大安全设施的投入，力争本质安全，各队配置专职HSE总监，赋予权力，直接受项目HSE部领导，继续普及推广西语版的22张HSE检查表和STOP卡，按照岗位责任，由当地雇员负责检查和填写。

2009年，项目培训58人次，当地雇员Rig Pass上岗证和Well Cap井控证持证率达到100%。项目同当地3家培训机构签订长期培训及取证协议，Marvill Industrial负责消防培训，Griselda Perez负责Rig Pass上岗证的培训及取证，Vallen Proveedora De Seguridad 负责井控培训及取证（Well Cap），保证当地雇员能够及时取证及证件更新。项目利用当地有经验的雇员组织培训，利用当地供货商提供免费培训。项目HSE管理主要采用由当地第三方培训的方式，根据PEMEX要求，对全体人员需要培训取证的是Rig Pass及同等要求的证书，对井控人员需要培训Well Cap；同时，培训硫化氢防护以及呼吸防护设备的使用，培训防火和灭火器的使用，对叉车操作人员培训叉车操作。根据政府部门的要求，对操作压力容器的人员进行培训，以及应急响应培训。

【人力资源】 2009年，钻机提前终止，项目解聘99人。项目采取谈判逐个解决的方式，以最低的解聘金解聘不引发劳务纠纷。采取合理合法，个别协商解决或者调节到GW81队的方式，按照法律对被解聘者支付15—90天的解聘金，直接成本达到113万元。项目坚持执行当地雇员的招聘解聘制度、工资体系制度、轮休假制度。解决遗留的劳务纠纷并根据经验和法律避免新的劳务纠纷。按照当地法规要求保持中方人员占雇员总人数的10%。

项目根据岗位人员需求，由人力资源部筛选简历，组织面试。外籍雇员同劳务公司签订的劳动合同分2种，无固定期限劳动合同和合同期限为28天的劳动合同。项目管理人员同劳务公司签订无固定期限劳动合同，根据工作性质，基层作业队人员工作14天，休息14天，工作周期以28天计算，基层作业队人员同劳务公司签订28天的劳动合同，由代理律师事务所审查后，移交人力资源部审查，由劳务公司总经理签字。中方人员倒班原则为项目管理人员工作90天，休息30天，基层作业队人员工作60天，休息60天。项目按照长城钻探公司的原则，制订有中方人员倒班计划。根据墨西哥劳工法，计算休假天数。雇员需要填写休假意愿表，每2周统计休假人员信息，及时将信息反馈给财务部来计算相应的休假工资。

【后勤保障】 2009年，项目保证满日费来维持现场的生产进度，规范管理机制，规范管理制度，挖潜增效，规范分包商服务合同，拓展服务商数量，提高服务效率和降低服务成本。项目实现无设备停等的罚日费时间；搬家时间 GW81/GW82 均为 5.8 天，达到合同要求。

项目要求每个岗位“从我做起，尽职尽责，挖潜增效”。梳理项目管理流程，把每个岗位的岗位职责细化，主要细分作业、后勤、财务管理流程，相互监督协作，降低现场的生产成本和项目的管理成本。制定《HSE 异体监督管理办法》、《劳保管理办法》、《调整交通补贴的通知》、《项目部人员分工表》、《发放租房补贴通知》、《井间搬迁激励办法》。规范服务商的管理，提高服务效率和降低服务成本。规范设备运输合同、严格钻具检测程序、规范服务商的发票制作。

（洪　旭　乞晓红）

秘 鲁 项 目

【基本情况】 秘鲁项目（以下简称项目）在册员工 6 人，其中，中方人员 3 名，当地人员 3 名，可提供 3—4 部钻机的钻井液技术服务和国产抑制性聚合物水基泥浆的产品（15 种国产钻井液用材料）、技术支持及现场服务。2009 年，甲方油公司控制成本，减少钻井工作量，项目的钻井液服务工作量减少，项目总收入 400 万元。

【安全生产】

一、明确岗位责任制

项目经理是安全生产和环境保护的第一责任人，其他项目成员是 HSE 监督，牢记岗位安全职责，不安全、不工作，时刻警惕、保护自己、预防为主，把安全隐患消灭在萌芽状态。

二、社会防范

针对秘鲁地处南美洲的国家社会治安现状，明确规定限制中方人员的外出活动，除非工作原因外，不得随意外出。必须 24 小时在井现场。平时除与工作公司、使馆接触外，减少当地事务的参与和接触，确保中方人员始终处于安全的状态中。

三、HSE 体系建设和使用

按照秘鲁国家石油公司（PETROPERU）要求，结合长城钻探公司 HSE 政策，建立运行项目 HSE 管理体系。现场钻井液工程师严格遵守长城钻探公司的安全操作制度和生产规范，并更主要与甲方以及钻机服务公司随时协商，接受甲方的监督和检查。

四、环保工作

项目协调配合，技术支持环保工作。库房存放、材料使用、钻井液排放等涉及 HSE 环保要求，遵从甲方指令，提供多种技术方案避免事故发生，与现场、甲方、当地的环保部门保持畅通联系、随时沟通、协助解决。2009 年，项目没有发生任何安全环保方面的事故。

【企业管理】 2009 年，项目严格控制成本，用当地的土粉替代国产土粉，免费借用甲方的库房来存放材料降低库房费用，利用失业率高的条件，控制当地工程师的工资水平。

苏丹项目

【基本情况】 截至2009年底，苏丹项目（以下简称项目）用工总数739人，其中，苏丹雇员514人，中方员工225人，总体地化率70%，作业队当地化率72%，钻修井队当地化率78%，钻井液工程师当地化率53%。主要业务分布在6区，3/7区和1/2/4区运作项目26个，为GNPOC、PDOC、Petro-energy等油公司提供工程技术服务。

2009苏丹项目工程技术服务队伍分布和数量表见表9-3。

表9-3　2009年苏丹项目工程技术服务队伍分布和数量表　　支

序号	服务类型	执行单位	队伍分布和数量				
			1/2/4区	3/7区	6区	5A区	合计
1	钻机	钻井一公司	1		1		2
2	修井机	钻井一公司		1			1
		国际钻修	4	2	1	1	8
3	钻井液	钻井液公司		5	4		9
4	取心	工程院			1		1
5	顶驱服务	顶驱公司	1				1
6	热洗	吐哈工程院			1		1
7	管具维修	物资公司			1		1
8	稠油热采	国际钻修总包			1		1
9	水平井服务			1			1
合　计			6	9	10	1	26

2009年，实际百万工时2091344小时，暴露工时4271936小时，百万工时事故率1.87，完成项目与长城钻探公司总部签订的HSE管理目标责任书中所规定的指标。连续5年实现“七个杜绝”，安全天数1993天，连续4年荣获“HSE先进管理单位”称号。

2009年，项目交井9口，完成进尺20499米，修井、试油315井次。热采2井次，水平井2井次。钻井液服务111井次。实现营业收入48628.8万元。项目新签合同5个，延期合同11个，续签合同 2 个，待签合同 1 个（Gasab 油田稠油开发调整方案）。等待石油局审批合同 1 个（3/7 区 5 口找堵水、防砂项目）。新签、续签、延期合同额 8588 万美元，超额完成全年指标的 50%。

【市场交接】 截至 2009 年 10 月 31 日，项目交出 16 部钻机，6 部修井机、1 个管具项目和 3 个区块的固井服务项目，移交的项目年创收超过 1.4 亿美元，接收 2 部钻机，8 部修井机和 1 个管具项目。

【市场开发】 项目与 3 大联合公司及苏丹国家石油公司、石油局等进行广泛技术交流，采用“走出去，请进来”等多种形式，推介长城钻探公司综合技术服务能力和国际化工程技术总承包商的“新长城”概念，推介国内成熟的油田开发技术和成套的工艺技术，推介长城钻探公司稠油开发技术。

2009 年 3 月，项目成功签约 6 区稠油热采项目 4 口井 1+1 年期合同，6 月项目顺利启动。签订 1 年期 2 口 37 区定向井项目合同，2009 年，完成 2 口实验井施工。签订 1+1 年 6 区定向井项目合同。获得 3/7 区 Ruman 油田 GASSAB 稠油区块的调整开发方案 SINGLE SORUCE 合作意向。取得 5 口找堵水、防砂项目方案设计机会，技术及商务方案顺利通过甲方的 TC 会，报送石油局等待批复。签订 6 区 1 口侧钻试验井合同并协助甲方顺利完工，各项成本综合下降 50%，奠定开拓苏丹 124 区、6 区侧钻服务市场的坚实基础。取得 6 区技术支持服务标的中标机会，经苏丹石油局批复后，取得授标函，等待合同签订。取得 124 区钻井液标投标资格，商务标排名第一，顺利通过大尼及 OEPA 的国内考察及检验。

2009 年，新带出国技术服务队伍 7 个，其中，钻井液 3 个，稠油 1 个，定向井 1 个，测钻 1 个，管具 1 个。

【技术创新】

一、IGD 技术

2009 年，项目和苏丹测井作业区合作推出“IGD”技术（工程地质相结合的水平井施工技术）。项目整合地质跟踪、定向井工程和随钻测井等技术，研制开发符合甲方要求的实钻数据实时远传技术和软件，苏丹测井作业区的技术人员现场修复中子密度等关键设备，项目的软、硬件基本满足甲方高标准的施工技术条件。项目完成 PP−29H 井和 FG−29H 2 口测试水平井作业，获得与斯伦贝谢分标 6 区定向井和水平井的合同，扩大定向井市场。

二、稠油特色技术

2009 年，项目设备正式启动，在富拉中和富北东 2 两个构造上进行 1 口井的施工，原油日产量同比提高 3—4 倍，FC−12 井平均日产油 882 桶❶，FNE−38 井平均日产 440 桶的良好效果。移动高效注汽技术全过程实现高效保温隔热，井口干度达到 78%，井底干度达到 55%，对提高燃油热效率、注汽效果、提高单井产量起到决定性作用。注汽参数优化技术采用先进的热采模拟软件进行单井吞吐和蒸汽驱油藏预测研究。高温测试技术利用现有测试设备进行井下温度降、四参数吸汽剖面测试、焖井压力降测试，监测油藏注汽动态。

❶ 1 桶 =0.15898806 立方米≈ 159 升。

三、综合技术

项目针对3/7区的找堵水、3/7区及6区的防砂提出具体的技术和方案。参与稠油油田开发方案研究与设计的服务，通过3/7区GASSAB稠油油田开发调整方案设计甲方的资质审查。签订为6区提供包括油藏研究、找堵水、防砂、稠油开发、工程设计等综合技术支持服务的合同。把套管开窗、测钻等技术推向苏丹市场，为老井复产发挥潜在的技术优势。2009年，项目为6区提供套管开窗技术服务，节约甲方成本。

四、钻井液体系

2009年，项目对区域地层特点分析，选择硅酸盐体系钻AG地层。对硅酸盐钻井液存在的问题和可能面临的风险进行详细的研究，提出解决方法，完成高难度重点定向井。勘探井都是在断层附近或断层中穿行，硬脆性的页岩夹在易水化分散的泥岩地层中，地应力各向异性，近井壁带承托页岩的泥岩水化分散于钻井液里后，页岩极易在钻具的轻微碰撞下垮塌，垮塌具有连动效应。定向钻井使用1.5度螺杆滑动钻进增斜、稳斜，由于狗腿度大，稳斜段长。

五、KCl-Silicate钻井液体系

2009年，苏丹6区使用KCl-Silicate钻井液体系成功完成4口定向探井。其中，最大井深3143米，最大造斜43度，平均井斜39度，造斜段从1290米到3043米，水平位移920米。

【管理转型工作】　2009年，长城钻探公司提出“国内专业化、国外区域化、国内外一体化”发展战略，针对海外项目管理制定以区域化和托管协议为核心内容的海外管理新模式。项目作为长城钻探公司试点，与国内各专业化公司签订托管协议，开展项目管理转型的工作，实现从传统的项目管理模式向实体化、经营型项目管理的转型。

2009年，项目调整工作人员的专业结构和组织机构，搭建实体型、全能型项目管理框架。结合新管理模式客观要求，以及作业队伍存在的不足，建立并逐步完善4个管理体系。根据长城钻探公司HSE体系推进要求及市场转型、管理转型实际需要，结合苏丹现有服务业务特点，总结安全管理经验，梳理HSE规章制度、修订HSE体系文件、编写修井队施工作业流程、引入国际公司安全风险图例分析、规范安全数据统计表样、实行修井作业风险管理等，项目完成转型后新的HSE体系建设。按照托管模式下的后勤支持和保障机制，建立以《苏丹项目物资采购和材料管理办法》、《苏丹项目设备管理办法》、《苏丹项目运输管理办法》等为核心内容的项目后勤保障制度体系。建立以材料管理为基础的成本核算体系。建立以作业队QHSE、全日费率、大包搬家、员工当地化、生活费、钻井液工程师业绩等6项考核办法为核心内容的经营考核体系。

【安全管理】　2009年，根据年度安全工作会议及HSE工作计划，项目制订《苏丹分公司2009年度QHSE重点工作计划》，明确全年HSE工作思路、重点工作，围绕“交接、转型”两部曲，建立完善HSE体系，落实规章制度，提高作业现场的标准化，实现项目与长城钻探公司总部签订的《HSE管理目标责任书》中所规定的指标。

一、海外市场划转交接

项目下发文件和要求，从介入、过渡、交接、正常运行 4 个阶段，把握安全生产组织和交接的平稳运行工作。在生产安全上，明确双方交接职责、交接权限、交接期限，加大交接期间的安全检查、加强交流机制，提前解决现场存在的各方面问题，实现交接过程中的平稳过渡。对交接人员进行入场安全培训，适应苏丹的工作特点、设备性能、作业状况、安全管理现状、甲乙方运作模式等，确保前期介入时的安全。项目重点围绕井控、交通、作业、用电、吊装等可能产生重大事故的风险展开工作，实现“平稳过渡、安全交接”八字方针。

二、强化体系推进

完善项目的 HSE 体系建设，修订 HSE 体系文件，收集整理往年 HSE 规章制度，编写修井队施工作业流程，引入国际公司安全风险图例分析，规范安全数据统计表样，下发员工 HSE 手册，实行修井作业风险管理等，形成转型后项目的 HSE 体系初建工作，并印刷成册，下发各队执行。新增热采锅炉和水平井等项目。项目与总承包国际钻修公司抓作业基础建设工作，编制 SOP、完善工程技术服务的各种规章制度，甲方提供标准化的服务和作业。

2009 年 7 月，按照长城钻探公司总部体系化推进的总体布置，将项目纳入体系推进试点单位，项目结合长城钻探公司文件要求，开展“强化体系推进、提升作业标准、保安全迎国庆”活动，明确职责，落实属地管理责任，从 3 个层次、8 项标准化工作，分 3 个阶段推进体系深化，强化属地责任、提高目视化管理标准，狠抓现场“物和作业行为”的规格化、标准化，从人员素质、队伍管理本质安全、设备设施本质安全 3 个方面，提升队伍的本质安全生产能力。

三、强化安全检查机制

项目强化岗位巡回检查，将隐患降低到最低程度，由钻井队各班组和岗位进行，坚持上班前的例行安全检查和工作安全分析，下班时进行安全讲评。每周基层队开展全面安全检查，确保现场本质安全，及时发现隐患和问题，降低不安全因素。项目对现场 HSE 检查表进行标准化改进完善 520 项。开展季度 HSE 检查，评价现场 HSE 管理状况和表现水平，项目组织对各前线作业区的 HSE 管理进行检查和对作业队伍的 HSE 管理进行抽查。

四、建立考核和处罚机制

依据长城钻探公司 HSE 考核管理办法，项目制定《苏丹项目部 HSE 考核管理办法》和《现场 HSE 处罚条例》，HSE 管理和监督考核实行分离的三级考核。制定《基层作业队 HSE 奖惩管理规定》，突出对基层作业队伍管理责任人的考核，把基层作业队的 HSE 责任、管理过程、现场 HSE 业绩与每月、每季度的奖罚联系起来，调动基层队 HSE 管理的积极性和主动性。项目联合组成检查、考评小组，每季度对所有井队检查一次，检查结果向项目 HSE 委员会汇报。签订 HSE 管理目标责任书和风险抵押金制度。项目与长城钻探公司总部签订 HSE 管理目标责任书，执行风险抵押金制度。

五、加强重大风险控制

项目按照长城钻探公司总部要求，严格控制作业生产中的重大风险，通过季度重点工作、安全提示、日常沟通交流、定期性的检查及考核等手段和方法，落实安全规章制度、操作作业程序，将风险控制在可接受的范围内，防止重大事故的发生。

项目抓好交通管理，制定交通安全管理实施细则和各种安全规定，对车辆配备、资质、驾驶、检查、考核等方面进行规范。加强井控管理，控制作业中的最大风险。项目执行井控行业标准，根据行业标准和公司井控管理规定，结合苏丹的实际情况，项目编制修订《井控管理责任制》、《长城钻井苏丹井控管理规定》、《修井队井控管理规定》等，要求钻修井队严格按照合同、设计规定及现场甲方监督的指令安装防喷器、节流管汇、控制系统，并按照设计、在现场监督的监督下对井控设备进行调试和试压。做好生产作业管理工作，防止人身伤害事故的发生。开展反违章活动，强力执行《反违章禁令》。

六、强化防范能力

2009 年，项目依靠甲方增加保卫力量、加大井场安全条件，完成井队 10 项物理性安保措施。根据项目的特点和施工区域，修订应急预案，执行安保措施，修井队流动性强，在硬件上投入安保费用，提高基层队抵御社会风险的能力。项目申请防弹中巴车采购，方便中方人员倒班使用。购置防弹背心，保障员工安全。为每个基层队设计、制作门岗房，从当地警察局雇佣 1 至 2 名警察，24 小时值守。每个钻修井现场采购 400 米简易铁丝网。加强办公室的安保措施，强化夜间办公楼和现场的保卫力量。项目及时应对突发事件，加强应急准备，加强信息沟通、完善预案系统。

【经营管理】　2009 年，项目落实“两保两全”应对措施，修订物资采购管理办法，完善采购环节内控体系，实行物资采购、搬家及运输市场化招标，使大宗材料采购抵消物价上涨因素，大宗货物运输费用降低 5 个百分点，当地采购综合成本下降 3—5 个百分点。强化一线材料管理和成本控制，2009 年初，给各队模拟下达成本控制指标，提高井队成本控制意识。9 个修井队当地采购材料消耗平均下降 8 个百分点。重新修订项目资金支出和费用报销管理规定，对于各种费用单据的合理性、合法性进行预先审核，对于不合理、不合法的单据坚决不予核销。对井队的大包搬家效率进行考核，通过奖罚措施提高作业队的大包搬家效率，节省搬家时间，提高全日费率，创造更多收入。在 GW44 队试点引进生活服务公司，负责井队的后勤工作。经过试运行，项目每个队可以综合节约成本 5 万美元左右。对各队员工当地化（国际化）进行考核，减少各井队的中方人员数量，降低人工成本。各井队人数从年初的定员 164 人减少到 132 人。

【队伍建设】

一、抓队伍稳定

项目划转交接，队伍稳定受到影响，项目提出“管理人员走下去，基层人员走上来”的工作方针，项目班子成员，分片包干，带头定期下基层调研，针对队伍托管初期项目上存在的疑虑、观望、不解等情绪，解答疑虑，稳定队伍，建立平台经理、机械师沟通渠道，倾听基层队心声，及时解决基层队难题，稳定队伍。

二、打造修井队伍品牌

项目与国际钻修公司联合开展“强化体系推进，提升作业标准，保安全，迎国庆”活动，成立联合督导组，集中梳理、制定修井队标准化现场、现场目视化管理、吊索管理配备标准、安全设施配备标准、电路分级标准、井场规格化布局摆放以及文件资料“十夹一簿”标准化管理、POB 入场登记挂牌管理 8 个方面的统一规范，督导组逐队培训、检查、落实，打造作业实力强、规范化管理程度高、知名度响的品牌修井队伍。

三、HSE 监督选聘机制

针对项目人员配备实际情况，与二级单位共同任命 HSE 专兼职监督。修井队带班队长向专项 HSE 监督过渡，为将来向异体监督过渡做准备。启用平台经理必须从 HSE 监督岗位选拔的用人模式。

四、培训工作

项目 430 人次参加井控培训、HSE 培训、HSE 监督培训、HSE 体系推进观摩培训、质量管理培训等。项目出台《关于机械师等岗位培训的相关规定》。项目对暂停队伍进行集中 3 个月的英语和业务培训。利用各方培训资源，举办培训班，邀集国际 SOS 急救中心专家为中国、苏丹员工培训 FIRST AID 急救知识，通过现场传授，受到当地雇员和中方人员欢迎。举办 13 次现场急救知识培训班，培训 183 人，其中，中方 80 人，苏丹员工 103 人。利用甲方资源，为员工进行 HSE 方面的取证培训、驾驶 DDC 培训等。组织人员到现场进行 HSE 常识和技能的培训，培训 9 个作业队，培训人员 163 人。各作业队利用班前班后会进行安全方面的培训，采用一带一、一帮一的方式进行岗位培训，让员工掌握现场必须的操作和安全技能。

五、党建工作

项目深入开展学习实践科学发展观，加强全体员工特别是党员干部的思想观念教育，加深理论修养，增强抵御危机、迎难而进的能力和信心。强化“双百双增”、“两保两全”主题宣传教育，增强全员忧患意识和责任感，树立强烈的市场意识和服务意识。组织学习石油战线全国“双百”人物事迹，培养适合新项目发展需要的善于学习、肯于吃苦、精于业务、甘于奉献和勇于创新的高素质人才队伍。选树优秀典型，做好宣传，发挥榜样和模范带头作用。项目 5 人获长城钻探公司先进个人，3 人获长城钻探公司劳动模范，1 人获长城钻探公司巾帼标兵。项目获长城钻探公司先进单位和先进党组织荣誉称号。

苏丹测井作业区

【基本情况】 2009 年，苏丹测井作业区（CNLC）（以下简称为作业区）业务涉及测井、射孔、录井和测试等井筒技术服务，筛管完井、资料解释处理和油田研究等服务项目。作业区员工总数 542 人，其中，中方人员有 97 人，作业区管理人员 13 人，平均年龄 32 岁，平均海龄 4 年，项目经理以上管理人员平均海龄 6.5 年。博士 3 人、硕士 18 人、大学本科学历 77 人、大专学历 1 人、高中和中专学历 6 人，其中，包括油田合作方 13 人；国际雇员 7 人，苏丹雇员 438 人，雇员本土化程度 82%。

2009 年测井完成裸眼井测井 158 口，射孔 8799 米，测井总量 1769 井次。测试完成 802 层测试工作量、录井完成 124 口井录井工作、解释完成 126 口井 / 层的解释任务。作业区收入 6587.57 万美元。截至 2009 年 12 月底，作业区作业收入为 4.8 亿美元。作业区获 2009 年度安全生产先进单位，2009 年度质量管理先进单位，2009 年度最佳凝聚力党支部。124 区测井项目组荣获 2009 年度安全生产示范队，37 区探井综合测试队荣获 2009 年度安全型班组，王国政荣获公司安全管理标兵，刘荣徽荣获公司环境保护先进个人。

【主要措施和成果】 2009 年，作业区深入学习实践科学发展观，落实长城钻探公司“双百双增”逆势增长的工作部署，执行“两保两全”的应对措施，利用长城钻探公司“国内专业化，国外区域化，国内外一体化”的方针政策，解决作业区发展的资源瓶颈，保证设备、人员的补充和技术支持，保证作业区的市场份额，其中，测井市场占有率 60%，测试占 75%，录井占 65%，解释占 50%。2009 年，作业区按照三级市场体系要求，保持原有合同的稳定，开拓新市场，完成签订合同金额 6293 万美元，待签合同 354 万美元。

按照长城钻探公司提出的“双百双增，两保两全”的要求，作业区结合苏丹工程作业特点和外界环境，制定节约成本措施。优化生产过程，减少备件损失。根据维修历史数据，合理订购备件，生产准确预测，库房优化管理，减少库存量。完善运输流程，提高紧急材料的货运效率。各个基地统筹调配，提高备件和设备的使用率。科学维护主体设备，提高设备使用期限。推动本土化进程，降低人工成本。2009 年，作业区库存减少 200 万美元的成本。

2009 年，作业区贯彻长城钻探公司要求，配合和支持苏丹钻井项目 3/7 区水平井作业，做好前期的市场运作、中期设备和人员准备、作业过程中物流、技术以及人员支持、数据远传研发和调试、投产使用，取得甲方认可。

【科技创新】 2009 年，面对作业量刚性下降的形势，作业区研究市场变化，制定科学的可持续发展策略，拓展技术服务链并开发新的市场，开发筛管完井服务、多相流量计测量、分层开采、数据远传等项目，新增 17 区、C 区 2 个服务区块，保证市场分布更加合理，增强抵御风险能力。“GNPOC Neem 油田低阻研究”项目发现 AG6“蝴蝶层”低阻油藏、“GNPOC Neem 油田储层参数研究”、“PDOC 3/7 复杂油层及岩石物理研究”、“GNPOC Heglig 主油田及其卫星油田地层对比及油水界面分析”等项目为油田增储上产作出贡献。完成“1/2/4 区出砂、出水研究”项目的前期调研，开展“苏丹 C 区老井复查及油水关系研究”及“苏丹 1/2/4 区井间电位成像—剩余油分布”项目。

【安全生产】 2009 年，作业区继续深化 QHSE 管理，从经验管理、事故管理发展到过程管理、风险管理、预防管理、NEARMISS 管理、系统管理，上升到 HSE 文化高度。作业区把“以人为本、预防为主、直线责任、全员参与、持续改进”作为 HSE 工作的方针，坚信“任何事故都可避免”的理念，认真贯彻执行作业区 QHSE 管理分册要求。重点培训雇员和新人，把 SOP 和 STOP 结合进行。作业区举办各类 HSE 培训 300 人次，培训的内容包括 HSE 通用知识培训、各工种 HSE 知识和技能培训、防御性驾驶培训、安保知识和技能培训以及其他相关 HSE 培训。全年上报险肇事件 483 个，进行安全经验分享 405 次。根据 3/7 区录井项目 4·24 野蜂蜇人致死事件，及时对作业区 HSE 管理分册进行修订，增加有毒动物的预防方法，发布《苏丹测井作业区 HSE 管理分册》（第五版）。通过提高员工各项技术技能，强化车辆和交通安全管理，组织 SOS 急救取证培训，人员安全分类和动态监管，完成并学习《苏丹作业区十年事故案例汇编（1998—2009）》，系统思考、组织、运行安保系统等措施，提高员工的安全意识和安全技能。

作业区坚持月度质量分析会并将所发现的问题及时反馈作业区所有工程师，坚持工程师技术的全面化和有形化，完善各项技术的 SOP。坚持《QHSE 单井计划书》制度，保障作业的安全和质量。2009 年，作业区新增非 CNPC 投资的 17 区、C 区测井、录井作业安全、优质地完成施工任务，施工质量及作业时效都获得甲方的赞扬，实现作业区对苏丹所有开展钻探作业区块的全面覆盖。

【企业管理】 作业区倡导“以人为本”的企业文化，根据人员实际结构提出短期做项目，长期是培养人和积累经验教训的管理思想。创建学习型组织，充分发挥员工的主动性和创造性。根据长城钻探公司重组整合后的新要求，开展形势教育，给员工提供发展平台。长期坚持交接报告制度，交接报告包括日志、心得体会、单井计划书等，保证工作的连续性和良好的组织氛围。作业区贯彻长城钻探公司雇员国际化、本土化发展的经营理念，加大本土化雇员的招聘、培训、现场作业的力度。截至 2009 年底，作业区的本土化率 80%，前线作业基地的本土化率 85%，有 9 个套管井测井队、8 个测试队和 8 个录井队实现作业队伍当地化。

2009年，作业区推进以标准流程为主线的基础管理工作，推进基地标准化建设。作业区制定各项基础工作的标准流程，包括从库房管理到财务/税务管理，资产管理到设备清关运输，市场日常管理以及各种其他日程管理。最大限度降低风险，提高运营效率。作业区以质量安全、技术、库房、机械、雇员、SOP以及执行力管理为重点，基地经理及项目经理每月提交管理评估报告，作业区领导审核和指导，提升基地和项目管理人员的水平，加速各个基地标准化建设的进程。

【精神文明建设】　作业区坚持每周六学习业务、集中学习长城钻探公司文件、党内文件，弘扬“忠诚、奋斗、合作、创新”的核心理念。以“四好”标准打造高素质团队，注重党员干部的思想政治素质和道德修养建设，顾全大局，切实提高领导班子战略决策能力、市场开拓能力、精细化管理能力、防控风险能力、应对复杂局面和处理各种矛盾的能力。加强组织和作风建设，加强后备干部的培养，创建“四好”班子。作业区开展职工业余文化生活，每周组织一次足球或篮球比赛，增进感情交流。设立小型图书室，有中方员工的管理类、技术类、哲学类书籍，为当地雇员订购阿语杂志、报刊和英语书籍，提高知识面和英语能力，丰富广大职工业余文化生活，增强企业凝聚力和队伍的战斗力。

阿尔及利亚项目

【基本情况】　阿尔及利亚项目（以下简称项目）有基层作业队伍9支，其中，钻井队3支、修井队1支、顶驱服务队伍2支、固井服务队伍2支、钻井液服务队1支。项目有员工229人，其中，中方人员98人；阿尔及利亚当地雇员131人。

2009年，项目实现收入7705万元。同比增长−46.1个百分点，完成2009年考核指标的60.2%。

【装备资产】　项目有设备8台（套），固定资产原值1468.37万美元，净值865.99万美元，折旧602.38万美元。主要设备有ZJ70D钻机、ZJ50D钻机、ZJ30D钻机、XJ650修井机各1台和固井车组2套、顶驱2套。设备投入使用不等，平均新度系数0.6。项目有29台车辆，有皮卡6辆、中巴3辆、救护车4辆、固井工程车卡车3辆、小车7辆，装载机4辆，吊车2辆。基本满足项目生产需要。

【划转队伍交接】　2009年，项目完成3套设备的交接工作，设备交接工作总体上实现平稳过渡，人员配备和补充完毕。2套哈利伯顿固井设备，现场设备和材料等实物交接已顺利完成。

【安全管理】

一、明确HSE工作目标和职责

项目根据长城钻探公司的要求，明

确 HSE 工作目标，对各单位承担的各项 HSE 工作进行分解和细化，做到责任明确，任务清晰。加强宣传力度，制定相应的 HSE 规章制度。平台经理为第一责任人，成立基层队“HSE 现场管理小组”，明确管理小组的职责。井队 HSE 监督负责井队的 HSE 工作的现场监督和指导，以及日常 HSE 管理工作。HSE 监督要严格监督检查，确保各项管理制度得到正确的贯彻落实，控制安全生产过程。

二、严格落实《反违章禁令》

项目贯彻和落实《反违章禁令》文件的精神，项目部、前线基地、各生产单位，召开以反违章六条禁令为主题的安全会。利用长城钻探公司挂图和项目自制卡片形式，分发到各个基层作业队，张贴在操作间、值班房、会议室等地方，将反违章禁令融入工作中。各单位进行自查自改，查找不足，加以改正。对所查问题进行分析、总结，归纳出防护措施，吸取教训，杜绝类似问题的发生。认真落实岗位责任制，加强日常的监督检查工作，消除安全隐患和不安全行为。

三、强化应急管理

项目结合长城钻探公司在应急管理方面的经验和做法，完善《防恐应急预案》、《紧急撤离应急预案》、《人员受伤应急预案》、《火灾应急预案》、《硫化氢应急预案》、《井控应急预案》、《人员车辆丢失应急预案》、《环境污染事件应急预案》等各种应急预案，提高应急预案的实用性和可操作性，完善应急机制、体制和应急管理体系、预案体系，避免和减轻人身伤害事故的发生起到参考作用。项目根据实际工作情况制订每月演习计划，有序开展多形式、多方位的应急演练工作。各单位开展应急知识讲座、人员培训，提高队伍应对和处置突发事件的能力。

四、加强 HSE 管理与培训

项目当地雇员占员工总数的 60%。对当地员工的培训主要采取帮、教、带、培等方式进行岗位、技能和安全方面知识的培训。项目用演练前理论讲解和演习中岗位练兵的方式对员工进行演练培训。利用会议进行安全制度、文件的学习及事故通报。在空暇时间组织员工进行专题或理论讲座，实施相关培训计划。

五、加强井控管理

项目井控管理工作实行分级负责，责任到人，坚持以防为主，防治结合，综合治理，强化井控安全责任落实，检查井控管理方面的有关资料、台账，通过检查加强基层队对各种井控制度的执行，落实安全监督井控管理工作责任。通过制度的层层监督，层层把关，减少和降低项目井控风险发生的几率，加强对基层队的监督力度，增强隐患的排查、整改效率，强调作业队对井控日常工作落实，检查演习记录和设备记录，夯实作业队基础工作。强化现场井控管理，降低井控风险。加大对井控标准、井控实施细则和相关制度执行程度的监督力度，落实关键工序的风险识别和消减措施，加大隐患排查力度，开展井控隐患识别工作，加强对员工井控安全意识和技能的培训，提高员工的整体井控技能。

六、现场风险识别

项目通过各类事故分析经验教训，

基层队坚持从“人、机、料、法、环”等方面识别每个工序、每个环节、每个阶段的风险因素，进行安全分析、风险削减，加强作业过程的监督管理工作。在作业前HSE监督制定相应的安全工作分析、风险削减措施，对风险削减措施的有效性进行评价。各项措施落实到位，HSE监督应充分发挥自己监督权利，发现违章指挥、违章作业，按相关制度执行。

七、项目、基层队自检自查

项目每月都组织检查小组，对各井队进行安全大检查，通报检查结果，对检查发现的问题要求井队及时整改。HSE监督负责进行周安全大检查，上报检查结果和整改结果。在交接班过程中，平台经理、代班队长、HSE监督必须对发现的问题落实并整改。根据长城钻探公司和项目的具体情况，组织人员进行专项检查，严密排查隐患，防止事故发生，确保各项安全措施真正落实到实处。2009年下半年，项目关键设备、井口工具、井下工具、高压管汇、井架、悬吊系统、吊绳、吊篮、逃生装置等都经过第三方检测、探伤，保证设备安全。

八、搬家和吊装安全

搬家前做好人员培训工作、设备保养和检修、尤其吊绳的检测。做好搬家路线的勘察，联系甲方，确保安保及时到位。吊装前检查使用卡车、吊车的性能，检查所吊装货物的安全性，做好捆绑工作，确保在车辆行驶过程中的安全，安排专人在车辆出井前，再次检查所载货物的安全性。HSE监督对吊装、安装作业进行严格监督。起放井架、上下钻机等特殊作业必须进行安全工作分析，平台经理、HSE监督亲自检查、指挥。随队医生做好急救设备的准备工作，现场待命。

九、交通安全

2009年，项目以“百日交通安全专项整治”活动为契机，健全完善《阿尔及利亚项目车辆和交通安全管理办法》、《阿尔及利亚项目机动车辆驾驶准驾申请和准驾证制度》、《阿尔及利亚项目交通事故应急救援预案》、《阿尔及利亚项目车辆周检查表》、《阿尔及利亚项目长途路单》等。定期对司机进行培训和教育，每周组织司机召开安全例会，查找行车中存在的隐患和问题并商讨解决的办法。项目车辆配备行车记录仪、安全带、急救箱、灭火器、拖绳、警示牌等，皮卡车辆安装防翻架。坚持安全检查、行车监控，保证车辆的硬件安全。项目减少长途出车几率，提前做好出车计划，雇佣当地运输公司长途出车，减少交通风险。

十、消防安全

项目树立全员参与消防意识，落实消防安全责任制、开展消防宣传教育，加大火灾隐患治理工作力度，强化应急管理和演练，落实消防安全防范措施，严格进行消防安全监督检查和专项整治，预防和遏制各类事故尤其是重特大火灾、群死群伤恶性火灾事故的发生。2009年11月，项目开展以“生命至上，平安和谐”为主题的“119”消防日宣传周活动。项目组织各基层队因地制宜采取黑板报、宣传标语、消防讲座等形式对员工进行消防安全宣传教育。开展主题宣传活动，各基层队组织举行“生命至上，平安和谐”主题宣传活动，向员工讲解消防知识。由项目 HSE 总监对员工讲解安全防火知识及火场逃生的方法，现场进行消防演练。由各队平台经理组织消防灭火演习，让员工了解在着火初期如何进行灭火及自救。

十一、环境保护

2009 年，项目按照长城钻探公司年度计划中对环保工作的具体要求，结合阿尔及利亚实际情况，实行环境保护目标责任制，落实各级领导责任，定期召开专项会议，研究环保事项。实行环境保护目标责任制，明确环境保护责任。严格执行环保法规，坚决制止违章行为。加强设备的管理，减少跑冒滴漏现象，严格遵守垃圾分类制度。在井场及各营地设置不同颜色的垃圾箱，井队员工及营地各服务单位严格按照分类投放垃圾，定期处理。项目组织检查计划，各基层队自检自查，对发现的问题及时整改，制定措施防止污染环境事件发生，围绕生产抓环保，把长城钻探公司的环保精神落实到实处。由项目带头，对各队的环保情况进行评比，使大家的环保工作由被动型转为主动，达到“人人要环保，人人争环保先进个人”的目标。

十二、强化安全观察程序与 STOP 卡使用

项目要求各基层队领导带头，强化管理，完善体系，高度重视 STOP 卡的使用、统计、分析工作。中方员工参加长城钻探公司 HSE 培训，当地员工参加项目脱产和现场培训，培训 31 次，培训 320 人次。项目组织班前班后会，工作人员认真对本班安全工作进行分析，对岗位的安全生产工作进行分工布置。带班队长组织安排生产，对可能存在的风险进行提示，HSE 监督对当班人员的作业工况存在的风险进行分析，提高当班人员的防范意识，明晰各自岗位的职责，遵守各种规章制度落实到行动上，形成自觉严格执行规章制度、操作规程、安全知识的良好氛围。

十三、加强 HSE 体系推进工作

项目领导带头进行安全经验分享活动，践行有感领导，项目以“安全经验分享”作为 HSE 体系推进工作的突破口，项目领导带头在 3 人以上的会议上做“安全经验分享”，营造项目安全文化氛围。项目领导带头遵守长城钻探公司和项目的各项 HSE 管理制度，在安全行为上起到模范带头作用，经常深入基层队鼓励员工参与讨论安全问题，认真听取员工的建议，并及时向员工反馈信息。项目部门副经理以上岗位制订个人安全行动计划，由 HSE 部严格监督、考核，督促每个人认真执行个人安全行动计划。项目对安全环保工作实施直线管理，结合岗位责任制和各岗工作循环检查路线，重新划分各岗的属地管理责任区域，结合本队的具体情况把设备和工作都落实到人，确定属地主管，明确属地主管的责任，形成“我的属地，我负责”的管理模式。项目组织人员参加 HSE 体系推进工作的培训，提高员工对 HSE 体系推进的认识。

十四、做好甲型 H1N1 流感防控工作

项目要求倒班休假人员执行各项防控措施，完善项目防控工作应急预案，建立领导负责制，明确责任和任务，各司其职，各负其责，层层落实责任，确保各项防控措施落实到位。保证员工身体健康和生命安全，维持正常的生产生活秩序。项目加强甲型 H1N1 流感防控知识的宣传。请专业消毒公司到所有办公室、公寓、现场进行现场消毒，对办公室、食堂、宿舍进行多次消毒。中方人员减少外出，外出避免去人员拥挤的地方。要求员工多洗手，保持室内空气流通，保持卫生整洁。严格要求员工回国或回项目后隔离观察 7 日，每日监测体温。

阿尔及利亚测井作业区

【基本情况】　2009 年，阿尔及利亚测井作业区（以下简称作业区）收入预算 5735 万元，实现收入 3172.52 万元，完成预算的 55.3%，同比下降 45.6 个百分点。

【主要措施和成果】　2009 年，作业区录井项目带队工程师每两周向项目经理及作业区汇报现场的工作情况，汇报内容包括现场甲方监督对录井仪器及人员的要求，仪器及设备运行情况，当前资料录取情况，材料备件需求情况，现场甲方对项目的建议和要求以及小队 HSSE 执行情况等，确保作业期间前后方信息交流通畅、作业区的后勤保障支持到位。测井项目中方人员缺少，重点推进工程师当地化工作，着重培养当地工程师，将当地工程师外派到苏丹参加系统培训、基地理论培训、现场施工培训等方式，逐步提高当地工程师的技能。测试项目通过与 ENSP 合作，调试多相流量计，计划进入阿尔及利亚当地油公司市场。解释中心对于重点作业项目派遣解释工程师上井进行第一时间质量控制，协助前线工程师采集到合格的资料，在资料提交解释站后的第一时间为甲方进行分析和评价，提供快速解释结果，方便甲方进行下步生产决策。通过这种处处时时为甲方利益着想的思想和行为，充分发挥出 CNLC 独特的比较优势，实现合同的增值和保值。

【安全生产】　作业区组织中方员工参加集团公司要求的安保防恐培训，增加员工的安保知识，提高防控意识。“七五”事件在阿尔及利亚引起很大的社会反响，作业区及时与大使馆和 CNPC 代表处沟通，获得最新的信息，按照指示采取一系列安保措施，保障人员和公司财产的安全。

作业区每月由专人对火工品进行盘点和管理，对火工品库进行定期检查，对火工品运输许可、使用许可、储存许可及时更新。对于放射源使用，执行出入库登记、当地员工操作使用培训、井场巡回检查记录、专车运输等。2009 年，完成 2530 放射源到尼日尔的出口，邀请 CRNA 工程师对源、源库、运输车辆进行定期检查，并及时申请源使用许可和运输许可的更新。

作业区执行单井 HSSE 计划书，在作业前进行风险识别和评价、信息交流与沟通。严格执行准驾证制度，对驾驶人员进行上岗前的考核；对于车辆进行速度的控制；进行技术的保障，所有皮卡车完成安装防翻架、严格执行限速规定等。开展“百日交通安全”活动，组织项目人员参与到活动。月底让员工进行办公室、现场安全用电的大检查，发现问题及时进行整改。对基地是要求 HSSE 协调员每天对所有库房对照检查表完成用电和防火检查。作业区配置 2 个中餐厨师和 1 个当地厨师，HMD 基地配备乒乓球、桌面足球、足球和羽毛球、篮球场地（与洗车台公用场地）。密切关注甲流感疫情，在整个作业区范围内宣传甲流感预防知识，按照长城钻探公司要求执行员工倒班计划。组织所有当地员工参加年度体检，督促中方员工在国内参加长城钻探公司安排的年度体检。

按照项目的资金安全管理办法执行。HMD 专职出纳负责 HMD 基地的现金、支票支出，严格执行 HMD 作业区资金管理规定。根据现场作业情况，组织进行硫化氢培训和实际演练。根据长城钻探公司及集团公司最新的安全文件要求，较高风险国家的应急预案及时进行梳理和更新。每个季度进行一次季度大检查，对基地的 HSSE 协调员进行培训和完成对各个项目的月考核和季度考核。对 2009 年 HSSE 管理数据进行分析，及时制订 2010 年 HSSE 管理方案。作业区内部各项目之间相互交叉培训（技术、HSSE、语言、文化）并进行险肇事件分享、事故经验分析总结。阿尔及尔办公室每周一次 HSSE 会议，讨论相关的文件、HSSE 事件、作业区的要求、经验分享、培训等。同时在 HMD 基地开展当地员工周会制度，分享险肇事件，提倡安全行为，并推选每周 HSSE 最佳表现人员。

【企业改革】 2009 年，阿尔及尔办公室继续维持以往建立的管理结构，并发展所有业务当地化的模式。通过长时间的员工内部业务培训，当地员工能够熟练而稳定地开展长城钻探公司要求完成的业务。推行办公室管理的当地化，培养雇员的自发工作和处理问题的意识，发展员工自发学习管理各自的业务，自发对自己的业务做计划、实施、跟踪、验证，自发学习长城钻探公司的管理方式，自发与长城钻探公司其他部门、基地人员、项目人员做有效的沟通。

2009 年，长城钻探公司的作业量下滑，作业区对 HMD 基地的人员进行缩减，对基地的管理也进行相应的调整。为维持原有的管理框架，实行一人多岗的管理方式。作业区的管理结构减少管理节点和接触面，强化部门负责人的领导作用，增强管理上的执行力度。国家经理对市场经理、行政经理（兼 HSSE 监督）、财务经理、解释经理、基地经理进行直接的领导和监督；基地经理对 3 个项目经理、HMD 基地行政助理进行直接的领导和监督；充分发挥长城钻探公司和作业区赋予基地经理的管理职能，加强对项目生产、HSSE、员工培训、基地行政管理的领导力度。阿尔及尔行政经理和 HMD 基地行政经理助理直接对具体的业务进行协调、监督和指导，具体包括 HSSE、库房、后勤保障、机械师、员工管理、危品使用许可和运输许可申请、当地采购、外协合作、现金、银行、纳税申报、人力资源、内部控制、清关运输、军保护送申请、劳动许可、工作证、居住证等业务。通过垂向的技术沟通，横向的行政经理指导，加强 HMD 基地和阿尔及尔办公室的密切联系和相关业务的协调发展。作业区安排阿尔及尔各部门的当地员工、中方员工，到 HMD 基地进行工作，对部分同业务范畴内的新员工进行岗前培训，对相关业务进行面对面的交流。

【人力资源管理与培训】　2009 年，作业区参考中方工程师晋级体系和其他作业区的做法，定期进行当地员工的晋级、定级。对于新员工，进行 3 个月的试用，试用期结束后，根据考核结果进行定级，设置 28 个档次、从培训地质师（操作手）—助理工程师—工程师—高级工程师的晋级序列。全面落实实施作业区阿尔及尔和 HMD 两地管理人员交叉工作制度，每个月安排 HSSE 人员继续去 HMD 工作，对 HMD 基地各个项目 HSSE 考核，培训当地的 HSSE 协调员。测试、录井、测井作业现场，利用作业空闲，开展内部交叉技术培训和技能培训。定期学习总部人力资源部下发的各类长城钻探文件，并贯彻执行。认真贯彻作业区人力资源手册（草稿）第二版中的人力政策，内容包括作业区基本信息、HSSE 政策、行为准则、人员招聘、福利政策、职业发展规划、健康医疗、社会保障、培训、休假、合同终止 11 个部分。作业区派遣成熟的当地工程师和操作手到利比亚、乍得和尼日尔进行作业支持。作业区通过各项目的考核，对表现不佳的当地雇员，在合同结束后不再续签，包括办公室管理人员和各专业技术人员，更好地控制成本。作业区根据项目中方人员的调整制订相应的人员补充计划，11 月初，市场部增加 1 名当地人员，担任商务和作业协调，协助市场经理进行市场信息收集、分析和市场开发，并就现场作业方案与甲方进行讨论。

利比亚项目

【基本情况】　利比亚项目（以下简称项目）机关 20 人，其中，合同化员工 9 人，社聘员工 7 人，劳务用工 2 人，借聘员工 2 人。前线基地 5 人，其中，合同化员工 1 人，社聘员工 2 人，劳务用工 2 人。用工总数 487 人，中方人员 153 人，其中，合同化员工 21 人，市场化员工 74 人，外部借聘员工 10 人，内部借聘员工 4 人，劳务派遣员工 44 人。外籍员工 334 人，其中，合同化员工 320 人，市场化员工 14 人，外籍雇员总体当地化率为 68.6%。

项目有 6 部钻机和 2 部顶驱，6 部钻机属于长城钻井国际钻井公司，2 部顶驱属于长城钻井顶驱分公司。6个钻井作业队服务于4个甲方，分别是AKAKUS OIL、HAROUGE、MELLITAH和TPOC公司。2009年，项目新增固定资产15台（套），总计738.62万元，其中，GW121队叉车和救护车由利比亚项目根据长城钻探公司总部批复，在项目所在国采购。见表9–4。

表9–4　2009年利比亚项目新增固定资产情况表

序号	井队	单位/项目名称	计算单位	数量	完资额（元）	完资时间
1	GW78	发电机组	台	2	571660.00	2009-12
	小计			2	571660.00	2009-12
2	GW121	叉车	台	1	217515.58	2009-12
3	GW121	救护车	辆	1	496546.13	2009-12
	小计			2	714061.71	2009-12
4	GW167	发电机组	台	1	282800.00	2009-12
5	GW167	离心机	台	1	301687.00	2009-12
	小计			2	584487.00	2009-12
6	GW39	柴油机	台	1	701950.00	2009-12
7	GW39	发电机组	台	2	818100.00	2009-12
	小计			3	1520050.00	2009-12
8	GW78	离心机	台	1	225230.00	2009-12
9	GW78	GW78 钻机绞车	台	1	1010000.00	2009-12
10	GW78	GW78 钻机固控系统	套	1	1027569.96	2009-12
11	GW78	YZ08A 直流电动机	台	1	288860.00	2009-12
12	GW78	YZ08A 直流电动机	台	1	288860.00	2009-12
13	GW78	直流电动机	台	1	1155440.00	2009-12
小计				6	3995959.96	2009-12
合计				15	7386218.67	

2009年，项目实现账面收入21973万元。营业成本21669万元，同比减幅为17个百分点。

2009年利比亚项目续签新签合同额指标完成情况，见表9–5。

表 9-5　2009 年利比亚项目续签新签合同额指标完成情况表

序号	钻机	签订合同甲方	执行合同名称	签订日期	合同期限	合同额（万美元）
1	GW118	HAROUGE	GW118 contract, land drilling rig contract	2009-01-20	2+2 口井	760
2	GW78	AKAKUS	GW78 dring contract	2009-05-12	5 个月	245
3	GW78	AKAKUS	GW78 dring contract	2009-06-09	1 年	580
4	GW181	AKAKUS	GW181 dring contract	2009-06-09	1 年	600
5	GW167	TPOC		2009-05-21	2+5 口井	650
6	GW121	TPOC		2009-11-19	2+5 口井	650
累计完成合同额						3485
合同额指标完成率（指标 3000 万美元）						116.16%

2009 年，缴纳 2008 年所得税 578 万元，缴纳 2009 年工资税 184 万元，缴纳合同税 523 万元。

【主要措施和成果】　2009 年，项目贯彻实施长城钻探公司发展战略部署，围绕“双百双增”工作目标，落实“两保两全”应对措施，推进市场开发和项目管理。

一、“双百双增”

受金融危机影响，利比亚石油市场也面临困难和挑战，四分之一的钻修机停等，正在执行的合同，各油公司向各承包商提出降低价格要求。项目加大市场开发力度，发扬全员跑市场，开拓市场业务，并取得成效。

二、合同续签

2009 年 3 月，167 队 GW167 TPOC 2+5 口井项目合同提前终止，项目及时请示市场部，向 TPOC 建议用 GW167 取代不在利比亚的 GW225 参与投标，安排甲方人员到现场参观钻机，4 月 8 日，收到甲方授标函，4 月 13 日，收到甲方的合同草本。2009 年 5 月 21 日，合同正式签订。项目督促甲方尽早开始作业，并提前原计划 2 个月开钻。

2009 年 4 月 5 日，项目收到甲方日费降低 10 个百分点的传真，项目与甲方沟通，提出 GW181 降价 1.5 个百分点，GW78 降价 2 个百分点的方案，合同续签成功。GW167 钻完 TPOC 第一口探井后油气显示良好，项目安排甲方人员考察 GW121 设备，得到批准，甲方接受项目议标方案。11 月 18 日，双方签订 2+5 口井的合同。

三、开拓新市场

项目已递交 Petra Canada 项目标书，2 年内陆续上 4 台钻机的项目。

MELLITAH 项目重新激活由于金融危机被搁置的钻机招标项目，2009 年 12 月 10 日已投标一台 2000HP 钻机项目。

【生产作业】　项目保证后勤供应和技术支持，确保各种设备运转正常，保证井队生产，减少维修和停等时间，作业部保持与甲方的良好沟通，定期参加甲方的生产例会，协调井队生产，尽量避免因甲方原因停等时间，增加有效作业天数，从而提高井队整体效益。

2009 年 1 月 1 日，GW118 队完成 B19−NC177 井的施工，项目对该钻机进行钻机年检和第三方检测，在检测中发现很多整改项，项目与国内沟通，协调相应配件及时送到现场，与甲方进行深入交流，针对不能及时整改的情况提出，边作业边组织材料边整改的方案。

GW39队于2008年12月和HAROUGE公司签订修井合同，2009 年 1 月份设备动迁到新井场，所需修井工具不能及时上来，针对这种情况，项目部联系当地公司租赁必须设备，与甲方积极沟通，甲方同意在修井工具没有上齐的情况下提前开工。

GW167 队在 3 月份提前终止合同后项目部积极采取措施，与 TPOC 积极沟通，加快谈判进度，于 5 月 18 日签订合同，6 月 26 日开始 1600 千米的沙漠地区长途搬迁，8 月 3 日开钻。用时 38 天完成 1600 千米长途沙漠地区动迁、设备安装、检测验收等工作，创造利比亚的钻机动员纪录。GW167 队于 11 月 18 日签订合同，11 月 21 日开始搬迁，12 月 21 日开钻。

【安全生产】 2009 年，项目以 HSE 体系推进为核心，实施有感领导，落实直线管理和目视化、属地化管理，开展安全经验分享和安全培训活动，全面提升员工注重安全作业的责任心。通过开展领导安全联系点建设，确定项目主管领导每人负责一个井队，定期到现场进行工作指导。通过在现场开展属地化管理、目视化管理和现场标准化建设，保证现场作业环境的安全。实施异体监督，落实现场 HSE 监督人员配备和检查监督，项目各队配备齐全 2 名 HSE 监督，严格按照长城钻探公司异体监督 54 条要求，通过 22 张检查记录表对现场热工、冷工、特殊作业等相关活动进行有效控制，每天监督现场重点作业，做到有施工、有监控，保证现场作业人员的安全。

项目实施《反违章禁令》巡回签名活动，拉开《反违章禁令》执行年的具体落实工作，要求班前会上针对本班作业，宣读讲解主要作业操作规程，以落实岗位操作的规范性，要求签字进行确认，做到通过不断反复学习提高规范作业。通过 SAFEWAY 培训软件要求中方人员学习 22 个典型事故案例，杜绝类似事故在本队的发生。安排各队开始对各岗位人员掌握岗位操作规范情况进行考核，检验实施情况，落实反违章工作提供支持。

项目严格派车单制度和准驾制度，做好车辆维护保养工作，落实车辆专人负责制度，确保项目车辆的行驶安全，项目针对沙漠容易迷路的特点，购置 8 台 GPS 定位仪配备到各队和 2 个前线基地，确保沙漠和长途行驶安全。

项目开展井控隐患整改年活动，完善井控管理网络，通过项目领导和井队平台经理签署井控安全责任书实现井控责任的落实。通过季度井控检查、60 周年国庆前井控专项检查、项目“九七”井控警示日活动等井控专项检查活动，确保井控隐患及时发现及时整改。

【企业管理】

一、落实市场开发激励机制

2009 年，项目设立市场开发部门，

配置市场开发人员，统一组织市场开发工作，落实长城钻探公司市场开发激励机制，激发全员闯市场的积极性。

二、完善经营考核体系

2009年，项目细化井队经营考核管理办法，核定各井队的收入、成本、利润等经营指标，与井队的半年兑现、全年兑现奖挂钩，坚持严考核、硬兑现，推进各井队增收创效。制定井队日常生产的考核办法，将各井队的日常生产、安全、设备、物资管理等日常表现与业绩奖挂钩，促进各井队管理上水平。以岗位、能力、绩效为核心，建立健全薪酬考核体系，对井队的各岗位人员（平台经理、HSE监督、机械师、司钻、电气师、电工等）进行绩效考核，各岗位人员的工作表现与岗位津贴、半年奖、年终奖挂钩。

三、强化安全意识

2009年，项目以HSE体系推进为核心，实施有感领导，落实直线管理和目视化、属地化管理。开展领导安全联系点建设，在现场开展属地化管理、目标化管理和现场标准化建设。实施异体监督，落实现场HSE监督人员配备和检查监督机制。完善井控管理网络，通过井控安全责任制的落实，保证现场作业环境的安全。

四、加强材料、设备管理

2009年，项目加强对制度执行的检查工作，确保每项制度的落实。深入基层，了解和掌握各井队设备情况，及时处理带病设备。加强井队材料申请的计划性，加强项目上报长城钻探公司物资需求计划的计划性。做好设备材料的专项管理工作，包括对安全设施、井控设备、井口与井下工具、车辆等进行分门别类的管理，建立预警机制，加强统筹协调，减少库存，降低成本，并保障需求。

五、节能降耗减少成本支出

2009年，项目继续开展控制成本支出、降低项目运作成本的活动。引进移动式钻具修理服务，为井队提供现场修理服务。

六、加强岗位培训

项目加强签证办理工作，确保倒班正常化。做好培训工作。针对员工和雇员素质较低的现象，从现场HSE培训入手，配合长城钻探公司开展培训活动，督促井队进行岗位培训和实际工作技能考核。

七、开展项目风险研究

加强海关、工商注册、税务、劳工、保险等方面的法律风险研究，雇佣项目咨询律师。

尼日尔项目

【基本情况】　2009年，尼日尔项目（以下简称项目）有中方员工213人，本地员工277人。项目有17支队伍，其中，作业12支，封存4支，未启动1支。

项目与 CNODC 签订 6 个服务合同，包括 1 台钻机、固井、钻井液、定向井服务合同。合同额 4855 万美元，实现收入 36549.27 万元。

【安全环保】 2009 年，项目建立健全和完善 HSE 管理体系、项目井控管理体系、HSE 异体监督管理体系。修订项目防恐应急管理体系。项目继续完善基础管理制度，项目的 HSE 手册、作业计划书、岗位责任制、交接班制、巡回检查制、班前班后会、设备运转记录、井控岗位责任制、离开许可证制度、员工个人健康档案、长途派车单制度等 HSE 规章制度。修订 HSE 季度安全奖考核、STOP 卡奖励制度、安全保证金制度等考核奖励制度；项目与 7 个作业队签订《HSE 管理目标和质量目标责任书》。项目开展节前安全大检查，发现 52 个问题，当场关闭 47 个问题，其余在搬家期间也进行关闭。项目落实长城钻探公司 2009 年井控工作计划，开展井控安全工作大检查。落实长城钻探公司以“十防”（“防恐”、“防工伤”、“防火灾爆炸”、“防倒塌”、“防高处坠落”、“防触电”、“防雷击”、“防高温中暑和食物中毒”、“防井喷”、“防交通事故”）为主的春季安全生产大检查。发现问题 42 项，关闭 42 项。

2009 年，项目严格按照长城钻探公司防恐应急预案要求，梳理项目防恐应急预案，建立防恐应急网络，落实责任人，出台尼日尔项目离开井场许可制度、离开尼亚美许可制度、离开迪法许可制度等。项目要求中方员工在来到尼日尔前进行体检，对黄热、霍乱等流行病注射、口服疫苗。当地雇员在招聘时做健康体检，作业队都配备营地医生，建立诊所，准备充足的药品和设备。

项目以长城钻探公司 HSE 管理体系推进计划为指导，按照尼日尔项目特点和“以点带面、由浅入深、相互借鉴、全面推广”的方针，先期推行安全经验分享、有感领导、直线责任管理、属地管理、目视化管理等理念和做法，分阶段逐步推开。

【人力资源】 2009 年，项目完成人员本地化、新进作业队本地员工招聘和本地员工管理规范化 3 项工作。项目有中方员工 213 人，本地员工 277 人，同比中方人员增加 140 人，本地员工增加 210 人。项目遵循长城钻探公司关于海外项目人员本地化的相关规定，在合理范围内削减中方员工的数量，将可替换职位提供给尼日尔本地员工，减小项目的工资开销，降低中方人员的人身安全隐患。2009 年，项目削减中方岗位 19 个，人员本地化已经达到 60%。

2009 年，项目通过签订新的合同，保障当地员工的稳定收入，充分使用绩效工资、工作评估奖金和超时奖等薪金发放模式，形成合理的薪金构成结构，稳定当地员工的工作情绪，调动本地员工的劳动积极性。项目弥补旧的劳动合同中的漏洞，增强新合同的合法性。项目给本地员工调整薪金，收入达到本地劳动者的高收入水平，批准员工的带薪休假申请，适当延长合同的合同期，做到合情用工。

【后勤保障】 2009 年，项目推行流程管理，使物管工作流程化，标准化，结合标准图表、样表，使物资计划、物资采购、运输、仓储工作清晰、高效。针对后勤保障工作量大，人员少的特点，完善运输招标文件，建立一套标准招标体系文件，以减少工作失误和提高工作效率。项目确定4家清关运输公司，形成良好的竞争机制，保证海运空运物资清关运输通畅高效。建立项目后勤保障领导小组及基层队材料管理小组，每个队设置2名兼职材料员，负责建立材料库存、盘库、上报采购计划和月度材料消耗。

2009年，项目后勤保障部完成海运空运清关免税26批次，运输车辆510车次。项目后勤保障人员到港口监督装卸，运输车次394车，比运输商预计的432车少用38车，内陆运输历时31天。迪法转运的进口物资总计26494吨。面对当地生活物资匮乏的情况，迪法采用由供应商从邻国尼日利亚进口的方式，确保充足的物资供应，平均每周为2个井队供应1次生活物资；2009年，项目发送生活物资76车次，行驶68000千米。

【钻井液管理】　2009年，项目钻井液管理部有钻井液经理1人，钻井液工程师12人，雇员1人。钻井液管理部设在前线基地。钻井液管理部在Terene区块有1部钻机及化验房设备处于封存状态，在Goumeri区块有钻井液服务队伍4支，为4部钻机提供钻井液技术服务，为2部修井机提供修井液材料服务，开钻21口，完成19口井的钻井液服务，完成总进尺50012米。

尼日尔测井作业区

【基本情况】　2009年，尼日尔测井作业区（以下简称作业区）完成产值12163万元，完成预算的167%，超额完成长城钻探公司下达的预算指标。其中，测井项目完成年指标的202%；测试项目完成年指标的169%；录井项目完成年指标的130%；解释研究中心完成年指标的391%。综合分析，测井作业区完成年指标的167%。作业区回收作业费1812万美元，占2009年作业收入的102%。见表9-6。

表9-6　2009年尼日尔测井作业区收入

项　目	2009年收入（万元）	2008年同期（万元）	增幅（%）	2009年预算（万元）	完成预算（%）
测井	6543	2457	166	3246	202
录井	925	162	471	547	169
测试	4429	2346	89	3417	130
资料解释	266			68	391
合计	12163	4965	145	7278	167

【安全管理】 2009 年，作业区按照长城钻探公司有关规定，针对车辆、放射源和火工品等重点危险源制定相关管理制度，制定《车辆驾驶及日常维护管理条例》、《放射源运输、存放及使用条例》、《火工品运输、存放及使用条例》等制度。作业区利用晨会、作业前安全会（JSA）强调安全，强化雇员的安全意识。各级领导通过带头履行安全职责，推行“有感领导”理念。检查、监督 PPE 的使用。对雇员进行基本 QHSE 和 SOP 培训，达到规范操作，从技术上保证工作的安全性。强调放射源、火工品的使用和存放安全，完成危险品库围栏的建设。

作业区根据尼日尔日益恶化的安全形势，结合项目的实际情况，更新《社会风险安全评估报告》，完善《应急预案》，积极组织培训，确保紧急情况下的有序应对。增加尼亚美办公室的武装警察保护力量，确保驻地安全，向总部申请为尼亚美办公室安装监控报警系统。

【人力资源管理】

一、推进员工国际化和当地化

2009 年，作业区员工来自中国、苏丹、巴基斯坦、利比亚、叙利亚、阿尔及利亚、阿塞拜疆和尼日尔 8 个国家。其中，中方雇员 26 人，占员工总数的 25%。国际雇员 14 人，占员工总数的 13%。当地雇员 62 人，占员工总数的 62%。雇员当地化 / 国际化率达到 75%，走在甲乙方所有中方单位的前列。

二、加强培训

作业区针对不同类别的雇员，根据实际情况，采取有针对性的培训方式。尼亚美办公室主要在项目运作过程中对雇员进行培训，办公室雇员能够独立完成所有商务和其他支持性工作。岗位分工明确、责任到位，保证前线作业各项支持工作的高效完成。专业雇员依据 SOP 进行有针对性的技术和 QHSE 培训。在工程师中实施培训晋级体系，促进工程师的业务素质和技术水平的提高，为工程师提供职业发展方向。

【测井项目】 2009 年，作业区测井项目在 AGADEM 区块拥有 3 套测井设备，2 套 LEAP600B 测井系统和 1 套 ECLIPS−5700 测井系统，测井项目相继完成 SLAM/RFT/SWC/TCP/BPS/DB/WBPS 等项目的施工，产值 950 万美元。测井作业分为裸眼井作业和套管井作业。裸眼井以勘探井和评价井为主，作业项目为 SLAM/RFT/SWC。套管井作业主要是射孔试油工作，作业项目为 CBL/TCP/BPS/DB。测井作业以质量为本，采取曲线质量与工程师奖金相挂钩的原则，激励工程师把好质量关。2009 年测井项目无不合格曲线。

2009 年，测井合同采用作业量加月租费用制，全年完成作业 336 次，产值 950 万美元，同比，产值增加 770 万美元，增幅 433 个百分点。

【录井项目】 2009 年，作业区录井项目有 2 台国产 welleap 录井仪正常工作，完成 14 口探井任务，发现油气显示 1600 米 /583 层，其中好显示 200 米 /66 层，中等显示 326 米 /99 层，差显示 1074 米 /418 层。2009 年，录井项目完成 12.9 万美元产值。

【测试项目】　2009年，作业区测试项目完成14口井69层的测试任务，其中，主要包括地面计量测试、PVT钢丝取样和MFE、APR井下工具测试。单层最大油产量800立方米/日，气产量15万立方米/日。测试项目完成产值808万美元。其中，施工一次成功率达到95.65%，平均现场资料录取合格率98.55%，施工周期2.4天/层，全年无任何安全事故。2009年，测试项目共完成产值808万美元。

【解释站】　2009年3月，作业区解释站于重新建站，完成19口井SLAM处理解释，解释油层275米，气层58米，油气同层22米。RFT资料处理解释16口井。测试资料处理解释14井次20多层次。其中，包括重要探井Faringa W-1测井处理解释，解释油层44米，已通过试油验证。完成《Dougoule断块油藏描述和储层评价研究》、《Goumeri油田压力系统及流体分布规律研究》2篇综合技术研究报告。争取到20万美元综合研究项目《Agadem区块主要油田测井资料综合评价》。

乍得项目

【基本情况】　2009年，乍得项目（以下简称项目）与CNODC签订9个服务合同，包括5台钻机、2台修井机、固井和钻井液服务合同；2009年，项目完钻44口井，钻井进尺81297米。项目有5部钻井机、2台修井机、1个车队和1个固井队，全部正常作业。年初新到位的2部钻井机、1台修井机和固井队全部于2月到5月期间开钻。10月，GW199钻机到达现场并进入安装调试整改阶段，国内物资陆续从喀麦隆港口上路，11月底到达现场。GW199钻机于12月10日开钻。

2009年，项目实现主营业务收入36040万元，同比增加16534万元，与年初下达指标相比超额完成收入指标4471万元。

【经营管理】

一、资金管理

强化资金管理职能，确立资金收支制度。在资金的回收与支出的环节严格执行收支两条线管理，资金收入直接汇到国内总部的开户银行，资金支出由总部按计划批复拨付使用。项目的采购资金实行统一支付，在采购过程中项目规定以转账方式支付采购款，不得支付现金，减少资金支付的中间环节，降低人为因素对资金造成的风险。对于大额的采购项目必须与对方签订合同，现场收到材料核对无误后填制收料单传给采购部门，采购人员报销时必须持购货发票和前线的收料单报销，财务人员如果发现购货发票的金额及数量与前线收料单不符不予报销。加强资金的预算管理，对必须使用现金的地方加大监督力度。

二、财务管理

认真处理每一项经济业务，将项目的所有收支全部纳入财务核算，不私设小金库、不搞账外账，认真审核每笔支出的真实性、合法性。及时催要工程款，加快应收账款的回收速度，并注视外汇汇率变动，抓住有利时机换取外汇价差。正确核定收支，计算成本费用，按照财务制度编制月度、季度、年度报表，并根据报表情况定期召开成本分析会，针对发现的问题，分析成本升降的原因，研究对策，落实措施。

三、税收筹划

聘请乍得当地会计事务所，进行外账和相关税务方面的工作，主动与当地税务部门沟通，确保每个月及时上缴各项税费，避免由于税收制度的差异造成的损失。借鉴乍得当地其他中方公司上报个人所得税的工资标准，调整申报中方员工月工资标准。

四、成本管理

降低完全成本，加强管理确立全员成本意识。加强固定资产管理，降低设备维修费用。加强物资管理，降低物耗成本。

2009 年，项目发生各种费用 17863 万元，申请资金 13770 万元，从甲方结算回资金 30807 万元。

【HSE 管理】　2009 年，项目贯彻长城钻探公司的各项方针政策，围绕安全第一、服务至上、效益为最终目标的工作指导思想，团结一心，勇于拼搏，克服环境恶劣给施工带来的严峻挑战，开展安全性教育活动。

一、安全第一

严格执行岗位巡查制度，及时发现事故隐患，把事故消灭在萌芽状态。每个岗位每天必须按照 HSE 现场检查表对各自所负责的设备进行详细检查，并认真、详实填写检查表。每月要进行一次自查自改活动，加强员工的 HSE 意识。

二、HSE 宣传

项目员工严格履行本岗位 HSE 责任制，按照设备操作规程进行操作，掌握常规钻井作业规范并依照执行。每周进行一次 HSE 教育培训，讲课内容包括设备操作规程、岗位风险识别、常规钻井作业规范等。

三、交通安全

对所有车辆进行定期保养和检修，保障车辆高效安全运行。所有车辆配备安全带、灭火器等安全设施，严禁超速行驶。

四、环境管理

加强环境管理，建立标准化现场，做到环境幽雅，向零污染迈进。提高安装水平，严格按“十六字方针”执行，杜绝跑冒滴漏现象。施工做到“工完、料净、场地清”，对修泵、起下钻等情况下产生的废钻井液，及时进行收集。搬家完毕，都对原井场遗留的污泥、废料进行清理，尽量恢复原貌。加强对“三废“的管理，井场周围有专门的焚烧坑、污水坑，要求员工严格遵守环保制度，对“三废“实行定点排放，定期销毁垃圾。在油罐区设有接油盆，防止废油落地。

五、生产作业安全

2009 年，项目发生 1 起 LTI 事故，2 起医疗救助事故。5 月 22 日 GW86 钻机发生 1 起 LTI　损失工时事故，1 名当地钻工的手掌被夹伤轻微骨折，2 周后恢复工作。

【人力资源】　2009年，项目人力资源完成人员本地化、合同规范化和新进作业队人员招聘3项工作。项目有628名员工，其中，中方人员223名，当地雇员405名，人员当地化比例为64.5%。

2009年，新增队伍增加中方人员111人，招聘当地雇员265人，裁减中方人员12名，裁减比例5%。裁减岗位主要是井架工、营地经理、焊工、部分厨师、实习生。

（周克晟）

肯尼亚项目

【基本情况】　2009年，肯尼亚项目（以下简称项目）基层作业队伍6支，钻井队2支（GW116和GW188）、空气钻井队2支、固井队和定向井服务队各1支。项目有员工198人，其中，中方员工90人，外籍雇员108人。员工本土化率达到55%。

2009年，项目开钻13口，交井11口；完成钻井进尺35632米，生产时效96.2%。井深质量、固井质量合格率为100%，平均机械钻速4.5米/小时，平均钻机月速1675米/（台·月）。GW116队施工的908A井（定向井、井深3000米）实现钻井周期43.2天，建井周期47天，创造肯尼亚钻井速度的最高纪录。2009年，项目完成收入3.74亿元，完成全年收入指标的112%。

项目作业队伍设备配置包括1部ZJ40L钻机、1部ZJ70D4钻机、8台空压机、6台增压机、1套哈里伯顿固井车组、化验设备以及常规定向设备等，设备原值1.5亿元，净值4505.89万元，设备新度系数0.3。项目对性能降低的部分设备进行维修整改。健全设备管理组织机构，完善制定肯尼亚项目《设备管理办法》，规范设备日常管理与维护保养工作，加强日常监督与定期考核评比工作。

【市场开发】　2009年3月，开始运作26口井优惠贷款项目。5月，项目的两国政府签署优惠贷款框架协议，与肯尼亚能源部签署Olkaria地热区块3部钻机（GW116、GW188和新上钻机1部）26口井综合服务合同，合同额9500万美元。组织另外10口井的投标工作，签订合同金额3962万美元。

【安全生产】　项目HSE管理体系推进进入宣贯、培训和准备阶段，实行属地管理，落实直线责任，实现有感领导，提升HSE管理水平。加强组织体系建设，甲方有专门环保官员和安全官员负责作业区HSE管理，项目各作业队伍都配备HSE监督。加强培训和现场演练，开展“反违章禁令执行年”活动，开展安全经验分享活动，鼓励推行STOP卡的使用。加强井控管理，做好交通安全教育、强化车辆管理、加大搬家作业的协调与监督，保证生产安全和人身安全。

【技术应用】 2009年，长城钻探公司将肯尼亚超高温地热井钻探技术列为重点攻关项目，进行高温地热钻井先导实验。钻井二公司提供4只不同型号的钻头，经试验对比，在不同井段进尺分别比照在用钻头提高300个百分点。项目实施二开充气泡沫钻进实验，钻井周期缩短2—3天，避免套管下不到底和固井持高压的现象，保证固井质量。项目开展高温地热井漏失层位防漏固井技术试验，预防固井施工过程中出现环空憋堵及套管内留水泥塞现象，回填次数降至4—6次。

【员工管理】 2009年，项目分批为中方员工办理工作签证，解决中方员工在肯尼亚务工的合法身份问题。外方员工由当地人力资源公司来招聘和管理，通过调整倒班周期、简化计算膳食补贴等方法，降低当地雇员的个人所得税，降低项目外方劳务成本。

突尼斯项目

【基本情况】 突尼斯项目（以下简称项目）组织机构包括作业部、财务部、办公室和SFAX前线基地，负责作业队的全面管理和后勤支持。2009年底，项目有员工13人，其中，中方员工8人，当地员工5人。作业队中外方员工6人，项目机关中外员工7人。项目完成进尺1285米，实现收入423万元，完成指标8000万元的5.29%。

【主要措施和成果】 2009年，项目基本掌握突尼斯的钻井市场情况。10月，多家油公司开始发标书，计划在2010年初启动勘探开发项目。12月，项目中标美国公司PIONEER的1+2口（4000米）项目，12月底进行钻机设备检验。项目准备PETROCELTIC、LARSEN 2家公司标书，项目密切跟踪市场变化，确保工作量。

【安全生产】 2009年，突尼斯钻井市场锐减，项目只有1支作业队跨年度作业2个月，3部钻机全部等停。项目贯彻执行长城钻探公司的安全文件精神，根据项目的实际情况切实执行长城钻探公司2009年的HSE计划。项目认真落实《反违章禁令》，组织开展“百日安全专项整改活动”及“60周年国庆安全专项整治活动”，利用等停期间加大HSE培训力度，开展HSE体系建设，全面提高HSE管理水平。2009年，项目没有任何安全事故发生。

阿曼项目

【基本情况】　阿曼项目（以下简称项目）始于DALEEL日费项目，2003年7月签订合同，合同期2+2年，合同性质为钻机日费，执行合同的钻机为GW110(ZJ50D)，2003年10月21日第一口井开钻。项目作业区块为阿曼陆地油田第五区块。项目设作业部、财务部、综合办、后保部、HSE部、市场部、HR部。其中中方人员处级干部6人，其中，正处级2人。科级干部14人，其中3名正在美国参加国际化后备人才培训。项目员工50人，外方人员87人。

2009年，GW19队、GW20队 2台钻机合同结束，GW38队转移到哈萨克斯坦，只有GW110队在正常作业，执行与DALEEL甲方的日费合同。GW19队、GW20队共有27人，其中，11人进行设备的维护保养及善后工作，其他人员在国内待命，组织参加HSE、井控、防恐培训。

【作业情况】　2009年，项目3部钻机完成40口井。GW38队完成20口井，GW19队完成10口井，GW20队完成10口井，3支队总进尺71300米。项目开展"阿曼莱克瓦尔地区钻井提速配套技术"研究，优选钻头类型和并改进各井段所用钻头的性能，避免钻头事故，提高机械钻速。D型井建井周期同比缩短5.6%，B型井同比缩短21.5%，E型井和F型井建井周期分别同比缩短8.48%和10.35%，形成"沉陷区区块钻井事故预防技术"，减少卡钻事故的发生。截至2009年底，长城钻探3支井队在莱克瓦尔地质塌陷区成功完成26口井。

【经营管理】　2009年,项目实现扭亏为盈，收入25418万元，超额完成2009年长城钻探公司考核指标。

【HSE管理】

一、HSE业绩

2009年，项目制定LTI（损工时事故）=0，TRCF（百万工时损工时）≤6.0的目标。2009年，总人工时约为2569839工时，损工时事故（LTI）0起，百万工时损工时事故率（LTIF）= 0。发生可记录事件4起，百万工时可记录事件率为1.55。GW110队在2009年3月23日实现无损失工时事故3年的纪录。GW20队在2009年5月9日实现无损失工时事故1年的纪录。GW19队在2009年7月2日实现无损失工时事故1年的纪录。GW38队在2009年7月27日实现无损失工时事故3年的纪录。2009年5月15日，拉阔尔基地（含测井、固井、钻井液、下套管、基地库房等多家单位）3年无损失工时事故。

二、主要工作

做好井控、交通和预防硫化氢专项安全工作。落实设备安全检查制度，联系第三方对设备进行检测。培训、鼓励员工使用HSE管理工具。培训员工正确使用 STOP 卡、工作安全会议卡、风险识别图册、工作许可证等 HSE 管理工具。利用各种考核、讲评鼓励员工使用这些工具，从而提高员工辨识危害的能力。2009 年，收到 STOP 卡 8280 张，工作安全会议卡 11965 张，使用 HAZ-ID 上万人次。

加强各层次的监督、检查。通过井队自检自查、项目月度检查、PDO 季度检查等多层次的检查监督，共查处不符合项约 1500 余项，其中 90% 已经整改、关闭，其他不符合项正在整改中。

伊朗项目

【基本情况】 伊朗项目（以下简称项目）有基层作业队伍 9 支，其中，钻井队 4 支、定向井服务队 4 支（原大港定向井公司）、钻井液服务队 1 支。项目有员工 387 人，其中，中方人员 170 人，伊朗当地雇员 217 人。

2009 年，项目 4 台钻机开钻 7 口，完井 7 口，进尺 13560 米。完成 35 口定向井的服务。项目的钻机利用率为 100%，设备完好率为 91.24%，整体日费时效作业 88%，搬迁 5%，修理 1%，带日费停等 5%，零日费 1%。项目实际收入 3836 万美元，完成指标率 174%。项目回收工程款 3848 万美元，应收账款余额为 1139 万美元。

【会计审计】 伊朗当地对会计记录方法的要求为“复式记账法”，有严格和完整的会计管理程序，由会计公司提供规范的会计软件程序服务。会计档案管理要求分月用、年用同种规格的文件夹装订保管，会计档案保存年限在 3—5 年，如有特殊要求的可延长保存时间。会计信息审计偏重税务审计，每年主管税务部门到长城钻探公司审查收入、费用、应交税及损益情况，税务部门出具审计报告，写明审计意见，留待以后抵冲应缴税。会计年度执行的当地会计年度，与项目执行的会计年度相差 3 个月，折旧方法实行平均年限折旧方法。

【HSE 管理工作】 2009 年，项目贯彻落实长城钻探公司安全生产会议精神，严格执行长城钻探公司有关 HSE 规定、HSE 管理体系以及程序文件，以及当地政府和甲方有关 HSE 管理方面的政策、条例、规定和要求，坚持“现场 22 张 HSE 检查记录表使用制度、班前班后会制度、巡回检查制度、每周安全和设备隐患检查制度、每月 HSE 检查制度、STOP 卡制度、动火许可制度、维修挂牌和上锁制度、准驾证制度”，开展“强三基、反三违、严达标、除隐患”活动，根据长城钻探公司的部署，宣传和落实反违章六条禁令，开展春季安全生产专项检查活动、进行“两会”期间安全专项检查、HSE 监督中心境外项目猪流感风险提示，严格执行《长城钻探工程公司质量管理办法》和《长城钻探工程公司质量事故管理规定》。开展“2009 年安全生产月”、“六五世界环境日”、“百日安全生产专项整治”、“井控隐患整改年”及集团公司的井控和应急管理迎检的检查工作、搞好设备的自查自改工作，保证人员、设备和作业的安全，提高安全管理工作的水平，巩固安全管理工作的成效，夯实安全管理工作基础，促进员工执行安全规程的主动性和自觉性。

2009年，项目有65人参加长城钻探公司举办的防恐、HSE和井控培训，作业现场利用班前班后会、演习后讲评会及其他工作会议等机会，开展对员工的安全、技能教育培训活动，参加短平快教育培训活动的员工达3000余人次。聘任2名参加过长城钻探公司总部HSE培训的当地雇员为现场HSE监督，采用当地人培训当地人的办法，充分利用语言优势，发挥作用，使当地雇员得到HSE教育培训。项目各井队共进行各类培训208次，各类演习287次。

（赵建超　曹俊海）

伊朗测井作业区

【基本情况】　2009年，测井伊朗作业区（以下简称作业区）实现财务收入4350.22万美元，同比增长42.7个百分点，超额完成考核指标的141.8%，完成经营指标的109.%，取得历史性的突破。主营业务成本2076.46万美元，同比增长11个百分点。

【主要措施和成果】

一、推进一体化管理

2009年，作业区健全市场营销组织结构，结合伊朗市场的特点，形成以客户为中心推进一体化管理。作业区坚决贯彻品牌战略，充分利用一切可利用、可宣传的方式扩大现有CNLC品牌的知名度，挖掘客户，扩大市场份额。建立和完善全员市场营销模式，通过培训和宣传提高全员的市场意识。突破传统理念，利用各种关系和渠道收集市场信息，提高对市场的灵敏度和反应能力，开展市场和技术上的交流活动。作业区执行倡导的“市场、作业、物流、财务”四位一体的管理模式，实现“人人都能找市场，人人都能做市场”，全面提高市场工作效率，实施纵向的全员市场营销模式的，形成作业区立体式的市场营销网络。作业区完成11个项目投标，投标金额约1.2亿美元。新续签订的合同5个，合同额约4921万美元，可执行市场合同额累计约9400万美元。

二、坚持依法经营

2009年，作业区全面实现法律事务所职能的转变，根据长城钻探公司QHSE管理体系的推广和各项QHSE管理制度的应用以及各级管理者依法经营意识和管理能力增强，对雇员严格执行当地劳动法和长城钻探公司内部各项规章制度，全年在当地劳动部门处理的劳资纠纷有8起，各类民事刑事案件的发生率降到零。作业区法律服务是帮助长城钻探公司如何规避和控制经营风险，减少各类合同纠纷，运用好法律手段维护长城钻探公司利益和 CNLC 品牌。作业区处理解决 1 起与当地运输代理有关的 7 颗源的运输合同纠纷，完成 8 个旧合同 SSO 的清缴，正常开展新合同 SSO 业务。作业区到阿瓦兹基地跟踪处理与测试工房道路建设相关的矛盾问题，帮助和指导 KISH 基地建设中所产生的相关法律事务和合同审核。作业区对长城钻探公司的税收筹划和外账提供咨询和审核，帮助长城钻探公司完成制定当地员工新基本工资和新纳税标准等。

三、推进当地化

2009 年，作业区外籍员工 198 人，中方员工 63 人，累计 261 人。外籍员工的比例占到 76%。组建 5 支当地化作业队伍，4 支当地化管理队伍。

2009 年，作业区采取多种招聘方式，将招聘范围从阿瓦兹地区扩展到伊朗全境，加大招聘力度。针对各专业不同岗位对当地雇员的需求，有目的性开展招聘活动。作业区按照各专业的雇员培训计划，各专业对新老雇员开展技术培训和岗位练兵，加快当地工程师和高级操作工的培养进度，在作业区范围内开展 HSE 技能培训，开展上岗取证培训。作业区建立和完善符合伊朗作业区特点的测井、录井、测试及解释专业雇员的考核晋级体系，建立适用于当地管理人员的晋级考核体系，80% 以上的当地工程师通过技术考核得以晋级。作业区对所有管理岗位的当地雇员完成考核测评，90% 以上的管理岗员工的薪酬得到上浮。作业区从内部选拔出素质较好的雇员组成 4 支管理性队伍，有 HSE 监督、物流清关、人力资源以及财务管理等队伍，减轻中方管理人员的工作压力，提高雇员管理的工作效率。从实际情况看，2009 年以练好内功为主，重点是开展对队伍成员的素质培训。例如 HSE 小组每周一次培训研讨会，邀请当地的 DNV 组织开展管理知识培训，安排 2 名当地高级管理人员去迪拜接受管理类培训等，从而进一步提升当地管理队伍的整体素质。

四、推行 TnPM 管理

作业区基地引入先进的管理思想和理念，以规范管理为重点，基地推出 TnPM 管理，先后选派测井、测试 11 人参加 TnPM 培训，其中，3 人获得 TnPM 铜牌培训导师证书。作业区随后成立专门的 TnPM 执行委员会，确定相应的职责和权限。采取培训等措施提高员工对设备的使用技能和维护能力，增强员工自主维护和现场改善的意识。开展 6S 与清除 6 源活动、可视化与定置管理。通过合理化建议、改善提案等活动，发掘员工的智慧和潜能，培养员工的问题意识和改善意识。引导员工进行经验和知识分享，创建教育型组织。通过设备规范化管理，使设备更好服务于生产，通过员工的五维培训，提高员工自主维护及参与改善等能力。作业区建立 TnPM 工作考核评级体系和激励机制，直接评价班组或某件设备的进步状况和 TnPM 的表现、现场的 6S 状况、规范化作业状况以及合理化建议状况。

【基础建设】

一、阿瓦兹作业基地

2009 年，阿瓦兹作业基地完成在现

有一层办公室的基础上增加二层楼的建筑设计，改善测井、解释以及基地的办公环境，对现有测井放射性源库的改扩建。测试工房对原有的、出现裂纹的工房围墙进行加固处理，与当地周边的居民协商解决工房所在区域的排污、排水问题。

二、KISH 作业基地

新工房场地位于 KISH 岛中部工业开园区，占地面积 2 万平方米，建筑面积 2 千平方米，工房 1839 平方米由国内承包商负责设计和施工，基地负责场地和其他功能设施建设。截至 2009 年底，KISH 基地完成新老工房的交接和转移工作。

【安全生产】

一、落实各级责任制

作业区签订交通安全指标和 HSE 业绩考核指标责任书。作业区领导每月多次往返于 1 个办公室和 2 个基地之间，兼顾作业区和 4 个专业的 HSE 前后线管理。基地经理作为兼职 HSE 监督，充分发挥监督功能。各专业经理和项目经理，定期到作业现场检查指导，及时解决和处理遇到的问题和隐患。

二、全方位宣传教育

作业区组织多种 HSE 知识培训、技能培训以及各类的上岗取证培训，通过作业区内部的早会、日会、周会、月会及季度会议等不同时间和形式的会议，开展安全经验分享、Near-miss 事件报告和 STOP 卡的上报、HSE 内审、检查和整改、应急演练、挂图宣传等手段，培养员工的 HSE 意识，营造 HSE 文化，鼓励员工参与 HSE 事务管理。

三、落实奖惩制度

作业区鼓励测井、录井、测试 3 个主要专业每月选取 2—3 名的月度安全之星，在员工会议上予以物质奖励，同时将月度选优的结果与员工的年度晋级体系挂钩，增强员工的工作积极性，推动员工之间互相学习、相互赶超、互相鼓励的良好风气。结合管理人员 STOP 卡的实际应用，通过对话方式解决不安全行为。对于极少数的责任事件的责任人，都予以经济处罚。

四、自查自改

2009 年，作业区每个月基地经理作为兼职监督，对各专业进行检查，各专业项目经理进行自查。每个季度作业区领导进行监督检查，专业经理自查。作业区 HSE 经理随时可以开展监督检查，范围包括 1 个办公室 2 个基地和 4 个专业，形式灵活。作业区响应集团公司、长城钻探公司以及测井 HSE 部门的号召，开展预防 H1N1 型甲流的专项活动，坚持落实甲流的日报制度。开展“百日安全”大检查活动和“国庆 60 周年期间”隐患专项整治等活动，通过专项活动发现和整改 50 多个安全隐患，做到隐患有记录、跟踪有专人、整改有结果。11 月，作业区开展 HSE 内审活动，查出 24 个不符合项，涉及德黑兰办公室、KISH 和阿瓦兹基地、测井、测试以及解释专业等 6 个单位。

五、岗前培训结合岗中培训

2009 年，作业区充分挖掘和利用内部资源和当地社会资源，满足各类培训的需求。新招聘员工进行入职培训后在基地实习一定时间方可到现场工作。作业区员工根据长城钻探公司的培训矩阵和 HSE passport 的要求落实各项知识和技能培训。在作业现场测井、录井、测试专业的项目经理通过 Toolbox Meeting、Safety Meeting、Shift Meeting 等方式对带队工程师以下人员进行安全提示和沟通技巧的培训。收集 IADC 等国际组织以及中东大区的事故案例，通过日会等形式进行学习和警示。

六、落实《反违章禁令》

2009 年，在阿瓦兹基地对带队工程师以上人员进行 OSHAS 18001 标准培训、ISO 9001 质量标准培训。测试和测井专业组织硫化氢预防和作业取证培训，利用伊朗原子能机构的资源对测井全体员工进行放射源预防和操作取证培训，对测井和测试专业的吊车和叉车司机进行吊车和叉车操作取证培训。邀请红新月会的专家在阿瓦兹基地的测井和测试工房进行 2 次急救培训及在 KISH 岛为海上作业人员进行急救逃生的“四小证”培训。

七、落实作业许可证审批制度

作业区每口井施工前，测井、录井、测试专业以单井计划书方式，进行各种风险评估、设备设施筹备、人员安排，并上报作业区申请 PTW 许可。对于高难井和复杂井的作业施工，专业上需要提前上报总部对口单位，通过有效的沟通和交流解决可能面对的技术难题和制定有效的应急处置办法。

八、控制风险

2009 年，作业区落实 19 项的管理措施及 VDO 设施在作业区的推广和使用，实现连续 4.5 年 400 万千米没有发生人员伤亡的道路交通责任事故。放射源和火工品运输、使用和储存也没有任何 HSE 可记录事故的发生，作业区为测井专业专门配置火工品运输车。根据 2009 年伊朗的社会安全状况及集团公司对伊朗的安全防范等级的提升，作业区对 2 个基地和 1 个办公室的安全防范能力也进行升级，严格按照集团公司要求的“三级”防范要求进行整改，加装监控摄像设施和制作员工 ID 卡，严格门禁制度和外出请假、销假制度，确保驻地和办公室人员和财产的安全。

九、当地化队伍建设

2009 年，作业区要求 HSE 管理人员当地化。作业区建立由测井、测试和基地的 4 名当地管理人员组成的 HSE 监督管理队伍，落实当地雇员的培训工作，及时收到反馈信息并予以整理。

十、横向交流、专业互助

作业区各专业之间、专业和基地之间在培训资源、人力资源和硬件资源之间互通有无，实现资源共享，实现监督与被监督之间在 HSE 管理方面的同步提高。2009 年，长城钻探公司 HSE 部门要求作业区对现有的运营车辆加装 VDO 设施，杜绝各类的违章驾驶行为。作业区、基地人少资源有限，测井专业主动担负起 VDO 的安装和推广工作，一个月内帮助作业区完成 14 台车辆的安装和调试工作，协助作业区完成有关 VDO 的安装、调试的总结报告，起草有关 VDO 的使用管理办法。

十一、完善制度、创新管理

作业区制定多个现场管理模板化的工具，推广 STOP 卡的应用、安全经验分享活动及专业和管理类 SOP 的学习和更新，提高管理者的能力，增强员工的安全意识，降低现场作业的事故率。作业区引入 HSE 数据化管理，将每月的发生的各类 HSE 事件和事故、用工工时、车辆行驶里程数、STOP卡数及各类内外取证培训等情况及时进行数据统计，建立HSE数据统计表，为作业区的年度HSE管理工作的评价分析提供依据。

十二、健全应急预案

作业区建立完善的急救、消防、运输的应急措施；测井、录井、测试专业针对现场的井喷、井涌、高温、高压、硫化氢中毒和放射源辐射等高风险都制定完善的应急措施，进行循环演练。集团公司防恐安全和HSE办公室对伊朗的安全风险等级做出及时调整，伊朗和伊拉克边境四省和锡斯坦—俾路支斯坦省调整为较高风险Ⅱ级，伊朗全境调整为较高风险Ⅲ级。作业区对原有的应急疏散计划进行升级，进行演练活动，坚持每日向集团公司和长城钻探公司总部上报安全日报和各类突发事件。

【企业文化建设】　作业区倡导企业、社会、员工共同发展的工作平台的理念，纠正把企业作为赚钱机器的概念，塑造员工相互尊重理解，相互学习的氛围。通过规范化的人力资源管理，初步建立整套运行机制，采取运行措施来提高员工的忠诚度，加强员工事业心。作业区在阿瓦兹基地举办杰出员工和团队的颁奖活动，通过选优活动极大地激发当地员工的工作积极性。截至2009年底，作业区任命外籍项目经理2人、技术经理2人、阿瓦兹基地副经理1人、德黑兰综合办副经理1人。作业区完成管理手册编制，下发到基层各单位。基地坚持有计划、有组织地举办每周各项活动。作业区利用伊朗当地和迪拜的培训资源不定期地安排管理人员参加培训，提高管理层人员的业务和管理水平。

叙利亚项目

【基本情况】　2009年，叙利亚项目（以下简称项目）前线基地设立在DEIR EZZOR，钻井队现场分别位于SHDADDI和DEIR EZZOR。有3个钻井队、1个酸化队。员工总数231人，其中，中方员工102人，当地雇员129人。项目有3部钻机，包括SSKOC和DEZPC服务，为SSKOC提供酸化压裂服务。项目开钻23口，完井21口、提供酸化压裂服务2口。

【安全管理】　2009年，项目落实长城钻探公司各项HSE工作要点，加强完善自身建设，开展长城钻探公司组织的各项HSE活动，围绕《反违章禁令》，强化项目对现场的监控和管理，克服现场环境差、人员新、设备安全性能差和管理人员少等众多不利因素，完成全年工作目标。

项目以反“三违”为重点，开展“反违章禁令执行年”活动，推进现场的标准化建设。强化专项管理，抓好安全生产工作。项目对于交通安全、工作许可、防恐、环境、消防、井控、健康7方面开展专项的管理，建立和完善项目的应急管理体制。强化对现场安全设施的配备和监控，建立项目和现场两级安全物资管理台账，把安全设施管理和状况监视纳入HSE监督的工作中。

2009年，项目未发生重大人员伤亡事故，未发生设备财产损失事故，没有发生环保污染事故、全年无有责交通事故发生。

【员工管理】 项目人员参加长城钻探公司组织的各项培训，提高现场员工在安全、操作、语言等方面的能力水平。加强各基层作业队当地员工的统一管理，提高队伍的整体素质。

项目制定详细的当地雇员管理办法，明确雇员管理机构、领导小组及其职责、雇员的责任和义务；通过严格的面试筛选、试用、录用等程序，严格控制录用当地员工的素质。项目针对劳保穿戴、安全操作、工作量完成情况、HSE等方面制定相应的检查考核办法和奖惩制度，检查培训成果、促进学习热情、提高员工的自觉性。

【财务管理】 2009年，项目做好税收筹划工作，规避税收风险，聘请当地会计师事务所、聘请安永会计师事务所对项目涉及的税收问题进行澄清，准备税收筹划方案，针对不同的税种，制订不同的方案。完善预算管理体制，加强成本控制。

项目提高资金计划准确率，严格按照长城钻探公司收支两条线要求做好资金收付工作，提高资金计划执行符合度，降低境外账户存款额。分析资金占用形态，促进资金有效流动。密切关注汇率变动，尽量降低汇兑损失。建立资金结算业务规章制度，完善结算业务流程。

项目按照长城钻探公司的7.0系统工作统一部署，在网络环境较差的情况下，结合自身实际，完成标准化方案设计、系统测试、内部银行、统初始、科目对接、系统并行、配套相关制度等工作，成功实施7.0系统。规范会计核算，提高会计信息质量，确保年终决算工作顺利进行。

（李　珂）

伊拉克测井作业区

【基本情况】 伊拉克作业区（以下简称作业区）有10个项目，其中，测井项目7个，录井项目2个，测试项目1个。员工总数87人，其中，中方人员33人，国际雇员6人，当地雇员48人。作业区有4套LEAP600B测井设备，1套井下及地面工具，3套综合录井仪，1套工作站。总资产净值1237万美元，设备新度系数0.72。

2009年，作业区测井173井次，录井202天，测试9层口。实现收入2616万美元。

【主要工作】　2009年4月19日，启动绿洲项目，项目人员克服人员不足、倒班困难、设备配件短缺等问题，5月全面开始作业，顺利投入生产。作业区在erbil租赁办公室和宿舍，招聘当地雇员参与管理人力、财务和物流及各项目的人员签证办理、机场接送、物流、当地雇员招聘等后勤支持，解决人员协调、物资运输等问题，保障项目的正常作业。2009年7月，北部基地开始COUNTRY RISK安全评估。8月租赁基地，进入CALLOUT设备，完成爆炸品和放射源库的建设。作业区完成伊拉克北部注册公司的评估报告，提供依据交总部决策以伊朗OTS公司的名义在北部注册子公司，作业区开始注册准备工作，为伊拉克南部的公司注册做好前期准备。

【市场开拓】　2009年，作业区拜访伊拉克20多个客户，根据实际情况把握信息，确定投标策略，全年投标12次，新签合同5个，北部测井市场占有率为80%，新增产值600多万美元。

【安全管理】　伊拉克安全形势极为复杂，作业区在立项之时就对安全进行全面规划部署。人员出国前进行反恐培训，在作业区基地出发前做出行计划。作业区井场分散，给各个项目配备卫星电话，及时协调，统一指挥。加强中方人员外出管理，白天尽量不出基地，夜间禁止出门。杜绝没有武装护送的外出行为，南部外出时必须穿戴防弹衣、头盔，乘坐防弹车，带好应急通信工具，增加基地、驻地的保安力量并进行管理，维修保养好基地的安保设施。密切关注当地媒体报道和社区的安全形势，充分利用当地雇员，通过各种渠道收集安全信息，进行分析和上报。更新社会安全应急预案，并有针对性的进行演练。办公室和宿舍禁止陌生人随意进入，晚上所有人员禁止外出。准备充足的食物、水等应急物资。保持与各基地的正常联系，稳定队伍，保持正常作业。各项目严格执行基地安保措施。严格控制外出时间及次数。2009年，作业区无安全事件发生。

巴基斯坦测井作业区

【基本情况】　2009年，巴基斯坦测井作业区（以下简称作业区）实现属地化管理，中方人员1人，当地员工59人，向其他作业区输送测井1人，录井8人，测试12人，行政人员1人。作业区的HSE培训，测试培训体系相对比较完善，可在短时间完成全面的基本培训。2009年，预计作业收入707.40万元，同比减少2453.20万元。

【重点工作】

一、设备变动

作业区有1套ECLIPS5700 测井设备，按照长城钻探公司领导决策，成像仪器调往迪拜，放射性源调往哈萨克斯坦作业区，其他主体设备装箱往新港发送。设备资产现值2282.18万元。有1个完整DST作业队伍，2个地面测试队伍，2个钢丝作业队。设备资产现值1960.52万元。

二、合同情况

作业区有与OGDCL、MARI GAS的测试合同。OGDCL的合同额40万美元，MARI GAS的实际合同额预计50万美元。

三、支持其他作业区

伊拉克作业区还需要巴基斯坦提供录井，测试人员若干，其他培训出12个合格的测试工程师派出到其他作业区。

【主要措施】　2009年,作业区总体工作量的减少，导致服务队伍过剩，需要采取更加灵活和有效的营销方式，获取更多工作量。作业区调整定位，多方位发展，拓展服务范围，除测井、录井、测试外，固井，酸化压裂，定向井等外建议发展钻井液业务。发展制造业带动服务业，发展贸易，销售管材、化学材料、井口设备等。修建小型处理站，参与建设伊朗—巴基斯坦管道项目。

中哈长城钻井公司

【基本情况】　中哈长城钻井公司（以下简称公司）主要业务是承揽钻井大包服务项目，钻井液、固井、定向、取心等专项技术服务项目以及与钻井相关配套的机修加工、BOP测试、管具检测、事故打捞等辅助服务项目。公司在阿克纠宾市设总部机关，管理部门6个，分别为行政办、财务部、市场部、采办部、人力资源部和法律部。在扎纳若尔区设前线生产指挥中心，下设扎纳若尔项目、肯吉亚克项目和希望油田项目。前线基地管理部门9个，在阿拉木图市设立办事处。2009年8月，在哈萨克斯坦东哈州乌卡市注册中哈长城钻井公司乌卡分公司。

截至2009年底，公司在册员工2047人。公司拥有施工钻机19部，其中，6部为俄产4Э−76电动钻机，3部70L机械钻机，2部50DB钻机，8部70D电动钻机。19部钻机中，6部俄产钻机为合资公司资产，其他13部钻机为租赁设备。公司拥有固井设备3套，其中，双机双泵固井车2套，单机泵固井车1套。为合资公司租赁设备。定向设备5套。

2009年，公司开钻41口，交井56口，进尺173610米。钻机台月240.08台·月，平均机械钻速2.03米/小时，平均月速度723.14米/（台·月）。生产时率为94.83，纯钻时率为49.41，事故时率为1.75%。公司新签合同额18939万美元，其中，开拓市场新增合同额2092万美元，甲方“污水不落地项目”增加合同额约1500万美元。实现主营业务收入18072万美元。

【主要措施和成果】

一、强化生产组织和协调

2009年，公司严抓生产组织环节，制订详细提速计划，经过生产策划和组织，缩短各队钻井建井周期。扎纳若尔第一轮完井周期控制在100天之内，同比平均口井缩短周期近20天。公司强化搬安组织与协调，解放思想，改变观念，对前期搬家安装模式进行革新，要求所有参与搬安后勤人员和吊车司机吃住在井队，保证搬家连续性。充分发挥作业区及项目组作用，靠前指挥和组织，公司生产时效同比提高7.7个百分点。

二、完善考核体系

2009年，公司制定单井周期考核办法，新考核办法在原考核周期基础上压缩15%—20%，适当提高奖励额度以调动员工的积极性。完善搬安考核办法，考核对象由原来的1个变成3个，钻井队、生产作业部和作业区项目组，参与搬安的安装队人员参与井队奖金的分配；改变原来考核办法中只有奖励没有处罚的现象；考核周期在原考核标准基础上缩短30%，平均压缩4—5天。加强对后勤单位的考核，针对各部门工作性质和主要工作指标，制定便于操作的考核标准，并与月度考核、季度总经理津贴考核和年终考核紧密结合，有效衔接。同时由财务部根据公司的经营目标和成本控制指标倒推，将指标分解到各部门。完善总经理津贴制度，公司修改原总经理津贴制度，把后勤保障部门领导的津贴收入与前线生产任务完成情况挂钩。开展井队成本考核，对井队钻头、柴油、化工料、其他钻机耗材、日常运输5项成本消耗制定标准。井队成本自我控制，并与经济利益挂钩。

三、加强后勤保障工作。

2009年，公司进行修建和改造基础设施，增加部分机修机具，提高现有的机修能力，增加前线生产的后勤保障水平。对投资规模大，技术要求高的维修项目找专业公司做，如柴油机修理、钻机检测维修、钻具探伤等。对投资较小、见效快和日常生产紧密相关的修理加工业务由公司投资来做，如锅炉维修、接头、井口工具的加工等，降低维修成本，提高服务保障水平。

四、树立为前线服务、生产服务的观念

公司总部机关人员定期到前线了解情况，解决问题，每月都要参加前线生产大会，会前各部门经理向总经理汇报上个月完成的主要工作和下月工作计划，提出需要公司协调解决的问题。公司要求所有机关人员，对前线提出的问题和要求，及时地给予明确答复，让前线人员切实体验到后勤机关为前线服务的态度。

五、加强技术管理工作

2009年，公司开展钻头选型工作，公司分别与百施特、贝克休斯、深圳兴沃实业公司等钻头厂商在肯吉亚克油田进行二开（ϕ311.2）井眼PDC钻头的试验与选型工作，制定提速措施。公司在3个油田二开井段推广使用复合钻井技术。合理控制二开井段的钻井液密度，维持较低的钻井液密度钻井，适当放开二开井段转化盐水泥浆的井深，解放机械钻速。更新改造高压管汇和固控设备，更新3个井队的高压循环管线，提高泵压，增大钻头水马力。针对固控设备老化、使用率偏低情况，公司更换部分井队的固控设备，督促井队加强固控设备的使用与维护保养，提高使用效率。加强对重点井段的复杂和事故预防，根据邻井资料分析可能发生的事故和井下复杂情况的分析，制订防止事故和井下复杂情况预案并向井队人员交底，监督各项技术措施的执行。

六、巩固和扩大内外市场

2009 年，市场严重萎缩，公司争取到油气公司下半年剩余钻井、固井工作量，最大限度地保证 2009 年工作量。公司引入定向、酸化压裂、固井、取心等技术服务队伍，提高综合服务能力，最大限度全方位为油气公司提供服务。利用公司现有资源，开拓闲置设备外租、机加工、材料销售等其他市场，实现收入 155 万美元。

七、加强物资管理

2009 年，公司坚持采购招标制，下压物资采购价格，日常耗用物资价格平均降低 5—8 个百分点。定期进行库房盘存，合理保证物资存量。重点材料消耗专项监控，在月度生产大会公布各井队月度消耗计划和实际耗量，异常消耗井队要解释原因，同比，每米油耗从 241 升降到 210 升，降低 13 个百分点。应用计算机材料管理软件，统一物资编码，与财务 IC 系统联网，实行物资出入库管理电算化，提高工作效率。

八、加强生产基础设施建设

2009 年，公司增加职工公寓，改善职工居住条件。在前线新建办公室，改善职工办公条件。为各井队配置计算机，改善员工的工作和生活条件。

九、加强人力资源管理

2009 年，公司完成向东方公司的人员划转工作，与东方公司签订人员划转协议，公司 724 名员工顺利划入东方公司。对划转后机关富余人员积极开展转岗位培训工作，147 名后勤人员培训后补充到各井队，充实一线生产人员力量。对后勤服务单位机构进行调整，取消下套管队、安装队等，人员转入井队，相关工作由井队自行完成。对钻具探伤班、管具加工班、保安人员等，整体划归第三方公司。

十、加强对职工的教育

公司加强危机意识教育，让员工清楚公司面临的困难，了解公司在加强管理、提高生产时效和降低成本方面所采取的措施。增强员工凝聚力，广泛听取员工合理化建议，密切关注员工生活和工作条件，积极组织各类文体活动，加强中哈双方的沟通和互动，建立相互信任和尊重的工作氛围。加强各类培训，培养员工国际化意识，组织员工参加井控、安全、专业技能等方面的培训 1327 人次。举办 3 个英语培训班、1 个俄语培训班。公司统一对外标志、员工服装等，落实总部推行的外部形象工程。参加各类石油专业参展活动，加强外部宣传力度。

【科技创新】

一、复合钻井技术

公司结合所承钻区块特性，通过大量分析、论证，在 3 个油田二开、三井段全面推广使用复合钻井技术，取得良好效果。复合钻井机械钻速较转盘钻井机械钻速增加 14.7—182.4 个百分点。

二、维持较低的钻井液密度钻井

适当放开二开井段转化盐水泥浆的井深，最大限度地解放机械钻速，督促井队加强固控设备的使用与维护保养，提高使用效率，控制钻井液中固相含量，保持良好的钻井液性能，为快速钻井创造条件。

三、提高钻头水马力

2009 年，公司更新 6 套高压循环管汇、3 套钻井液罐，为提高钻头水马力提供设备保障，在设备安全承压范围内尽量使用高的泵压，使钻头获得尽可能高的水马力。SKGW30 队承钻的 8105 井和 SKGW28 队承钻的 8113 井上部井段的平均机械钻速分别较同期开钻井的平均机械钻速提高 8 个百分点和 16 个百分点。

四、应用钻井软件

公司与西安石油大学共同开发“钻井信息管理系统”，钻井信息管理系统充分发挥计算机在钻井工程管理、分析决策和信息利用等方面的优势，提高公司工程技术管理水平和资料品质，提高钻井工程效率和成本的分析能力，提高技术决策水平和工作效率。

五、氯化钾钻井液体系

公司使用氯化钾－两性离子聚合物钻井液体系后，增强钻井液抑制性，消除因泥岩易水化膨胀“大肚子”和“糖葫芦”井眼，降低井径扩大率，为油层套管固井创造良好的井眼条件，油层套管固井合格率达到 100%，油层固井环空憋堵发生率 0%，留水泥塞 0 次。

【安全生产】　公司按照“工作流程清晰，操作内容具体，事故风险提示明确，应急处置程序规范”的要求，结合哈萨克斯坦国家具体实际，完善公司的 HSE 体系文件和各项规章制度并在各作业队中贯彻实施，保障公司安全生产目标的实现。

公司与所有的井队和后勤服务单位签订了单井安全考核责任书，层层分解目标。突出抓好重点领域、要害部位、特殊时段的安全环保监管，加强安全巡视、专业检查、岗位巡查，深入开展专项整治。加强 HSE 培训，提高 HSE 监督的素质和全员安全意识。完善井控体系，加强设备投入，强化专业培训和实战演练，提高应急处置能力。加大井控监督检查和隐患整改力度，落实井控领导责任追究制度。公司完成 43 台车辆行车记录仪的安装和调试工作，加强车辆运行管理，避免交通事故的发生。公司加强信息收集和基础研究工作，定期召开防恐安全会议，详细掌握项目人员变化情况，完善公司应急预案，完善安保措施，在办公、驻地及部分井队安装电子监控系统、增设持枪保安。

截至 2009 年底，公司取得无死亡事故、无重伤致残事故、无交通事故、无火灾事故和井喷失控事故的良好业绩。

【企业管理】　2009 年，公司内部有哈萨克族、俄罗斯族、乌克兰族、芬兰族、阿塞拜疆族、达旦族、乌兹别克族等 17 个民族，有不同的生活理念和习惯。公司结合在实际工作中发现问题，制定和完善《考勤管理补充规定》、《病事假管理条例》、《员工乘车倒班管理规定》、《公司人才培养规划》、《外语培训管理规定》、《物资申报流程》等。2009 年 3 月，公司组织人力整理完善中哈公司管理制度汇编。

【精神文明建设】 公司营造和谐的内部与外部工作环境。中哈双方员工相互尊重、相互理解、平等待人，遇到敏感及重大问题，集体讨论决定。公司和当地政府，工会组织建议良好关系，参加当地各类公益活动。公司领导与工会组织彼此信任、相互依托，形成了促进企业发展的合力。公司关心当地广大员工的利益，增加福利措施，增强员工的企业归属感。尊重当地文化风俗，融入当地社会。充分信任哈方人，发挥当地人的管理优势。建立人才培养梯队制度，人才的培养与干部的年终考核挂钩，坚持干部培养跟踪制。坚持人才培养和干部提拔多元化。

【党建工作】 2009 年，公司加强党建工作，充分发挥党组织的战斗堡垒作用，充分发挥好广大党员的先锋模范作用。加强“三个代表”重要思想的学习，公司员工坚持把海外创业作为学习和实践“三个代表”重要思想的过程，认真学习、体会并贯彻实施。采取灵活机动的方式，坚持开展党组织工作。根据当地政治环境特点，以及公司生产经营工作的需要，公司采取多种方式，组织党员学习党的有关文件，学习国家、长城钻探公司和上级党委的重要文件和会议精神。公司加强党员领导班子建设，公司领导班子成员遇事互相商量，工作中相互帮助，相互支持，相互理解。

哈萨克斯坦测井作业区

【基本情况】 2009 年，哈萨克斯坦测井作业区（以下简称作业区）设立的 CLIK 公司由 6 个地区办公室、5 个作业基地构成。6 个地区办公室包括阿拉木图总部、克孜勒奥尔达分公司、阿克纠宾分公司、阿克套分公司、阿特劳分公司、乌斯卡曼分公司。5 个作业基地包括库姆科尔基地，北布扎奇基地，中信基地，萨基斯基地，扎纳诺尔基地。作业区有员工 603 人。

2009 年，作业区实现产值 4700 万美元（货币贬值影响 1081 万美元）。全年产值指标是 4987 万美元。已签合同额 5559 万美元。超额完成 5315 万美元的考核指标。

【主要措施和成果】 2009 年，针对作业区总部和分公司 100 多个许可证建立有效的跟踪管理系统。加强文档管理，进行了电子文档和文本文档的归档整理，做到了员工一人一档、货物一票一档、设备一台一档、合同一份一档，保存和共享长城钻探公司的软资产。严格执行《哈萨克斯坦作业区内控体系》，实现作业区管理的标准化，规避经营风险。加强目视化管理，基地标准化标识。合理配置各基地安保硬件设施，建立安保管理制度。

【工程建设】 2009 年，作业区建成中信作业基地、萨基斯作业基地和扎纳诺尔基地车库。取得扎纳诺尔基地 2 块土地的基础建设许可证，建成作业区第一个库容6套放射源的永久性源库和库容10万发射孔弹的火工品库，每月可以节约阿克纠宾州3个火工品库租金约15000美元。克孜分公司建成6万发射孔弹的火工品库，中信、北布扎奇和萨基斯项目都建成仓储量各5000发的临时火工品仓储库。作业区自有火工品仓储能力达到18万发。

【安全生产】　2009年，作业区各分公司和作业基地设置相关的安全监督岗位，由阿拉木图HSE部领导和管理，执行国内和当地的安全要求和规定。严格执行集团公司《反违章禁令》、交通安全6条禁令、办理准驾证、安装行车记录仪、安装防翻架，注重严格执行哈萨克斯坦当地放射源、火工品等危险品管理法律法规，保持良好的HSE业绩。作业区安装摄像头、加强保安人员管理等社会安全和防恐措施。作业区依据两条线对作业区、分公司、基地及项目制定岗位组织图，对岗位安全职责进行详细的描述，对各安全岗位的上下级关系进行明确。

【企业管理】　2009年，作业区依据原CNLC内部控制体系结合哈萨克斯坦当地的商务环境，编写《CNLC哈萨克斯坦作业区内部控制体系》，包含作业区组织结构、作业区岗位职责、作业区授权及印鉴管理规定、作业区依法经营相关法律问题指引以及业务流程及风险控制标准等6项内部控制体系，对作业区的各项商务运作用流程图的形式进行表示，附有文字的流程说明，对该流程中风险点和风险控制点进行编号说明。

作业区测井、录井、测试3个专业的当地工程师达80多人，工程师当地化率达到40%，完全顶岗的工程师有40人。完善作业区管理组织结构，建立5个分公司之间纵向和横向的管理思路，为作业区和各分公司间良好的沟通以及各分公司间的资源共享和优势互补创造条件。

阿塞拜疆综合项目

【基本情况】　阿塞拜疆综合项目（以下简称项目）办公室设在阿塞拜疆首都巴库，项目用工总数176人，其中，中方员工45人，当地雇员131人。项目有GW88队（50D钻机）、GW25队（650修井机）、钻井液服务队、泵车服务队、顶驱服务队、捞油服务队、测井队2支、录井队2支、资料解释站11个生产单位，其中，捞油服务队没有后续项目，设备处于封存状态。

2009年，项目完钻2井次，修井7井次，进尺8737米，实现营业收入6947万元。

【项目整合】　项目整合后，项目领导向规划计划部和生产协调处申请资金，完成前线基地（中心库房）的整合，平整仓库的场地。用空集装箱装修3个宿舍、1个餐厅、1个厨房、1个会议室。

新修建隔墙，中心库围墙加高并加装铁丝网。打水泥路面，在料台周边预制排水沟 150 米。重新规划各个功能区，在钻具区预制小水泥墩 20 个垫钻具。整修雇员使用的浴室和卫生间。安装视频监控系统，制作库房标牌及货架。接入有线互联网，重新吊装库房区的集装箱。

项目落实长城钻探公司文件精神，强调各个岗位谁主管，谁负责，谁出的问题，谁承担。严格执行正确的操作程序，按照规定的时间加强电气设备的检查，带班加强井控设备的检查和保养，认真进行防喷演练。针对长途搬家，对搬家准备、设备吊装、运输、设备安装等步骤，进行计划到位、细致分工，对各种细节工作进行监督指导，各单位制订安全排查计划和排查细则。

【开拓外部市场】 项目领导带领员工认真学习实践科学发展观，落实长城钻探公司“双百双增”逆势增长的工作部署，执行“两保两全”的应对措施，利用长城钻探公司“国内专业化，国外区域化，国内外一体化”的方针政策，开拓外部市场。GW88 队完成 1 口全球能源下属的 AOC 作业公司的深井。GW25 队取得全球能源下属的 KOC 的 16 口浅井，包括钻井、定向、钻井液服务、测录试等业务的大包合同。项目一直在跟踪全球能源下属的 Shirvan 油田的 2 口深井招标，已经于 8 月 31 日完成标书递交，等待开标。钻井液服务队服务于 GW88 队和 GW25 队，也为 Gulf Drilling 公司提供服务，现有 3 个作业小队。

【安全生产】 2009 年，项目贯彻长城钻探公司精神，继续深化 QHSE 管理。项目把“以人为本、预防为主、直线责任、全员参与、持续改进”作为 HSE 工作的方针，坚信“任何事故都可避免”的理念，认真贯彻执行作业区 QHSE 管理分册。HSE 监督每年定期培训，对新人和当地雇员做现场培训。项目组织各类 HSE 培训 400 人次，培训的内容包括 HSE 通用知识培训、各工种 HSE 知识和技能培训、防御性驾驶培训、安保知识和技能培训及其他相关 HSE 培训，实现生产作业的零事故。组织、运行安保系统等措施，提高员工的安全意识和安全技能。项目领导及 HSE 监督对基地安装摄像头，实现基地安全零死角，保障生产作业的顺利进行。

【企业管理】 2009 年，项目贯彻长城钻探公司精神，建立完善的当地雇员考核方案，对表现优异或作出突出贡献的员工给予相应的奖励。项目让雇员参与重大事项的讨论及管理工作，让员工切实体会到作为长城钻探公司一员，能够实现自己的价值。

2009 年，项目完善物资管理流程，实现标准化管理，包括从清关、采购、运输、库房等相关环节，降低风险，节约成本，提高运营效率。项目要求对每个月的物资管理运行情况出具相应的报告，组织大家讨论、研究，对流程中的疏漏进行修正，提高物资管理水平，加速物资管理标准化建设的进程。

【精神文明建设】 2009 年，项目坚持每周组织大家交流、集中学习长城钻探公司文件、党内文件，弘扬“忠诚事业、承担责任、艰苦奋斗、清廉奉献”的工作精神。项目注重党员干部的思想政治素质和道德修养建设，组织员工学习国家领导人及长城钻探公司领导的相关讲话精神，切实提高领导班子战略决策能力、市场开拓能力、精细化管理能力、防控风险能力、应对复杂局面和处理各种矛盾的能力。项目关注海外员工业余文化生活，稳定海外员工的情绪。项目鼓励员工学习外语，提高员工外语交流水平。

土库曼斯坦测井作业区

【基本情况】 土库曼斯坦测井作业区（以下简称作业区）是长城钻探公司所属的专业化对外技术服务公司，隶属于长城钻探中亚大区。作业区总部位于阿什哈巴德，生产基地为萨曼杰佩（Semandepe）基地，位于土库曼阿姆河天然气项目作业区内。机关科室编制5个，包括作业部、综合办公室、财务部、市场部、HSE部。作业区设1个基地、1个办事处，萨曼杰佩（Semandepe）基地负责土库曼阿姆河项目的作业支持和保障，巴尔坎纳巴德（Balkanabat）办事处负责土库曼西部油田市场开发。作业区共有员工69人，其中，中方人员22人，外方员工47人。

作业区拥有测井、测试设备6套，能够承担测井、测试、射孔、解释研究等井筒配套技术服务。2009年，作业区在土库曼斯坦全年收入5149.48万元，完成年度产值指标3740万元的138%。

【项目基础管理】 2009年，作业区围绕长城钻探公司的重点工作，认真执行“两保两全”的方针，实现长城钻探公司“双百双增”的目标。作业区开拓市场，确保产值和利润的双突破，认真加强作业区各项管理工作，制定和完善生产管理、材料采购、物流管理、人力资源管理、财务管理、QHSE管理等各个方面的管理制度，采取措施严控各个环节，使各项工作向集约化、制度化、规范化发展，确保各项生产工作的安全稳定。

【生产基地建设】 2009年，土库曼FARAP测井基地建设工作实现三通，包括电话通、网络通、传真通。在前线基地和公寓安装可视监控系统，完善各处的消防设施，保证基地的人员安全和财产安全。前线基地建造遮阳的大工棚，建立公共浴室和厕所，每天中午为中方和本地员工提供午餐，提高工作效率。

2009年，基地库房管理工作日趋规范，设立专职的库房管理员，实行计算机管理和严格的出入库审批制度。基地库房内物品分类清楚、摆放整齐，每件物品都有自己的编码，方便月度的库存统计工作。长城钻探公司指派物流专员到作业区巡检，对库房管理工作给予很高的评价，也对我们的库管员、基层管理者以及作业区领导进行物流管理的培训。前线公寓增设足够的床位，安装蚊帐，每个房间配备足够的桌椅，网线连入各个房间，使员工在工作之余有个舒适的休息环境。在公共区域设置电视、DVD 等娱乐设施，购买乒乓球桌等健身设备，丰富员工的业余文化生活。

【HSE 管理】 2009 年，放射性源经过危险品许可证的办理、签订火工品存储、运输和管理合同、审批等过程进口到土库曼斯坦。射孔合同签订，火工品进口提到日程，项目迅速组织人力与天然气康采恩测井公司 TRUST 接触，与长城钻探公司总部一起开始射孔器材和火工品的采购和运输工作，分别对火工品进口各个环节制定进度表，并协调各个部门。11 月 12 日，第一批从美国进口的火工品到达土库曼斯坦，清关后迅速投产。

2009 年，作业区在 HSE 方面重点抓好基层队伍的 HSE 工作，使长城钻探公司的各项 HSE 政策、制度和要求落到实处，重点做好基层服务队伍的“两书一表”、隐患清查与整改工作，做好作业前的风险分析，对隐患及时整改，防患于未然，坚决杜绝事故的发生。2009 年，长城钻探土库曼分公司获得“阿姆河天然气项目 1500 万人工时安全生产先进单位”、“阿姆河天然气项目 2500 万人工时安全生产先进单位”的荣誉称号。

（丁启光）

乌兹别克斯坦测井作业区

【基本情况】 乌兹别克斯坦测井作业区（以下简称作业区）是长城钻探公司所属的专业化对外技术服务公司，隶属于长城钻探中亚大区。作业区办公室位于乌兹别克斯坦首都塔什干市。作业区拥有测试设备 2 套，测井和射孔设备各 1 套，能够承担测试和射孔等技术服务。作业区有员工 17 人，其中，中方人员 6 人，外方员工 11 人。2009 年，作业区全年收入 8000 万元。

【市场情况】 2009 年，作业区主要执行集团公司吉达 3 井和吉达 4 井的测井和测试项目，顺利完成长城钻探公司 2 口重点井的工作量，受到甲方表扬。

作业区将测井业务市场移交西安测井，相关的测井设备已经准备在总部的统一调配下转运到哈萨克斯坦和伊朗等国家，项目只保有测试业务。测试业务由于没有全套的自有测试设备，将测试业务的执行分包给吐哈井下作业公司。针对不利局面，作业区加强在管理、商务、技术上的优势，向长城钻探公司总部汇报情况，主动与其他项目联系沟通，就生产、市场、技术等方面进行交流，强化在竞争中的有利因素。

【项目基础管理】 作业区根据集团公司和长城钻探公司 2009 年的各类文件精神，组织员工深入学习，建立作业区各项规章制度，提高经营管理水平，高度重视队伍建设，强调加强全体工作人员业务学习，加大队伍思想政治和道德教育力度，精心培育政治过关、业务精良、思想先进的战斗队伍。提高中方管理人员的工作技能和知识水平，增强业务能力。以推进作业区基础管理工作为根本，提高工作效率，完善责任建设和岗位责任制。

【生产基地建设】　2009 年，作业区继续加强费尔干纳基地的建设，改善基地常驻人员的居住及生活条件，制定基地管理的各项规章制度，完善设备物资的进出库管理工作，加强基地 HSE 管理工作，费尔干纳基地完成集团公司重点井吉达3 井和吉达 4 井的测井测试及射孔工作，做好作业后勤保障工作。

【HSE 管理】　2009 年，作业区利用有限资源加强 HSE 管理水平，组织每位员工学习长城钻探公司下发的各项 HSE 规章制度，提高所有员工的思想认识，坚持做到以人为本，定期做好隐患排查和清除工作，把 HSE 工作作为天字号工程来做，杜绝一切 HSE 事故的发生，提高作业区的 HSE 的管理水平。

（田久贞）

泰国项目

【基本情况】　2009 年，泰国项目（以下简称项目）作业区域分布在泰国中北部的 LANKABUE 境内。2009 年，项目有 3 支队伍在作业，GW80 队为 50DBS 钻机、GW97 队（原 GW35 队）为 XJ650 修井机，GW80 队及 GW97 队分别为 PTTEP（泰国国家石油公司）提供钻、修井服务；GW229 队是集团公司战略重组后新接手的队伍，为 50DBS-L 钻机，同时包括测井、录井、固井、钻井液、定向技术服务，为 CNPC-HK 提供钻井及相关工程技术服务。有 163 名员工，其中，中方人员 67 名，当地雇员 96 名。

2009 年，项目经营收入 7653 万元。其中 GW80 队开钻 37 口，完井 37 口，实现进尺 107326 米，GW229 队开钻 5 口，完井 5 口，侧钻 3 次，实现进尺 22020 米。GW97 队设备更新后，修井 30 口。GW97 队经过新设备的动迁及整改，2009 年 9 月 9 日正式开始作业。

【企业管理】

一、加强经营管理

项目坚持以提高经济效益为中心，强化成本管理的全过程控制，深挖内部潜力，成本控制在计划之内。认真落实成本目标管理，完善项目成本制度，抓好指标细化，严格成本立项、结算，强化责任落实，强化措施运行。实行系统指标考核，加大措施考核力度，建立奖励机制，增强基层成本控制意识及积极性。

二、加强素质建设

项目举办 12 期各种培训班，培训 84 人次。实行“按需培训”，从基层培训、末位培训、技术尖子培养和待岗人员培训入手，有针对性地制订培训工作计划，完善培训激励机制，增强培训效果。员工队伍实现“一个提高、一个转变（业务素质提高、思想观念转变）”。

三、推行现场标准化管理

完善现场管理标准，制定职工行为规范，规范操作规程，增强职工标准化意识。强化现场管理达标和经济技术指标达标，实现安全生产。开展调查以设备现状、生产参数为主，认真分析影响运行效率的关键因素和问题，找准工作方向，制定针对性措施，提高系统效率，降低运行成本。

四、加强安全环保工作

完善 HSE 管理体系，采取岗位职工自我评价与检查考核相结合，做到防范到位，事前控制。完善信息反馈制度，增强职工主动发现安全隐患的自觉性，实现安全生产。加强环境保护工作，逐级落实责任。

五、加强物资材料管理

完善物资管理规章制度，通过责任到人，建立从基层开始的物资管理体系。

【思想政治工作】　2009 年，项目坚持以人为本，从发展目标、经营理念、价值观等方面对“企业文化”进行全新定位，并从精神文化、物质文化、行为文化、制度文化、创建学习型班组等几个方面进行导入，开展创建“学习型班组”活动，提高队伍的综合素质，增强队伍凝聚力。加强党的建设和干部队伍建设，认真组织学习党的十七大四中全会精神，坚持科学发展观，认真解决思想观念、发展中的实际问题。加强廉政建设，认真开展“纪律、作风、形象”主题教育活动，加强党风廉政建设。加强干部班子建设，抓好干部配备，规范班子议事规则，搞好干部的业绩量化考核，增强干部队伍活力。加强民主管理工作，征求员工的意见和建议，深入落实职工的知情权和参与权，自觉接受职工监督，促进各项工作顺利开展。做好队伍稳定工作，做好一人一事的思想政治工作，推行情感管理，帮助员工解决生活中的实际困难，促进队伍稳定。搞好员工生活，搞好食堂设施配套改造，增加饭菜花样，提高饭菜质量，生活管理水平明显提高。搞好节日生活气氛及供应，开展各种文体活动，丰富职工业余文化生活。

【安全管理】

一、落实责任

项目领导班子做好“七个带头”作用，带头宣贯 HSE 理念、带头学习和遵守 HSE 规章制度、带头制订和实施个人安全行动计划、带头开展行为安全审核、带头授课开展 HSE 培训、带头开展风险识别、带头开展 HSE 经验分享，并逐级签订 HSE 责任书，层层分解指标，落实责任。结合实际，制订并落实各级领导的个人安全行动计划。

二、落实 HSE 会议

项目每季度组织召开一次 HSE 委员会会议。项目经理每月亲自到现场召开 HSE 月度安全会，研究解决并落实 HSE 问题，制订方案和措施，实现直线责任。

三、强化 HSE 培训工作

重点强化井控培训工作，要求项目所有中外方应持证员工均参加泰国石油协会举办国际井控取、换证培训，持证上岗率达到 100%。强调基层员工安全培训。采取多种培训方式，推广使用 Safeway 多语言培训软件，加强当地员工岗位责任制、操作规程、安全知识和技能的培训。

四、强化安全专项管理

（一）加强井控安全管理。

项目按照长城钻探公司规定配齐境外专兼职井控管理人员，建立健全井控检查考核机制，严格落实施工前审批制度。强调井控设备的管理工作，加强井队对井控案例的学习，项目对井控设备进行全面检测，加强井控应急演习的频次，加深员工对井控工作的重视。

（二）加强交通安全管理。

项目认真落实车辆准驾、长途车和倒班车跟车人等制度。严格落实行车安全“六个不准”（严禁无证驾驶、严禁酒后驾驶、严禁疲劳驾驶、严禁超速行驶、严禁行车不系安全带、严禁在驾车过程中使用移动电话）。建立行车记录仪数据分析系统，充分利用 GPS 监督和考核驾驶员。2009 年，项目所有车辆安全运行，无任何交通事故。

（三）加强隐患排查与治理工作。

项目充分利用 STOP 卡、安全观察与沟通等工具，定期完成全面隐患排查。按照长城钻探公司事故隐患管理办法，建立隐患台账和档案，制定监控措施和应急预案。加强各层次的监督、检查。2009 年，项目通过检查和员工填写的 STOP 卡发现不符合项 1892 项和合理化建议 530 项。针对所有查处的问题，各作业队落实到人限期整改，其中，95% 已经整改、关闭，其他少数不符合项已列出整改计划或正在整改中。

【企业文化建设】

一、领导示范

项目经理带领领导班子深入基层检查和督促生产任务的落实和完成，每月 24 日由项目经理亲自到各井队主持月度安全会。

二、宣传推广

2009 年，项目组织各类业务和军训等培训 86 次，参培 256 人次，实现全员覆盖。举办各类大型庆祝活动 3 次，诚邀甲方、第三方、当地员工参加，起到社会宣传作用。

三、造就楷模

通过企业中的先进人物将企业的价值观人格化，给广大员工提供值得效法的榜样，以此达到让员工主动追随企业文化的目的，项目平台经理韩民久带领的 GW80 队成为新时期的铁人标杆队，连续三年获集团公司钻井标杆队的称号。

四、奖惩措施

实施井队搬安奖罚、月度 HSE 奖罚、STOP 卡与工作业绩挂钩等奖惩措施。

（许洪文）

印度尼西亚项目

【基本情况】 印度尼西亚项目（以下简称项目）是提供钻井服务、钻井液技术服务、SPE 旋转头和顶驱技术服务。项目有员工 176 人，其中，中方员工 38 人，印度尼西亚当地雇员 138 人，人员当地化率为 79%，现场作业人员当地化率为 100%。有博士及博士在读 3 人，硕士 5 人。项目下设 5 个部门和 2 个作业区，包括综合办公室、财务部、作业部、市场部、后勤保障部以及东西 2 个作业区。2009 年，项目实际收入 7360 万元。

【企业管理】 2009 年，项目中标中信公司 1 部钻机合同，BERMUDA 和 SALAWATI 钻井液合同得到延续，中标 1 个 SPE 旋转头服务合同及顶驱技术服务合同。项目实行科学管理，制定新的《中油长城钻探亚太有限公司管理制度汇编》，完善管理制度，覆盖长城钻探公司管理的各个方面，通过管理体制的完善和落实，提高项目的管理水平。加大人才的引进力度，吸收和培养本地人才，推动本地化战略的实施。通过多种方式招聘管理和技术方面的本地人才，建立持续培养机制。

【科技创新】 2009 年，项目依靠科技进步提高项目核心竞争力和保障能力，为项目带来可观的收益，作业部门根据 SOP 标准作业程序，优化钻井液体系和配方，复配高附加值添加剂创造效益，在油基钻井液领域加大研究力度。

【工程建设】 2009 年，项目投入人力、物力，加强实验室建设，提高技术水平，增加高新技术设备，增强与印度尼西亚国家实验机构的交流，攻关油基钻井液技术，培训实验人员，使实验室成为设备精良、技术先进的现代化实验室，成为项目的技术人才培养基地。改善雅加达总部办公室、驻地及现场作业基地的办公、生活环境。

【安全生产】 项目及时调整管理模式，完善安全生产管理，适应专业化服务项目运行。项目加强人员安全和应急管理，加强对相关风险进行系统的分析，做好应急反应预案准备，确保人身安全和生产安全。2009 年，印度尼西亚频繁发生里氏 6.0 级以上地震，项目机关和前线作业区等震感强烈，项目及时部署，加强应急物资管理和做好应急通信及预案，根据长城钻探公司总部和项目相关规定，严格执行正确的汇报路径。

项目加强化学品安全管理，落实社会责任，钻井液服务为所有服务的钻修井队配备化学品安全警示牌、提供 MSDS 培训，与 CORELAB 合作，进行环保方面相关检测，提高社会责任感。

（彭春耀　刘文龙）

爱国　创业　求实　奉献

长城钻探公司钻井一公司

GWDC NO.1 Drilling Branch Company

团结奋进的钻井一公司领导班子合影（左起：刘旭礼、黄以文、魏慧明、李科、田宝山、刘岩、慕殿峰、余凯）。

钻井一公司积极响应长城钻探建设国际化工程技术总承包商的企业定位，积极“走出去”开发市场，作业领域不断扩大。

2009年2月25日，中油集团与杜邦公司HSE咨询合作，钻井一公司试点启动大会召开。

钻井一公司举办第一届职业技能竞赛，本次技能竞赛是以选拔公司急需的高水平、高技能人才为目标，以技能比赛为载体，为广大操作技能人才搭建了一个展示才能、检阅实力、切磋技艺、共同提高的平台，并以此来推动全公司操作人才队伍的建设与发展。

2009年11月13日，中国石油与中国年代合作的塔里木盆地喀什北项目阿克101井开钻仪式。

陕北地区市场40503队应用导向钻井提速技术在紧张地下钻施工。

长城钻探公司钻井二公司

GWDC NO.2 Drilling Branch Company

为加快“国际化人才”培养的步伐，钻井二公司通过深入开展技能竞赛、“三个一”培训等载体活动，不断提升广大干部职工的技能素质。

海塔项目部设备搬迁热火朝天。项目部搬迁钻机做到了全部一次搬迁和整拖到位，有效地杜绝了生产组织上的失误现象。

奋战在辽河油区的钻井二公司千余名干部员工顶风雪、冒严寒，抢打进尺。

在重点预探井沈307井首次采用涡轮增压钻井技术。

钻井二公司深入开展“送温暖 献爱心”等扶贫帮困活动，及时了解他们生活和工作上的需求，解决实际问题，使他们感受企业大家庭的温暖。

钻井二公司坚持每年举办各种载体的活动，不断丰富矿区职工家属的业余文化生活。

长城钻探公司苏丹项目

GWDC Project in Sudan

张凤山总经理与苏丹项目部全体干部合影。

施工中的苏丹项目钻井队伍。

加强与当地政府和部落的友谊，扩大长城钻探公司在苏丹的影响力，长城钻探公司苏丹项目部主办“送温暖”公益活动，给苏丹6区的当地政府和部落送去运动服装和足球。

苏丹民俗风情。

自立为本　利油利他则久
员工至上　永葆创业激情

第十篇

政策制度

2009年度长城钻探公司政策制度索引

长城钻探公司境外交通安全管理实施细则
HSE委发〔2009〕52号

境外项目HSE监管人员请销假管理规定
HSE委发〔2009〕70号

境外项目HSE监管人员述职汇报管理规定
HSE委发〔2009〕70号

长城钻探公司总部机关会议室使用管理规定
办发〔2009〕5号

长城钻探公司物资出口定价管理暂行办法
财资〔2009〕5号

长城钻探有限公司物资核算暂行办法
财资〔2009〕9号

长城钻探公司三高井重点井关键工序井控管理规定
长城钻探〔2009〕25号

长城钻探公司井控安全责任管理规定
长城钻探〔2009〕57号

长城钻探公司机关干部定期赴基层开展工作的暂行规定
长城钻探〔2009〕65号

长城钻探公司合理化建议和技术改进奖励实施办法
长城钻探〔2009〕78号

长城钻探公司机构编制管理办法
长城钻探〔2009〕4号

长城钻探公司专业技术人员职业资格管理暂行办法
长城钻探〔2009〕5号

长城钻探公司技术中心项目管理办法
长城钻探〔2009〕6号

长城钻探公司国内市场开发管理办法
长城钻探〔2009〕7号

长城钻探公司劳务用工管理暂行办法
长城钻探〔2009〕14号

长城钻探公司赴境外工作人员薪酬福利管理实施细则
长城钻探〔2009〕15号

长城钻探公司劳动合同管理暂行办法
长城钻探〔2009〕16号

长城钻探公司市场管理办法（暂行）
长城钻探〔2009〕19号

长城钻探公司境外社会安全工作方针、目标及管理制度（暂行）
长城钻探〔2009〕33号

长城钻探公司长假冬休开钻前验收管理办法
长城钻探〔2009〕41号

长城钻探公司分部机关工作业绩考核暂行办法
长城钻探〔2009〕55号

长城钻探公司国外钻修井井控监督管理规定
长城钻探〔2009〕56号

长城钻探公司规章制度管理办法
长城钻探〔2009〕63号

长城钻探公司固定资产投资管理办法（试行）
长城钻探〔2009〕76号

长城钻探有限公司职工代表大会制度实施暂行办法（暂行）
长城钻探党〔2009〕17 号
长城钻探公司商业秘密保护管理实施细则
长城钻探党〔2009〕20 号
长城钻探有限公司基层建设工作考核暂行办法
长城钻探党〔2009〕23 号
长城钻探公司巡视工作制度（试行）
长城钻探党〔2009〕39 号
长城钻探公司机关干部员工请销假制度
长城钻探党〔2009〕40 号
长城钻探公司机关干部员工首问负责制
长城钻探党〔2009〕40 号
长城钻探公司机关干部员工限时办结制度
长城钻探党〔2009〕40 号
长城钻探公司机关干部员工着装规定
长城钻探党〔2009〕40 号
长城钻探公司员工职业道德规范
长城钻探党〔2009〕40 号
长城钻探公司机关干部赴基层挂职锻炼暂行办法
长城钻探党〔2009〕54 号
长城钻探公司机关机要文件管理实施细则
长城钻探党办〔2009〕13 号
长城钻探公司监督部门联席会议制度
长城钻探纪〔2009〕06 号
长城钻探公司培训费用管理暂行办法
长钻公司〔2009〕144 号
长城钻探公司外部市场合同额确认规范
长钻公司〔2009〕21 号
长城钻探公司海外员工轮换管理暂行规定
长钻公司〔2009〕27 号
长城钻探公司发展业绩排序暂行办法
长钻公司〔2009〕54 号
长城钻探公司劳动模范管理办法
长钻公司〔2009〕79 号
长城钻探公司授权管理办法
长钻公司〔2009〕105 号
长城钻探公司企业管理现代化创新成果评审管理暂行办法
长钻公司〔2009〕106 号
长城钻探公司企业管理现代化优秀论文优秀著作评审管理暂行办法
长钻公司〔2009〕106 号
长城钻探公司大庆Ⅱ型钻机管理实施细则
长钻公司〔2009〕111 号
长城钻探公司创建节能节水型单位实施细则
长钻公司〔2009〕115 号
长城钻探公司节能节水统计实施细则
长钻公司（2009）115 号
长城钻探公司境外项目部分类管理暂行办法
长钻公司〔2009〕116 号
长城钻探公司 HSE 事故管理办法
长钻公司〔2009〕122 号
长城钻探公司 HSE 事故责任管理人员处分暂行办法
长钻公司〔2009〕122 号
长城钻探公司事故隐患管理办法
长钻公司〔2009〕122 号
长城钻探公司概预算与定额管理办法
长钻公司〔2009〕127 号
选拔进入机关总部和在京单位工作人员暂行办法
长钻公司〔2009〕133 号
长城钻探公司境外项目启动管理办法（试行）

长钻公司〔2009〕135号
长城钻探公司防汛管理办法
长钻公司〔2009〕146号
长城钻探公司机关各部门HSE职责
长钻公司〔2009〕162号
长城钻探公司固定资产投资计划管理实施细则
长钻公司〔2009〕168号
长城钻探公司培训管理暂行办法
长钻公司〔2009〕177号
长城钻探公司培训教师管理实施细则（试行）
长钻公司〔2009〕178号
长城钻探公司股权管理办法
长钻公司〔2009〕196号
长城钻探公司对外投资对外借款对外担保对外融资管理办法
长钻公司〔2009〕200号
长城钻探公司质量管理办法
长钻公司〔2009〕137号
长城钻探公司质量事故管理规定
长钻公司〔2009〕137号
长城钻探有限公司基层民主管理制度实施暂行办法
工〔2009〕2号
长城钻探有限公司职工代表巡视检查制度实施暂行办法
工〔2009〕3号
长城钻探有限公司职工代表大会提案工作制度实施办法（暂行）
工〔2009〕5号
长城钻探公司计价依据管理规定
计划〔2009〕32号
长城钻探公司海外人才探亲标准的规定
人事〔2009〕10号
长城钻探公司加班工资发放暂行办法
人事〔2009〕13号
长城钻探公司境外员工病事假薪酬待遇补充规定
人事〔2009〕35号
长城钻探有限公司生产自用油管理规定
生产〔2009〕4号
应急值班管理实施细则
生产〔2009〕6号
国内生产外雇车辆管理办法
生产〔2009〕7号
国内生产对外协调管理办法
生产〔2009〕8号
卫星通信管理办法
生产〔2009〕9号
物资采购管理实施细则
物管〔2009〕1号
统购物资结算管理暂行规定
物管〔2009〕6号
物资进出口及国际运输管理办法（试行）
物管〔2009〕9号
境外机构物资管理实施细则（暂行）
物管〔2009〕16号
物资管理考核实施细则（试行）
物管〔2009〕25号

第十一篇

报刊文摘

2009年长城钻探公司报刊文摘选录

聚变奇迹："新长城"是怎样筑成的

——聚焦中国石油长城钻探工程公司重组1周年

2008年全国两会前夕，辽河石油勘探局和长城钻井有限责任公司携手，迎来了跨越式发展的难得机遇。

按照中国石油的战略布局，在新成立的长城钻探公司中，两者的钻探业务得以全面整合。重组之后，行业业务齐全的专业化工程技术公司初现。但是，各种困难也接踵而至，"新长城"能否勇立潮头？众人拭目以待。

如今，新一年的"两会"即将开幕，强强融合的"聚变"效应已经显现：公司所有二级单位和项目部均实现盈利；全年主营业务收入达到130.6亿元，同比增长20%；上缴税费11.9亿元，同比增长12%；净资产收益率达到6%以上，全面完成集团公司下达的指标……仅仅一年，"新长城"航母便已整装完毕，起锚远航！

重组整合：平稳过渡完美收官

2008年2月26日，是一个里程碑式的日子。

这一天，无论是在中亚的戈壁、北非的沙漠，还是在内蒙古的草原、古巴的海滩，辽河油田公司、辽河石油勘探局和长城钻探公司的数万员工开始关注同一个话题：按照中国石油天然气集团公司统一部署，工程技术服务相关业务重组大幕拉开。

拥有近40年历史的辽河石油勘探局，是我国年原油产量第三位的油田企业。

1999年辽河石油勘探局重组后以石油工程技术服务等业务为主，从2004年起迈入了高速成长的快车道，2007年企业实现收入300亿元，实现内部利润23亿元，上缴税费18.9亿元，只用3年时间实现了年产值翻两番，同时打造了一批领先的特色石油工程技术，具备了出色的市场竞争能力。

成立于1993年的长城钻井公司，则主攻国际钻井及相关专业的工程技术服务。2007年新签合同额就达到11.1亿美元。截至2007年底，共管理境外钻修机总量177台，队伍规模和营业收入在世界钻井承包商中均排名前五位。

最终，辽河石油勘探局钻探业务与长城钻井公司重组整合，成立长城钻探工程公司。原辽河石油勘探局辖下的两个钻井公司、井下作业公司钻井部分、测井公司、录井公司、物探公司、工程技术研究院等单位，和长城钻井公司机关及其自有钻井队伍走到了一起。

重组整合，不仅是业务条块的梳理再造，还有数万员工的重新配置，不仅涉及几大单位的上市和未上市企业，还有新单位组建。工程浩大，可谓千头万绪，牵一发而动全身。

面对这样一个浩大而庞杂的系统工程，留给新成立的长城钻探公司时间却并不多。新长城人开始跟时间赛跑！

根据业务整合和专业化重组的总体方案，采取内部资产划转重组的方式，同时按照“人员随业务、职能和资产走”的原则，相关单位及其在册合同化员工整建制划入钻探工程公司。钻探工程公司组建初期，划入的各二级单位暂时维持现行管理格局。经过平稳过渡后，围绕核心业务继续进行内部资源优化整合，逐步压缩管理层次，实现管理扁平化。

长城钻探公司的组建，与油田公司的交接同步，紧张而有序。至 3 月 17 日，辽河分部已开始正式运行。一周后，位于北京鸟巢附近名人大厦的总部机关，也开始正式运行。由此，新公司各项工作全面步入正轨。

在中国石油供职长达 28 年、现任长城钻探公司总经理张凤山，一语道出了成功重组、平稳过渡的真谛：“同为中油人，我们是血脉相通的！”由公司员工创作的《长城颂》则唱道：“强强联合，意味着浴火重生；1+1 ＞ 2，意味着众志成城。”

张凤山告诉记者：“重组期间，三万新长城人心往一处想，劲往一处使，加速思想、文化、理念的融合，实现了重组整合与生产经营‘两不误、两促进’以及生产、安全、队伍‘三稳定’。”

由此，“利用 1 年时间，完成融合、稳定、立规矩”的目标宣告实现，“跨越三个阶段”发展战略的第一阶段完美收官，长城钻探顺利开局。

精准定位：“总承包商”战略开启先河

“2008 年，是长城钻探公司的开元之年，也是勾画企业未来发展蓝图的重要一年！”张凤山掷地有声。

正是由于企业掌舵人的“谋定而后动”，长城钻探公司刚一成立，即提出了新公司的战略定位：做国际化石油工程技术总承包商。

提出总承包商战略定位，正是基于中国石油天然气集团公司综合性国际能源公司发展战略。张凤山也清晰地看到：“做总承包商，资质、能力、业绩和综合专业化水平，一样都不能少！”长城钻探公司之所以敢于提出这样的定位，源于重组的两家企业强大的专业背景。

总承包商的内涵，是为油田建设提供建井总承包服务，为油田开发提供总承包服务，为油田增值上产提供增值服务。而总承包商的核心只有四个字：合作双赢。

正是在总承包商的定位指引下，2008 年，长城钻探公司全年中标 10 个专业 77 个项目，合同金额达 11 亿美元；新增钻修井机 9 部、各类专业队伍 14 支，市场规模和效益实现双增长。

在国内反承包项目市场，长城钻探公司与壳牌公司签订了钻机延期和新增钻机总承包协议，与道达尔公司达成了苏南项目总承包意向，中标 BP 公司国内煤层气建井总承包工程。

在国内市场，长城钻探公司也开创了油田区块总承包的先河。2008 年 10 月 28 日，长城钻探公司与长庆油田携手，按照协议，长庆油田以总承包的形式将华庆地区的产能建设工作量总体承包给长城钻探公司，这种以油田区块总承包的全新甲乙方合作模式，在中国石油历史上尚属首次。

“跟长庆油田成功合作证明，我们的新定位不是异想天开，也不是标新立异。”长城钻探公司党委书记王忠仁评价说，“在全球性经济衰退出现时，一个公司的长处和弱点都会被放大，我们实施总承包商的战略定位，就是要扬长避短。”

王忠仁告诉记者：“我们会坚持有所为有所不为，重点开拓高端市场和重点区域市场，重点向甲方推介和提供工程技术总承包服务，在为甲方创造价值的同时，提升效益，做到双赢。”

鲲鹏展翅：三大市场三分天下

一个多月前的除夕之夜，在阿塞拜疆项目平台，方圆 30 公里荒无人烟的大漠，项目经理坚守岗位；同一天，机房大班回到机房，对柴油机进行例行“体检”，发现问题后紧急抢修 4 小时，故障排除时牛年已经到来……就在这一天，遍布海外 18 个国家、国内 23 个省、市、区的 3 万多名长城钻探员工，迎来了新公司“跨越三个阶段”发展战略的第二阶段，进入“安全、效益、品牌、可持续发展”的第一年。

重组之后，长城钻探公司成为中国石油旗下唯一一家总部设在北京的钻探公司，同时也成为一家具备一定国际竞争力的石油钻探企业。张凤山在接受本报记者采访时谈到：“长城钻探的企业实力和品牌影响力同类企业难以比肩，我们必须肩负起打造工程技术国际品牌的重任。”

肩负的使命更加清晰，前行的战鼓已经擂响，长城钻探公司开始了新的征程。

经过 2008 年的发展，长城钻探公司形成了国内以辽河、长庆、大庆、冀东市场为主，国际以中东、中亚、非洲、南美以及国内反承包市场为主的“4+5”市场格局，辽河油田市场、国内市场、国外市场的收入构成“3 ： 3 ： 4”格局。

刚刚进入 2009 年，长城钻探公司主要经济效益指标和工作目标已经确定：全年实现收入 165 亿元，同比增长 15% 以上；上缴税费同步增长。形成辽河油区、国内市场、国际市场三分天下的市场格局。

国际油价从 7 月份每桶 147 美元的高点跌至最低 40 美元以下，国内外油气勘探开发投入减少，工程技术服务市场出现萎缩，石油工程技术企业将面临更加严峻的挑战和更加激烈的竞争。据了解，近期国际市场钻井日费率出现了下跌趋势。

但是谈及未来发展，张凤山信心十足：“长城钻探公司现在占尽天时、地利、人和，如果能够巧妙地顺势、借力，一定能突破重围，路子越走越宽！”

石油业内人士指出，长城钻探公司

既是钻井工程的承包商，又是石油工程技术的承包商，工程技术产业链较为完善，国内外市场发展前景会非常广阔。新的长城钻探公司，对油田开发、管理、运行的熟悉和人才、技术储备，对国际石油工程技术市场规则的熟悉和控制的规模，是同类企业无法比拟的独特优势。

“战略清晰、技术领先、士气高涨的长城钻探公司，必将在中国石油建设综合性国际能源公司的进程中建功立业！”上述人士说。

摘自 2009 年 3 月 12 日《中国企业报》

长城钻探公司咬定百分之十五增长不放松

长城钻探公司自 3 月 3 日开展“两保两全”实现“双百双增”活动以来，好消息频频传来：钻井一公司在西北市场再上 10 部钻机；钻井二公司全年预计降本增效 8000 多万元；苏丹项目部有针对性地向甲方推介公司的优势特色技术。

受国际油价大幅震荡影响，长城钻探公司国内关联交易市场萎缩，钻井、物探、测井、录井等相关专业的 300 多支队伍处于停等状态。面对日益严峻的市场形势，长城钻探公司深入贯彻落实科学发展观，紧紧围绕科学发展上水平这个核心，转变发展方式创造新优势，把握机遇实现新发展，明确提出“保增长全员开发市场，保效益全要素降低成本”的“两保两全”工作方针，确保实现“国内国外各走出去 100 支工程技术服务队伍，实现公司规模效益和钻井进尺双增长，全年收入同比增长 15%、净资产收益率同比增长 2%、钻井进尺同比增长 10%”的“双百双增”目标。

围绕保增长全员开发市场，长城钻探公司统筹协调市场布局。公司明确将市场开发作为生产经营主线，出台市场开发激励政策，做到人人身上有指标。2008 年在国际市场中标 10 个专业 77 个项目，合同金额达 11 亿美元，保证了 2009 年的工作量。目前，个别项目已续签到 2010 年。

今年，市场工作人员调整商务报价，新增工作量平均价格增幅超过预期，提高了项目创效能力。针对辽河油区 70% 生产能力处于停等状态，在保留适度生产能力同时，调整 33 部钻修机到国内外其他市场，保证全年完成进尺 460 万米、同比增长 10% 的钻井工作目标。

全要素降低成本，增强企业竞争力和应对风险能力。长城钻探公司牢固树立长期过紧日子思想和一切成本都是可降可控的经营思想，从资产有效管理运行、油料采购和消耗管理、提高生产效率和规模等方面来消化市场变化、投资减少、价格降低带来的减利因素，全面实现集团公司下达的各项生产经营业绩指标。

据最新统计报表显示，长城钻探公司 1—2 月完成生产经营总值 24.2 亿元，同比增长 15.3%，为实现“双百双增”

目标奠定了基础。

摘自 2009 年 3 月 26 日《中国石油报》

逆势突围：筑牢“效益长城”

——长城钻探公司应对金融危机挑战实现逆势增长的调查

2008 年，重组不到一年时间的长城钻探公司，全年实现主营业务收入 130.6 亿元，同比增长 20%。

2009 年初，金融危机的负面影响在全球不断蔓延，作为国际化企业的长城钻探公司响亮地提出：咬定全年经营收入增长 15% 的目标不放松。

2009 年一季度，长城钻探公司经营收入达到 36.9 亿元，同比增长 13%，在一片“寒流”中逆势“突围”。

长城钻探的快速发展从何而来？长城钻探逆势而上的勇气和信心从何而来？

立足“总承包商”定位 实施“跨越三个阶段”战略

2008 年 2 月，辽河石油勘探局钻探部分与长城钻井公司重组为长城钻探公司。新公司的领导班子在对钻探行业重组整合意义深刻理解的基础上，客观审慎地分析国内外市场形势，科学辩证地理清自我发展的优势和劣势、挑战与机遇。他们认识到，前进的道路并非一帆风顺。但是，“新长城”的优势如果得到凸显和发挥，将会带给企业一个更大的成长空间。

“新长城”至少有这样三种优势：

整体优势。公司石油工程技术专业比较齐全，包括钻井、测井、录井、物探、固井、钻井液等 10 多个专业，各个专业相互支持、相互配合，可以一击制胜。

国际化优势。公司在国际市场已达到 100 部钻修机的规模，经过多年实践，“GWDC”的品牌作用和影响力已经形成，长城钻探肩负着打造中国石油工程技术国际品牌的重任。

一体化优势。国内外一体化，可以实现技术、人才、装备等资源的相互支持，以国内的先进技术支撑国外项目的发展，以国外规范的管理和先进的 HSE 经验提升国内管理水平，实现利益最大化。

实现科学发展就是要把企业自身优势与行业特征相结合，形成竞争优势——长城钻探领导班子一上任就达成了这种共识。在集团公司建设综合性国际能源公司的大背景下，长城钻探公司据此明确了企业发展定位——建设国际化石油工程技术总承包商。从这个定位出发，公司的主要业务包括为油田建设提供建井总承包服务、为油田开发提供总承包服务、为油田增储上产提供增值服务等三大领域。同时，公司提出“跨越三个阶段”的发展战略：第一阶段利用一年左右时间，完成融合、稳定、立规矩的重组过程；第二阶段利用三年时间，实现企业安全、效益、品牌、可持续发展；第三阶段利用 5 年或是更长的时间，实现企业资源、市场、人才国际化。

发展定位、发展战略的明晰，带来了长城钻探公司中长期发展思路的进一步明确。“43210”发展思路：“4”是指牢固树立“四种观念”，即树立企业不断向总承包商转变的发展观念，必须做到安全、效率的效益观念，全力培养核心竞争力的竞争观念和国内外市场共同发展的市场观念；“3”是指围绕油气勘探开发提供三种服务；“2”是指努力实现发展战略中后两个阶段的跨越；“1”是指所有工作均围绕建设国际化石油工程技术总承包商一个总目标；“0”是指追求质量安全环保零事故、零伤害。

做一流的国际石油工程技术总承包商，这个符合集团公司发展战略、结合长城钻探企业实际的科学发展蓝图，在长城钻探公司上上下下起到了统一思想、坚定信心的作用，为企业迅速起飞奠定了坚实的基础。

推进“三化”管理创新 全力打造“效益长城”

重组后的长城钻探公司，国内市场点多且相对分散，国外市场面广且缺乏规模。“前线施工、后方集权”的传统管理方式已无法适应长城钻探加快发展的要求。面对内外部形式的变化，长城钻探一面眼睛向内实施“三化”管理创新，一面眼睛向外盯住市场打造“效益长城”。

科学设置公司体制重视效益。坚持“国内专业化、国外区域化、国内外一体化”的管理创新方向，按照“精干、高效、专业、融合”的原则，搭建起适应企业发展的组织结构。公司机关按照低于集团公司定员标准 50% 的比例确定编制定员，机关主要部门进行了国内外一体化融合；对钻井液、顶驱、钻具、固井、定向服务等业务进行专业化和国内外一体化重组；海外业务结合集团公司上游重组实际实行了大区管理模式。

整合后的长城钻探公司，基层员工占员工总数的 86%。专业公司实行扁平化管理公司直接对小队，海外实行大区直接对小队，传统业务逐步取消中间层。在此基础上，公司进一步完善经营承包政策，实行绩效挂钩，充分调动员工积极性。专业化重组使长城钻探增加了竞争优势，振奋了人心，企业焕发出勃勃生机。

抓住市场开发瞄准效益。公司充分利用“两种资源、两个市场”，构建了国内以辽河、长庆、大庆、冀东市场为主，国际以中东、中亚、非洲、南美和国内反承包市场为主的“4 + 5”市场格局。公司主要领导亲自挂帅，瞄准效益市场实施“精细、准确、透彻、全方位”开发。

2008 年，长城钻探在国内辽河油区市场降价 10% 的情况下，收入同比增长 5.3%。辽河以外国内市场收入同比翻一番多。公司在国际市场全年中标 77 个项目，合同金额 11 亿美元；努力进入高端市场，海外钻井液队由 39 支增加到 82 支，固井、顶驱等业务大幅增长，阿曼 PDO 市场续签合同价格平均上涨70%。

实施总承包模式创造效益。加快核心业务建设，推行常规工作量资源外包，迅速做大经济总量；配套发展增储上产增值服务，“一站式”解决油田开发中的所有工程技术难题，大幅提高产值利润率。2008年，长城钻探在阿曼、肯尼亚、尼日尔、乍得等项目实施了总承包，在钻机数量不增的情况下效益大幅增长。特别是壳牌反承包项目由日费制转为总承包模式后，钻井时效大幅提高，产值利润率增长30%以上。

“两保两全”内外兼修 “双百双增”箭头向上

2009年年初，国际金融危机的影响逐步加深，集团公司采取严控投资、原油限产等主动应对措施，使以工程技术服务为主业的长城钻探公司面临着前所未有的挑战：300余支工程技术队伍、1万多名员工处于停工待产状态。

是顺势而下，还是逆势而上？

长城公司领导班子再一次以积极求进的精神给出了答案。3月3日，长城钻探召开市场工作紧急动员会。总经理张凤山提出：“保增长全员开发市场，保效益全要素降低成本；迅速将辽河油区40%的生产能力转移出去，国内外市场各新增100支工程技术服务队伍，实现经济效益和钻井工作量双增长，全年咬定15%增长率不放松。”党委书记王忠仁随后在科学发展观动员大会上强调：“要把‘两保两全、双百双增’见实效，‘四力、四实’助推科学发展，作为学习实践科学发展观的主题，持续深入开展下去。”

坚定信心，迎难而上，成为长城钻探公司3万名员工的一致思想和一致行动，使他们能够在逆境中把握机遇，找到出路，开创了各项工作的崭新局面。

生产经营保持良好的增长态势。1—4月，公司实现产值54.6亿元，同比增长15.3%，实现了逆势增长。在辽河油区钻井工作量下降70%以上的严峻形势下，公司加强市场结构调整，加大外部市场开发力度，在生产能力逐步转移出辽河油区的同时，不断开辟新的经济增长点。国内市场完成钻井进尺90.9万米，同比增长6.2%；国际市场完成钻井进尺34.2万米，同比增长14.8%。其他专业实现同步增长，有效弥补了辽河油区市场萎缩带来的不利影响。钻井液公司海外市场新增队伍14支，一季度完成业务收入2.41亿元，完成全年指标的25.9%；年初划入长城钻探公司的原中国石油测井北京分公司，一季度海外业务新签合同额5928.98万美元，同比增长48%。在消化境外项目因金融危机造成汇兑损失等一系列减利因素基础上，一季度公司利润与去年同期基本持平。

钻井提速工作成效显著。按照集团公司“8351”工程的指标要求，长城钻探公司成立了钻井提速工作领导小组，制定了11项提速目标，同时成立提速督察组、专家组和技术支持组，保证各项提速措施的有效落实。今年前4个月，在平均井深增长3.5%、平均水平段进尺增长12.6%的情况下，长城钻探公司平均机械钻速提高5.2%，钻机月速度提高4.9%。到5月25日，以长庆市场为主体的公司西部市场累计钻井进尺已经超过 115 万米，32995 队以月进尺 8330 米的施工速度打破了西峰垣油区月进尺最高纪录，53 天完成钻井进尺超过 1.5 万米。大庆海塔地区希 13−71 井钻井周期 9 天 23 小时，机械钻速和钻机月速度分别提高 75% 和 70%，创造了该地区钻井周期新纪录。哈萨克斯坦项目部在公司钻井提速工作组进驻以后提速效果明显，平均机械钻速提高 11.6%，平均钻机月速度提高 26.3%。

内部扁平化整合工作初见成效。按照集团公司“三控一规范”要求和“扁平化、专业化、市场化、国际化”的管理创新方向，对二级单位、项目部、专业公司进行内部持续整合。在钻井、测井、井下作业等单位全力推进三级扁平化管理模式。大幅削减管理中间层，按照市场区域布局成立项目部，着力打造精干高效型机关，整合人力资源，充实生产一线的专业技术和管理力量。截至目前，公司驻辽河油区单位共减少大队级单位 29 个，机关减员 631 人。钻井一公司撤销 9 个分公司，按照施工区域成立 5 个项目部；测井公司机关科室数减少 45%，机关人员减少 43.2%；井下作业公司两级机关共有 8 名科级干部和 41 名普通干部走向基层队和国外项目部。目前，公司扁平化改革工作已基本完成。

安全环保工作进一步巩固。针对当前公司生产能力大范围转移、各类队伍国内外布局大调整的实际，长城钻探公司以推进 HSE 体系上台阶试点为契机，夯实安全环保基础工作。加大交通监管力度，保证队伍搬迁安全；严格实施关键工序、关键环节例行作业许可制度，减少事故复杂情况；针对三高井、重点井比较集中的地区和海外治安环境恶劣地区，加大井控和安全防恐专项检查力度；抓住部分队伍停、等、轮休机会，加强安全环保意识教育和技能培训，进一步打牢安全环保基础。

前行的道路可能依旧困难重重，但长城钻探全体员工会以坚定的信心和不懈的努力一路披荆斩棘。总经理张凤山在公司干部大会上的一段话可以表达长城钻探人这种理性和坚定：“在金融危机侵袭面前，我们制定的是一种积极的战略。虽然当前需要付出一定的代价和风险，但当宏观经济逐渐走出衰退的时候，我们就一定能把竞争对手甩在后面！”

摘自 2009 年 6 月 9 日《中国石油报》

长城钻探“走出去”制胜市场

——上半年钻井进尺同比增长 12.5%，主营业务收入同比增长 11.5%

7 月 3 日，刚刚出炉的长城钻探公司统计报表显示，公司上半年完成钻井进尺 237.6 万米，同比增长 12.5%；主营业务实现收入 78.2 亿元，同比增长 11.5%。在钻探市场的“寒冬”中，长城钻探公司迎来令人振奋的逆势增长。

2009 年，国际金融危机的冲击给长城钻探公司带来前所未有的挑战，公司结构的持续重组使干部员工在思想观念、管理体制、管理方式等方面经受着前所未有的考验。面对严峻形势，长城钻探公司领导班子深入学习实践科学发展观，认真落实集团公司工作部署，迎难而上，寻找机遇。在国内关联交易市场300多支钻井、测井等队伍处于停、等状态的严峻形势下，长城钻探公司提出2009年要实现“国内国外各走出去100支工程技术服务队伍，实现规模效益和钻井进尺双增长”的目标。

“双百双增”工作目标的提出，加快了长城钻探公司“走出去”的步伐。到6月底，长城钻探公司国内市场新增各类队伍118支，超额完成“走出去”100支队伍的目标，“走出去”的钻修机总数达到104部。国际市场已经“走出去”85支队伍，包括8支钻修井队，3支顶驱、14支测井队等钻探业务队伍。预计到年底，长城钻探公司将超额完成100支国际队伍的目标。

“走出去”步伐的不断加快，促使长城钻探公司提出的“规模效益和钻井进尺双增长”的奋斗目标逐步成为现实。上半年，长城钻探公司在国内市场完成钻井进尺185.3万米，同比增长15.3%；国际市场完成钻井进尺52.3万米，同比增长4%。在国内市场，长城钻探公司实现收入28.5亿元，同比增长82%。在国外市场，长城钻探公司实现收入36.5亿元，同比增长7%。

摘自2009年7月10日《中国石油报》

逆境中奋进　挑战中前行

金融危机使长城钻探工程有限公司成为“重灾区”：唯一的关联交易市场大幅限产，导致300多支队伍、1万余人等停；国内社会市场业主纷纷提出降价要求；国际业务汇率损失严重，经营压力骤增。

冲击当头，长城钻探以科学发展观为指导，认真贯彻落实集团公司各项工作部署，面对危机稳健经营，今年上半年，长城钻探在博弈中实现逆势增长，交出了一份令人欣喜的答卷。

坚定信心克时艰　抓住机遇保效益

小危机小机遇，大危机大机遇。

3月3日，长城钻探召开紧急市场动员会。提出“保增长全员开发市场，保效益全要素降低成本”，迅速将辽河油区40%的生产能力转移出去，国内外市场各新增100支工程技术服务队伍，实现经济效益和钻井工作量双增长，全年咬定15%增长率不放松。

坚定信心，迎难而上，成为长城钻探3万名员工的统一认识。一时间，长城钻探从机关到基层，国内和国外施工现场都开展了“两保两全、双百双增”活动。

录井公司2005年至2008年经营收入年均增长30%，利润年均增长50%，4年累计上缴利润2.02亿元，各项业绩指标在兄弟单位中名列前茅，即便在全国录井行业中也首屈一指。但进入2009年后，录井公司的生产经营形势十分严峻，因为这几年，录井公司经营收入的70%来自关联交易市场，今年关联交易市场工作量骤降 80%。

录井公司按照长城钻探“两保两全、双百双增”的要求，细化完善促增长、降成本、保效益一系列工作措施。在关联交易市场，发展油井信息、地质分析化验等新产业项目，培育新的经济增长点，同时寻求投入小、见效快、效益高的技术服务项目。在国内外部市场，对长庆、冀东、新疆、海南、吉林、大庆等市场进行质量回访、技术推介。今年 2 月以来，除了华庆总承包项目新增 50 支小队以外，其他市场又新增 27 支小队。今年上半年，录井公司实现收入 1.6515 亿元，完成年度利润承包指标的 58.3%。其中，外部市场收入同比增长 43.8%。

截至目前，长城钻探在国内市场超额完成了百支队伍“走出去”的目标，新增各类队伍 118 支，长期在辽河以外市场的工作人员和倒班服务人员超过 1 万人。在国际市场，已落实“走出去”队伍 85 支，海外从业人员超过万人，预计年底将超额完成既定目标。

“双百双增”成效显著，长城钻探的收入结构发生了显著变化：辽河油区市场实现收入 13.2 亿元，同比减少 50%；国内外部市场实现收入 28.5 亿元，同比增长 82%；国外市场实现收入 36.5 亿元，同比增长 7%。

深谋远虑早布局　科技助推保增长

未雨绸缪，提前部署，为实现钻井工作量增长奠定基础。去年，华庆超低渗区块 40 万吨产能建设总承包项目就已经开始运作，今年 2 月，项目生产运行全面启动，各项工作稳步推进，预计全年钻井进尺超 150 万米。今年，在苏里格自营区块安排 6 亿立方米天然气产能建设，苏 53 区块开发方案已批准建产能 10 亿立方米，是第二批合作开发区块工作最超前、最主动的。

科技助推钻井提速见到良好效果。国内市场苏里格区块在钻头选型、钻具组合优化、防漏钻井液工艺等方面形成了一整套的综合配套技术，直井、定向井平均机械钻速同比提高 17% 以上；华庆超低渗区块全面推广 PDC 加螺杆钻具的复合钻井方式，建立了一开到完井的全套技术规范，平均钻井周期 7.65 天，建井周期 10.71 天；辽河兴隆台潜山、沈北潜山以及大庆海塔地区初步建立起重点区块提速模板。海外市场哈萨克斯坦 3 个作业区提速工作均取得良好成效，钻机月速度分别提高 8.06%、23%、30.5%。

解放思想，大胆创新，探索少井高效开发模式。长城钻探公司与长庆油田公司有关部门密切配合，先后在苏里格气田打了 2 口试验水平井，均取得良好效果。目前，苏 10−31−48H 井天然气日产稳定在 10 万立方米以上，是同区域单井日产的 5—10 倍。这一鲜明的对比预示，经过从直井开发到丛式井开发的转变，水平井开发有可能成为苏里格气田今后最重要的开发方式之一。

今年上半年，长城钻探完成钻井进尺 237.6 万米，同比增长 12.5%，位于集团公司 5 家钻探企业前列。

发挥国际化优势　巩固和加强传统业务

长城钻探公司集中力量全员开发市场，积极参与国际市场投标，数量和金额较去年同期都有显著增长，参与投标项目和投标金额增幅均超50%。

GWDC的品牌作用和影响力已经形成，再加上CNLC的品牌优势，长城钻探公司如虎添翼。委内瑞拉项目建立了定期、分层次与甲方交流机制，深入了解甲方的意见和建议，同时HSE管理体系和现场作业管理得到有效落实。仅一季度，委内瑞拉项目部完成新签钻机合同额4.7524亿美元，接近2008年全年新签合同额。

GWDC和CNLC两个国际品牌的强强联合，更增强了原中油测井北京分公司海外项目部迎难而上的信心和决心。市场开发中，他们主动与竞争对手的甲方接触，推介特色技术，同时加强与中石化、中海油等单位在市场开发和技术方面的沟通和交流，在互信的基础上实现双赢。今年前5个月，新签合同额6799万美元。

发挥整体优势，扩大工程技术服务市场。长城钻探工程技术专业比较齐全，包括钻、测、录、固井、钻井液等10多个专业，各个专业相互支持、相互配合，可以握指成拳、一击制胜。钻井液公司发挥项目部、专业化公司、市场管理部三级市场开发体系作用，积极开拓外部市场，海外市场新签合同额5711万美元，海外市场服务钻机数量达到84部。截至目前，新增钻井液、固井、定向井及其他技术服务队伍40多个。

发挥特色技术优势，进军高端市场。经过多年的发展，长城钻探在稠油油气藏、低渗油气藏、煤层气勘探开发等领域都有独到见解。苏丹6区稠油先导试验项目成功打开稠油工程技术服务市场突破口，市场向综合性工程技术服务转型取得可喜进展；乍得市场获得3个区块的方案编制工作量；阿曼PDO总承包合同成功续签；哈萨克斯坦斋桑稠油项目进展顺利。

今年上半年，长城钻探海外市场签订合同额7.87亿美元，同比增长92%，中标待签合同额1.79亿美元，有效保证了后续工作量的连续性。

摘自2009年7月13日《中国石油报》

苏里格气田首口高产水平井问世

——长城钻探助力长庆油田破解低渗气田开发难题

本报讯（记者杨明）　7月6日，长庆油田苏里格气田传出喜讯，由长城钻探公司施工的苏10-31-48H试验水平井投产一个月，日产天然气稳定在10万立方米以上，为苏里格气田实现少井高产、少井高效开发提供了良好的途径。

苏里格气田位于鄂尔多斯盆地，丰富的天然气储量和低渗、低压、低丰度的地质特点形成一对矛盾。寻找最佳开发方式，实现少井高产、少井高效的低成本开发，一直是建设者努力的方向。参与苏里格气田开发的长城钻探公司，在水平井技术应用上拥有丰富的经验。

经过与长庆油田公司有关部门的密切配合，长城钻探公司施工队伍先后在苏 10—30—38H 井和苏 10—31—48H 井进行水平井试验，均取得良好效果，使集团公司的整体优势得到充分体现。

5 月 23 日完钻的苏 10—31—48H 井，对苏里格气田转变开发方式具有突破性的意义。长城钻探苏里格项目部提供的一组数据，证明这口井设计施工过程完全达到预期效果：井深 4268 米，水平段长 805 米；电测解释砂岩 703 米，砂岩钻遇率 87.3%；电测解释气层 335.2 米，气层钻遇率 41.6%。这一组数据还说明，地质科研人员对苏里格气田的地质规律认识越来越清晰。

解放思想，大胆创新，是苏 10—31—48H 水平井取得重大突破的关键。在借鉴本地区以往水平井经验的基础上，苏 10—31—48H 井在施工设计上取得多方面创新突破：取消导眼井设计，降低了钻井投资；实施小井眼钻井，在提高钻井速度的同时，有效降低了钻井成本；实施裸眼分隔器分段压裂，提高压裂改造效果，保证了投产一次成功。

摘自 2009 年 7 月 13 日《中国石油报》

向国际标准看齐

——长城钻探与杜邦合作开展 HSE 体系推进工作纪实

6 月 29 日，长城钻探公司海外项目高层管理人员体系推进培训班在北京开班。来自海外项目的主要负责人就杜邦安全理念、安全观察与沟通、安全经验分享等内容进行系统学习。至此，长城钻探的 HSE 体系推进工作开始向海外项目延伸。

1 月 12 日，长城钻探公司成为集团公司与杜邦公司合作推进 HSE 管理体系的试点单位。自开展合作以来，长城钻探从营造 HSE 体系推进氛围、提升安全理念等方面入手，全力向实现“零伤害、零事故、零污染”的工作目标迈进。

营造氛围抓落实

落实有感领导，营造良好的 HSE 体系推进氛围。试点工作启动后，长城钻探以“安全经验分享”作为 HSE 推进工作的一个突破口，公司总经理张凤山、党委书记王忠仁率先在全公司范围内进行安全经验分享，讲述和分析亲身经历的事故和安全经验，教育大家时刻注意安全。如今，安全经验分享活动已在全公司范围内开展，在机关，在二级单位，在生产一线，凡基层班组 3 人以上的会议都要进行安全经验分享，养成人人讲、会会说的良好习惯。同时，各级领导带头制订“个人安全行动计划”，目前已完成个人安全行动计划 213 份，公司副职领导再根据分工，把分管处室长的“个人安全行动计划”收集起来，进行一对一辅导、跟踪。

搭建 HSE 体系建设专题网站，营

造宣传氛围。建立 HSE 体系建设信息专题网站，设立通知公告、工作动态、基层动态、经验分享、管理程序、培训体系、考核体系、相关资料、试点单位 9 个专栏、30 多个子栏目，将相关资料和信息及时上网发布。截至目前，发布通知、工作动态和安全经验分享、新闻等信息 300 多条。

积极推进目视化管理，进一步加强标准化现场、标准化管理、标准化操作建设。一是在总部楼层悬挂 HSE 形象展板。二是在施工现场区域推行目视化管理，在作业区域和装置等重要位置设置安全指示牌、安全警示牌等标志。三是在各种设备上设置铭牌，在钻台、井控开关等设置提示牌，在管线上喷绘介质流向，在关键阀门上挂签标注名称、状态、危害、压力等。四是对员工实行分级管理，采用安全分色、贴标签等进行区分。实施目视化管理，实现员工行为从“被动监督”到“自我约束”的转变，生产现场更加规范，目视化管理逐渐成为展示公司安全文化、企业形象的窗口和品牌阵地。

采用形式多样的方式进行宣传。在长城钻探报开辟 HSE 宣传阵地，设立安全经验分享专栏，每期发表安全经验分享材料，不定期刊发 HSE 体系工作新闻报道，开辟“HSE 管理原则领导谈”、“HSE 知识”专栏。制作、张贴 HSE 体系推进计划、集团公司九项原则展板，营造良好的舆论氛围。

全员培训明职责

把理念培训作为 HSE 体系试点的优先工作。长城钻探依据杜邦安全理念，把教育培训作为 HSE 体系推进的主要抓手，发挥杜邦顾问的作用，根据不同层面人员的岗位需要，编制培训矩阵，制订 HSE 培训计划。

目前，公司已完成 33 期 HSE 培训，共培训人员 1132 人。其中，举办副总师以上领导培训 2 期 29 人，中层领导培训 14 期 365 人，科级管理人员培训 5 期 249 人，其他各类培训 489 人。

做好 HSE 培训师的培训工作。在杜邦专家指导下，编制 HSE 培训师培训计划，并按照培训计划开发相应的培训课件，目前已经开发培训课件 15 个。在北京和辽河分别组织 6 期培训师培训班，从而建立起培训师人才库，为推进工作储备了人才，为全面开展 HSE 培训师培训做好了准备。通过培训，各部门安全职责更加明晰，安全部门的角色转换有了起色。

转换制度立规范

职能部门积极参与制度转化，加快体系推进工作。各部门积极参与到制度转换中，积极要任务，自觉将现有制度与 HSE 体系结合在一起。规划计划处等部室负责人组织人员对制度进行评审，并主动与杜邦专家沟通研究，参与评审工作；生产协调处结合公司生产组织工作特点，从二级单位聘请具有丰富现场作业经验的人员参与制度转化工作，确保制度转化之初就与基层相结合，使其更具可操作性。

细化工作，确保制度转换工作按计划有序进行。对集团公司 HSE 管理规范进行认真分析，结合公司实际先期拟对其中 43 个规范进行转换。制定 HSE

管理程序转换任务分解表，由机关职能处室负责逐步对相关规范进行转换。

目前，在钻井一公司和井下作业公司试点推行目视化管理、属地管理、工作安全分析、安全观察与沟通、作业许可、人员和设备变更、挂牌锁定、吊装作业和高处作业 9 个管理程序，试点单位职能科室已完成相应实施办法的制定，积极组织各基层队的培训，印发相应的工具表格，并已开始在试点队试运行。目视化管理工作开展以来，“六勤一统一”工作在生产现场得到很好落实。“六勤”即勤思考、勤计划、勤设计、勤沟通、勤培训、勤实践，“一统一”即把思想统一到目视化管理作为基层安全管理的一项核心内容上。

在其他各体系推进单位结合本单位实际，相互学习借鉴，由点到面，分层、分步骤推行各项管理程序。

绩效考核促安全

长城钻探按照“队种试验、初步成型、循序渐进、逐步推广、陆续铺开、不断完善、相互借鉴、持续改进、创造开展”的原则，狠抓推广工作。

加强试点单位建设，不断扩大试点单位范围。钻井一公司、井下作业公司等所有队伍，包括在海拉尔、长庆施工的队伍积极推广试点建设；不断加大两个试点单位“推广模板”制定工作力度，将已转化、在基层试点队试验、反复征求意见、修改成型的程序和实施方案制成“模板”，拿到第二批、第三批推进单位推行，辽河分部 HSE 体系推进办人员到现场指导。目前，长城钻探已完成 11 个二级单位、项目部的 HSE 体系推进启动工作。

加强绩效考核，不断推进工作滚动开发。为有效促进机关职能部门履行 HSE 管理责任，公司利用近一个月时间，制订“HSE 与质量目标责任书”，把原来本属于各职能部门的安全直线责任还原给他们，并定期考核促进工作落实。截至 6 月底，长城钻探推进办与相关职能处室和杜邦顾问等对集团公司 HSE 绩效管理指南进行讨论，明确程序转化任务的职能处室；与杜邦顾问针对程序转化工作中存在的问题进行沟通，并形成长城钻探 HSE 绩效管理程序初稿；完成“HSE 体系推进工作处室考核办法”并交相关领导审阅，进一步完善公司 HSE 绩效考核程序，确保体系推进工作有效开展。

摘自 2009 年 7 月 14 日《中国石油报》

长城钻探上半年实现“双增长”目标

记者从 2009 年长城钻探工程公司上半年工作会议上获悉，今年 1—6 月份，长城钻探公司完成钻井进尺 237.6 万米，同比增长 12.5%；主营业务收入 78.2 亿元，同比增长 11.5%，实现利润 3.5 亿元。成为 2009 年上半年集团公司钻探企业中唯一达到工作量、收入双增长的单位。

今年以来，面对国际金融危机的冲击，长城钻探适势提出了“国内国外各走出去100支工程技术服务队伍，实现规模效益和钻井进尺双增长”的目标，国内外部市场、海外市场工作量与收入大幅提高，为完成今年各项生产经营指标和工作任务打下了良好基础。

摘自2009年7月15日《中国石油报》

新长城　新速度

——长城钻探公司钻井提速的启示

面对国际金融危机，年轻的长城钻探工程公司迅速找到应对策略，以钻井提速赢得市场主动权，今年上半年钻井进尺同比增长12.5%，主营业务实现收入78.2亿元。新长城的新速度已成为令人瞩目的亮点。

观念提速：严峻的现实迫使长城钻探转变思路，走出一条峰回路转的新径

今年年初，组建刚刚一年的长城钻探就遭遇经济寒流：受国际金融危机影响，国内外油公司纷纷采取减少投资、压缩成本、原油减产等措施。以工程技术服务为主业的长城钻探工作量骤减，300余支工程技术队伍处于停工待产状态。

是顺势而减、降低工作难度，还是逆势增长、提高企业竞争能力？

长城钻探领导班子再一次以积极求进的精神给出答案。3月3日，长城钻探召开市场工作紧急动员会。公司总经理张凤山提出：“保增长全员开发市场，保效益全要素降低成本。迅速将辽河油区40%的生产能力转移出去，国内外市场各新增100支工程技术服务队伍，实现经济效益和钻井工作量双增长，全年咬定15%增长率不放松。”党委书记王忠仁随后在科学发展观动员大会上强调：“要把‘两保两全、双百双增’见实效，‘四力四实’助推科学发展，作为学习实践科学发展观的主题，持续深入开展下去。”

钻井提速成为企业降本增效、提高竞争力、化解国际金融危机的关键。3月初，长城钻探成立钻井提速工作领导小组，制定了11项提速目标，同时成立提速督察组、专家组和技术支持组，保证各项提速措施有效落实。为统一认识，3月到4月，长城钻探分别在辽河分部和长庆分部组织召开钻井提速工作动员会。针对队伍实际，提出子洲地区建井周期30天、苏里格地区定向井建井周期20天、华庆地区建井周期10天的钻井提速目标。

在此基础上，长城钻探坚定地推出“领导重视推进提速、科学管理拉动提速、科学技术引领提速、安全生产保障提速、硬件升级支撑提速、团结协作助推提速、重点突破驱动提速和政策机制激励提速”八项措施。

今年前4个月，长城钻探钻井提速工作成效显著：在平均井深增长3.5%、平均水平段进尺增长12.6%的情况下，平均机械钻速提高5.2%，钻机月速度提高4.9%。

科技提速：特色技术显身手，硬实力创造“长城速度”

今年年初，长城钻探对钻井提速提出明确要求：全年平均机械钻速提高 10% 到 15%，平均钻井周期降低 5% 到 10%。

上半年，“长城速度”再创新高：国内市场平均机械钻速比去年同期提高 54.6%，平均钻井周期为 10.22 天，实现预定目标。这相当于少用 3.9 万多个小时的纯钻进时间，多打进尺 23.68 万米。按照 40% 的纯钻进时效计算，相当于每月少用 23 部钻机。

钻井提速的背后，技术是支撑。尽管地区不同，各路钻井队伍不约而同地实施“一井一策”的技术管理方案。以海拉尔地区为例，各钻井队应用高压喷射钻井技术，达到提高机械钻速的目的。针对个别区块容易出现卡钻和划眼等情况，推广应用复合井眼钻井技术。利用这些技术，在海拉尔油区施工的 12 支队伍平均单月进尺 5796.4 米，同比提高近 1800 米。

作为提高企业效益和提升企业核心竞争力的重要推手，钻井提速要取得实质性成果，最终依靠硬实力。近半年来，公司主要领导先后到基层调研，强调技术发展的重要性，激励技术人员围绕对提速影响大、制约进军高端市场的关键技术开展攻关，深井钻井、苏里格水平井等新工艺见到良好效果。

控压钻井技术即欠平衡钻井技术的优势是保护油气层，防止井下事故，提高钻速。在实施哈 3—H3Z 井 4 分支水平井控压钻井过程中，钻井队探索出水平井加控压钻井新模式，为扩大控制压力钻井技术应用提供了新途径。应用这一技术后，马古 7 井与邻井马古 2 井非控压钻井段比较，机械钻速提高 146.1%。

管理提速：提高综合能力，形成与国际化工程技术总承包商相匹配的管理模式

在长城钻探，不时传来刷新施工纪录的消息，各路队伍使出浑身解数，争当领跑者。

然而，长城钻探决策层把目光放得更远。钻井提速，牵一发而动全身。

围绕钻井提速，长城钻探提出固井、录井、测井、钻具、钻井液等专业公司要加强与钻井、井下公司的配合，制定《井筒技术服务内部责任认定暂行管理办法》，明确各专业技术服务公司在井筒作业过程中的时间和责任，并在辽河油区深探井进行“限时定量，有偿结算”试运行，确保生产工序“零对接”，最大限度缩短建井周期，实现行业综合提速。

兴古 H310 井是一口 3 个分支的水平井，设计井深 4970 米，录井小队发挥综合录井仪的作用，准确预报井下漏失、压力异常等情况 55 次，为钻井提速提供了保障。这口井比计划提前 35 天完井。

为实现整体提速，长城钻探提出保快抓慢，实现在本单位的平衡发展和公司跨区域、跨专业移植转移。将辽河油区深井，华庆低渗地区、苏里格丛式井，海塔盆地中深井等地区的钻井提速经验进行推广。加大横向合作力度，总结提炼各地区、各井段提速经验，建立提速模板，互相促进。华庆低渗项目 2008 年先期完成 12 口井。其中，钻一、钻二各打6口井，平均钻井周期分别为18.12天和9.49天，平均机械钻速12.08米/小时和24.52米/小时。今年，华庆项目部坚持参战单位每周例会制度，组织开展技术交流和“大干50天”活动。两个公司实现共同提速，目前钻一、钻二平均钻井周期分别为8.5天和8.41天，平均机械钻速分别为21.41米/小时和29.79米/小时。

同时，长城钻探提出“大提速”理念，坚持处理好钻井提速与效益、安全、质量以及生产组织之间的关系。即在钻井提速的同时，坚持安全提速、效益提速、保质提速、科学提速。

在大提速理念中，长城钻探还得益于这样的细节——三分生产、七分准备。哈萨克斯坦项目设备搬迁时，老井设备直接装车，减少二次装卸，在新井场标出每个设备的精确位置，减少等停时间，钻井队的平均搬迁周期由18天降为5天。不仅这一个公司，国内外每个基层队都尝到压缩非生产时间，提高生产时效的甜头。

“长城速度”让年轻的长城钻探赢得主动，让长城钻探实现逆势增长。“长城速度”一定会演绎出更多的精彩。

摘自2009年9月2日《中国石油报》

管理模式创新的裂变效应

——长城钻探苏里格项目部实施自动化管理工作分析

8月25日，记者在长城钻探公司苏里格项目部采气作业一区发现这样的变化：以前80多口井，产量有一点波动，至少折腾3个小时才能查出原因。现在298口井，什么事情在电脑上一查，用不了10分钟，就能找到原因，啥事儿都在可控范围内。

这样的变化源于项目部实施的自动化管理。2007年下半年，苏里格项目部开始推行单井和集气站数据远程传输系统管理，在这个基础上，又逐步增加了单井电子（图像）巡井系统，形成了一套井、站远程数据和影像传输自动化电子巡井监控系统。新的管理模式直接形成了生产决策水平提高、安全生产系数提高、劳动效率提高的多重裂变效应，最终实现了生产、效益的双增长。

解决开发规模扩大和人力资源短缺的矛盾

2007年5月的一天，作业一区外输气量一下子从日产110万立方米掉到105万立方米。作业区把仅有的6台车都派出去查找原因。当时80多口井分布在200平方千米的沙漠上，6台车把所有井跑遍需要3个多小时，大约过了2个小时，车载电台回话，原因找到——一口单井的管线裂了。

一口井出了问题，需要把每口井都跑遍才能找到原因，之后再上措施修好。这不仅影响了生产，还浪费大量人力、物力、财力，导致劳动效率不高。

自动化管理无疑是一幅美丽的画卷：井、站、管网运行实现数据自动采集、分析、优化和要点控制，集气站可远程开关井，电子巡井、远程紧急关闭等功能，能够提升安全水平，较好地解决数据安全共享问题。

2007 年下半年，苏里格项目部选择北京的三家技术公司同时在现场试验，开始摸索单井和集气站数据远传系统管理。在单井和集气站数据远传系统管理基础上，从 2008 年底开始逐步增加了单井电子（图像）巡井系统，形成了一套井、站远程数据和影像传输自动化电子巡井监控系统。目前，数字化远程监控系统已经覆盖 4 座集气增压站、1 座集气站和 373 口生产井，实现了生产井站 100% 自动监控。

管理模式简化，层次减少，操作规范

通过两年来的实践，项目部已经形成了一套从数字化软件应用到现场施工、实际操作、系统维护、资料应用、生产经营管理的全过程，形成了一套新的管理体系。

建立了以中控室控制周边井的管理方式，打破了固有的油田地面建设规划方式。过去油田地面建设规划是按照油田规模建成若干个计量站，每个计量站都是一个独立的生产单元。而推行自动化采气后，气井直接进增压站或无人看守的阀组汇集后进增压站。气井的运行参数、单井计量、异常报警、现场监督等都实现自动化传输和控制，使每一个站内及站外巡井人员都减少一半以上。

建成了以中控室为中心的快速反应系统，改变了传统的采气生产管理方式。过去推行厂、作业区、采气队、站四级管理，以计量站为生产单元，若干个站组成一个队，现在形成了项目部、作业区、采气站三级管理模式，作业区按专业化进行统一管理，形成中控岗和维修岗为主的两个岗位，中控岗利用计算机对各项生产数据、参数、图像进行监控，配合计算机报警功能，对出现的异常情况及时通知井上维修人员核实处理。这样，节省了大量巡井人员及车辆，形成了以中控室为生产指挥中心，以维修岗维护生产的集约高效的劳动组织形式。

建立了系统科学的操作管理规范，实现了生产过程的自动控制。针对新的生产和管理方式，项目部相应的制定了数字化监控系统操作规程和数字化监控生产管理办法，使现场员工在工作中有章可循。推行数字化采气监控系统之后，实现了单井异常数据报警、24 小时视频监控等功能。中控室人员通过鼠标就可以随时掌握现场动态、了解单井生产状况，降低了人为操作的失误系数和员工的劳动强度。

生产决策水平、安全系数、劳动效率同步提高

新的管理体系大大缩短了发现问题和处理问题的时间，把苏里格项目部的生产管理人员送上了信息高速路，各种生产数据的快速查询，改变了传统的工作观念与工作习惯，大大提高了项目部生产管理人员的工作效率，提升了气田管理开发水平，实现了“高效、快速、简便”管理。

提高了生产决策水平。推行自动化采气监控系统后，实现了单井、阀组计

量、集气站等所有数据的自动采集、实时监测、图像监视、数据阅览和生产过程的数字化监测，既提高了工作效率，又确保了资料的准确性和及时性。推行自动化采气监控系统后，所有采、集气现场的生产动态数据和图像全部传输到中控室，对于重要的数据和图像，由中控室传到相关人员的电脑上，通过网络就能实时了解生产现场，及时掌握第一手资料，减少了大量中间环节，为第一时间处理问题赢得时间。

保证了气田安全生产。新的管理体系使专业人员和各级管理人员随时可以浏览到单井及阀组的监控画面、实时生产数据，并查询有关生产报表，及时掌握一线生产状况，确保发现问题后可以在最短时间内制定处理措施，缩短了由发现问题到采取措施的时间，彻底改变过去延时的被动局面。

提高了劳动效率。一方面，新的管理系统简化了生产管理机构，降低了巡井、维修工作量，减少了采气管理及操作人员用工总量；另一方面，随着自动化程度的普遍提高，远程开关井等功能大大减少了生产用车的需求，降低了成本。

摘自 2009 年 9 月 4 日《中国石油报》

专业化打造“泥浆”旗舰

——长城钻探钻井液公司快速发展纪实

2008 年 9 月 17 日，长城钻探公司对“泥浆”业务进行专业化重组，将原长城钻井液公司与钻井一公司、钻井二公司的泥浆公司整合成集国内外业务为一体的钻井液公司。

一年的时间，长城钻探钻井液公司尽显活力。今年前 9 个月，企业实现收入 6.8 亿元；利润突破 1 亿元。

长城“泥浆”旗舰正扬帆远航。在钻井液公司刚刚出台的“十二五”规划中，明确提出年均增长 15% 以上，到 2015 年产值规模达到 21 亿元以上，利润实现同步增长。

重组实现优势互补，破解制约发展“瓶颈”问题

在钻井液公司采访，记者听到这样一个事：原来钻井液公司已进入墨西哥市场，并完成 25 口井施工作业，但终因油基钻井液施工经验欠缺、技术不过硬而被迫退出。没有属于自己的技术研发体系，制约着钻井液公司的长远发展。

专业化重组后，钻井液公司研发能力有了显著变化。

现在，钻井液公司每年承担局级以上科研项目 6 项以上，钻井液公司级项目 10 项左右，每年科技研发投入近千万元，科技研发能力大大增强。目前，公司钻井液科技立项紧紧围绕现场施工重大技术难题攻关，研发储备国际前沿技术，增强了科技研发的针对性和前瞻性。

重组一年来，钻井液公司承担了

全油基环保型钻井液技术、超高密度超高矿化度钻井液技术等 10 项技术攻关，并取得初步成果。超高密度超高矿化度钻井液技术实现了重大突破，特别是掌握了超高密度、超高矿化度钻井液在小井眼流变性能维护和调控技术，并在乌兹别克斯坦吉达 3 井成功应用，为站稳和扩展乌兹别克斯坦、哈萨克斯坦和阿塞拜疆等中亚深井市场奠定了坚实基础。

完善业务链，培育新的经济增长点

统计资料显示：钻井液公司完成的产值中，99% 以上来自钻井液服务，而固控、废弃物处理服务不足 1%。据悉，全球钻井液综合服务中，钻井液服务占到 80%，固控、废弃物处理服务所占比例不足 20%。

过去，因为在资金、人力资源等方面匮乏，公司只能集中精力搞钻井液服务，如今，重组后的钻井液公司，能够实现资本专业化，可投入资金和人力，集中力量研究固控、废弃物处理服务。

不到 20% 的市场份额，值不值得投入人力、物力、财力?

答案是肯定的。固控、废弃物处理服务所占比例较小，但全球钻井液综合服务市场的“蛋糕”很大，今年市场规模就在 90 亿美元以上，预计到 2012 年市场规模达到 108 亿美元。除此之外，越来越多的甲方在招标中要求提供钻井液技术服务一体化，即提供钻井液、固控、废物处理等一体化服务。

重组以后，钻井液公司及时摸清在固控、废弃物处理服务方面的能力，加大资金投入，加强人才培养，加快技术研发。目前，钻井液公司已为国内 151 部钻机提供固控服务，在委内瑞拉为 PDVSA 提供 7 部钻机固控综合服务。

从单一的钻井液技术服务到附加固控、废物处理一体化服务，钻井液公司在扩大市场规模的同时，正在寻找新的经济增长点。

在海外市场竞争中做大做强

市场是企业发展的舞台。公司经理刘绪全称，企业“十二五”末产值将达到 21.2 亿元，80% 以上来自海外市场。

钻井液公司明天的海外市场来自哪里?

来自稳定的技术服务市场，做大规模。整合前，钻井液公司海外产值能力上亿元的市场只有 2 个，经过 1 年时间的努力，钻井液公司海外产值规模达到或有望达到亿元的市场达到 7 个，业务范围分布在美洲、非洲、中亚、中东等地区。

来自于国际大公司的竞争。目前，全球钻井液市场 78% 份额掌握在外国公司。钻井液公司将在满足甲方技术需求的基础上，通过国际招标降低采购价格，综合利用国内和国际优势资源，提升整体价格竞争力、营利能力和抗风险能力，从竞争对手的碗中分一杯羹。

来自海上市场以及固控、废弃物处理新业务。统计表明，各油公司不断加大海上勘探开发投资，海上钻井液服务规模增大，开发适应于海上的钻井液技术、拓展海上钻井液技术服务成为必然选择。公司将进一步开展固控、废弃物处理服务，满足甲方一体化服务需要，增加企业收入。

来自长城钻探公司建设国际化石油工程技术总承包商带来的机遇。总承包模式因为具有效率高、速度快、安全形势好等特点，能够为甲方提供优质高效服务，市场前景广阔。钻井液公司紧跟长城钻探公司建设国际化石油工程技术总承包商的步伐，提供优质钻井液综合服务。

最近，公司不断有好消息传来：全年有望完成收入10亿元；全白油基钻井液技术经过一年技术攻关，即将进入现场试验；9月8日，印度尼西亚项目中标997万美元钻井液技术服务合同。

摘自2009年9月28日《中国石油报》

为“低渗透”注入强劲动力

——来自长城钻探华庆油田总承包项目的报道

华庆低渗区块产能建设项目，是长城钻探公司以油田区块总承包形式进行的专业工程技术服务项目。长城钻探今年2月13日在这个区块开钻第一口井，到9月8日项目运作仅半年多时间，已累计完钻408口井，实现钻井进尺95万米，并进入“收官”阶段。实践证明，总承包模式为华庆油田加快产能建设步伐注入了强劲动力。

效率高，速度快，安全生产形势好。发挥总承包模式作用，实现项目优质高效运行

2008年10月28日，长城钻探与长庆油田签订产能建设区块工程技术服务总承包框架协议——长庆油田以总承包形式将华庆地区产能建设工作量总体承包给长城钻探公司。

长城钻探公司总经理张凤山、党委书记王忠仁多次在生产例会上强调，充分发挥总承包模式作用，展示长城钻探各专业的施工水平和管理能力，为甲方提供优质高效服务。

总承包模式给项目运行带来怎样的变化？

区块产能建设的施工质量得到加强。项目部发挥总承包模式的主导作用，严格坚持安全、技术、资质等方面的市场准入标准，清理总承包区块内不符合准入条件的钻、录、测等队伍，一些具有中国石油资质、专业素质较高的队伍进入项目施工，项目在施工质量、速度、安全等方面得到有效提高。

参建各单位的施工效率普遍提高，满足生产运行要求。项目部发挥协调职能，提高各参建单位的工作效率。对内，项目部协调各专业之间的关系，以钻井为龙头，其他专业及时跟进，提高钻井时效。

竞争氛围提高项目整体运行水平。项目部通过开展“奋战50天，夺取全年生产主动权”和“三提一创，奋战70天”劳动竞赛活动，搭起竞技擂台，在各个施工队伍中营造浓厚的竞争氛围，

形成班与班之间、队与队之间、项目组与项目组之间争一流不服输的竞争局面。如今，“你们队这口井打了几天？”渐成两个职工见面的问候语。

“效率高，速度快，安全生产形势好。”这是长庆油田对华庆总承包项目的评价，也是总承包模式的魅力所在。

一个拳头，一战制胜。总承包模式推行精准工厂化管理，实施“管理总体战”

在项目施工的100多支队伍中，具备中国石油施工资质的队伍和民营队伍素质参差不齐，尽显“木桶效应”。如何消除短板，形成一个“拳头”、一战制胜？项目部在民营队伍的管理上进行有益探索。

项目部建立严格的日、周、月工作量量化考核制度，确保施工进度全面可控。同时，建立奖惩机制，进行量化考核排序、末位警示淘汰，确保工程技术服务总体质量。

项目部把更多的精力放在对民营队伍的技术支持上。今年4月，金宇3009队钻至洛河组时发生恶性井漏，7天没能解决。项目部得知这一消息后，马上派技术人员上井处理，连续奋战12个小时，解决了井漏问题，为这个队挽回了经济损失。

此后，项目部建立民营队伍联系点制度，落实责任人，为每支民营施工队伍提供技术支持、监督安全生产、解决实际问题。民营施工队伍整体技术水平普遍提高，个别民营钻井队的各项技术指标已接近自营队伍。金宇3201队、华瑞3006队还被评为标杆队。

“短板”的消除为项目部实施精准工厂化管理奠定了基础。

围绕施工任务，推行精准指标分解管理。项目部按照甲方产能建设工作日程安排，以钻井为龙头，倒排生产运行，按月下达计划，逐月进行考核，当月进行通报。甲方对产能建设日程有新变化，项目部准确把握施工节奏，适时开展劳动竞赛，保证指标分解管理得到充分运用。

围绕钻井提速，推行精准施工时间管理。对井筒施工的关键环节进行时间限制，提高钻井时效。在无特殊情况下，测井10小时内完成采集；录井在测井回放图交付后3小时内完成完井汇报准备工作；固井时间控制在4小时之内；钻井液一次电测成功率80%以上。产能建设区块内，平均建井周期10.04天，每小时平均机械钻速13.49米。

围绕施工质量，推行精准技术规范管理。项目部制定从一开到完井的技术规范，指导钻井生产。采用第三方抽检方式，强化对施工质量和工程进度的有效控制。完钻井的井身质量合格率100%，取心收获率99.92%，油气层保护达到设计要求，定向井中靶率100%。管理工作的扎实有效，确保了华庆总承包项目整体运行始终处于受控状态。

化繁为简，积蓄强势。总承包模式充分发挥石油工程技术服务一体化优势，形成具有裂变效应的合力

重组后的长城钻探专业齐全。长城钻探公司领导班子准确把握集团公司建设综合性国际能源公司战略的内涵，明确公司发展定位——建设国际化石油工程技术总承包商，主要包括油井建设总承包、油气田区块建设总承包和油田增储上产技术总承包三种服务。

华庆低渗区块工程技术总承包项目属于第二种服务。完成这个项目，长城钻探举重若轻。多年的实践，长城钻探有能力从地质研究开始，提供井位部署、工程技术、采油集输等一系列方案制订，最终提高单井产量和采收率，进一步降低甲方产能建设投资规模。

华庆总承包项目坚定长城钻探建设国际化石油工程技术总承包商的信心。项目的实践证明总承包模式能够为甲方提供更优质的服务，同时项目始终处于受控状态，表明长城钻探具有较强的专业施工能力和项目管理能力。项目拉动了公司内部各专业队伍的工作量，为有效应对危机增添了几分从容。

华庆总承包项目积累了管理经验，除了精准工厂化管理外，项目摸索出一套全新的组织管理体系。长城钻探没有在公司层面上组建项目部，而是由二级单位国际钻修分公司组建项目部，建立两套机构、一套人马的组织模式和以国际钻修分公司为管理中心、项目部为生产运行中心的管理模式，既控制了机构人员和编制，又做到靠前指挥、靠前决策。

华庆总承包项目培养了人才，锻炼了队伍。通过华庆总承包项目，培养了一批懂技术、会管理的复合型人才，为今后从事总承包服务提供了人才保障。同时，各个队伍之间配合更默契，更能形成合力。

摘自2009年9月30日《中国石油报》

长城钻探技术创新降能耗

——前三季度节能1975.4吨标准煤

10月15日，长城钻探公司传出消息，今年前三季度，长城钻探公司完成技术节能1975.4吨标准煤，完成集团公司下达技术节能任务的86%，牢牢掌握完成全年节能工作目标的主动权。

今年是长城钻探公司完成“十一五”节能工作目标的关键年，集团公司下达了全年完成技术节能2300吨标准煤的工作目标。长城钻探公司采取多种有效措施，逐渐掌握节能工作的主动权。

钻机燃油替代技术是实现节能目标的最大功臣。长城钻探公司投资3200万元用于10部气代油钻机、30台双燃料柴油机及天然气处理橇装置的购置，大力推广应用钻机“电代油”、“气代油”工作。长城钻探公司对低效高耗设备进行更新和淘汰，目前已形成5000多吨标准煤的节约能力。同时，公司成立钻机燃油替代技术领导小组，解决钻机“气代油”、“电代油”现场应用中存在的问题，加大推广应用规模。

今年1—9月，长城钻探公司在苏里格地区通过气代油钻机施工5井次，在辽河油区实施电代油25井次，共替代柴油1356吨，节约资金800多万元。

推广成熟配套技术促进钻井提速，减低生产成本，实现技术节能。长城钻探公司在保证安全、质量的前提下，通过实施高压喷射钻井技术、螺杆+PDC钻头复合钻井技术等，提高机械钻速。上半年，长城钻探公司国内市场平均机械钻速同比提高54.6%，平均钻井周期为10.22天，相当于每月少动用钻机23部，大大降低了能量消耗。通过钻井持续提速，钻井进尺柴油单耗也由原来的37.77千克/米下降到35.5千克/米，降幅为6.01%。

摘自2009年10月19日《中国石油报》

协作互动实现提速新跨越

——长城钻探公司苏里格项目部钻井总进尺超170万米

截至10月12日，长城钻探公司苏里格项目部共完钻井498口，总进尺达174万米。从2005年10月第一口井开钻至今，苏里格项目部平均钻井周期由28.97天降至12.95天，平均建井周期由37.78天降至17.22天。

钻井是一个系统工程，涉及多专业、多工序施工。在苏里格合作开发区块，钻井、录井、测井、钻井液、固井等整个钻井工序施工的队伍，形成以钻井为中心的运行体系，精细组织，团结协作，稳步推进钻井提速工作。

苏里格气田项目部把钻前、钻井、录井、测井、钻井液、固井等专业施工当作系统工程来抓，与钻井施工各方密切协作，共同制定措施，合理安排产能建设进度，通过加强施工组织，狠抓工序衔接，减少非生产时间，缩短完井周期，最大限度挖掘提速潜力。在井位运行上，苏里格气田项目部做到"正钻一轮、安排一轮、备用一轮"，使井队提前掌握下一步实施井位方向，及时了解搬迁道路等情况。

苏里格气田项目部加强外部协调，与当地政府沟通，到牧民家走访，并把当地政府的各项规章制度及时反馈给钻井施工队伍，为钻井提速营造良好的外部环境。

各钻井单位为做好钻井提速工作，首先，加强管理，靠前指挥。公司领导首先深入施工现场，经常性开展月度、季度分析会，查找制约钻井提速的因素，为钻井队制订施工方案，提高施工效率。其次，注重总结完善各区块钻井经验，改进施工方法，大力推广应用悬浮器、减震器等新工艺，并在PDC钻头选型与使用、钻具组合优化等方面形成了一整套综合配套技术。第三，各钻井队在工作中不断总结，精心制订"一井一策"施工方案、井下事故预防措施，保证钻井提速工作平稳运行。

测井、录井等专业公司形成以钻井为中心的工作思路，确保钻井提速工作的顺利进行。测井公司在乌审旗派驻解释人员，井上电测数据可及时解释，减少了井队等停时间。录井公司在施工环节、气层显示的落实、完钻层位卡取等方面做到精密组织，做好随钻、随井、随层分析，确保井队不多打1米无效进尺。固井公司提前完成水泥浆配方复配试验，提前到井，减少现场等停时间。“在钻井过程中，速度、安全、效益相互制约，必须处理好速度与安全的关系，钻井提速的最终目的就是安全高效。”苏里格项目部经理李文权告诉记者。

项目部聘请钻井监督对钻井施工全过程管理，实行钻井监督随队驻井制，每口井都派驻一名驻井监督驻井，加强对钻前、“一开”、“二开”、打开油气层及下套管工作的验收。同时，主管监督负责每天巡井检查，对施工单位按照设计严格要求，确保了钻井施工质量和进度。

苏里格气田项目部根据钻井工程设计、施工进度、钻井队现场生产实际情况，定期进行安全生产检查，根据钻井管理规定和井控细则逐队、逐项开展检查，根据检查情况，及时要求井队整改，并制定规避和化解风险的措施。

利用水平井技术提高钻速。7月6日，长城钻探公司施工的苏10-31-48H试验水平井投产1个月，日产天然气稳定在10万立方米以上，为苏里格气田实现少井高产、少井高效开发提供了良好的途径。10-31-48H实验水平井钻井周期为166天，目前，项目部又部署了3口水平井，机关有关部门、项目部、各钻井施工单位召开专门会议，研究施工方案，预计钻井周期可以控制在50天以内。

苏里格气田经过几年的开发，目前，直井钻井周期、建井周期稳定在11.8天和14.77天左右，分别比2005年提高50%以上。

长城钻探苏里格项目钻井提速工作正在续写新篇章。

摘自2009年10月19日《中国石油报》

从“重灾区”到“丰产田”

——长城钻探测试公司业绩逆势增长纪实

2009年，国际金融危机来势汹汹。然而，经营业务均在海外的长城钻探测试公司却在危机面前交出一份满意答卷——今年前9个月，实现产值4626.5万美元，同比增长27%，新签合同额4416万美元，同比增长110%，成为中国石油开拓海外市场的一个亮点。

苏丹是长城测试最早开拓的市场之一，几年来年均增长率达到39.8%。但是，由于受到国际金融危机影响，今年上半年测试工作量下降了25%。

面对困境，测试公司按照长城钻探“两保两全、双百双增”的工作要求，坚定信心、迎难而上，积极转变发展观念。这个公司与苏丹测试作业区对市场进行全面梳理和分析，针对苏丹各油区逐渐进入开发期和探井测试工作量逐渐减少的实际，谋求在苏丹市场转型——

从常规的测试服务向油田开发方向转型。

测试公司通过分析认为，苏丹 124 区生产完井服务市场前景广阔。于是，这个公司提前进行方案准备，邀请甲方到国内进行技术交流和参观，参加苏丹 OEPA 组织的技术研讨会，加快新工艺推广，使甲方充分了解公司的作业能力，成功中标 2 口生产完井服务项目。随着多相流量计服务、筛管作业服务等项目相继中标，测试公司巩固了苏丹市场份额。

截至 9 月底，测试公司已完成作业 226 井次，多相流量计作业 35 井次，筛管作业 2 井次，新技术增加产值 120.8 万美元。

就这样，测试公司在老市场开展新项目，弥补了甲方投资锐减带来的工作量不足，保证了收入增长。

测试公司还通过提供优质服务增加工作量。尽管服务价格降低了，但工作量增加了，保证了生产经营指标的完成。

在乍得市场，因为使用普通原油燃烧器，现场遗留大量残留物，测试队伍曾一度有被辞退的危险。测试公司与乍得测井作业区第一时间组建课题小组，咨询石油大学教授，调研处理方法，对燃烧器压缩空气与原油泵比例进行了优化，并加装独立设计制造的柴油助燃装置，成功解决了难题。虽然燃烧程序复杂，但比竞争对手效果好，队伍不仅没有退出，还增加第二支综合测试队，完全取代了竞争对手在这个区块的服务。

据统计，测试公司在乍得市场服务单价降低 5% 的情况下，今年前 9 个月实现产值 732.9 万美元，同比增长 137%。

危中有机，应急更要谋远。测试公司对未来发展目标进行规划，围绕长城钻探公司建设国际化石油工程技术总承包商的定位，立足做大做强测试业务，同时发展海上测试、生产完井、连续油管作业等新技术服务，成为具有国际领先水平的综合服务商。

NIDC 海上测试项目、苏丹 15 区海上项目等即将启动，测试公司和所在国作业区共同努力，积极与甲方沟通，提出测试解决方案，力争海上项目取得突破。

根据市场需求，测试公司采取合作方式提高技术能力，关注苏丹、阿曼、阿尔及利亚等市场，开展生产完井、压裂酸化、连续油管等新技术服务。在对未来市场进行理性思考的同时，一些基础工作正在扎实开展。测试公司重视测试技术的进步与发展，将培育核心技术作为长期发展战略，重点研究高含硫化氢井测试、高温高压高产井试油测试、试井解释及综合应用、海上试油测试等技术。制定中长期人才发展战略，打造复合型人才队伍，探索员工国际化用工形式。开展精准化管理，控制材料消耗和人工成本，提高项目创效能力。

目前，又有好消息从伊拉克、尼日尔测井作业区传来。伊拉克绿洲项目合同已经签订，项目已正式启动运行；尼日尔新增设备项目测试一次成功率 100%，资料录取合格率 100%，安全责任事故为零，超额完成全年经营计划指标已成定局。

追求更高目标，迈向更高水平，测试公司在国际金融危机中迈出稳健发展的步伐。

摘自 2009 年 10 月 26 日《中国石油报》

三管齐下　逆风飞扬

——长城钻探录井公司科学发展纪实

2009年初，受金融危机影响，长城钻探录井公司近80%的队伍处于停工待产状态，生产经营陷于被动，公司上下员工普遍堪忧。

但最新的成绩单却使人眼前一亮：今年1—9月，录井公司实现收入3.5亿元，实现逆势上扬。其变化主要缘于录井公司确定了科学的发展思路，在开拓市场、优化管理和强化科研方面三管齐下，扭转了被动局面。

理清思路瞄准市场，开辟服务新领域

步入2009年，辽河油田采取限产等措施应对危机，以辽河油田为主战场的录井公司面临着前所未有的机遇和挑战。

危机面前，录井公司明确了既要立足当前、积极应对危机，又要着眼长远、实现发展能力新提高的工作思路，制定了增收入、降成本、保效益、谋发展的具体措施，并召开会议对全员进行动员和安排部署，迅速把全员思想和行动统一到决策上来。

录井公司领导深刻地认识到：只有走出去，外闯市场，才是企业生存和发展的唯一出路。基于这一认识，公司迅速把市场开发重点转向外部市场。录井公司领导先后到长庆、冀东、新疆、海南、吉林等市场走访，宣传录井特色技术，捕捉市场信息，把握任何一次扩大市场的机遇。

汗水和心血的付出换来可喜收获。今年以来，外部市场除华庆项目新增近50个地质小队以外，还新增27个录井小队。其中，国内外部市场新增24个，国内反承包和国际市场新增3个。

在开发外部市场的同时，录井公司准确把握辽河油区生产节奏，超前准备，精心施工，实现了优质高效服务，获得沈253、欢喜岭地区两个勘探目标评价项目，全年可提出5—6口井的井位部署方案，预计创收400万元以上。

深挖潜力优化管理，寻求经济新增长

挖潜增效是企业度过“寒冬”的法宝。录井公司本着“深挖不止”的原则，力推“四强化、三控制、一活动”措施，取得了显著成效。

“四强化”：一是强化预算管理。层层分解，落实责任，及时压缩变动费用指标。二是强化资金管理。加大计划外支出的控制力度，严格资金审批程序。三是强化审计管理。加强外协项目、物资采购的审计，审减额在去年的基础上增加10%以上。四是强化劳动用工管理。辞退各类临时用工91人，加强劳动纪律和考勤管理，采取串休、轮休等方式，降低各类补贴费用。

“三控制”：一是严格控制生产材料费用。生产材料采购价格同比下浮12%

以上，最高达到15%。全面开展生产物资清查，基层单位储备材料由公司统一调配。二是严格控制车辆费用。采取合并用车等措施，提高车辆使用效率，减少长途用车和杜绝市区用车。三是严格控制非生产性费用。加强差旅费、招待费、会议费、办公费的管理与控制，以上费用同比下降31.8%。

同时，公司深入开展“勤俭节约、挖潜增效”主题实践活动，确定了全年节约挖潜500万元的目标。活动中，点滴入手，全员行动，修旧利废、节能降耗等典型事例不断涌现。

今年以来，在人工成本、折旧费同比增加1400多万元的情况下，公司总成本同比下降19.3%，收效明显。

强化科技研发与人才培养，培育竞争新优势

录井公司瞄准市场需求，以为甲方提供最满意的服务为目的，加快技术创新平台建设步伐，完善技术创新体系，不断提升施工生产的科技含量，增强了企业核心竞争力。

立足自主创新和自主知识产权，录井公司积极组织开展去年启动的远程录井、录井综合导向、地质分析化验、油井信息技术等重点科研项目攻关，以及油田开发方案编制、油藏精细描述等地质综合研究项目。

围绕辽河油田勘探开发工作，录井公司积极开展井位部署、油藏描述和区块开发等地质综合研究，拓展服务领域。不断升级配套录井信息服务技术和现场视频生产管理系统，发展油井信息服务技术，拓宽信息服务市场，培育新兴产业。

优化升级产业结构，整合技术资源。录井公司组建了地质研究所，地化、定量荧光检测、油藏监测、分析化验等产业项目实施整合，归入地质检测中心。

一系列科技项目的不断研发和推进，提升了公司专业化水平和企业抗风险能力。今年1—9月，录井公司完成常规和仪器录井1091口，同比增加48口，增长4.6%。同时，为甲方提供了优质的技术服务，深受甲方和钻井施工队伍的好评。

录井公司在技术人才培养上狠下工夫，确保经济危机过后，在发展速度上超越国内同行，抢得发展先机。加强国际化人才培养，选派专业素质好的技术人员到高等院校进行脱产学习，到澳大利亚、新加坡等国家进行专业技能培训，提高员工综合素质。充分利用队伍停等之机，分类、分层次、有针对性地加强管理、技术、操作人才队伍培训。截至10月20日，公司已累计开展培训60班次、2800余人次，为实现科学发展提供了人才保障。

春潮奔涌，前景诱人。在“寒冬”的洗礼中，长城录井人凭借创新和敢闯敢冲的精神，走出了一条发展之路。我们相信，录井公司“打造科技型企业，做国内同行业领跑者，创国际一流录井企业”的追求在不远的将来一定能够实现。

摘自2009年10月29日《中国石油报》

全力构筑“绿色长城”

——长城钻探公司环境保护工作纪实

为了牧民的一棵树，作业带绕行200米，增加投资4万余元。

2009年，“中华环境友好企业”、“中国节能减排功勋企业”两项国家级荣誉称号落户长城钻探公司。

长城钻探公司作为集团公司工程技术服务企业之一，积极主动承担社会责任，以环境保护、节约资源为切入点，大力实施清洁生产、节约发展，推进环境保护、节能减排工作迈上新台阶。

强化管理 筑起绿色屏障

没有规矩不成方圆。今年年初以来，公司先后出台了《长城钻探工程有限公司节能节水管理办法》、《长城钻探工程有限公司环境保护管理办法》以及《关于加强节油节电工作和开展全员节能行动的通知》。

在位于毛乌素沙漠腹地的苏里格项目部采访，你会经常听到这样的事：2008年，为了不破坏沙漠腹地的草场和林地，项目部先后对10口井井位进行了改动；在井场道路修建时，为保护生态环境多绕行20余公里。

苏里格项目部以建设绿色气田为目标，气田整体开发规划和全面生产建设始终贯穿环保主线。组织干部员工认真学习当地政府及气田建设方面的环保法律法规，严格执行建设项目环境影响评价和“三同时”，钻井作业前钻井设计必须有环保内容设计，钻井施工前必须给钻井液池铺设防渗膜，投产前制订详细的试压排水方案，并请当地环保局对防渗膜、排水方案进行审查验收，防止污染物影响地表水及浅层水。

长城钻探公司钻井一公司50103队队长陈光明介绍说，环境保护、节能减排已成为队里日常主要工作。每到一处，公司都对施工现场的物资使用、废水废气排放及固体废物回收等进行控制，实现“绿色钻井”。

技术创新 破除生产顽疾

“刚开始听说钻井队要在小区附近打井，我们很担心，怕井场冒黑烟、噪声大影响生活。没想到施工都要结束了，也没看到黑烟，听到噪声。”在辽宁盘锦市兴隆台城区，与兴古7-H208井施工现场咫尺之遥的翰新小区居民这样反映。

钻井施工不仅没了黑烟、没了噪声，还节约了大量柴油，这样的成绩得益于长城钻探公司大力推行钻机燃油替代技术。

长城钻探作为集团公司钻机燃油替代工作的试点单位之一，大力推进燃油替代工作，努力实现清洁生产、节约发展。公司成立了钻机燃油替代领导小组，着力解决气代油和电代油钻机现场应用中存在的问题，加大钻机燃油替代工作的推广应用规模。2008 年，电代油钻机在辽河油区市场实施 70 井次，节约柴油 3905.5 吨，节约资金 1.1975 亿元。其中，钻井一公司 40577 队采用“一拖三”高压电动系统，节省 526.2 吨柴油，节约资金 263 万元。气代油钻机在苏里格地区实施 7 井次，节约柴油 130 万吨。

长城钻探不断加强钻井液废弃物无害化处理技术的研究应用。公司围绕废弃水基钻井液开展了无害化处理技术研究，研制出一套新的废弃钻井液处理技术。该技术主要思路是采用物理和化学相结合的方法对废弃钻井液进行综合处理。钻井废弃钻井液、岩屑，经该工艺设施处理后，可以从源头上切断污染源，节约了大量土地资源，实现了钻井过程中的清洁生产。

摘自 2009 年 10 月 30 日《中国石油报》

逆水行舟用力撑

——长城钻探海外市场开发逆势增长纪实

面对国际金融危机，长城钻探公司紧跟集团公司海外油气发展布局，制定“两保两全，双百双增”工作措施，迎风逐浪，奋力拼搏，再创新高。今年前 10 个月，长城钻探新签合同额 12.5 亿美元，同比增长 16%，提前超额完成全年计划指标。

转变发展方式：小专业做出大文章

整合后的长城钻探转变发展方式，创造企业发展新优势，控制钻井规模，突出发展固井、钻井液、空气钻井、定向井裂等专业，在人力、物力、财力等方面全力支持，迅速提升规模效益，在海外市场开发中逐渐崭露头角。

钻井液公司的实践就是一个很好的注脚。

2008 年 9 月 17 日，长城钻探对“泥浆”业务进行专业化重组，将原长城钻井液公司与钻井一公司、钻井二公司的泥浆公司整合成集国内外业务为一体的钻井液公司。专业化重组实现优势互补，钻井液公司“变”了：

——研发能力变强了。整合前的长城钻井液公司对市场需要什么技术一清二楚，但在实验室、科研仪器等方面存在不足。而原钻井一公司、钻井二公司的泥浆公司，尽管拥有实验楼和较为完备的科研仪器，但科研立项围绕钻井进行，单独的钻井液科技研发项目不多，有劲儿没地方使。现在的钻井液公司每年科技研发投入近千万元，能承担科研项目 20 项左右。

——业务链变全了。整合后，钻井液公司从单一钻井液技术服务发展到附加固控、废物处理等一体化服务，而在海外市场，更多的甲方在招标中要求提供钻井液技术服务一体化。

——人力资源变活了。原来，只在辽河油区施工；现在，可以出国大干一场了。原驻辽单位钻井液公司员工的积极性空前高涨。钻井液公司加强对技术人员语言、HSE方面的培训，满足海外市场对技术骨干的需求。

重组优势凸显，钻井液公司自然交出满意答卷。今年前10个月，这个用工总量不足1000人的单位，海外市场新增钻井液服务队伍21支，新签合同额近亿美元，实现收入突破1亿美元。

截至10月底，长城钻探海外市场“走出去”固井、定向井及其他专业技术服务队伍92支，预计年底将超额完成百支队伍目标。

技术引领市场：发挥技术优势全面开拓市场

经过多年的探索与实践、引进消化与自主研发，长城钻探形成了稠油热采井钻完井、复杂结构井钻完井、测井、录井信息应用等优势技术系列。

危机中，长城钻探始终坚持特色技术引领市场的开发原则。

长城钻探的测井技术接近国际先进水平，已形成常规组合测井、成像测井、地层测试和射孔、油气藏动态监测、随钻测井及测井应用软件等六大技术系列。

受国际金融危机影响，苏丹测井市场甲方压缩成本，导致钻机数量锐减，仅1/2/4区就减少钻机9部，且往年创造高产值的水平井射孔作业几乎全部取消。同时，竞争对手SLB公司复工，导致工作量进一步压缩。测井公司进入苏丹17区、C区、5区等新区块，利用成像测井等技术与竞争对手争夺探井、生产井作业量，保住市场份额，实现了项目稳定运行。

在哈萨克斯坦市场，受汇率损失、甲方降价以及NB公司停工等影响，测井公司合同额损失近700万美元。测井公司发挥技术优势，合理安排设备、人员，积极运作新项目，Sagiz、阿特劳、Bars等一系列项目陆续开始运作。同时，通过射孔作业等多种措施，实施老项目合同内增值工作。1—7月，测井公司哈萨克斯坦市场产值不但没有降低，反比去年同期增长350万美元。

截至目前，测井公司海外市场新签合同额突破2.5亿美元。

钻井业务划转后，苏丹项目一下子从“排头兵”成了“殿后军”。长城钻探依靠特色技术引领市场，谋求苏丹项目转型。目前，定向井、稠油热采、找堵水、防砂等特色技术已经陆续进行先导试验，并取得积极进展，为市场转型奠定了基础。

发挥品牌优势：站稳传统市场迈向高端市场

经过多年海外市场拼搏，GWDC和CNLC的品牌作用和影响力已经形成，长城钻探发挥品牌优势，紧跟集团公司海外油气发展战略，站稳传统市场。

长城钻探海外所属各钻井队实现无安全、环境污染、生态破坏事故，井喷、井喷失控及井喷着火事故为零。在委内瑞拉市场，鉴于钻修井队伍出色的表现，他们全部和甲方签订了5年的合同。截至10月底，新签续签合同额达到4.75亿美元。

测试公司发挥CNLC的品牌优势，

在巩固苏丹、伊朗、乍得、尼日尔四大主要市场的同时，加大新市场的开发力度，伊拉克绿洲项目、哈萨克斯坦SAGIZ项目取得突破，乌兹别克斯坦、巴基斯坦等市场也取得进展。截至10月底，签订合同额达到5326万美元。

长城钻探发挥GWDC和CNLC品牌优势，进一步拓宽市场领域，进入风险可控的国际高端市场。

阿曼PDO项目是典型的国际高端市场。甲方是壳牌公司，对设备配套标准高，对人员的素质要求高，HSE管理水平高，作业效率高，商务运作水平高。阿曼钻井项目部把作业工序细化，原来的十几道工序细化为108道工序，项目运行以来无社会安全事故、无严重人员伤害事故、无井控事故、无交通事故、无环境污染事故发生，受到壳牌公司的高度赞扬。经过3年多努力，阿曼测井项目部在壳牌全球服务商行列中，由早期的倒数第二发展到现在的名列前茅。目前，阿曼PDO项目已经接续合同。

逆水行舟用力撑，一篙松劲退千寻。迎难而上，奋力争先，正是长城钻探在国际市场化危为机最简单却又最正确的法则。

摘自2009年11月10日《中国石油报》

让用户百分之百满意

——长城钻探公司实施用户满意工程工作纪实

2009年，长城钻探公司荣获“辽宁省实施用户满意工程先进单位”称号，成为辽宁省两家获此殊荣的企业之一。钻井一公司等三家单位获得2008年度石油工业和辽宁省“用户满意企业”称号，四个工程技术服务项目分别获得石油工业和辽宁省“用户满意服务”称号。

长城钻探公司实施用户满意工程，做到真正让用户百分之百满意。

发挥特色技术优势

长城钻探公司组建以来，始终把打造核心技术，推进品牌战略放在突出位置，瞄准国内外石油工程技术高端市场，不断加大科研投入和研发力度，提升工程技术服务质量。

目前，长城钻探已形成了多分支钻完井、成像测井、录井综合信息服务、钻井液技术、低渗气藏配套开发、稠油热采等一系列成熟配套的特色技术，实现科技创效近3亿元。

近5年来，长城钻探在辽河油区完钻水平井700多口，施工规模位居集团公司第一，施工成功率100%，为提高单井产量、实现稳定发展提供了技术支撑。

强化过程管理和质量控制

“精品工程”需要实现生产、质量、安全、环保、技术和效益完全受控的科学管理，更需要各单位协调配合，各专业相互促进，各工序紧密衔接。

加强关键工序质量控制。公司在一线员工中广泛开展“认真复查上道工序的质量；严格保证本道工序的质量；坚持优质准时为下道工序服务”的工序质量互访活动，强化了“下道工序满意就是我的工作标准”的意识，确保生产工序“零对接”，在最大限度缩短建井周期的同时，以工序质量保证了工程质量。

这个公司建立了分级授权、分级指挥的施工作业过程专家控制和操作标准，按照单井、单项工程、单机落实管理责任。要求施工作业每一道工序间的衔接和转换都经过专家在线授权，没有得到指令下道工序就不能执行。在锦 307–26–38C 小井眼超深单靶侧钻定向井施工中，面对地层压力差异大、超长多泥岩段易导致地层坍塌和漏失等一系列施工难题。施工单位专题讨论施工方案和技术措施，优选钻具组合和钻进参数，加强关键工序控制，仅用 23 天，成功完成了该井施工，创下了辽河油区小井眼侧钻完井最深、裸眼井段最长、建井周期最短“三项之最”。

构建合作和谐的用户关系

长城钻探坚持以用户感知来测评和改进服务质量，完善用户回访和投诉处理制度以及快速、有效的服务协调机制，通过用户走访、市场调研、用户座谈等多种方式，多渠道、多样本地了解用户的需求。在此基础上，坚持定期组织用户满意度测评，准确捕捉用户需求信息，把其作为不断提高质量、增强用户满意程度的着力点，持续改进服务质量。

去年以来，这个公司累计建立、修订“用户满意度测评模型”14 个；组织用户满意度测评 22 次，形成“用户满意度测评报告”17 份；组织质量回访 1485 次；发放用户质量意见调查问卷 9300 余份，回收 9000 余份；领导带队走访用户 409 次；举行用户座谈 33 次；电话征求用户意见 730 余次；及时处理解决用户投诉问题 270 余个。

摘自 2009 年 11 月 19 日《中国石油报》

激情拥抱毛乌素

——长城钻探苏里格项目采访札记

毛乌素沙漠是中国四大沙地之一。

2005 年，中国石油在这里拉开苏里格气田会战帷幕。同年 9 月，作为 5+1 合作开发机制参与方之一，长城钻探公司的队伍开赴苏里格。

2009 年秋末冬初，我们采访组一行走进毛乌素，感受那火热的会战场面。

勇担使命

虽然车子一直在沙漠公路上穿行，但是一驶入乌审旗境内，我们感受到的不是荒凉和单调，而是扑面而来的勃勃生机。

“好大的场面！”曾转战新疆大漠

多年的司机蔡师傅一路感叹，“作为一名石油工人，赶上一次会战，那是非常激动和自豪的。”

“我是搞气藏地质研究的，苏里格气田的开发给了我最大的事业平台。”果然，我们一坐在长城钻探苏里格项目部（苏里格气田第二项目部）的会议室里，项目部气藏地质科科长何凯就开门见山。

项目部经理李文权告诉我们：“公司从一开始就要求我们站在满足西气东输天然气供给，保障国家能源安全的高度认识苏里格气田开发，高水平、高速度搞好开发，树立形象，创出品牌。”

目前，长城钻探苏里格项目已建成年 17 亿立方米产能，累计外输天然气 24 亿立方米。

在采访现场，我们遇到作业一区区长郑义生。“你们是从北京来的吧。2008 年奥运会开得非常成功，这里面有我们的贡献。”这个朴实的东北汉子和我们开起玩笑。

奋战在毛乌素沙漠的每一名石油人都有着强烈的使命感，长城钻探的干部员工都有着强烈的责任意识。

“5+1”与“总承包”

按照中国石油“引入市场竞争机制，加快苏里格气田开发步伐”重大决策，长庆油田将苏里格气田已经探明的区域分成若干区块，在中国石油内部招标引入 5 个合作单位与长庆油田共同开发，解决了原来队伍配置、技术引进、成本较高等一系列制约苏里格气田有效开发的“瓶颈”问题。

作为 5+1 合作开发机制参与方之一，长城钻探公司有两方面突出优势。一是从地质研究到钻井、测井、录井、试油等产业链齐全，可以形成比较完整的总承包模式。二是水平井等技术储备雄厚，成为开发苏里格气田的有力武器。

“在 5+1 合作开发机制的大框架下，我们自己在项目组织上采取总承包模式。”谈到项目运行时，李文权娓娓道来，“5+1 机制实际上为参建各方搭建了一个比武擂台，我们认真分析自己的优势所在，让各专业都充分发挥最大能量，形成整体优势。”

长城钻探苏里格项目的效率和速度是惊人的。他们在苏里格区块开发中做到“六个率先”：率先打评价井，开始对气藏进行评价；率先钻井提速，并实现持续提速；率先编制区块开发方案并通过审批；率先在未探明区打评价井，新增天然气地质储量 500 亿立方米以上；率先投产上产，产量一直保持在配产指标上运行；率先试验水平井技术，实现单井产量提高。

纪录与品牌

在苏里格地区，长城钻探的队伍创造了一个又一个纪录。

服务于长庆油田采气二厂的 32806 钻井队，到 10 月 20 日已累计开钻 40 口，交井 39 口，实现钻井总进尺 9.3 万米；已完成的 39 口井，平均完钻井深 2365.95 米，平均钻井周期 4.19 天，平均建井周期 5.62 天，平均机械钻速 42.74 米 / 小时，平均月速 1.33 万米 /（台 · 月），井身、固井质量均达 100%，各项指标全优，创定边区块丛式定向井施工累计进尺最多、速度最快、施工质量最高纪录，并创下10口定向井钻井周期在3天以内的提速纪录。

40503钻井队到10月20日累计开钻21口，交井20口，实现钻井总进尺7.06万米，创苏里格区块直井施工累计进尺最多、速度最快等多项纪录。

40504钻井队施工的丛式平台井，3口井总进尺1万余米，从第一口井开钻到最后一口井完井共用时间42天17小时，创出该区块丛式平台井施工速度最快纪录。

32804钻井队以7天9小时刷新苏10区块钻井周期最快纪录。

……

这一个又一个纪录，提起来的是钻井速度，降下去的是开发成本，树立的是“长城”品牌。

摘自2009年11月23日《中国石油报》

长城钻探海拉尔地区机械钻速提高四成

11月28日，长城钻探在大庆油田海拉尔油区进行最后一轮井施工。截至11月底，长城钻探公司在该地区施工平均机械钻速22.39米/小时，同比提高41%。

担负施工任务的长城钻探钻井二公司经过1个月的摸索，发现海拉尔地区钻井钻压远低于苏里格、华庆低渗透地区的钻压，于是项目部就把钻井提速的工作重点放在解放钻压上。由于不同油区地质条件地层压力变化不同，单纯的解放钻压会造成井斜，只有同时做到解放钻压和防斜打直同步推进，才能在保证施工质量的同时，实现钻井提速。

自行设计钻头，解决了地层可钻性差难题。项目部把钻头生产厂家的专家请到施工现场，根据地层特点和压力变化情况设计个性化钻头，达到井筒上部钻进快、底部耐磨的特点。在南屯组地层施工中，以前一口井需要3只至4只牙轮钻头，现在只用一只牙轮钻头，大大节省了起下钻时间。

优选钻井液体系保证提速效果。长城钻井液公司在一开应用清水无固相钻井液体系，在二开2000米以前应用强抑制钻井液体系，在2000米以后应用弱分散钻井液体系。同时，有针对性地调整钻井液性能，保护油层和井壁稳定，促进钻井提速。

把地层自然造斜的影响纳入施工设计，实施新的钻具组合。通常施工使用的扶正器规格是213毫米，现在考虑地层自然造斜对施工的影响，加大钻压后采用规格是206毫米的扶正器，刚好满足井身轨迹要求，有效解放了钻压。目前，项目部在苏区、乌区的钻井队施工中井斜增大的难题得到有效解决，以前一支钻井队一天进尺为300米至500米，现在最高每天能打到900米。

摘自2009年12月2日《中国石油报》

长城钻井液海外新签合同额突破1亿美元

——专业化重组凸显整体优势

本报讯（特约记者刘君启　通讯员仲凌云）　12月7日，从长城钻探钻井液公司传来喜讯，这个公司海外业务新签合同额突破1亿美元，超额完成全年海外业务计划任务指标。

喜人的成绩得益于长城钻探公司实施的专业化重组。2008年9月17日，长城钻探公司对钻井液业务进行专业化重组，将原长城钻井液公司与钻井一公司、钻井二公司的泥浆公司整合成集国内外业务为一体的钻井液公司。

重组后的钻井液公司优势明显，技术研发能力明显增强。原泥浆公司有较强的海外市场技术敏感度，但实验室和科研设备等不足；原钻井单位的泥浆公司单独研发项目不多。重组后，各方取长补短，钻井液公司每年能承担20多个科研项目。重组后的钻井液公司集中人力、物力、财力，着力为甲方提供钻井液、固控和废物处理等一体化服务。与此同时，重组实现了先进管理经验、市场开发能力、人力资源优势的互通有无，为实现长远发展奠定了基础。

今年年初，钻井液公司按照长城钻探“两保两全、双百双增”的工作要求，发挥专业化重组带来的优势，本着“立足中资，开拓高端”的工作思路，联合发挥项目部、专业化公司和市场管理部三级市场开发体系作用，积极实施“走出去”战略。目前，长城钻探钻井液在国外油公司的市场份额达到40%以上。

截至11月底，钻井液公司海外业务新签订合同额1.04亿美元，海外新增钻井液服务项目23个，超额完成全年市场开发任务指标。

摘自2009年12月7日《中国石油报》

长城钻探首建国内外一体化会计核算体系

12月10日，长城钻探国内外一体化会计核算系统运行已一个月，系统运行平稳、准确，实现了境内外核算流程、标准及核算系统的统一。这标志着长城钻探把境外项目纳入了会计集中核算，成为集团公司首家建立国内外一体化会计核算体系的单位。

2008年4月，长城钻探公司按照集团公司财务资产部的要求，实现了境内业务会计集中核算。针对境外项目受网络条件限制的实际，长城钻探积极向集团公司反映并协助测试完成了离线版软件，为建立国内外一体化会计核算体系奠定了基础。在不到两个月的时间，长城钻探对离线软件主数据修改限制、主数据转出、凭证转入转出等进行了全面测试，同时完成了集中核算实施方案的编制、指导境外项目完成新旧系统的对接等工作。目前，新系统已经完成了数据的录入及核对工作，正式独立运行。

长城钻探的发展定位是建设国际化石油工程技术总承包商，今年境外收入已经占公司总收入的40%以上，全球一体化会计核算体系的建立增强了海外业务发展的保障能力。公司决策层可以第一时间掌握每个境外项目的收入水平、营利能力、市场开发、成本指标等情况，及时指导下一步工作重点；公司还可以实现对境外项目资金的监管，有效规避风险，保证公司利益；优化内部交易设置，境外项目与国内单位发生的劳务互供、材料供销等，可以实现内部交易自动抵消，提高工作效率。同时，全球一体化会计核算体系的建立，促进了财务人员由简单数据加工向管理型人才转变。

摘自2009年12月21日《中国石油报》

2009年长城钻探公司报刊文摘索引

聚变奇迹："新长城"是怎样筑成的
《中国企业报》2009年3月12日
长城钻探咬定百分之十五增长不放松
《中国石油报》2009年3月26日
逆势突围：筑牢"效益长城"
《中国石油报》2009年6月9日
长城钻探"走出去"制胜市场
《中国石油报》2009年7月10日
逆境中奋进　挑战中前行
《中国石油报》2009年7月13日
苏里格气田首口高产水平井问世
《中国石油报》2009年7月13日
向国际标准看齐
《中国石油报》2009年7月14日
长城钻探上半年实现"双增长"目标
《中国石油报》2009年7月15日
新长城　新速度
《中国石油报》2009年9月2日
管理模式创新的裂变效应
《中国石油报》2009年9月4日
专业化打造"泥浆"旗舰
《中国石油报》2009年9月28日
为"低渗透"注入强劲动力
《中国石油报》2009年9月30日
长城钻探技术创新降能耗
《中国石油报》2009年10月19日
协作互动实现提速新跨越
《中国石油报》2009年10月19日
从"重灾区"到"丰产田"
《中国石油报》2009年10月26日
三管齐下　逆风飞扬
《中国石油报》2009年10月29日
全力构筑"绿色长城"
《中国石油报》2009年10月30日
逆水行舟用力撑
《中国石油报》2009年11月10日

让用户百分之百满意
《中国石油报》2009 年 11 月 19 日
激情拥抱毛乌素
《中国石油报》2009 年 11 月 23 日
长城钻探海拉尔地区机械钻速提高四成
《中国石油报》2009 年 12 月 2 日
长城钻井液海外新签合同额突破 1 亿美元
《中国石油报》2009 年 12 月 7 日
长城钻探首建国内外一体化会计核算体系
《中国石油报》2009 年 12 月 21 日
四分公司沈北区块创新纪录
《石油商报》2009 年 1 月 16 日
钻井一公司推进技术服务升级
《石油商报》2009 年 2 月 20 日
风雪中的长城钻探人
《石油商报》2009 年 2 月 20 日
尼日尔项目直探井顺利完井
《石油商报》2009 年 2 月 20 日
海南 33−9 井创纪录
《石油商报》2009 年 3 月 6 日
五化管理法推进术服务升级
《石油商报》2009 年 3 月 20 日
携手壳牌　享誉塞北
《石油商报》2009 年 4 月 10 日
钻井一公司沉着应对化解危机
《石油商报》2009 年 4 月 17 日
HSE，重在执行
《石油商报》2009 年 5 月 1 日
40503 队领跑陕北市场
《石油商报》2009 年 5 月 9 日
小钢圈延长活塞寿命
《石油商报》2009 年 5 月 15 日
抓住“第三利润源”不放松
《石油商报》2009 年 5 月 15 日
鲜花绽放仙人掌之国
《石油商报》2009 年 6 月 19 日
接单根
《石油商报》2009 年 7 月 27 日
我们见过陆上石油最好的井队
《石油商报》2009 年 7 月 31 日
五个当天速度安全效益的统一体
《石油商报》2009 年 8 月 7 日
50103 在兴古 9−3 施工
《石油商报》2009 年 8 月 28 日
定边 1 队进尺突破 7 万米
《石油商报》2009 年 9 月 4 日
我在岗位我负责
《石油商报》2009 年 10 月 16 日
西北唱响长城劲歌
《石油商报》2009 年 10 月 16 日
钻井一公司辽河首口全过程欠平衡井竣工
《石油商报》2009 年 10 月 30 日
起下钻作业
《中国石油报》2009 年 1 月 15 日
修螺杆泵
《中国石油报》2009 年 1 月 15 日
修理蒸汽管线
《中国石油报》2009 年 1 月 21 日
GW176 队中外籍员工
《中国石油报》2009 年 1 月 21 日
“明星教导队”跟班作业
《中国石油报》2009 年 2 月 5 日
检查压力波动情况
《中国石油报》2009 年 2 月 12 日
汗水挥洒撒哈拉
《中国石油报》2009 年 2 月 17 日
长城钻一尼日尔项目首口直探井完井
《中国石油报》2009 年 2 月 24 日
沙漠之舟

《中国石油报》2009 年 2 月 24 日
墨西哥当地女孩与石油工人合影
《中国石油报》2009 年 3 月 3 日
海南 33−9 井创 6 项纪录
《中国石油报》2009 年 3 月 23 日
掌声，在伊朗高原响起
《中国石油报》2009 年 3 月 24 日
长城与杜邦 HSE 合作初见成果
《中国石油报》2009 年 3 月 24 日
培训·执行·保障
《中国石油报》2009 年 3 月 31 日
第一次在墨西哥打井
《中国石油报》2009 年 3 月 31 日
反承包项目的佼佼者
《中国石油报》2009 年 4 月 10 日
应对流感　有条不紊
《中国石油报》2009 年 5 月 12 日
牛年中的牛队长
《中国石油报》2009 年 5 月 12 日
鲜花绽放在仙人掌之国
《中国石油报》2009 年 6 月 2 日
应对 H1N1 有条不紊
《中国石油报》2009 年 6 月 2 日
你们是陆上石油最好的井队
《中国石油报》2009 年 7 月 28 日
井架矗立加勒比海岸
《中国石油报》2009 年 8 月 11 日
精细生产筑绿色钻井
《中国石油报》2009 年 9 月 7 日
长城钻探钻井二公司群众性挖潜增效
《中国石油报》2009 年 3 月 9 日
长城钻探钻井二公司——海拉尔希 13−71 井完钻
《中国石油报》2009 年 4 月 27 日
严格执行甲方施工方案
《中国石油报》2009 年 5 月 13 日
工作量减少，任要实施钻井提速
《中国石油报》2009 年 5 月 18 日
长城钻探钻井二公司区外市场交井逾百口
《中国石油报》2009 年 5 月 18 日
长城钻探钻井二公司肯尼亚地热井项目与甲方双赢
《中国石油报》2009 年 5 月 19 日
长城钻探钻井二公司外部市场提速效果显著
《中国石油报》2009 年 6 月 15 日
提高单井产量要重视钻前工程
《中国石油报》2009 年 9 月 7 日
长城钻探钻井二公司“四举措”打牢安全根基
《中国石油报》2009 年 9 月 15 日
长城钻探钻井二公司冬防保温提前部署
《中国石油报》2009 年 10 月 13 日
长城钻探蒙古国首口井优质交井
《中国石油报》2009 年 10 月 20 日
长城钻二蒙古国首口井开钻
《中国石油报》2009 年 10 月 20 日
冀东 4 号人工岛第一口预探井顺利开钻
《中国石油报》2009 年 12 月 18 日
长城钻探钻井二公司采用钻井新技术提高钻速
《中国石油报》2009 年 12 月 28 日
严格车辆政治　确保安全畅通
《辽河石油报》2009 年 1 月 1 日
节日期间安全生产
《辽河石油报》2009 年 1 月 4 日
“三抓”塑造党员新形象
《辽河石油报》2009 年 1 月 4 日
70131 在兴古 7−H226 井施工作业
《辽河石油报》2009 年 1 月 5 日
明星教导队示范呼吸器使用

《辽河石油报》2009 年 1 月 6 日
检查冬季八防落实情况
《辽河石油报》2009 年 1 月 6 日
发挥效能职能　堵塞管理漏洞
《辽河石油报》2009 年 1 月 6 日
封井器工作流程交流
《辽河石油报》2009 年 1 月 6 日
“四五管理法”拧紧油料“关”
《辽河石油报》2009 年 1 月 7 日
责任让我们永不止步
《辽河石油报》2009 年 1 月 7 日
尼日尔项目第一口直探井开钻
《辽河石油报》2009 年 1 月 8 日
生产经营成绩斐然
《辽河石油报》2009 年 1 月 8 日
高原铁骑展风采
《辽河石油报》2009 年 1 月 9 日
节约挖潜　修水龙头
《辽河石油报》2009 年 1 月 9 日
情系草原“黑骏马”
《辽河石油报》2009 年 1 月 9 日
进行拉网检查　严格治理隐患
《辽河石油报》2009 年 1 月 10 日
强化青工安全技能提升
《辽河石油报》2009 年 1 月 10 日
修理蒸汽管线
《辽河石油报》2009 年 1 月 14 日
起下钻作业
《辽河石油报》2009 年 1 月 15 日
精心培育协作共赢大环境
《辽河石油报》2009 年 1 月 16 日
增强主体责任意识实现新发展新跨越
《辽河石油报》2009 年 1 月 18 日
严把“三关”打造高素质班组长队伍
《辽河石油报》2009 年 1 月 18 日
将能耗“瘦身”进行到底
《辽河石油报》2009 年 1 月 20 日
MWD 励磁技术改进成效显著
《辽河石油报》2009 年 1 月 20 日
宣讲两级职代会精神
《辽河石油报》2009 年 1 月 21 日
GW176 队在墨西哥为“长城钻探”品牌增辉
《辽河石油报》2009 年 1 月 21 日
安全成本两手抓　新年开局起步高
《辽河石油报》2009 年 1 月 21 日
自制轮毂拉力器　创效又省力
《辽河石油报》2009 年 1 月 21 日
赢得绿色永驻
《辽河石油报》2009 年 1 月 22 日
深入开展“五个清楚”安全达标活
《辽河石油报》2009 年 1 月 22 日
外部市场捷报频传
《辽河石油报》2009 年 1 月 23 日
“三树一增”主体教育亮点频现
《辽河石油报》2009 年 1 月 23 日
增强廉政意识
《辽河石油报》2009 年 1 月 23 日
探讨形势任务教育方案
《辽河石油报》2009 年 1 月 23 日
加强冬歇期间培训　为持续发展“充电”
《辽河石油报》2009 年 1 月 24 日
检查放碰天车
《辽河石油报》2009 年 1 月 24 日
弹无虚发
《辽河石油报》2009 年 1 月 24 日
让党员的形象亮起来
《辽河石油报》2009 年 1 月 25 日
节日生产
《辽河石油报》2009 年 2 月 1 日
刘发明　技术撑起青春的天空
《辽河石油报》2009 年 2 月 1 日

坚持“四个创新”促进降本增效
《辽河石油报》2009年2月2日
党员“零违章”活动成效显著
《辽河石油报》2009年2月2日
“三深入”打造效能型机关
《辽河石油报》2009年2月3日
业余文化生活
《辽河石油报》2009年2月3日
强化合同管理　挖掘潜在效益
《辽河石油报》2009年2月4日
为陕北项目部备料装车
《辽河石油报》2009年2月5日
“千里眼”确保钻井走上高速路
《辽河石油报》2009年2月5日
节日安全生产
《辽河石油报》2009年2月6日
强化过程监督　提升水平井质量
《辽河石油报》2009年2月8日
提升职工队伍素质
《辽河石油报》2009年2月8日
用双赢打造长城品牌
《辽河石油报》2009年2月9日
拓展空间的王牌
《辽河石油报》2009年2月10日
新长城的助推器
《辽河石油报》2009年2月10日
“五化管理法”推进服务升级
《辽河石油报》2009年2月12日
实施预案　力保生产
《辽河石油报》2009年2月12日
铁骑西征
《辽河石油报》2009年2月15日
千里大送“兵”
《辽河石油报》2009年2月16日
党员学习长效机制
《辽河石油报》2009年2月16日
多措并举推进基层建设
《辽河石油报》2009年2月16日
开展技术研讨消除服务短板
《辽河石油报》2009年2月17日
积极应对大风雪　全力以赴保生产
《辽河石油报》2009年2月17日
挖潜增效算好“四笔账”
《辽河石油报》2009年2月18日
“五个一”调动挖潜积极性
《辽河石油报》2009年2月18日
筑起域外新长城
《辽河石油报》2009年2月19日
李云卜：三十载车为家
《辽河石油报》2009年2月19日
改造车载搅拌机　节约成本6万元
《辽河石油报》2009年2月20日
手巧也需家什妙
《辽河石油报》2009年2月23日
建立加强作风建设长效机制
《辽河石油报》2009年2月23日
长城钻探钻井一公司尼日尔项目首口井顺利完井
《辽河石油报》2009年2月24日
安全正点送物资　外部市场谱新篇
《辽河石油报》2009年2月24日
做好协同发展文章　推动服务持续升级
《辽河石油报》2009年2月26日
钻台是我们的“星光大道”
《辽河石油报》2009年2月26日
唱好安全四季歌　曲不离口保平安
《辽河石油报》2009年3月2日
严把发展党员关
《辽河石油报》2009年3月3日
长城钻探钻井一公司内外兼修度经济严冬
《辽河石油报》2009年3月4日

筑牢安全生产基础
《辽河石油报》2009 年 3 月 4 日
海南 33−9 井施工创辽河油田 6 项纪录
《辽河石油报》2009 年 3 月 5 日
“重锤”敲响牛年安全“警钟”
《辽河石油报》2009 年 3 月 6 日
干部队伍建设赢得民心
《辽河石油报》2009 年 3 月 9 日
生产提速挖潜增效　打好三大进攻战役
《辽河石油报》2009 年 3 月 10 日
辽河市场井身质量合格率达百分之百
《辽河石油报》2009 年 3 月 10 日
为陕北市场成功改造 8 套井架底座
《辽河石油报》2009 年 3 月 16 日
长城钻探钻井一公司深挖潜严管理降消耗
《辽河石油报》2009 年 3 月 16 日
市场引擎
《辽河石油报》2009 年 3 月 17 日
强势之路
《辽河石油报》2009 年 3 月 19 日
焊制井架底座
《辽河石油报》2009 年 3 月 19 日
精细管理堵漏洞　增收节支掀热潮
《辽河石油报》2009 年 3 月 18 日
做实管理文章　深挖增效潜能
《辽河石油报》2009 年 3 月 20 日
何晓宇的职业追求
《辽河石油报》2009 年 3 月 20 日
实施精细管理　促进降本增效
《辽河石油报》2009 年 3 月 23 日
郑玉峰的“特殊标记”
《辽河石油报》2009 年 3 月 23 日
长城钻探钻井一公司与杜邦合作推进 HSE 体系实施
《辽河石油报》2009 年 3 月 25 日
加强队伍资质管理　为外闯市场提供保证
《辽河石油报》2009 年 3 月 25 日
系紧“安全带”大胆闯市场
《辽河石油报》2009 年 3 月 25 日
长城钻探钻井一公司消防安全持续稳定
《辽河石油报》2009 年 3 月 25 日
完井作业
《辽河石油报》2009 年 3 月 28 日
“三力”效应
《辽河石油报》2009 年 3 月 28 日
加强外部市场管理　推进工程施工质量
《辽河石油报》2009 年 3 月 30 日
更换液压大钳钳头
《辽河石油报》2009 年 3 月 30 日
筑牢思想屏障　打好攻坚战
《辽河石油报》2009 年 3 月 30 日
核心竞争力
《辽河石油报》2009 年 3 月 31 日
井控培训
《辽河石油报》2009 年 3 月 31 日
树好品牌开拓市场
《辽河石油报》2009 年 4 月 1 日
制度走下墙　管理进现场
《辽河石油报》2009 年 4 月 2 日
树立精品意识　服务西部市场
《辽河石油报》2009 年 4 月 2 日
维修 mwd
《辽河石油报》2009 年 4 月 3 日
700 万元哪里来?
《辽河石油报》2009 年 4 月 3 日
盘活库房
《辽河石油报》2009 年 4 月 3 日
长城钻探钻井一公司应对危机初见成效
《辽河石油报》2009 年 4 月 9 日
为建设“新长城”助力

《辽河石油报》2009 年 4 月 14 日
纪录，在伊朗高原改写
《辽河石油报》2009 年 4 月 16 日
坚持学用结合　抓重点求实效
《辽河石油报》2009 年 4 月 17 日
高歌西进战陇东
《辽河石油报》2009 年 4 月 20 日
婚育新风进万家活动重实效
《辽河石油报》2009 年 4 月 20 日
安全生产责任区
《辽河石油报》2009 年 4 月 20 日
刷新苏里格地区丛式井钻井纪录
《辽河石油报》2009 年 4 月 21 日
应对形势开拓市场　实现首季开门红
《辽河石油报》2009 年 4 月 23 日
征集节约小窍门开辟效益增长点
《辽河石油报》2009 年 4 月 24 日
成熟水平井技术展龙头风采
《辽河石油报》2009 年 4 月 27 日
加强组织协调　全力保障外部市场
《辽河石油报》2009 年 4 月 28 日
滚滚车轮永向前
《辽河石油报》2009 年 5 月 1 日
强化物资管理　深入降本增效
《辽河石油报》2009 年 5 月 4 日
公示电话明细　节约办公费用
《辽河石油报》2009 年 5 月 5 日
做好信访稳定工作　推进企业和谐发展
《辽河石油报》2009 年 5 月 6 日
携手亮牌誉塞北
《辽河石油报》2009 年 5 月 11 日
企业关心全方位　职工安心实打实
《辽河石油报》2009 年 5 月 11 日
实施低成本策略提升发展质量
《辽河石油报》2009 年 5 月 13 日
培养岗位高技能人才
《辽河石油报》2009 年 5 月 13 日
队务公开职工心明眼亮
《辽河石油报》2009 年 5 月 14 日
着眼发展的战略举措
《辽河石油报》2009 年 5 月 15 日
发挥周末学校作用　提升女工综合素质
《辽河石油报》2009 年 5 月 18 日
放飞青春的梦想
《辽河石油报》2009 年 5 月 19 日
“钢铁”运输线
《辽河石油报》2009 年 5 月 21 日
提升员工综合素质　增强企业发展后劲
《辽河石油报》2009 年 5 月 22 日
强化节能节水工作降本又增效
《辽河石油报》2009 年 5 月 31 日
课堂搬到观摩现场
《辽河石油报》2009 年 5 月 31 日
推进 HSE 管理　保障三大市场
《辽河石油报》2009 年 6 月 2 日
在苏 11 区块率先突破 3 万米
《辽河石油报》2009 年 6 月 2 日
跟进式培训让工人找到新感觉
《辽河石油报》2009 年 6 月 2 日
大力攻关深水平井钻井技术
《辽河石油报》2009 年 6 月 3 日
16 支钻井队战陇东　20 万米进尺创佳绩
《辽河石油报》2009 年 6 月 4 日
兴古 7- 好 208 井施工创新纪录
《辽河石油报》2009 年 6 月 8 日
丛式钻井周期不超三天半
《辽河石油报》2009 年 6 月 9 日
紧急命令
《辽河石油报》2009 年 6 月 9 日
开拓浙江油田市场
《辽河石油报》2009 年 6 月 10 日
自己动手创收　修复马达增效

《辽河石油报》2009 年 6 月 10 日
保养物资
《辽河石油报》2009 年 6 月 10 日
阳台花盆意外坠楼　砸中楼下自家轿车
《辽河石油报》2009 年 6 月 10 日
调整储备结构　盘活库存物资
《辽河石油报》2009 年 6 月 11 日
长城钻探钻井一公司防汛工作全面进入备战状态
《辽河石油报》2009 年 6 月 15 日
磨砺出人才
《辽河石油报》2009 年 6 月 16 日
完成设备升级　节省人力物力
《辽河石油报》2009 年 6 月 17 日
主题竞赛活动成效显著
《辽河石油报》2009 年 6 月 17 日
检修设备
《辽河石油报》2009 年 6 月 17 日
遏制违章
《辽河石油报》2009 年 6 月 18 日
坚持防控结合　抓实雨季安全
《辽河石油报》2009 年 6 月 18 日
创造“陇东速度”
《辽河石油报》2009 年 6 月 18 日
打出长城品牌　实现钻井提速
《辽河石油报》2009 年 6 月 19 日
严格监管确保员工饮食安全
《辽河石油报》2009 年 6 月 23 日
实现施工现场零污染
《辽河石油报》2009 年 6 月 24 日
科学使用水电　降低能源消耗
《辽河石油报》2009 年 6 月 25 日
扎实推进机关作风建设
《辽河石油报》2009 年 6 月 26 日
安全先锋作用
《辽河石油报》2009 年 6 月 26 日
提升党员干部素质　有效发挥旗帜作用
《辽河石油报》2009 年 6 月 29 日
职工列清单　管理成效显
《辽河石油报》2009 年 6 月 30 日
桑拿天里钻井忙
《辽河石油报》2009 年 7 月 2 日
功到自然成
《辽河石油报》2009 年 7 月 2 日
淘宝店
《辽河石油报》2009 年 7 月 2 日
分享安全经验　筑牢安全防线
《辽河石油报》2009 年 7 月 3 日
掀起向劳模学习热潮
《辽河石油报》2009 年 7 月 6 日
安装井架基础
《辽河石油报》2009 年 7 月 7 日
携手杜邦　携手高端
《辽河石油报》2009 年 7 月 8 日
GW72 钻井队扬名苏丹
《辽河石油报》2009 年 7 月 9 日
三力建设
《辽河石油报》2009 年 7 月 13 日
面向辽河悉心构建和谐共赢大环境
《辽河石油报》2009 年 7 月 14 日
矢志“高端”急先锋
《辽河石油报》2009 年 7 月 16 日
改造小螺丝　巧解大难题
《辽河石油报》2009 年 7 月 17 日
提速实现高效发展
《辽河石油报》2009 年 7 月 20 日
优质服务保生产　优化运行创佳绩
《辽河石油报》2009 年 7 月 20 日
立制建章保廉政
《辽河石油报》2009 年 7 月 20 日
安装油水分离器
《辽河石油报》2009 年 7 月 22 日

浙江油田第一口井优质交井
《辽河石油报》2009 年 7 月 23 日
确保城区高危井施工安全
《辽河石油报》2009 年 7 月 24 日
研究井身轨迹图
《辽河石油报》2009 年 7 月 27 日
破解困境
《辽河石油报》2009 年 7 月 28 日
安全监督检查工作扎实有效
《辽河石油报》2009 年 7 月 29 日
科学布井保耕地　层层把关削风险
《辽河石油报》2009 年 7 月 30 日
提升党建效能　助推企业发展
《辽河石油报》2009 年 8 月 3 日
青年典型
《辽河石油报》2009 年 8 月 3 日
强化科技创新推动服务升级
《辽河石油报》2009 年 8 月 5 日
五道关口推进党风廉政建设
《辽河石油报》2009 年 8 月 5 日
打造探井施工品牌
《辽河石油报》2009 年 8 月 6 日
起钻作业
《辽河石油报》2009 年 8 月 10 日
修钻井泵
《辽河石油报》2009 年 8 月 10 日
拥军
《辽河石油报》2009 年 8 月 10 日
共享安全经验　远离交通事故
《辽河石油报》2009 年 8 月 11 日
筑牢汛期安全环保堤坝
《辽河石油报》2009 年 8 月 13 日
逆势而发握王牌
《辽河石油报》2009 年 8 月 14 日
全力打造精品工程　服务辽河增储上产
《辽河石油报》2009 年 8 月 18 日
多渠道强化人才队伍建设
《辽河石油报》2009 年 8 月 18 日
用心打造流动窗口
《辽河石油报》2009 年 8 月 19 日
开展庆祝建国 60 周年系列活动
《辽河石油报》2009 年 8 月 20 日
强化雨季生产　做到曲不离口
《辽河石油报》2009 年 8 月 20 日
计生工作突出服务理念
《辽河石油报》2009 年 8 月 21 日
突出赛训建树锻造高素质员工
《辽河石油报》2009 年 8 月 24 日
党风廉政建设
《辽河石油报》2009 年 8 月 24 日
破解难题推动工程技术服务持续升级
《辽河石油报》2009 年 8 月 25 日
抓纲方能带目
《辽河石油报》2009 年 8 月 25 日
抓学行动体现企业人文关怀
《辽河石油报》2009 年 8 月 25 日
雨季九防
《辽河石油报》2009 年 8 月 26 日
烈日下的复产
《辽河石油报》2009 年 8 月 26 日
较真
《辽河石油报》2009 年 8 月 28 日
全面发挥 HSE 监督职能作用
《辽河石油报》2009 年 9 月 1 日
四好班子建设
《辽河石油报》2009 年 9 月 1 日
小成本修筑大长城
《辽河石油报》2009 年 9 月 3 日
提高青工水平
《辽河石油报》2009 年 9 月 7 日
顺利通过 QHSE 管理体系审核
《辽河石油报》2009 年 9 月 9 日

切实加强停产设备管理与维护
《辽河石油报》2009年9月9日
八学法育真功
《辽河石油报》2009年9月9日
提高员工技术水平
《辽河石油报》2009年9月9日
补短培训提升班组长管理水平
《辽河石油报》2009年9月10日
江苏红1-9井优质交井
《辽河石油报》2009年9月11日
加强基础工作权利保障复产
《辽河石油报》2009年9月14日
多渠道抓好党建工作
《辽河石油报》2009年9月14日
两次跨越
《辽河石油报》2009年9月15日
全面强化井控安全管理
《辽河石油报》2009年9月18日
强化质检优化库存　提高物资供给效率
《辽河石油报》2009年9月21日
打赢西部“战役”
《辽河石油报》2009年9月23日
检查围布
《辽河石油报》2009年9月23日
抓住钻探黄金期　打好上产攻坚战
《辽河石油报》2009年9月28日
修理顶驱
《辽河石油报》2009年9月29日
西北劲歌
《辽河石油报》2009年10月9日
陕北项目部刷新年进尺施工纪录
《辽河石油报》2009年10月12日
增强凝集力赢在执行力创最佳效力
《辽河石油报》2009年10月12日
长城钻探钻井一公司举办祖国在我心中诗文朗诵会
《辽河石油报》2009年10月13日
拓宽青工成长通道
《辽河石油报》2009年10月13日
修复设备
《辽河石油报》2009年10月13日
六赛提升管理水平　全力服务增储上产
《辽河石油报》2009年10月14日
零缝隙衔接施工　快速度钻井生产
《辽河石油报》2009年10月14日
新疆项目部设备顺利启运
《辽河石油报》2009年10月15日
提前做好冬季防火工作
《辽河石油报》2009年10月16日
严格措施论证　避免井下漏失
《辽河石油报》2009年10月20日
净化生命之源
《辽河石油报》2009年10月21日
自制预制板通过验收
《辽河石油报》2009年10月21日
排头班里故事多
《辽河石油报》2009年10月21日
努力打好四季度经营仗
《辽河石油报》2009年10月22日
为了地绿天蓝
《辽河石油报》2009年10月22日
主体劳动竞赛如火如荼
《辽河石油报》2009年10月23日
骏马万里任驰骋
《辽河石油报》2009年10月26日
六赛
《辽河石油报》2009年10月26日
辽河首口全过程欠平衡井马古11井顺利交井
《辽河石油报》2009年10月27日
落实五项措施　防控安全风险
《辽河石油报》2009年10月27日

制度无缝隙　受控全覆盖
《辽河石油报》2009 年 10 月 28 日
自制校直机节约成本 8 万元
《辽河石油报》2009 年 10 月 29 日
架起连心桥　盛开和谐化
《辽河石油报》2009 年 11 月 2 日
冬季生产
《辽河石油报》2009 年 11 月 2 日
满意服务无止境
《辽河石油报》2009 年 11 月 3 日
长城钻探钻井一公司打破苏里格地区水平井施工多项纪录
《辽河石油报》2009 年 11 月 5 日
分析钻头使用情况
《辽河石油报》2009 年 11 月 9 日
提高安全素质
《辽河石油报》2009 年 11 月 9 日
突出学习效果　促进服务升级
《辽河石油报》2009 年 11 月 12 日
巧手练就真功夫
《辽河石油报》2009 年 11 月 12 日
强化反违章禁令再学习
《辽河石油报》2009 年 11 月 16 日
防字当头立　砌起防火墙
《辽河石油报》2009 年 11 月 16 日
筑牢冬季安全生产基石
《辽河石油报》2009 年 11 月 17 日
综合治安
《辽河石油报》2009 年 11 月 18 日
抓牢降本增效主线　确保每米进尺效益
《辽河石油报》2009 年 11 月 23 日
清风扫壑
《辽河石油报》2009 年 11 月 23 日
修理大钳
《辽河石油报》2009 年 11 月 23 日
新的里程碑
《辽河石油报》2009 年 11 月 24 日
努力推进绿色钻井
《辽河石油报》2009 年 11 月 25 日
40503 钻井队苏里格施工树新标
《辽河石油报》2009 年 11 月 26 日
多彩光环映钻塔
《辽河石油报》2009 年 11 月 27 日
周密部署　措施细致　强化管理　安全有序
《辽河石油报》2009 年 1 月 4 日
一举多得的创举——长城钻探钻井二公司电代油项目实施纪实
《辽河石油报》2009 年 1 月 7 日
治企先建“家”——长城钻探钻井二公司以“家文化”提高企业凝聚力纪实
《辽河石油报》2009 年 1 月 8 日
长城钻探钻井二公司社会市场发展实现大提速
《辽河石油报》2009 年 1 月 9 日
长城钻探钻井二公司超前部署春节期间生产安全工作
《辽河石油报》2009 年 1 月 12 日
长城钻探钻井二公司提高科技水平应对钻井复杂性
《辽河石油报》2009 年 1 月 15 日
风雪大漠任我行——长城钻探钻井二公司运输公司一车队卡车班纪事
《辽河石油报》2009 年 1 月 18 日
一路高亢奏凯歌——长城钻探钻井二公司开拓陕北钻井市场纪略
《辽河石油报》2009 年 1 月 21 日
长城钻探钻井二公司依托科技进步　助推企业发展　钻井技术实现五大突破
《辽河石油报》2009 年 2 月 1 日
节日生产
《辽河石油报》2009 年 2 月 2 日

“特色之路”长城钻探钻井二公司打造钻井品牌纪略
《辽河石油报》2009 年 2 月 2 日
用精品工程向牛年献礼两主眼五分支鱼骨水平井边台——H10Z 井高效完井
《辽河石油报》2009 年 2 月 5 日
长城钻探钻井二公司强化组织打好首季生产主动仗
《辽河石油报》2009 年 2 月 10 日
长城钻探钻井二公司夯实基础工作　完善井控管理
《辽河石油报》2009 年 2 月 13 日
积极应对大风雪　全力以赴保生产（组发）
《辽河石油报》2009 年 2 月 18 日
好心大姐杜善菊
《辽河石油报》2009 年 2 月 24 日
张伟：求索写人生
《辽河石油报》2009 年 2 月 26 日
长城钻探钻井二公司认真贯彻落实长城钻探职代会精神　稳步做强三大市场　精细管理高效发展
《辽河石油报》2009 年 2 月 26 日
演讲，请用英语
《辽河石油报》2009 年 3 月 2 日
固本才能强基——长城钻探钻井二公司党委工作纪略
《辽河石油报》2009 年 3 月 9 日
长城钻探钻井二公司女工积极为企业分忧转岗服务一线
《辽河石油报》2009 年 3 月 10 日
长城钻探钻井二公司提高职工钻研积极性（图片）
《辽河石油报》2009 年 3 月 11 日
“钻速”是这样提升的——长城钻探钻井二公司岗位技能培训纪略
《辽河石油报》2009 年 3 月 20 日
长城钻探钻井二公司多措并举包增长
《辽河石油报》2009 年 3 月 23 日
长城钻探钻井二公司降本增效出实招求实效
《辽河石油报》2009 年 3 月 26 日
长城钻探钻井二公司海外钻井市场持续保持增长势头
《辽河石油报》2009 年 3 月 27 日
长城钻探钻井二公司 12 支钻井队参加海拉尔钻井会战
《辽河石油报》2009 年 3 月 30 日
重点探井赵古 2 井顺利完井　在小娃潜山内幕发现 18 米厚稀油层
《辽河石油报》2009 年 4 月 9 日
长城钻探钻井二公司创海拉尔油区钻井周期最快纪录
《辽河石油报》2009 年 4 月 13 日
效益之“源”——长城钻探钻井二公司五分公司拓展市场记事
《辽河石油报》2009 年 4 月 13 日
把握重点抓载体 学以致用见实效——长城钻探钻井二公司深入学习实践科学发展观
《辽河石油报》2009 年 4 月 16 日
长城钻探钻井二公司在社会市场施工中　依靠管理　科技助推钻井提速
《辽河石油报》2009 年 4 月 20 日
长城钻探钻井二公司班组创建活动打牢发展根基
《辽河石油报》2009 年 5 月 6 日
“尖刀班组”——记长城钻探钻井二公司 50668 队一班
《辽河石油报》2009 年 5 月 6 日
长城钻探钻井二公司海拉尔钻井提速探秘
《辽河石油报》2009 年 5 月 7 日

长城钻探钻井二公司拉响境外预防甲型H1N1流感“警笛”
《辽河石油报》2009年5月8日
长城钻探钻井二公司在陕北低渗透区块创佳绩
《辽河石油报》2009年5月8日
长城钻探钻井二公司肯尼亚地热井项目受甲方表扬
《辽河石油报》2009年5月19日
“钻井岗位技术能手”张伟
《辽河石油报》2009年5月19日
全面强化管理 确保一井一策 长城钻探钻井二公司全力打造探井精品工程
《辽河石油报》2009年5月22日
用提速破解难题——长城钻探钻井二公司高效开发长庆油田庆阳低渗透区块探秘
《辽河石油报》2009年5月26日
长城钻探钻井二公司开鲁油区探井施工大幅提速
《辽河石油报》2009年6月4日
勤俭耕耘自见功——记长城钻探钻井二公司30596队三班
《辽河石油报》2009年6月4日
有的放矢谋发展——长城钻探钻井二公司转变市场开发思路纪略
《辽河石油报》2009年6月8日
长城钻探钻井二公司四分公司“人员集中给养”设备“两清三放”
《辽河石油报》2009年6月9日
长城钻探钻井二实施钻井提速措施 保重点产能区开发
《辽河石油报》2009年6月18日
长城钻探钻井二公司党委有效举措推动整体工作上台阶
《辽河石油报》2009年6月19日
较技——长城钻探首届井控技能竞赛掠影
《辽河石油报》2009年6月22日
潜能——长城钻探钻井二公司挖潜增效二三事
《辽河石油报》2009年7月3日
融合
《辽河石油报》2009年7月7日
三尺灶台饭菜香——记长城钻探钻井二公司钻井公寓餐饮部班长张海峰
《辽河石油报》2009年7月9日
长城钻探钻井二公司三措并举助推钻井提速
《辽河石油报》2009年7月10日
长城钻探钻井二公司乍得“打包式”搬家提速显著
《辽河石油报》2009年7月17日
长城钻探钻井二公司科学提速保“集中勘探”见成效
《辽河石油报》2009年7月24日
长城钻探钻井二公司筑牢汛期安全堤坝
《辽河石油报》2009年7月27日
长城钻探钻井二公司钻井提速助推发展提速
《辽河石油报》2009年7月29日
长城钻探钻井二公司陕北市场屡创佳绩
《辽河石油报》2009年8月4日
长城钻探钻井二公司主题文化活动异彩纷呈
《辽河石油报》2009年8月4日
凝聚
《辽河石油报》2009年8月7日
风劲好扬帆
《辽河石油报》2009年8月13日
长城钻探钻井二公司注重科技提速
《辽河石油报》2009年8月14日

长城钻探钻井二公司把握发展主题实现持续发展
《辽河石油报》2009 年 8 月 17 日
铸就“长城”品牌
《辽河石油报》2009 年 8 月 21 日
长城钻探钻井二公司优质完成辽河油区重点预探井沈 302 井
《辽河石油报》2009 年 8 月 24 日
长城钻探钻井二公司四项措施力促地区市场深井施工提速
《辽河石油报》2009 年 8 月 25 日
长城钻探钻井二公司主题文化活动提升职工归属感
《辽河石油报》2009 年 8 月 28 日
长城钻探钻井二公司海拉尔地区钻井持续提速
《辽河石油报》2009 年 9 月 1 日
长城钻探钻井二公司全要素降成本见实效
《辽河石油报》2009 年 9 月 10 日
长城钻探钻井二公司钻井提速有力　保辽河增储稳产
《辽河石油报》2009 年 9 月 14 日
“提素”促“提速”
《辽河石油报》2009 年 9 月 15 日
“龙头”效应
《辽河石油报》2009 年 9 月 16 日
长城钻探钻井二公司把准安全生产关键点
《辽河石油报》2009 年 9 月 16 日
长城钻探钻井二公司多举措实现钻井有效提速
《辽河石油报》2009 年 9 月 22 日
长城钻探钻井二公司扎实做好冬防保温工作
《辽河石油报》2009 年 9 月 27 日
阅兵式的“三分钟”
《辽河石油报》2009 年 10 月 9 日
山高人为峰
《辽河石油报》2009 年 10 月 14 日
长城钻探钻井二公司积极开展四季度劳动竞赛
《辽河石油报》2009 年 10 月 26 日
逆境中的突破
《辽河石油报》2009 年 10 月 30 日
长城钻探钻井二公司积极做好入冬生产准备
《辽河石油报》2009 年 11 月 2 日
长城钻探钻井二公司奋战四季度成效显著
《辽河石油报》2009 年 11 月 11 日
简名新闻：50022 队
《辽河石油报》2009 年 11 月 11 日
长城钻探钻井二公司特色活动搭建青工提素平台
《辽河石油报》2009 年 11 月 11 日
长城钻探钻井二公司注重学用结合　推动科学发展
《辽河石油报》2009 年 11 月 12 日
长城钻探钻井二公司搭建三个平台稳步推进 HSE 体系
《辽河石油报》2009 年 11 月 30 日
长城钻探钻井二公司青年科技成果丰硕
《辽河石油报》2009 年 12 月 2 日
长城钻探钻井二公司反违章工作成效明显
《辽河石油报》2009 年 12 月 4 日
长城钻探钻井二公司完善激励机制　培育三支队伍
《辽河石油报》2009 年 12 月 4 日
长城钻探钻井二公司快速启动应急预案　保障生产　安全运行

《辽河石油报》2009 年 12 月 7 日
长城钻探钻井二公司抓住重点环节冲刺全年目标
《辽河石油报》2009 年 12 月 10 日
长城钻探钻井二公司创新发展理念成果丰硕
《辽河石油报》2009 年 12 月 11 日
长城钻探钻井二公司巩固冬防保生产安全顺利
《辽河石油报》2009 年 12 月 15 日
长城钻探钻井二公司施工重点预探井沈307 井顺利完钻
《辽河石油报》2009 年 12 月 15 日
聚合“四力”
《辽河石油报》2009 年 12 月 18 日
水平井上见水平
《辽河石油报》2009 年 12 月 24 日
安全管理上水平　生产经营有保障
《辽河石油报》2009 年 12 月 25 日
积极制定措施　推动降本节能
《辽河石油报》2009 年 12 月 25 日
团旗下盛放的花朵
《辽河石油报》2009 年 12 月 28 日
井控培训保安全
《辽河石油报》2009 年 12 月 29 日
长城钻探钻井二公司出实招保施工安全
《辽河石油报》2009 年 12 月 31 日
落实职代会
《长城钻探报》2009 年 1 月 9 日
培育协作共赢大环境
《长城钻探报》2009 年 1 月 9 日
抢修油管线
《长城钻探报》2009 年 1 月 16 日
钻井一公司海南大位移钻井项目启动
《长城钻探报》2009 年 1 月 16 日
开创人才培养新局面
《长城钻探报》2009 年 1 月 16 日
水平井施工
《长城钻探报》2009 年 1 月 21 日
钻井一公司尼日尔项目第一口直探井进展顺利
《长城钻探报》2009 年 1 月 21 日
钻探赞歌
《长城钻探报》2009 年 1 月 21 日
献给钻工妻子的歌
《长城钻探报》2009 年 1 月 21 日
扎实开展队务公开活动
《长城钻探报》2009 年 1 月 23 日
唠叨班长
《长城钻探报》2009 年 2 月 6 日
抠门管家
《长城钻探报》2009 年 2 月 6 日
筑起域外新丰碑
《长城钻探报》2009 年 2 月 6 日
着力提升党员干部素质
《长城钻探报》2009 年 2 月 6 日
挖潜增效到每台车
《长城钻探报》2009 年 2 月 13 日
拧紧油料“开关”
《长城钻探报》2009 年 2 月 13 日
五化管理法推进工程技术服务升级
《长城钻探报》2009 年 2 月 13 日
赢得绿色永驻
《长城钻探报》2009 年 2 月 20 日
抗击暴风雪
《长城钻探报》2009 年 2 月 20 日
迟到的礼物
《长城钻探报》2009 年 2 月 20 日
钻台是我们的星光大道　小手笔挥就大文章——赵经斌专拣重任挑在肩
《长城钻探报》2009 年 2 月 27 日
深入开展三树一增主体教育活动

《长城钻探报》2009 年 2 月 27 日
安全教育讲解案例
《长城钻探报》2009 年 2 月 27 日
钻井一公司全年井身质量合格率百分百
《长城钻探报》2009 年 2 月 27 日
强化安全保供给
《长城钻探报》2009 年 2 月 27 日
“和谐”凝聚力量
《长城钻探报》2009 年 3 月 6 日
创建具有国际竞争力的钻完井工程技术总承包商
《长城钻探报》2009 年 3 月 13 日
海南 33–9 井施工创辽河油田 6 项新纪录
《长城钻探报》2009 年 3 月 13 日
清洁保养滑轮
《长城钻探报》2009 年 3 月 20 日
钻井一公司 HSE 管理推进工作全面展开
《长城钻探报》2009 年 3 月 20 日
钻井一公司大力推进节能减排践行科学发展观
《长城钻探报》2009 年 3 月 27 日
情系草原“黑骏马”
《长城钻探报》2009 年 3 月 27 日
RIG18 队自制装置实现井架底座快速安放
《长城钻探报》2009 年 3 月 27 日
春色迷人眼
《长城钻探报》2009 年 3 月 27 日
抓好生产提速工作细节
《长城钻探报》2009 年 3 月 27 日
王福成到公司调研指导
《长城钻探报》2009 年 4 月 3 日
党员干部掀起挖潜增效热潮
《长城钻探报》2009 年 4 月 3 日
优质服务保供应
《长城钻探报》2009 年 4 月 3 日
靠品牌开拓市场
《长城钻探报》2009 年 4 月 3 日
掌声在伊朗高原响起
《长城钻探报》2009 年 4 月 3 日
钻井一公司以 HSE 管理提升安全管理水平
《长城钻探报》2009 年 4 月 10 日
梦想在这里起飞
《长城钻探报》2009 年 4 月 10 日
钻井一公司一季度社会市场工作稳健运行
《长城钻探报》2009 年 4 月 10 日
制度走下墙　管理进现场
《长城钻探报》2009 年 4 月 10 日
钻井一公司 RIG16 队自己动手维修设备省钱又安全
《长城钻探报》2009 年 4 月 10 日
危急时刻显身手
《长城钻探报》2009 年 4 月 10 日
强化物资管理实现降本增效
《长城钻探报》2009 年 4 月 15 日
任何决策必须优先考虑健康安全环境
《长城钻探报》2009 年 4 月 15 日
钻井一公司水平井技术日臻成熟
《长城钻探报》2009 年 4 月 15 日
管理在岗位
《长城钻探报》2009 年 4 月 17 日
钻井一公司陕北项目部刷新施工新纪录
《长城钻探报》2009 年 4 月 24 日
司钻周志才发明延长活塞寿命法
《长城钻探报》2009 年 5 月 8 日
打造流动“窗口”
《长城钻探报》2009 年 5 月 9 日
力量缘于团结
《长城钻探报》2009 年 5 月 9 日

任劳任怨的领头雁
《长城钻探报》2009 年 5 月 9 日
40503 队领跑陕北市场
《长城钻探报》2009 年 5 月 9 日
钻井一公司党委五方面入手抓实分析检查阶段工作
《长城钻探报》2009 年 5 月 15 日
墨西哥施工秩序井然
《长城钻探报》2009 年 5 月 15 日
精心构筑社会市场安全生产屏障
《长城钻探报》2009 年 5 月 22 日
强化物资管理保降本增效
《长城钻探报》2009 年 5 月 27 日
40503 队进尺突破 3 万米
《长城钻探报》2009 年 5 月 27 日
扎实做好 HSE 体系推进工作
《长城钻探报》2009 年 6 月 5 日
华庆项目部进尺突破 20 万米
《长城钻探报》2009 年 6 月 5 日
和谐班组我的家
《长城钻探报》2009 年 6 月 5 日
薛超：爱岗敬业绘青春
《长城钻探报》2009 年 6 月 5 日
分享安全经验　强化安全意识
《长城钻探报》2009 年 6 月 5 日
处乱不惊
《长城钻探报》2009 年 6 月 5 日
钻井提速谱新篇
《长城钻探报》2009 年 6 月 12 日
陇东春来早
《长城钻探报》2009 年 6 月 12 日
32460 队苏里格项目施工连创新纪录
《长城钻探报》2009 年 6 月 19 日
陈学征　潜心练就神刹把
《长城钻探报》2009 年 6 月 26 日
发挥群体力量　争创一流班组
《长城钻探报》2009 年 7 月 3 日
安全设施保安全
《长城钻探报》2009 年 7 月 3 日
王立志：扎根一线亦风流
《长城钻探报》2009 年 7 月 3 日
刘振明：基层团队好支书
《长城钻探报》2009 年 7 月 3 日
兴古 7−208 井创辽河油区最深潜山双分支水平井纪录
《长城钻探报》2009 年 7 月 3 日
科学发展誉塞北
《长城钻探报》2009 年 7 月 8 日
西部放歌
《长城钻探报》2009 年 7 月 17 日
汗水铺就成才路
《长城钻探报》2009 年 7 月 24 日
恪尽职守的领头雁
《长城钻探报》2009 年 7 月 24 日
扬名加勒比海岸
《长城钻探报》2009 年 7 月 24 日
扎实稳健落实雨季九防
《长城钻探报》2009 年 7 月 31 日
五个当天速度安全效益的统一体
《长城钻探报》2009 年 8 月 7 日
行动计划表提升机关工作效率
《长城钻探报》2009 年 8 月 7 日
起钻作业
《长城钻探报》2009 年 8 月 7 日
精准工厂化管理提升深井施工水平
《长城钻探报》2009 年 8 月 14 日
高端市场的先锋
《长城钻探报》2009 年 8 月 14 日
吹响保油上产集结号
《长城钻探报》2009 年 8 月 14 日
郝国成：甘为井队老黄牛
《长城钻探报》2009 年 8 月 14 日

同心协力战高端
《长城钻探报》2009 年 8 月 14 日
我的钻工兄弟
《长城钻探报》2009 年 8 月 14 日
钻一推进技能人才队伍建设
《长城钻探报》2009 年 8 月 21 日
强化管理提高井控水平
《长城钻探报》2009 年 8 月 28 日
执著 追求 奉献 永不停歇
《长城钻探报》2009 年 8 月 28 日
陇东高原一面旗
《长城钻探报》2009 年 8 月 28 日
安全经验分享
《长城钻探报》2009 年 8 月 28 日
永争第一的排头兵
《长城钻探报》2009 年 9 月 11 日
滕中秋“巍巍钻塔寄深情”
《长城钻探报》2009 年 9 月 11 日
坚持工作
《长城钻探报》2009 年 9 月 11 日
安全：唱响生命的凯歌
《长城钻探报》2009 年 9 月 11 日
32457 队接单根
《长城钻探报》2009 年 9 月 18 日
一瓶矿泉水
《长城钻探报》2009 年 9 月 18 日
定边 1 队进尺突破 7 万米
《长城钻探报》2009 年 9 月 18 日
钻一全面强化井控安全管理
《长城钻探报》2009 年 9 月 23 日
钻一江苏红 1-9 井优质交井
《长城钻探报》2009 年 9 月 23 日
我爱伟大祖国　我爱长城钻探
《长城钻探报》2009 年 9 月 25 日
多交优质井
《长城钻探报》2009 年 9 月 30 日
包饺子
《长城钻探报》2009 年 9 月 30 日
逆境中的作为
《长城钻探报》2009 年 9 月 30 日
细微之处见精神
《长城钻探报》2009 年 10 月 16 日
峥嵘岁月写风流
《长城钻探报》2009 年 10 月 16 日
打赢西部战役
《长城钻探报》2009 年 10 月 16 日
烈日下的忙碌
《长城钻探报》2009 年 10 月 16 日
技术专家就是行
《长城钻探报》2009 年 10 月 16 日
特殊考试
《长城钻探报》2009 年 10 月 16 日
大漠　钻塔　长城汉
《长城钻探报》2009 年 10 月 16 日
和谐盛世庆华诞　同舟共济谱新篇
《长城钻探报》2009 年 10 月 16 日
沁园春　国庆六十年感怀
《长城钻探报》2009 年 10 月 16 日
大厨
《长城钻探报》2009 年 10 月 21 日
确保安全无事故
《长城钻探报》2009 年 10 月 21 日
举办祖国在我心中诗文朗诵会
《长城钻探报》2009 年 10 月 21 日
西北劲歌
《长城钻探报》2009 年 10 月 21 日
钻一新疆钻修市场份额持续扩大
《长城钻探报》2009 年 10 月 30 日
钻一多粗并举确保井控安全
《长城钻探报》2009 年 10 月 30 日
综合提速
《长城钻探报》2009 年 11 月 6 日

长城钻井人剪影
《长城钻探报》2009 年 11 月 6 日
攀登高峰
《长城钻探报》2009 年 11 月 13 日
保障提速急先锋
《长城钻探报》2009 年 11 月 13 日
喀什阿克 ak101 井开钻
《长城钻探报》2009 年 11 月 13 日
坚实的“足迹”
《长城钻探报》2009 年 11 月 20 日
掀起学习全国双百石油英模热潮·融合的力量
《长城钻探报》2009 年 11 月 20 日
新疆钻修井市场份额持续扩大
《长城钻探报》2009 年 11 月 20 日
哈里伯顿到 70039 队参观考察
《长城钻探报》2009 年 11 月 20 日
接地线
《长城钻探报》2009 年 11 月 20 日
钻井二公司贯彻落实长城职代会精神
《长城钻探报》2009 年 1 月 9 日
钻井二公司社会市场成效显著
《长城钻探报》2009 年 1 年 9 日
钻井二公司突破五项钻井技术全年创效近 3000 万元
《长城钻探报》2009 年 1 月 16 日
风霜雨雪大漠行——钻井二公司运输公司一车队卡车班纪实
《长城钻探报》2009 年 2 月 6 日
钻井二公司高效完成两主眼五分支鱼骨水平井
《长城钻探报》2009 年 2 月 13 日
钻井二公司陕北项目部 12 天进尺 4 万米
《长城钻探报》2009 年 2 月 27 日
全力构筑人才高地——钻井二公司开展岗位技能培训纪略
《长城钻探报》2009 年 2 月 27 日
钻井二公司党委创新工作促进企业发展
《长城钻探报》2009 年 3 月 6 日
爱岗敬业 18 载——张伟
《长城钻探报》2009 年 3 月 13 日
钻井二公司注重群众性安全监督作用的发挥
《长城钻探报》2009 年 3 月 20 日
钻井二公司海外市场保持增长势头
《长城钻探报》2009 年 2 月 27 日
平凡在岗位上升华——钻井二公司钻前工程公司安装队一班班长康健
《长城钻探报》2009 年 2 月 27 日
钻井二公司创海拉尔油区钻井新纪录
《长城钻探报》2009 年 4 月 10 日
为钻机提供“绿色”动力——钻井二公司应用“电代油”技术纪略
《长城钻探报》2009 年 4 月 10 日
钻井二公司管理科技双管齐下助推钻井提速
《长城钻探报》2009 年 4 月 3 日
提速是怎样实现的——钻井二公司海拉尔钻井提速探秘
《长城钻探报》2009 年 4 月 15 日
钻井二公司在陕北低渗透区块创佳绩
《长城钻探报》2009 年 5 月 8 日
钻井二公司在海拉尔油区掀起新一轮提速热潮
《长城钻探报》2009 年 5 月 8 日
钻井二公司肯尼亚项目与甲方实现双赢
《长城钻探报》2009 年 5 月 15 日
汗水练就先锋
《长城钻探报》2009 年 5 月 15 日
青春在钻塔闪光
《长城钻探报》2009 年 5 月 15 日
既然干了，就要把工作做到最好——记

钻井二公司二分公司机动员周先鹏
《长城钻探报》2009 年 5 月 22 日
添活力　增动力　求合力——钻井二公司团委青工管理工作纪略
《长城钻探报》2009 年 6 月 5 日
求索　尽责　奉献——记长城劳模姜涛
《长城钻探报》2009 年 6 月 19 日
长城劳模姜涛带领工程人员学习
《长城钻探报》2009 年 6 月 19 日
钻井二公司辽河油区市场探井施工优质高效
《长城钻探报》2009 年 7 月 8 日
钻井二公司乍得项目组“打包式”搬家提速显著
《长城钻探报》2009 年 7 月 24 日
强企之道
《长城钻探报》2009 年 7 月 31 日
钻井二公司优质完成辽河油区重点探井海古 2 井
《长城钻探报》2009 年 7 月 31 日
钻井二公司把握发展主题　实现逆势前行
《长城钻探报》2009 年 8 月 31 日
陈建勇：运输战线急先锋
《长城钻探报》2009 年 8 月 31 日
钻二海拉尔项目钻井提速初见成效
《长城钻探报》2009 年 8 月 31 日
八月流淌皆“乌金”
《长城钻探报》2009 年 9 月 11 日
钻二钻井提速助推辽河增储增产
《长城钻探报》2009 年 9 月 18 日
钻二打出高质量重点预探井马古 8 井
《长城钻探报》2009 年 9 月 23 日
钻井二公司蒙古国首口井顺利开钻
《长城钻探报》2009 年 9 月 30 日
阅兵式的三分钟
《长城钻探报》2009 年 10 月 16 日
钻二把准“三脉”助推企业发展
《长城钻探报》2009 年 10 月 21 日
山高人为峰
《长城钻探报》2009 年 10 月 21 日
草原风雪图
《长城钻探报》2009 年 10 月 23 日
扬起奋进的风帆
《长城钻探报》2009 年 10 月 23 日
钻井情
《长城钻探报》2009 年 10 月 30 日
效益是管理出来的
《长城钻探报》2009 年 11 月 20 日
钻二吉林项目部提前做好防寒工作
《长城钻探报》2009 年 11 月 20 日
认真的老鹿
《长城钻探报》2009 年 11 月 20 日
陈涛：奉献钻探无怨悔
《长城钻探报》2009 年 11 月 20 日
星星之光耀班组
《长城钻探报》2009 年 11 月 20 日
路正先：起搏“非洲死亡之心”
《长城钻探报》2009 年 11 月 27 日
三支战歌定陇塬
《长城钻探报》2009 年 12 月 4 日
荣誉因何而来（班组）
《长城钻探报》2009 年 12 月 18 日
三流指导二三事
《长城钻探报》2009 年 12 月 18 日
石油工人就是好
《长城钻探报》2009 年 12 月 18 日
公司海外防恐培训基地揭牌
《长城钻探报》2009 年 12 月 25 日
钻二施工 600 口井无污染
《长城钻探报》2009 年 12 月 25 日

第十二篇

先进集体

2009年度长城钻探公司荣获省部级以上荣誉名单

【2008年度中国节能减排功勋企业】

长城钻探公司

【中华环境友好企业】

长城钻探公司

【商务部2007—2008年度对外承包工程先进集体】

长城钻探公司

【高新技术企业】

长城钻探公司

【中央企业先进集体】

阿曼项目部

测井公司

【实用新型专利】

固井公司"一种固井作业用溢流挡板"

地质研究院"一种水平井用抽油泵"

【中央企业青年文明号】

钻井一公司陕北项目部32806钻井队

【集团公司直属机关青年文明号】

钻井一公司四分公司陕北项目部32806队

苏里格气田项目部采气作业一区

钻井二公司钻井五分公司32772队

测井公司开五队

【全国工人先锋号】

GW80队

钻井一公司五分公司70136钻井队

【中国质量协会QC成果奖】

测井公司三分公司"电磁探伤与多臂井径组合测井仪的研制"

【全国"安康杯"竞赛优胜班组】

测井射孔事业部综八队

【2009年国家优秀质量管理小组】

物资公司供应站

【中央企业"五四"红旗团委】

长城钻探公司团委

【辽宁省科学技术研究成果】

煤层气开发公司"阜新高瓦斯矿区煤层气开发与利用"

【2009年辽宁省"重合同守信誉单位"】

钻井一公司

【辽宁省平安单位先进称号】

钻井一公司

钻井二公司

测井公司

【辽宁省"守合同重信誉"企业】

钻井二公司

【辽宁省优秀质量管理小组奖】

井下作业公司

【辽宁省QC成果一等奖】

井下作业公司"优化参数"

【辽宁省QC成果二等奖】

井下作业公司"降低工程质量损失"

【辽宁省科技进步三等奖】

测井公司　"过套管测井解释方法

研究”

【辽宁省平安示范单位】

测井公司

【辽宁省科技进步奖】

工程技术研究院“分支水平井钻完井配套技术研究”

【辽宁省用户满意先进单位】

钻井技术服务公司

录井公司

【辽宁省思想政治工作先进单位】

录井公司

【辽宁省平安创建活动平安单位】

录井公司

【辽宁省 2008—2009 年度文明单位】

录井公司

【辽宁省工人先锋号】

苏里格项目部采气一区一队

【辽宁省模范职工之家】

钻井一公司陕北项目部

钻井二公司六分公司工会

【辽宁省女工工作先进单位】

钻井二公司

【能源化学系统女职工建功立业标兵岗】

固井公司技术发展中心化验室

【辽宁省安康杯优胜单位】

井下作业公司

【辽宁省质量协会 QC 成果奖】

测井公司二分公司“提高 Atalas 水平井工具可靠性”

测井公司数解中心“提高解释参数选取的符合率”

测井公司数解中心“提高过套管电阻率解释符合率”

测井公司数解中心“提高数据管理效率”

测井公司危管中心“防炸枪工艺的改进”

【2009 年辽宁省优秀质量管理小组】

物资公司供应站

【2009 年辽宁省质量科技成果一等奖】

物资公司供应站

【集团公司 2009 年职业技能竞赛（钻井柴油机工）团体第三名】

长城钻探公司

【集团公司信息化工作先进单位】

长城钻探公司

【集团公司纪检监察先进集体】

长城钻探公司

【集团公司 2006—2008 年度审计先进集体】

长城钻探公司审计处

【集团公司 2009 年资金管理先进单位】

长城钻探公司财务资产处资金科

【集团公司 2009 年度海外防恐安全管理先进集体】

长城钻探公司

【集团公司 2009 年度综合统计工作目标管理先进单位】

长城钻探公司

【集团公司中亚天然气项目——西气东输二线工程建设先进集体】

土乌项目部土库曼分公司测井作业队

【集团公司 2009 年度先进单位】

古巴项目部

【集团公司设备管理优秀单位】

固井公司

【集团公司 QC 小组活动优秀企业】

测井公司

【集团公司科技进步三等奖】

测井公司“稠油热采井高温射孔技术研究与应用”

【集团公司科技进步奖】

工程技术研究院　“辽河油田分支井钻完井技术研究与应用”

钻井二公司“纳米节油技术在发动机上应用先导试验研究”

【集团公司2009年度工程技术服务企业设备管理优秀单位】

钻井二公司

钻井一公司

固井公司

录井公司

【集团公司先进基层党组织】

测井公司

【集团公司金牌队】

测井公司c3227射孔队

【集团公司银牌队】

测井公司c1197测井队

测井公司c1160测井队

【集团公司铜牌队】

测井公司c2199测井队

测井公司c3226射孔队

测井公司c1194测井队

【集团公司工程技术服务金牌队】

GW80队

GW116队

【集团公司工程技术服务银牌队】

GW119队

GW125队

【集团公司工程技术服务铜牌队】

GW189队

GW126队

【集团公司绿色钻井队】

GW106队

【集团公司QC成果奖】

测井公司二分公司　“提高微球测井成功率”

测井公司三分公司　“提高过套管电阻率测井仪测井成功率”

【集团公司2009年度设备管理优秀基层队】

钻井二公司70030队

钻井一公司70131队

钻井二公司50022队

钻井一公司40567队

固井公司苏里格项目部

录井公司L10300队

测井公司C1160队

井下作业公司30701队

【石油工业“用户满意服务”项目】

阿曼测井作业区

【集团公司现代化管理论文】

测井公司《从绩效评价体系到绩效管理系统——浅论石油企业中的绩效考核》

测井公司《成本细化核算系统设计研究》

测井公司《发挥企业文化铸魂、强体、塑形功能建设具有国际竞争力的专业化测井公司人力资源管理如何应对危机》

【集团公司现代化管理成果】

测井公司《成本细化核算系统设计研究》

【2009年度集团公司一级采购物资授权集中采购优秀项目】

长城钻探公司物管中心

【集团公司“基层建设”先进单位】

钻井二公司

【中国石油先进集体荣誉称号】

录井公司

【集团公司“直属机关‘五四’红旗团委”】

公司团委

钻井一公司团委

【集团公司“直属机关‘五四’红旗团支部”】

井下作业公司 C10288 队团支部

顶驱技术分公司第二团支部

固井公司技术发展中心团支部

2009 年度长城钻探公司荣获市局级荣誉名单

【2008 年度朝阳区社会领域和谐建设先进单位】

长城钻探公司

【盘锦市 2009 年国庆安全保卫工作先进单位】

钻井一公司

【盘锦市“守合同、重信用”工商企业“12.4”全国法制宣传日合同法律知识竞赛第一名】

钻井一公司

【盘锦市“守合同、重信用”企业】

井下作业公司

【盘锦市科学技术二等奖】

煤层气开发公司“阜新高瓦斯矿区煤层气开发与利用”

地质研究院“乍得 RonierC−1 块开发概念设计研究”

【盘锦市科学技术三等奖】

地质研究院“吐哈油田鲁克沁东区英 4 井区深层稠油油藏工程研究及英 4 平 1 井热采阶段效果评价”

【盘锦市科技进步一等奖】

测井公司“水平井生产测井工艺技术研究及应用”

【盘锦市科技进步二等奖】

测井公司“水平井测井多井解释技术及应用”

测井公司“超高温射孔技术研究及应用”

【盘锦市科技进步三等奖】

测井公司“过套管电阻率测井仪器改进与推广应用”

测井公司“测井资料网络管理系统开发与应用”

【盘锦市科技进步奖】

工程技术研究院“辽河钻井取心技术研究与应用”

工程技术研究院“稠油热采完井管柱保护技术研究与应用”

工程技术研究院“茨 34 块二氧化碳 + 水段塞驱技术研究与应用”

工程技术研究院“水平井完井工艺技术完善与应用”

【辽河油田 2008—2009 年度十佳人口学校】

钻井一公司

【辽河油田 2009 年度治安综合治理先进单位】

钻井一公司

【辽河油田 2009 年度禁毒先进单位】

钻井一公司

【辽宁省军区砺箭 -09 大连要地一体化防空作战演习管理教育先进单位】

钻井一公司

【辽河油田 2008—2009 年度文化体育工作先进单位】

钻井一公司

【2009 年度辽河油区人口和计划生育工作优秀单位】

钻井一公司

【辽河油田省军区砺箭 - 08 防空作战演习“参训保障先进单位”】

井下作业公司

【辽河油田“保卫工作先进单位”】

钻井一公司

辽河油田分公司 2008—2009 年度人口和计划生育工作先进单位

录井公司

辽河油区“我的祖国 我的辽河”群众歌咏活动银奖

录井公司

2009 年度荣获长城钻探公司先进单位荣誉名单

【长城钻探公司女职工先进集体】

钻井一公司女职工委员会

物探公司女职工委员会

工程院女职工委员会

钻具公司女职工委员会

测井公司数解中心

测井公司四分公司

录井公司解释评价中心女职工委员会

录井公司录井四分公司女职工委员会

固井公司技术发展中心

井下物资供应分公司

钻井液公司技术发展中心

物探公司电子技术服务公司女职工委员会

钻井一公司供应站

钻井二公司物资供应销售公司女职工委员会

钻井二公司招待所女职工委员会

能源事业部稠油中心

辽河综合管理办公室

物资供应公司

长城机关财务资产处

中油测井公司财务经营部

哈萨克斯坦项目部

【2008 年度长城钻探公司“长城‘五四’红旗团组织”】

钻井一公司团委

钻井二公司团委

测井公司团委

录井公司团委

井下作业公司团委

【2008 年度长城钻探公司先进集体】

苏丹作业区

哈萨克斯坦作业区

乍得直属基地

【2008 年度“五型”班组】

苏丹 124 区 W62116 测井队

伊朗 W22114 当地化测井队

苏丹 12 区多相流量计测试队

哈萨克斯坦作业区 U062 录井队

哈萨克斯坦作业区解释站

【2008 年度安全型班组】

土库曼斯坦 W22121 测井队

哈萨克斯坦 W64887 测井队

伊朗地面测试队

土库曼 34 号地面测试队

苏丹 6 区 W020 录井队

叙利亚 G540 录井队

【长城钻探公司先进党委】

测井公司党委

录井公司党委

工程技术研究院党委

国际钻修公司党委

辽河分部机关党委

【先进基层党组织】

钻井一公司一分公司党总支

钻井一公司运输公司党总支

钻井一公司华庆项目部党总支

钻井一公司五分公司 70136 队党支部

钻井一公司二分公司 40611 队党支部

钻井一公司陕北项目部 40503 队党支部

钻井一公司陕北项目部 32995 队党支部

钻井一公司新疆项目部党支部

钻井一公司安装工程公司安装一队党支部

钻井二公司六分公司党总支

钻井二公司物资供销公司党总支

钻井二公司运输公司三车队党支部

钻井二公司钻井一分公司 50564 队党支部

钻井二公司钻井二分公司 40010 队党支部

钻井二公司钻井三分公司 30598 队党支部

钻井二公司钻前工程公司电工队党支部

钻井二公司钻井五分公司陕北 20 队党支部

钻井二公司钻井五分公司呼伦贝尔 01 队党支部

钻井二公司钻井五分公司陕北 16 队党支部

测井公司过套管测井项目部党总支

测井公司射孔事业部党总支

测井公司危险品管理中心党支部

测井公司数解中心党支部

测井公司测井事业部生产党支部

录井公司录井三分公司党总支

录井公司解释评价中心党支部

录井公司长庆项目部党支部

工程技术研究院钻井取心技术研究所党支部

工程技术研究院钻井工程技术研究所党支部

井下作业公司国际钻修项目部党总支

井下作业公司辽河钻修项目部党总支

井下作业公司运输分公司党总支

井下作业公司长庆项目部 30701 队党支部

井下作业公司大庆项目部 C10298

队党支部

井下作业公司钻井项目部C12298队党支部

井下作业公司新疆项目部党支部

国际钻井公司利比亚项目部GW121队党支部

国际钻修公司华庆油气项目部党总支

国际钻修公司乍得项目GW134队党支部

钻井液公司西北项目部党总支

钻井液公司泥浆二中队党支部

钻井液公司修井中队党支部

顶驱技术公司机关第二党支部

物资供应公司苏丹分公司党支部

固井公司苏里格项目部党支部

固井公司技术发展中心党支部

固井公司欢喜岭项目部党支部

钻具公司苏里格项目部党支部

钻具公司管修一车间党支部

钻具公司成品二车间党支部

钻井技术服务公司钻头厂党支部

钻井技术服务公司国内项目部党支部

测试公司苏丹作业区测试党支部

美洲大区古巴项目部党支部

中亚大区哈萨克斯坦项目部党总支

中亚大区哈萨克斯坦测井作业区党支部

中亚大区印度尼西亚项目部党支部

非洲大区苏丹项目部党总支

非洲大区苏丹测井作业区党支部

非洲大区利比亚项目部党支部

中东大区伊朗测井作业区党支部

中东大区阿曼项目GW38队党支部

辽河分部国内市场部党支部

辽河分部能源事业部党支部

辽河分部稠油技术中心党支部

辽河分部机关车队党支部

长庆分部质量安全环保处长庆分部党支部

长庆分部生产指挥中心第二党支部

长庆分部综合管理办公室党支部

总部机关生产协调处党支部

总部机关人事处党支部

总部机关财务资产处党支部

【最佳执行力党支部】

钻井一公司70136队党支部

【最佳创造力党支部】

钻井二公司50564队党支部

【最佳凝聚力党支部】

中亚大区哈萨克斯坦项目部党总支

非洲大区苏丹测井作业区党支部

【安全生产先进单位】

钻井二公司

井下作业公司

国际钻井公司

国际钻修公司

测井公司

录井公司

煤层气开发公司

苏里格气田项目部

测试公司

哈萨克斯坦项目部

委内瑞拉项目部

苏丹项目部

阿曼项目部

古巴项目部

利比亚项目部

伊朗项目部

苏丹测井作业区

哈萨克斯坦测井作业区

伊朗测井作业区
伊拉克测井作业区
尼日尔测井作业区

【环境保护先进单位】

钻井一公司
钻井二公司
井下作业公司
测井公司
录井公司
工程技术研究院
钻井液公司
固井公司
钻具公司
苏里格气田项目部
煤层气开发公司
物资供应公司
哈萨克斯坦项目部
古巴项目部
肯尼亚项目部
墨西哥项目部
泰国项目部
印度尼西亚项目部
阿曼测井作业区
阿尔及利亚测井作业区
乍得测井作业区
叙利亚测井作业区
利比亚测井作业区

【质量管理先进单位】

录井公司
井下作业公司
国际钻井公司
国际钻修公司
固井公司
钻具公司
钻井技术服务公司
苏里格气田项目部
煤层气开发公司
测试公司
顶驱技术公司
苏丹项目部
古巴项目部
阿曼项目部
委内瑞拉项目部
哈萨克斯坦项目部
苏丹测井作业区
伊朗测井作业区

【长城钻探公司机关 HSE 先进部门】

生产协调处
机关事务管理中心
群众工作处
党委办公室
人事处
企管法规处

【安全生产示范队】

钻井一公司一分公司 70131 队
钻井一公司二分公司 30560 队
钻井一公司三分公司 40640 队
钻井一公司华庆项目部 32471 队
钻井一公司陕北项目部 40502 队
钻井二公司运输公司二车队
钻井二公司海塔项目部呼四队
钻井二公司陕北项目部陕二十队
钻井二公司陕北项目部陕八队
测井公司测井事业部
测井公司危险品管理中心
录井公司录井一分公司
录井公司冀东项目部
井下作业公司钻井项目部 C12301 队
井下作业公司新疆项目部 GW-M001 队
顶驱技术公司空气站二队
钻井液公司西北项目部

固井公司欢喜岭项目部
钻具公司井控一车间
物资供应公司华威分公司
钻井技术服务公司综合车队
苏里格气田项目部作业一区巡井队
阿曼项目部 GW38 队
古巴项目部 GW139 队
利比亚项目部 GW181 队
苏丹项目部 GW55 队
委内瑞拉项目部 GW189 队
哈萨克斯坦项目部 SKGW−1 队
苏丹测井作业区 124 区测井项目
伊朗测井作业区测试项目
哈萨克斯坦测井作业区阿克纠宾录井项目

【绿色基层队】

钻井一公司三分公司 70039 队
钻井一公司一分公司陕北项目部 40503 队
钻井一公司一分公司 70131 队
钻井二公司五分公司陕北十队
钻井二公司海拉尔项目部呼伦贝尔一队
钻井二公司兴隆台项目部 50013 队
井下作业公司 30701 队
井下作业公司 20943 队
录井公司地质检测卢心
录井公司公用事业公司
测井公司射孔事业部 SK1 队
测井公司危险品管理中心危险品库房
钻井液公司乍得项目部
钻井液公司欢喜岭项目部
固井公司兴隆台项目部
钻具公司井控二车间
苏里格气田项目部采气作业二区巡井队
阿曼项目部 GW110 队
古巴项目部 GW193 队
肯尼亚项目部 GW116 队
利比亚项目部 GW78 队
泰国项目部 GW229 队
乍得项目部 GW125 队
尼日尔测井作业区 Agadem 基地
乍得测井作业区测井项目

【名牌施工作业队伍】

钻井一公司一分公司 70131 队
钻井一公司二分公司 40611 队
钻井一公司三分公司 50014 队
钻井一公司华庆项目部 30677 队
钻井一公司陕北项目部 32806 队
钻井二公司一分公司 70110 队
钻井二公司二分公司 40638 队
钻井二公司海塔项目部 32784 队
钻井二公司陕北项目部 30643 队
测井公司射孔事业部综 8 队
测井公司伊朗测井作业区 3156 测井队
录井公司 L10273 队
录井公司伊拉克测井作业区 ML1043 队
录井公司 L10276 队
井下作业公司钻井 30701 队
井下作业公司侧钻 C 10288 队
钻井液公司伊朗 MIS 泥浆组
固井公司庆阳项目部
钻具公司检测中心
钻井技术服务公司欠平衡钻井施工 1 队
苏里格气田项目部采气作业一区站内队
测试公司乍得综合测试队

测试公司尼日尔综合测试队
顶驱技术分公司空气钻一队
墨西哥项目部 GW81 队
苏丹项目部 6 区 GW-CSS1 队
伊朗项目部 GW126 队
泰国项目部 GW80 队
尼日尔项目部 GW216 队
利比亚项目部 GW39 队
古巴项目部 GW119 队
哈萨克斯坦项目部 SKGW30 队
委内瑞拉项目部 GW182 队

【安全生产先进部门】

钻井二公司安全监察科
测井公司安全环保科
录井公司质量安全环保部
井下作业公司安全环保科
煤层气开发公司质量安全环保科
苏里格气田项目部质量安全环保科
国际钻修公司安全管理科
国际钻井公司 HSE 管理科
测试公司质量安全环保科

【环境保护先进部门】

钻井一公司环保土地科
钻井二公司环保土地科
井下作业公司安全环保科
测井公司安全环保科
录井公司质量安全环保部
工程技术研究院质量安全环保科
苏里格气田项目部质量安全环保科
煤层气开发公司质量安全环保科
钻井液公司质量安全环保科
固井公司质量安全环保科
钻具公司质量安全环保科
物资供应公司质量安全环保部

【质量管理先进部门】

录井公司质量安全环保部
井下作业公司技术质量科
固井公司质量安全环保科
钻具公司质量安全环保科
钻井技术服务公司生产协调科
煤层气开发公司质量安全环保科
顶驱技术公司质量安全环保科

【HSE 两书一表精品工程】

钻井一公司三分公司 70039 队
钻井一公司五分公司 50008 队
钻井一公司新疆项目部 30583 队
钻井一公司一分公司 30650 队
钻井二公司沈北项目部 30598 队
钻井二公司海塔项目部呼十四队
钻井二公司陕北项目部陕十六队
钻井二公司兴隆台项目部 70110 队
井下作业公司钻修项目部 C12288 队
井下作业公司 C10288 队
录井公司三分公司 L10268 队
录井公司长庆项目部 L10227 队
测井公司过套管电阻率项目部开十二队
测井公司测井事业部数 25 队
工程技术研究院中长筒取心室
钻井液公司兴隆台项目部
固井公司苏里格项目部
钻具公司工具二车间
苏里格气田项目部苏 11-1 集气站
煤层气开发公司煤层气开发项目组采气队

【交通安全示范车队】

钻井一公司运输三中队
钻井一公司运输五中队
钻井一公司安装车队
钻井二公司运输公司八车队
钻井二公司钻前综合车队
钻井二公司机关车队

钻井二公司运输公司二车队（乌审旗车队）

井下作业公司机关车队

井下作业公运输项目部一中队

测井公司运输公司四分公司车队

测井公司运输公司一分公司车队

固井公司欢喜岭项目部车队

苏里格项目部车队

录井公司车队

钻井液公司车队

钻具公司综合一车队

机关车队长庆车队

【施工作业精品工程】

钻井一公司苏 10–34–61H 井钻井工程

钻井二公司沈 302 井钻井工程

测井公司兴古 7–H226 井测井工程

录井公司 CB15–1 井综合录井工程

工程技术研究院苏十中长筒钻井取心工程

井下作业公司杜 813 – H 208 水平钻井工程

固井公司小 23C 侧钻尾管固井工程

苏里格气田项目部苏 11 区集气站增容工程

地质研究院乍得 Bongor 盆地 PBM 油田有利勘探目标部署及油藏评价工程

测试公司伊拉克绿洲 AD–8 井测试项目

顶驱技术公司肯尼亚地热井空气泡沫钻井工程技术服务

乍得项目部 PROSOPIS– 井钻井工程

苏丹项目部 3/7 区 PP–29 水平井先导试验工程

印度尼西亚项目部中信 NIFE UTARA 区块钻井液技术服务工程

委内瑞拉项目部PUNTA DE MADA区块钻井工程

【优质施工设计】

工程技术研究院哈 3–H3 井欠平衡水平井设计

工程技术研究院苏 10–40–62H 钻井设计

工程技术研究院兴古 7–H208 分支水平井设计

井下作业公司徐 66–84 评价井试油施工设计

固井公司辽河油田马古 11 井固井设计

地质研究院苏 10–32–50H 钻井地质设计

测试公司伊拉克 AHDEB 油田 AD–008 井试油设计

【先进质量检验（检定）机构】

测井公司润滑油检验室

录井公司地质检测中心

钻井液公司钻井液检验室

固井公司油井水泥检验站

【长城钻探公司安全型班组】

钻井一公司陕北项目部 40566 队一班

钻井一公司 40504 队一班

钻井一公司 32455 队一班

钻井一公司 40501 队一班

钻井一公司五分公司 70166 队一班

钻井一公司新疆项目部 30677 队二班

钻井一公司安装工程公司安装一队作业一班

钻井一公司运输公司汽修车间主修四班

钻井一公司二分公司 40611 队一班
钻井一公司三分公司 40640 钻井队三班
钻井一公司华庆项目部 32466 队一班
钻井一公司华庆项目部 32783 队二班
钻井一公司一分公司 70131 队四班
装备服务公司机修车间钻修班组
钻井二公司运输公司一车队吊平班
钻井二公司沈北项目部 32882 队一班
钻井二公司兴隆台项目部 40009 队三班
钻井二公司海塔项目部呼一队二班
钻井二公司海塔项目部呼四队一班
钻井二公司吉林项目部一队三班
钻井二公司陕北项目部陕十一队一班
钻井二公司陕北项目部陕二十一队一班
钻井二公司机关小车队小车一班
钻井二公司钻前安装队四班
钻井二公司沈北项目部 50564 队三班
钻井二公司欢锦曙项目部 40011 队三班
钻井二公司兴隆台项目部 50022 队二班
测井公司射孔事业部射孔十六队
测井公司数字测井事业部成像九队
测井公司数字测井事业部成像三队
测井公司运输公司卡车一班
测井公司测井事业部数十一队
测井公司测井事业部数十五队
测井公司三分公司仪修一组
录井公司一分公司 L30208 队
录井公司二分公司 L30354 队
录井公司三分公司生产技术组
录井公司四分公司 L10351 队
录井公司长庆项目部 L10364 队
录井公司长庆项目部 L30328 队
录井公司冀东项目部 L10218 队
井下作业公司 C12301 队二班
井下作业公司 20943 队一班
井下作业公司 30702 队一班
井下作业公司 C12288 队三班
井下作业公司 C10288 队二班
井下作业公司海拉尔项目部 30701 队三班
井下作业公司新疆项目部 GW-M001 队三班
工程技术研究院钻井液技术研究室
国际钻修公司 GW12 队 1 组
国际钻修公司华庆项目部车队
顶驱技术公司伊朗项目顶驱服务组
顶驱技术公司古巴项目顶驱服务组
钻井液公司外围项目部 50007 小队
钻井液公司设备管理中心车班
固井公司欢喜岭项目部水泥车班
固井公司苏里格项目部水泥车班
钻具公司工具一车间工具修理班
钻具公司综合二车队司机班
物资供应公司大庆项目部质量检验部
物资供应公司长庆项目部库房管理组
物资供应公司欢喜岭器材库
物资供应公司兴隆台车班
钻井技术服务公司钻头厂生产车间加工班
苏里格气田项目部安全技术组
地质研究院天然气研究所水平井室

测井技术研究院总装测试部
解释研究中心哈萨克阿克纠宾解释站
东部服务中心广告礼品部
阿尔及利亚项目部 GW157 队一班
阿曼项目部 GW20 队一班
阿塞拜疆项目部 GW88 队二班
古巴项目部 GW140 队一班
古巴项目部 GW119 队二班
肯尼亚项目部 GW188 队二班
利比亚项目部 GW39 队一班
墨西哥项目部 GW82 队一班
尼日尔项目部 GW218 队一班
苏丹项目部 37 区泥浆组
苏丹项目部 GW104 队三班
泰国项目部 GW80 队工程二班
委内瑞拉项目部 GW180 队一班
委内瑞拉项目部 GW108 队二班
叙利亚项目部 GW170 队刘辉班
伊朗项目部 GW126 队三班
印度尼西亚项目部 Jambi 班
乍得项目部 GW211 队一班
哈萨克斯坦项目部井控车间
哈萨克斯坦项目部 SKGW-10 队一班
苏丹测井作业区 37 区探井综合测试队
阿尔及利亚测井作业区测井队
阿尔及利亚测井作业区 Rosneft 项目 SDL060 录井队
利比亚测井作业区 051 录井小队
尼日尔测井作业区测试 1 队
乍得测井作业区 SDL9000#94 综合录井队
阿曼测井作业区测井 2 队
伊朗测井作业区 2115 测井队
伊拉克测井作业区 Heritage 测井队
巴基斯坦测井作业区测试队
机关车队长庆车队吉普班
机关车队辽河车队一班
机关车队乌审旗车队吉普班

【维护稳定先进集体】

钻井一公司
钻井二公司
井下作业公司
工程技术研究院
钻井液公司
苏里格气田项目部
美洲大区委内瑞拉项目部
非洲大区尼日尔项目部
中东大区伊拉克测井作业区
中亚大区哈萨克斯坦测井作业区

【2009 年度生产协调系统先进集体】

钻井一公司调度室
钻井二公司生产协调科
井下作业公司生产调度室
录井公司生产协调部
测井公司生产管理科
钻具公司生产协调科
国际钻井公司生产管理科
钻井液公司生产作业科
国际钻修公司国际作业部
大庆海拉尔指挥中心生产技术科

【2008—2009 年度纪检监察工作先进集体】

钻井一公司纪委、监察科
钻井二公司纪委、监察科
中东大区纪委
非洲大区纪委
测井公司纪委、监察科
录井公司纪委、监察科
固井公司纪委、监察科
井下作业公司纪委、监察科

国际钻修公司纪委、监察科
顶驱技术公司纪委、监察科
钻具公司纪委、监察科
工程技术研究院纪委、监察科

【2008—2009 年度财务资产工作先进单位】

阿曼项目部
钻井二公司
古巴项目部
阿尔及利亚项目部
苏丹测井作业区
钻井一公司
苏里格气田项目部
固井公司
利比亚项目部
叙利亚项目部
肯尼亚项目部
伊朗测井作业区
测井公司
钻具公司
辽河分部

【物资管理先进单位】

井下作业公司
钻井一公司
钻井二公司
录井公司
国际钻修公司
测井公司
物资分公司
钻井一公司物资管理科
钻井二公司物资管理中心
井下作业公司物资管理科
测井公司物资管理中心
录井公司物资管理中心
国际钻修公司生产保障科
物资分公司生产经营管理部
物资分公司主材采购部
物资分公司非洲保障部
物资分公司兴隆台仓储站
钻具公司物资管理科
工程技术研究院物资管理科
苏里格气田项目部物资管理办公室
委内瑞拉项目后勤保障部
苏丹项目后勤保障部
利比亚项目后勤保障部
印度尼西亚项目后勤保障部
尼日尔项目后勤保障部

【2008 年度审计工作先进集体】

钻井一公司审计科
钻井二公司审计科
物探公司纪检监察审计部
测井公司审计科
能源事业部审计部

【2008—2009 年度土地公路管理先进单位】

钻井一公司
钻井二公司
苏里格气田项目部
煤层气开发公司
固井公司
井下作业公司

【长城钻探公司金牌队】

井下作业公司 C12306 队
井下作业公司 C12300 队
钻井 70055 队
钻井 70022 队
钻井 70136 队
钻井 50677 队
钻井 32806 队
钻井 50564 队
测井公司 C3227 队
测井公司伊朗 3156 队

录井公司 L10217 队
录井公司 L10233 队

【长城钻探公司银牌队】

井下作业公司 C12307 队
井下作业公司 C08308 队
井下作业公司 C10288 队
钻井 30925 队
钻井 40561 队
钻井 40503 队
钻井 70131 队
钻井 70056 队
钻井 70023 队
钻井 32784 队
钻井 50014 队
钻井 40609 队
钻井 30643 队
测井公司 C1197 队
测井公司苏丹 2118 队
测井公司哈萨克 MAN1 队
测井公司 C1160 队
录井公司 L10273 队
录井公司 L10235 队
录井公司 MS1070 队
录井公司 L10236 队
录井公司 L10208 队
录井公司 L10351 队

【长城钻探公司铜牌队】

井下作业公司 C12288 队
井下作业公司 C12301 队
井下作业公司 C10298 队
井下作业公司 C12297 队
井下作业公司 C12309 队
钻井 70021 队
钻井 70062 队
钻井 30926 队
钻井 70123 队
钻井 50022 队
钻井 40611 队
钻井 50103 队
钻井 40638 队
钻井 40007 队
钻井 32801 队
钻井 30701 队
钻井 32776 队
钻井 30559 队
钻井 30598 队
钻井 40002 队
测井公司土库曼 2121 队
测井公司 C1194 队
测井公司 C2199 队
测井公司 C3226 队
测井公司尼日尔 080 队
测井公司乌兹别克斯坦队
测井公司伊拉克 TTOPCO 队
录井公司 L10232 队
录井公司 L10221 队
录井公司 MS1094 队
录井公司 L10259 队
录井公司 L10246 队
录井公司 L10223 队
录井公司 L10206 队
录井公司 L10252 队
录井公司 L10237 队

【长城钻探公司标杆队】

钻井一公司四分公司陕北项目部陕 40503 队

钻井一公司钻井一分公司 70131 队

钻井一公司钻井五分公司 70136 队

钻井一公司四分公司陕北项目部陕 32806 队

钻井一公司四分公司新疆项目部新 30678 队

钻井一公司四分公司陕北项目部陕40502B队

钻井一公司运输公司运输三中队

钻井二公司欢锦曙项目部50564队

钻井二公司兴隆台项目部50022队

钻井二公司沈北项目部30598队

钻井二公司海拉尔项目部呼01队

钻井二公司海拉尔项目部呼04队

钻井二公司钻前工程公司电工队

钻井二公司运输公司一车队

测井公司射孔事业部综8队

测井公司测井事业部数14队

测井公司射孔事业部射孔16队

测井公司数字测井事业部数4队

测井公司过套管测井事业部开3队

测井公司危管中心装炮班

测井公司危管中心库房

测井公司测井事业部数20队

测井公司计量检测中心电磁室

测井公司数解中心综合评价部

测井公司数解中心审核部

录井公司四分公司综合录井队L10351队

录井公司长庆项目部综合录井队L10354队

录井公司长庆项目部综合录井队L10270队

录井公司四分公司综合录井队L10357队

录井公司四分公司综合录井队L10363队

录井公司长庆项目部综合录井队L10276队

录井公司一分公司常规录井队L30212队

录井公司长庆项目部常规录井队L30327队

录井公司长庆项目部常规录井队L30321队

录井公司一分公司常规录井队L30283队

录井公司一分公司常规录井队L30281队

录井公司二分公司常规录井队L30391队

录井公司二分公司常规录井队L30314队

录井公司冀东项目部综合（地录）队L10243队

录井公司三分公司综合录井队L10275队

录井公司冀东项目部综合（地录）队L10240队

录井公司二分公司常规录井队L30354A队

录井公司三分公司综合录井队L10273队

录井公司三分公司综合录井队L10225队

录井公司三分公司综合录井队L10204队

录井公司油井信息中心现场组

录井公司信息中心

工程技术研究院钻井所

井下作业公司大庆海拉尔项目钻井队30701队

井下作业公司新疆项目部钻井GW-M001

钻井液公司西北项目部

固井公司苏里格项目部

钻具公司井控一车间

地质研究院天然气研究所

【长城钻探公司先进队】

钻井一公司四分公司华庆项目部华32993队

钻井一公司钻井三分公司50014队

钻井一公司钻井二分公司40611队

钻井一公司四分公司华庆项目部华30583队

钻井一公司钻井五分公司40001队

钻井一公司钻井三分公司50009队

钻井一公司四分公司陕北项目部陕40567队

钻井一公司钻井一分公司50103队

钻井一公司四分公司新疆项目部新30583队

钻井一公司四分公司陕北项目部陕40504B队

钻井一公司四分公司陕北项目部陕40504队

钻井一公司钻井二分公司70038队

钻井一公司四分公司陕北项目部陕40502队

钻井一公司四分公司华庆项目部华32471队

钻井一公司四分公司陕北项目部陕40566队

钻井一公司四分公司华庆项目部华32466队

钻井一公司钻井三分公司40640队

钻井一公司安装工程公司井架安装一队

钻井一公司运输公司汽修车间

钻井一公司运输公司运输六中队

钻井一公司装备服务公司钻修车间

钻井一公司新技术推广中心随钻服务队

钻井一公司机关小车队

钻井二公司吉林1队50106队

钻井二公司陕北项目部陕北20队

钻井二公司陕北项目部陕北16队

钻井二公司欢锦曙项目部40639队

钻井二公司兴隆台项目部30563队

钻井二公司海拉尔项目部呼02队

钻井二公司海拉尔项目部呼03队

钻井二公司兴隆台项目部30596队

钻井二公司陕北项目部陕北2队

钻井二公司吉林4队40003队

钻井二公司陕北项目部陕北19队

钻井二公司兴隆台项目部40638队

钻井二公司兴隆台项目部40011队

钻井二公司陕北项目部陕北11队

钻井二公司兴隆台项目部50013队

钻井二公司兴隆台项目部30686队

钻井二公司钻前工程公司锅炉队

钻井二公司钻前工程公司电代油队

钻井二公司运输公司八车队

钻井二公司运输公司三车队

钻井二公司运输公司综合服务队

钻井二公司运输公司四车队

钻井二公司物资供销公司押运队

钻井二公司物资供销公司综合队

测井公司数字测井事业部成像三队

测井公司过套管测井事业部EXCEL2000队

测井公司测井事业部数31队

测井公司测井事业部数29队

测井公司数解中心研究部

测井公司测井事业部数38队

测井公司数字测井事业部成像九队

测井公司测井事业部数15队

测井公司测井事业部数18队

测井公司测井事业部数28队

测井公司测井事业部数34队

测井公司测井事业部数 37 队
测井公司测井事业部数 27 队
测井公司数字测井事业部数一队
测井公司数字测井事业部数七队
测井公司测井事业部数 22 队
测井公司测井事业部数 36 队
测井公司数字测井事业部成像四队
测井公司数字测井事业部成像五队
测井公司过套管测井事业部解释室
测井公司射孔事业部计算组
测井公司测井事业部连斜组
测井公司数解中心计算机部
测井公司数解中心解释部
测井公司数解中心固井评价部
测井公司数解中心验收部
测井公司数解中心技术部
测井公司研究所研究 1 室 2 组
测井公司研究所研究 2 室 1 组
测井公司计量检测中心无线电室
测井公司润滑中心化验室
测井公司供应站库房
长庆项目部综合录井队 L10361 队
长庆项目部综合录井队 L10299 队
长庆项目部综合录井队 L10296 队
长庆项目部综合录井队 L10283 队
长庆项目部综合录井队 L10271 队
长庆项目部综合录井队 L10264 队
长庆项目部综合录井队 L10249 队
长庆项目部综合录井队 L10244 队
冀东项目部综合（地录）队 L10241 队
长庆项目部气测录井队 L20259 队
长庆项目部地化录井队 3102 队
长庆项目部常规录井队 L30387 队
长庆项目部常规录井队 L30386 队
长庆项目部常规录井队 L30377 队
长庆项目部常规录井队 L30349 队
长庆项目部常规录井队 L30323 队
长庆项目部常规录井队 L30304 队
长庆项目部常规录井队 L30296 队
长庆项目部常规录井队 L30204 队
冀东项目部综合（地录）队 L10232 队
冀东项目部综合（地录）队 L10229 队
冀东项目部综合（地录）队 L10228 队
长庆项目部综合录井队 L10364 队
长庆项目部综合录井队 L10356 队
长庆项目部综合录井队 L10353 队
长庆项目部综合录井队 L10297 队
长庆项目部综合录井队 L10284 队
长庆项目部综合录井队 L10282 队
长庆项目部综合录井队 L10269 队
长庆项目部综合录井队 L10265 队
长庆项目部综合录井队 L10263 队
长庆项目部综合录井队 L10227 队
长庆项目部综合录井队 L10220 队
长庆项目部综合录井队 L10219 队
长庆项目部气测录井队 L20263 队
长庆项目部气测录井队 L20238 队
长庆项目部气测录井队 L20237 队
长庆项目部气测录井队 L20235 队
长庆项目部常规录井队 L30376 队
长庆项目部常规录井队 L30356 队
长庆项目部常规录井队 L30337 队
长庆项目部常规录井队 L30329 队
长庆项目部常规录井队 L30322 队
长庆项目部常规录井队 L30294 队
长庆项目部常规录井队 L30291 队
长庆项目部常规录井队 L30285 队
长庆项目部常规录井队 L30280 队

长庆项目部常规录井队 L30330 队
长庆项目部综合录井队 L10359 队
长庆项目部综合录井队 L10295 队
长庆项目部综合录井队 L10294 队
长庆项目部综合录井队 L10288 队
长庆项目部综合录井队 L10285 队
长庆项目部综合录井队 L10277 队
长庆项目部综合录井队 L10231 队
长庆项目部气测录井队 L20277 队
长庆项目部地化录井队 3101 队
长庆项目部常规录井队临时队
长庆项目部常规录井队临时队
长庆项目部常规录井队 L30388 队
长庆项目部常规录井队 L30385 队
长庆项目部常规录井队 L30382 队
长庆项目部常规录井队 L30380 队
长庆项目部常规录井队 L30354 队
长庆项目部常规录井队 L30353 队
长庆项目部常规录井队 L30350 队
长庆项目部常规录井队 L30342 队
长庆项目部常规录井队 L30341 队
长庆项目部常规录井队 L30334 队
长庆项目部常规录井队 L30332 队
长庆项目部常规录井队 L30328 队
长庆项目部常规录井队 L30325 队
长庆项目部常规录井队 L30324 队
长庆项目部常规录井队 L30303 队
长庆项目部常规录井队 L30301 队
长庆项目部常规录井队 L30288 队
长庆项目部常规录井队 L30286 队
工程技术研究院取心所
工程技术研究院钻井液所
井下作业公司大庆海拉尔项目钻井队 30647 队
井下作业公司辽河钻修项目部侧钻队 C12288 队
井下作业公司试油测试项目部试油队 410290 队
井下作业公司辽河钻井项目部侧钻队 C12301 队
井下作业公司辽河钻修项目部侧钻队 C10288 队
井下作业公司生产服务项目部冬防保温队
井下作业公司小车队
国际钻修公司产能建设项目组
钻井液公司固控车间
钻井液公司化验室 1 队
钻井液公司兴隆台项目部
固井公司技术发展中心
固井公司海外保障中心
钻具公司苏里格服务队
钻具公司井控二车间
钻具公司管修一车间
钻具公司成品二车间
钻井技术服务公司钻头厂
钻井技术服务公司辽河项目部
苏里格气田项目部采气作业一区集气站
地质研究院油田地质研究所
地质研究院能源信息中心
地质研究院综合工艺研究所

【2009 年度长城钻探统计工作先进单位】

钻井一公司
钻井二公司
国际钻井公司
测井公司
录井公司
工程技术研究院
井下作业公司
国际钻修公司
顶驱技术公司

钻具公司
固井公司
钻井技术服务公司
能源事业部
苏里格合作开发项目经理部
苏丹项目部
中哈公司
委内瑞拉项目部
乍得项目部
墨西哥项目部
古巴项目部
阿塞拜疆项目部
叙利亚项目部
阿曼项目部
泰国项目部

第十三篇

人物名录

2009年长城钻探公司荣获省部级以上荣誉人员名录

【全国五一劳动奖章】
录井公司 王悦田
【中央企业优秀共青团干部】
国际钻修公司 金 敏
【辽宁省劳动模范】
钻井二公司 张 伟
井下作业公司 梁国军
【辽宁省五一劳动奖章】
录井公司 王绿水
【辽宁省优秀班组长】
井下作业公司 冯 涛
【辽宁省巾帼先进个人】
钻具公司 聂维霞
【辽宁省女工工作先进个人】
钻井一公司 茹宏斌
物探公司 陈光明
【辽宁省工会积极分子】
钻井一公司 茹宏斌
测井公司 周国辉
录井公司 张维民
【辽宁省经审工作先进个人】
工程技术研究院 王炳云
【辽宁省扶贫先进个人】
钻井二公司 薛素艳
长城钻探公司工会 王红梅
【辽宁省能源化学系统女工建功立业标兵】
苏丹项目部 颜静玉
长城钻探公司工会 李 艺
【辽宁省安康杯先进个人】
测井公司 周国辉
【集团公司第五届优秀青年】
钻井二公司GW75队 张 伟
【集团公司直属机关青年岗位能手】
钻井一分公司40639队 王 菲
录井公司四分公司 张永刚
测井公司国际业务项目部 夏福志
钻井液公司西北项目部 崔庆华
【集团公司直属机关优秀共青团员】
钻井一公司一分公司30650钻井队 何晓宇
工程技术研究院钻井所 陈振刚
国际钻井公司乍得项目GW125队 刘和平
国际钻修分公司综合管理部 张 霁
钻井技术服务公司境外项目部 胡祖光
【集团公司直属机关优秀团干部】
长城钻探公司团委 刘 焱
辽河分部团委 孙晋美
苏里格气田项目部 党津巍
【集团公司直属机关首届青年英语演讲比赛二等奖】
企管法规处 袁 园
【集团公司钻井柴油机工技能竞赛铜牌】
钻井二公司 孙 强

【集团公司钻井柴油机工技能竞赛优秀选手】

钻井二公司 曹晓辉 高 强

2009 年荣获长城钻探公司荣誉人员名录

【长城钻探公司“长城巾帼”标兵】

钻具公司 聂维霞

长城钻探公司人事处 高丽丽

长城钻探公司机关 杜晓平

钻井一公司 张立红

钻井二公司 王 菲

录井公司 孟 洁

测井公司 董 红

物探公司 朱 红

井下作业公司 杨学敬

工程技术研究院 赵国英

中油测井 刘新新

苏丹项目部 颜静玉

【长城钻探公司首届青年英语演讲比赛一等奖】

企管法规处 袁 园

【长城钻探公司技术能手】

钻井二公司 孙 强

【长城钻探公司青年岗位能手】

钻井二公司 赵晓旭

【长城钻探公司女职工先进个人】

罗 晓 王 丹 韩 伟 雷 颖
刘 娇 李昭辉 王心平 任 晶
孙国华 初 征 王 坤 王敏娟
周慧珠 孙欣平 黄菊珍 冯 杰
孙浩宇 徐俏玫 王红梅 陈玉香
谢 琳 毛 颖 戚方莉 袁 莹
杜巴达 胡金瑛 常 青 苏柯萍
刘春泓 贾玉钦 李素芳 倪淑艳
王洪杰 朱文娟 崔学珍 于小杰
侯 颖 艾 英 张宏艳 肖小蓉
宋 超 金晓红 王孟春 宁秀霞
杨秀丽 肖美蓉 陈 娟 刘世英
闫福宏 骆 意 吕军华 王海枝
高锦燕 梁 莹 李 敏 张 薇
张国丽 高彩玲 佟玉梅 冀晓敏
徐慧敏 李 丽 郝建丽 王恩英
王 茜 殷秀芳 Aimagambetova Gulbaram

【长城钻探公司先进女职工工作者】

茹宏斌 薛素艳 陈光明 王炳云
田 玲 李素荣 汪 晶 谷秀丽
韩沙沙 金 敏 曲星羽 王晓惠
董 飞 贾淑君 牛丽波 赵春静
翁连珍 刘秀红 付 哲 唐小钧
赵海欧 姚玲玲

【长城钻探公司优秀女职工之友】

闫玉鹏 田宝山 庄雅山 张玉秀
王绿水 安树勋 于德良 张振华
李锦辉 华健军 陈自晓 魏 斌

【长城钻探公司 2008 年度“十大长城青年”】

钻井一公司二分公司 40611 队技术员 梁国柱

钻井二公司一分公司70110队副队长　王　旭

测井公司综合评价室工程师　孙金浩

录井公司哈萨克斯坦项目部负责人　祁占红

井下作业公司钻修国际分公司GW25队平台经理　李　刚

工程技术研究院钻井取心技术研究所工程师　王光玥

钻井液公司市场管理科科长　张金波

固井公司工会副主席　王学斌

顶驱技术公司技术设备科副科长　宋路江

长庆分部生产指挥中心副主任　刘松涛

【2008年度长城钻探公司优秀共青团员】

时　兵　李　壮　李文举　王瑞瑀　朱玉清　李　剑　杜　薇　门　旭　石　磊　王　勇　赵亚男　李建峰　王　雷　杨　志　王厚金　李孟缘　方　丽　郑新雨　鲁　克　战兴双　刘远伟　贾相健　张晓宇　关海龙　胥明征　张　于　方　磊　刘晓婷　张　波　张德森　韩华安　张清龙　叶方兴　金　鑫　吕　翔　蔺　涛　卢　鹏　符　斌　李　旭　张　引　朱守任　李文杰　陈永汉　陈恒春　杨珊珊　季春辉　赵　越　王铁铮　冯立波　王茜瑜　苟中华　关　键　官志初　胡　伟　黄珍顺　李　斌　孙海波　吴彩雄　赵　元　李　辉　耿晓成　郭　蕊　姜　洋　孙　旺　张唐唐　张志强　赵　亮　钟　宇　祝　磊　庄伟力　刘芷君　陈振刚　陈　博　段　娇　范英志　高　峰　李永柱　林　成　孙　涛　王　林　王　楠　王　昕　曹　静　张　斌　李　健　钱海存　张骁培　陶　杉　刘和平　赵澎度　张铁铭　白丽娜　高　鹏　崔　震　罗　辑　谢　飞　李　黎　张　鹏　易滨斯　景　荣

【2008年度长城钻探公司优秀共青团干部】

舒宗科　王　薇　梁　莹　宗　辉　熊　伟　杜小毛　宋银鸽　张　静　刘　丽　王雪峰　徐　骥　姜脉峻　陈志伟　田　野　杨宏超　李鸿志　党津巍　陈燕霞　伍　英　蔡沈军　孙晋美　朴成云　韩莎莎　顾立洋　汪　晶　曲星羽　全　欢　金　敏　冯旭梅　刘丙瑞

【长城钻探公司安全管理标兵】

喻远生　刘日江　宝　钧　盖　东　彭永田　李增军　孙晓东　张　磊　王国政　王华锋

【长城钻探公司安全监督标兵】

曾永文　李　勇　杨金田　张国权　毕文杰　许庆刚　秦长青　李文军　戴洪宝　苑井武

【长城钻探公司安全生产先进个人】

翟录春　李宏伟　闫立辉　刘述昌　李　波　严春生　夏中斌　丁小平　王　兵　冯光强　王文超　李忠涛　刘希兵　左瑞江　卓志安　高晓春　徐文涛　宋志刚　宁少伟　车永林　姜海安　马学农　郑铁军　陈　龙　佘彭年　王　勇　张　辉　王家永　关海军　辛树江　张士和　曾玉敏　赵长波　查绍纯　李在龙　付　强　王洪前　姜文波　葛　林　辛　军

张禄庆 卜留书 龚新艳 宿 明
金行林 王义锋 王佳岩 曹世源
康文忠 李振江 关玉新 袁兆福
张宝忠 牛东春 楚新磊 于荣环
王晓峰 宫国治 迟文凯 武金祥
吕天浩 赵忠仁 李士军 杨红波
张从德 梁雨金 范维旺 王文超
宋永龙 郭 刚 李兴亮 汪德文
王忠华 李冬生 王宝义 李从军
张跃军 李全利 姜春来 李 惊
刘广文 郑义生 焦丽华 夏艳东
艾 平 吴宗良 李守民 刘万里
刁胜波 牛旭东 李 铭 潘劲芳
蔡建文 丛华滋 卢 松 胡 涛
叶 挺 刘 欢 杨顶华 李丙陆
王 兴 纪 伟 祝 贺 蒋玉明
许洪文 HERMESGNZALEZ
魏成鹏 胡为众 陈日吉 雷小帆
潘起峰 卢玉春 商文豪 徐 林
陈 蘅 李国明 纪洪波 倪 佐
于珠江 邱景宏 姜兴华 李美琳
刘 芳 牛丽波 蒙和平 孙浩宇
李四永 范玉涛 杜巴达 袁金超
侯 静 严世政 崔 涛 顾兴申
楼洁凌 魏春永 张荣华 单 勇

【长城钻探公司环境保护先进个人】

宋 军 方百春 李国新 韩 力
杜 海 张 军 李志尧 王有忠
李铁成 袁晓鹏 邓爱民 王恩库
高洪波 于贵贤 邹永东 骆福贵
张士忠 王 雷 徐立军 王铁林
贺晓光 夏全胜 刘 建 姬广伟
赵英慧 张高波 郭 栋 刘传奎
魏国琪 刘学忠 宋雪艳 孙立伟
许宏亮 温景东 田大亮 刘从军
贾 茹 杨春顶 邱小辉 刘兴彬
张宏达 孙 剑 史秀辉 杜 荣
冯旭东 白 石 刘荣徽 曾爱民
高 坚 魏庆民 杨 金 冯旭梅
陈玉香 杨庆华 孙 昕 叶冬梅
牛 野 董梦杰 高 远 张晓何

【长城钻探公司质量管理先进个人】

赵春旭 李玉龙 刘志伟 刘先军
李桂林 刘 平 覃继荣 耿继东
赵 萍 贾晓红 纪海双 刘绍成
王洋洋 张兴国 高彩铃 周 红
邓 莎 刘日江 罗世光 肖 鹏
康卫平 毕海夫 赵建和 张艳君
姜春玲 黄铁坤 王春宁 唐良民
谢 飞 杨阳云 任辉亮 陈志伟
张 群 李 磊 姚关久 陈天斌
李永亮 梁春梅 白 浩 焦秋芝
高 岩 韩秋寅 孟庆莲 王月英
袁长晶 金晓红 马忠军 张新胜
王 艳 吴 倩 蒲国超 方旭东
李小英 李 勇 张显文 李国明
胡友良 张铁铭 张巨杰 王军风
尹泽红 赵玉龙 张占洪 宁松岩
张 华 王天和 曹宏伟 王双庆
唐利钊 龙 宇 徐建国 洪 旭
张普斋 周小刚 王喜光 朱 毅
王 谊 刘百红 辛国章 崔有怀
张应金 王勋杰 李 亮 王元田
闫福红 尹继伟

2009年度长城钻探公司高级职称任职资格名单

【高级工程师】

钻井工程专业

钻井一公司　郑清国　黑国兴　罗日新　孙美华

钻井二公司　张　军　赵永刚　任相礼

测试公司　孔长城

钻井液公司　张金波

顶驱技术公司　蔡正敏

工程技术研究院　王　龙　梁春梅　王光玥

钻具公司　张新胜

固井公司　梁武波

物资公司　尹栋超

钻井技术服务公司　王志国

苏丹项目部　李文东　刘俊杰

苏丹测井作业区　孟宪路

古巴项目部　张普斋

哈萨克斯坦项目部　潘起峰

阿尔及利亚项目部　赵玉龙　常茂富

乌兹别克斯坦测井作业区　田久贞

阿曼项目部　郭宝民　唐德钊

工程技术部　李昭辉

生产协调处　尤长国

安全环保处　李传华

地质勘探专业

录井公司　陈亿良　范文周　纪洪波　董乃秋　宋　超　郭　晖　吴春军　宋明会　郝洪文　曾永文

井下作业公司　周　凯

国际钻修公司　徐长军

地质研究院　刘春丽　任起峰　王晓红　李　爽

煤层气开发公司　梁红义　刘贵宾

苏里格气田合作开发项目部　陈　曦

辽河分部　牛　野

规划计划处　刘　芳

安全环保专业

钻井一公司　申伟平

测井专业

测井公司　程志红　丁启光　李树晶　姜文杰　丛培茂　傅崇平　赵贺龙　张　扬　汤剑敏　桑九波　宫继刚　吴凤秋　赵淑敏　吕宏斌　刘春艳　安　珊　龚锐玲　傅有奎　张振波　董国战　张威东

解释研究中心　李丽荣　李广轩　边环玲　胡友良

机械专业

钻井一公司　胡秀琴

印度尼西亚项目部　李宗山

信息工程专业

录井公司　陈玉成

科技处　黄菊珍

【高级会计师】

钻具公司 李 丽

煤层气开发公司 郭达江

东部服务中心 王雪莲

财务资产处 冯旭梅

【高级经济师】

市场管理部 何晓明

人事处 侣 伟

总经理办公室 孙启宏

【高级政工师】

钻井二公司 侯新军

测井公司 杨 颖

辽河分部 廖 锐

党委办公室 王 洋 李秉正

【新闻系列】

主任记者

新闻中心 董旭霞

副译审

物资供应公司 邢昌艳

科技处 黄菊珍

2009年长城钻探公司副处级以上人员名单

【2009年底长城钻探公司行政领导】

总经理 张凤山

副总经理 王忠仁

副总经理兼安全总监 冯艳成

副总经理兼总工程师 刘乃震

总会计师 杜春玲

副总经理 门廉魁

总经理助理 张柏松 胡欣峰 翟智勇（安全副总监） 杜 君

副总师 王 欣 李晓明 杜立东 于洪斌 李 军 赵齐辉 易发新 顾伟康 徐成才 苏庆新 李海鸥 王玉新

副总师待遇 惠铁盈 唐国斌 赵蕴国 曹建国 刘德军 胡尔泰 许建民 曾志清 于中洋 于占军 王 京

【2009年底中共长城钻探公司委员会】

党委书记 王忠仁

党委副书记 张凤山

党委副书记兼纪委书记、工会主席 张希勤

委员 冯艳成 刘乃震 杜春玲 门廉魁

【2009年底长城钻探公司相关处室副处级以上干部名单】

总经理办公室

主 任 纪宏博

副主任 黄 泽

副主任 栾 青

党委办公室

主 任 曹海霞

副主任 王 岩

副主任 王 洋

规划计划处

副总工程师兼规划计划处处长　王　欣

副处长　赵洪波

生产协调处

处　长　韩　敏

副处长兼生产远程控制中心主任（副处级）　高庆忠

副处长　陈恩强

副处长　张立志

副处长　黄凌江

副处长　罗继承

副处长　于占江

财务资产处

处　长（副总师待遇）　曹建国

副处长兼资金结算中心主任（正处级）　王兆国

副处长兼预算管理办公室主任（正处级）　占学良

副处长　杨桂华

副处长兼预算管理办公室副主任、中亚大区财务总监　高　望

副处长兼非洲大区财务总监　李　磊

人事处

处　长（副总师待遇）　唐国斌

副处长（正处级）　唐茂政

副处长（正处级）　高丽丽

副处长（正处级）　路　峭

副处长　唐玉佩

副处长　于久柱

副处长　何春生

企管法规处

处　长　查金才

副处长（正处级）　刘　敏

副处长　罗　晓

副处长　郑　宇

质量安全环保处

总经理助理兼安全副总监、质量安全环保处处长　翟智勇

副处长兼测井 HSE 部主任（正处级）　肖书奎

副处长（正处级）　杨国瑜

副处长（正处级）　乔永富

科技处

处　长　卢毓周

副处长（正处级）　毕文亮

副处长　刘德胜

副处长　刘家麟

审计处

处　长　杨绪亮

副处长　李　伟

副处长　同娅莉

纪检监察处

纪委常务副书记兼监察处处长　李　军

监察处副处长　于　涛

监察处副处长　王运涛

群众工作处

处　长　苟响川

工会常务副主席（副总师待遇）　于占军

副处长（正处级）　程生明

副处长（正处级）　袁铁民

副处长　曾唯一

团委书记（副处级）　刘　焱

【2009 年底长城公司机关直属、附属部门副处级以上干部名单】

国际事业部

主　任　谭龙昌

副主任　刘　鹏

工程技术部

主　任　张　伦

副主任（正处级） 陈和金
副主任 刘百红
副主任 黄生松
副主任 吴 升

市场管理部

主 任 任 静
副主任兼美洲大区副经理（正处级） 朱春启
副主任 刘安智
副主任兼中东大区副经理 刘军豹
副主任兼非洲大区副经理 符 鹏
副主任 黄森明
副主任 赵晓磊
副主任 黄炳江
副主任兼中亚大区副经理 何 睿

装备部

主 任 吕德贵
副主任（正处级） 牟少敏
副处长（正处级） 李学胜
副主任 马 欣
副主任 刘 良

新闻中心

主 任 杨 明

物资管理中心

主 任 李清刚
副主任 褚 飞
副主任 蔚 强

资金结算中心

财务资产处副处长兼资金结算中心主任（正处级） 王兆国
副主任兼中东大区财务总监 曾献鸿
副主任 王晓仙
副主任 陈海燕

预算管理办公室

财务资产处副处长兼预算管理办公室主任（正处级） 占学良
副主任兼美洲大区财务总监 李兆梁

员工培训管理中心

副总工程师兼员工培训管理中心主任 苏庆新
副主任（正处级） 罗远儒
副主任 邱乃树
副主任 史英俊
副主任 蒋红焱

测井处

处 长 陈 福
副处长 杨超登
副处长 田文武

信息管理中心

主 任 杜晓平
副主任 刘 勇
副主任 朱云祖

生产远程控制中心

生产协调处副处长兼生产远程控制中心主任（副处级） 高庆忠

内控管理中心

主 任 赵伟红

HSE 监督中心

主 任（副总师待遇） 刘德军
副主任（正处级） 陈宝良
副主任 陈宝华
副主任 王卫东

测井 HSE 部

质量安全环保处副处长兼测井 HSE 部主任（正处级） 肖书奎
副主任 林金海

机关事务管理中心

主 任 陈庆中
副主任 李学庆

辽河分部

总经理助理兼辽河分部党委书记 张柏松

辽河综合管理办公室

主　任　张瑞恒

副主任兼盘锦市油田工作办公室副主任（正处级）　黄春田

副主任　唐　海

副主任　孙晓明

副主任　陈庆超

辽河党群工作部

主　任　闫玉鹏

副主任　张　伟

生产协调处辽河分部

主　任　王长龙

副主任　孟庆宏

副主任　李长山

土地公路管理中心

主　任　花茂贞

质量安全环保处辽河分部

主　任　张跃林

副主任　徐宝华

副主任　杨靖华

工程技术部辽河分部

主　任　廖学华

副主任（正处级）　张志忠

副主任　施兆国

副主任　周　武

国内市场部

主任兼国内市场部长庆分部主任　董彦民

副主任兼国内市场部长庆分部副主任　王志红

副主任　周金初

副主任兼大庆海拉尔指挥中心副主任　李智全

概预算中心

主　任　王希岩

副主任　王少贤

副主任　杭国敏

大庆海拉尔指挥中心

主　任　王明才

国内市场部副主任兼大庆海拉尔指挥中心副主任　李智全

副主任　姚立奎

长庆分部

副总工程师兼长庆分部指挥、党委书记　易发新

长庆综合管理办公室

主　任　李忠平

副主任　孙雪东

长庆生产指挥中心

主任兼长庆石油工程监督中心主任、西部井控中心主任　宋增礼

副主任兼长庆石油工程监督中心副主任　张国海

副主任　李占军

副主任兼西部井控中心副主任　王铁臣

副主任　刘松涛

总工程师　王　阳

长庆石油工程监督中心

长庆生产指挥中心主任兼长庆石油工程监督中心主任、西部井控中心主任　宋增礼

长庆生产指挥中心副主任兼长庆石油工程监督中心副主任　张国海

西部井控中心

长庆生产指挥中心主任兼长庆石油工程监督中心主任、西部井控中心主任　宋增礼

长庆生产指挥中心副主任兼西部井控中心副主任　王铁臣

国内市场部长庆分部

国内市场部主任兼国内市场部长庆

分部主任　董彦民

国内市场部副主任兼国内市场部长庆分部副主任　王志红

质量安全环保处长庆分部

主　任（副处级）　王胜义

【2009年底长城钻探公司二级单位副处级以上干部名单】

钻井一公司

经理、党委副书记　李　科

党委书记、副经理　田宝山

副经理兼安全总监　慕殿峰

副经理　刘　岩

总会计师　黄以文

对外合作项目部经理兼钻井一公司副经理　刘旭礼

副经理兼总工程师　刘兴成

副经理　姜保泉

党委副书记兼纪委书记、工会主席　路继平

钻井二公司

经理、党委副书记　王立波

党委书记、副经理　庄雅山

副经理兼安全总监　陈广斌

副经理　马迎新

总会计师　张　菊

副经理　任相礼

副经理兼总工程师　孔令军

党委副书记兼纪委书记、工会主席　王　琦

测井公司

经理、党委副书记　王绿水

党委书记、副经理，测井公司国际业务项目部经理　赫志兵

副经理兼总会计师　庄洪贵

副经理兼总地质师　汪　浩

副经理兼总工程师、测井公司国际业务项目部副经理　李汉忠

党委副书记兼纪委书记、工会主席　童士斌

副经理　宋大德

副经理兼国际业务项目部副经理　李天诗

录井公司

经理、党委副书记　王悦田

党委书记、副经理，录井公司国际业务项目部经理　张开金

副经理兼安全总监　王东生

党委副书记兼纪委书记、工会主席、副经理　栾大成

副经理兼录井公司国际业务项目部副经理　万德辉

副经理兼总会计师　金　红

副经理兼总地质师　吕文起

副经理兼总工程师、录井公司国际业务项目部副经理　王　强

副经理　刘建新

井下作业公司

经理、党委副书记　于德良

党委书记、副经理　江昌平

副经理兼安全总监　付春玉

党委副书记兼纪委书记、工会主席　赵耀先

总会计师　张连怀

副经理兼总工程师　苏庆民

工程技术研究院

院长、党委副书记　高远文

党委书记兼纪委书记、工会主席、副院长　李锦辉

副院长兼总工程师　余　雷

总会计师　何立耘

副院长兼安全总监　喻　晨

副院长　杨立文

担任辽宁省盘锦市兴隆台区政协副主席期间享受副处级待遇　沈桂莲

国际钻井公司

经理、党委副书记　王文勇

党委书记、副经理兼利比亚项目部经理　李亚强

副经理兼安全总监　王小权

副经理　张建良

总会计师　许国才

副经理　张　珣

副经理　龙嗣源

国际钻修公司

经理、党委副书记兼华庆油气项目部经理　蔡长宇

党委书记兼纪委书记、工会主席、副经理　刘世臣

副经理兼安全总监　高　健

总会计师　刘沫言

副经理、总工程师兼华庆油气项目部副经理、总工程师　张宝民

总地质师兼华庆油气项目部副经理　祝金利

华庆油气项目部　副经理　庞泽男

副经理兼安全总监　曹学博

副经理　李福斌

钻井液公司

经理、党委副书记　刘绪全

党委书记兼纪委书记、工会主席、副经理　单　平

副经理兼安全总监　左京杰

副经理兼总工程师　张振华

总会计师　夏志敏

副经理　杨金荣

副经理　张玉平

副经理　刘　榆

顶驱技术公司

经理　张树佳

党委书记、副经理　陈香凯

副经理（正处级）　扈道明

党委副书记兼纪委书记、工会主席　杜金花

总会计师　苑久志

固井公司

经理兼党委副书记　张洪印

党委书记兼纪委书记、工会主席、副经理　解德庆

副经理兼安全总监　刘兴林

副经理　李连江

总工程师　张　波

总会计师　刘淑静

钻具公司

经理、党委副书记　华建军

党委书记兼纪委书记、工会主席、副经理　孙成君

副经理兼安全总监　颜昌茂

副经理兼总工程师　谷振乾

总会计师　孟昭祥

物资供应公司

经理、党委副书记　李茂成

党委书记兼纪委书记、工会主席、副经理　宋常瑜

休斯敦办事处主任（正处级）　李玉华

副经理兼中亚大区副经理（正处级）　杨　军

总会计师　惠丽萍

副经理兼美洲大区副经理　尹栋超

副经理　李忠喜

副经理　樊庆军

副经理兼非洲大区副经理　鹿旭东

副经理　吴顺兴

副处级　李忠良

美国项目部财务总监　靳达颖

钻井技术服务公司

经理、党委副书记　魏慧明

党委书记兼纪委书记、工会主席、副经理　李永和

副经理兼总工程师　王学俭

总会计师　吉克辉

副经理兼安全总监　乔忠明

能源事业部

副总工程师兼能源事业部主任　杜立东

副主任兼总工程师、安全总监　刘志良

副主任兼总地质师　肖乾华

苏里格气田合作开发项目经理部

经理兼党委副书记　李文权

党委书记兼纪委书记、工会主席、副经理　马喜军

副经理兼安全总监　唐　勇

副经理　陈　曦

副经理兼总地质师　王国勇

副经理兼总工程师　陈德民

副经理兼总会计师　王　民

副经理　于开斌

副经理　刘国学

煤层气开发公司

经理兼党委书记、纪委书记、工会主席　王柱军

副经理兼总地质师　张建民

副经理兼安全总监　刘贵宾

副经理兼总会计师　郭达江

副经理　高大岭

副经理　尤彦彬

地质研究院

院长兼党委副书记　朱世和

党委书记兼纪委书记、工会主席、副院长、斋桑项目部经理、国际采油作业大区筹备组组长　王修朝

常务副院长兼卡拉赞巴斯项目部经理、国际采油作业大区筹备组成员（正处级）　王　旭

副院长兼安全总监　李　伟

副院长兼总工程师　魏　斌

副院长兼国际采油作业大区筹备组成员　宋立新

副院长兼总地质师　白国斌

对外合作项目部

经理兼钻井一公司副经理　刘旭礼

测井技术研究院

院长　白庆杰

党委书记兼纪委书记、工会主席、副院长　杨金生

副院长　赵宝成

副院长　于新海

测试公司

经理、党委副书记（副总师待遇）　曾志清

党委书记兼纪委书记、工会主席、副经理　李定立

副经理　李守民

副经理　王德有

解释研究中心

主任、党委书记　程维营

常务副主任（正处级）　刘晓晖

副主任　程晓东

地质专家（正处级）　杜旭东

东部服务中心

经理、党委副书记　罗颜生

党委书记兼纪委书记、工会主席、副经理　曲　健

常务副经理（正处级）　胥向明

副经理　潘秀梅

副经理　陈国玉

副经理兼总会计师　胡金瑛

副经理　杨凤玉

塔里木测井作业区

经理兼 HSE 总监（副处级）　陈九龙

【2009 年底长城钻探公司海外项目副处级以上干部名单】

非洲大区

经理、党委副书记兼苏丹项目部经理（副总师待遇）　许建民

党委书记兼纪委书记、工会主席、副经理、苏丹测井作业区经理（副总师待遇）　于中洋

市场管理部副主任兼非洲大区副经理　符　鹏

物资供应公司副经理兼非洲大区副经理　鹿旭东

财务资产处副处长兼非洲大区财务总监　李　磊

HSE 总监兼苏丹项目部 HSE 总监　杜智勇

总工程师兼乍得项目部总工程师　于洪波

苏丹项目部

非洲大区经理、党委副书记兼苏丹项目部经理（副总师待遇）　许建民

副经理　范维旺

副经理兼总工程师　李文东

财务总监　姜贵来

非洲大区 HSE 总监兼苏丹项目部 HSE 总监　杜智勇

突尼斯项目部

经　理　王明星

阿尔及利亚项目部

经　理　刘　坤

副经理　常茂富

副经理　赵玉龙

总工程师　侯书平

肯尼亚项目部

经　理　张召峰

副经理　张　民

尼日尔项目部

经　理　张　军

副经理兼总工程师　王全胜

财务总监　常诗华

HSE 总监　刘文秀

副经理　赖以万

利比亚项目部

经理兼国际钻井公司党委书记、副经理　李亚强

财务总监　范永钧

HSE 总监　常兴乾

副经理兼总工程师　杨建兵

副经理　曾宪宏

乍得项目部

经　理　邱兆军

副经理　张俊威

副经理兼 HSE 总监　周德成

财务总监　石健雄

非洲大区总工程师兼乍得项目部总工程师　于洪波

苏丹测井作业区

非洲大区党委书记兼纪委书记、工会主席、副经理、苏丹测井作业区经理（副总师待遇）　于中洋

常务副经理兼 HSE 总监（正处级）　孟宪路

副经理　于　潮

测试专业经理　刘海志

录井专业经理　王国强

尼日尔测井作业区

经理兼 HSE 总监（副处级）　荆三红

利比亚测井作业区

经理兼 HSE 总监（副处级）　高立利

乍得测井作业区

经理兼 HSE 总监（副处级）　焦西朝

中东大区

副总工程师兼中东大区经理、党委副书记、伊朗测井作业区经理　王玉新

党委书记兼纪委书记、工会主席、副经理、阿曼项目部经理　王绍斌

市场管理部副主任兼中东大区副经理　刘军豹

资金结算中心副主任兼中东大区财务总监　曾献鸿

中东大区 HSE 总监兼阿曼项目部 HSE 总监　刘　敏

总工程师兼伊朗项目部总工程师　朱忠伟

测井专业经理兼伊朗测井作业区测井作业部经理　王相森

阿曼项目部

中东大区党委书记兼纪委书记、工会主席、副经理、阿曼项目部经理　王绍斌

常务副经理（正处级）　郭宝民

副经理　蒲　杰

副经理　唐　波

中东大区 HSE 总监兼阿曼项目部 HSE 总监　刘　敏

财务总监　王　刚

总工程师　唐德钊

伊朗项目部

经　理　刘俊杰

副经理　王喜朝

副经理　杜明翰

中东大区总工程师兼伊朗项目部总工程师　朱忠伟

叙利亚项目部

经　理　薄洪洲

副经理兼 HSE 总监　尹泽红

副经理兼总工程师　吴英明

伊朗测井作业区

副总工程师兼中东大区经理、党委副书记、伊朗测井作业区经理　王玉新

常务副经理兼 HSE 总监　欧阳昌

副经理　王中武

副经理　普明闯

副经理　宋　伟

中东大区测井专业经理兼伊朗测井作业区测井作业部经理　王相森

叙利亚测井作业区

经理兼 HSE 总监（副处级）　高中民

伊拉克测井作业区

经理兼 HSE 总监（副处级）　曾宪江

副经理　殷世江

副经理兼鲁迈拉项目经理　李树晶

巴基斯坦测井作业区

经理兼 HSE 总监（副处级）　李文军

中亚大区

经理兼哈萨克斯坦项目部经理（副总师待遇）　胡尔泰

党委书记、副经理兼印度尼西亚项目部经理　彭春耀

副经理（正处级）　谭志武

物资供应公司副经理兼中亚大区副经理（正处级）　杨　军

财务资产处副处长兼预算管理办公室副主任、中亚大区财务总监　高　望

市场管理部副主任兼中亚大区副经理　何　睿

总工程师兼哈萨克斯坦项目部总工

程师　韩俊杰

党委副书记、纪委书记、工会主席兼哈萨克斯坦项目部常务副经理　杨启伟

HSE 总监兼哈萨克斯坦项目部 HSE 总监　秦长青

哈萨克斯坦项目部

中亚大区经理兼哈萨克斯坦项目部经理（副总师待遇）　胡尔泰

中亚大区党委副书记、纪委书记、工会主席兼哈萨克斯坦项目部常务副经理　杨启伟

副经理　张安利

副经理　黄立新

副经理　仲建国

中亚大区总工程师兼哈萨克斯坦项目部总工程师　韩俊杰

财务总监　郭海涛

副经理　钱惠来

中亚大区 HSE 总监兼哈萨克斯坦项目部 HSE 总监　秦长青

阿塞拜疆项目部

经　理　范　江

副经理　张巨杰

印度尼西亚项目部

中亚大区党委书记、副经理兼印度尼西亚项目部经理　彭春耀

副经理　陈　波

副经理　骆小虎

泰国项目部

经理（副处级）　王尚国

副经理　许洪文

副经理兼 HSE 总监　周小刚

卡拉赞巴斯项目部

地质研究院常务副院长兼卡拉赞巴斯项目部经理、国际采油作业大区筹备组成员（正处级）　王　旭

哈萨克斯坦测井作业区

经理兼 HSE 总监　贾锦然

副经理兼财务总监　李　勇

测井专业经理　陈良雨

阿塞拜疆测井作业区

经理兼 HSE 总监　黄　威

土库曼斯坦测井作业区

经　理　黄　威

美洲大区

经理、党委副书记兼委内瑞拉项目部经理（副总师待遇）　惠铁盈

党委书记兼纪委书记、工会主席、副经理、古巴项目部经理　孔祥忠

市场管理部副主任兼美洲大区副经理（正处级）　朱春启

物资供应公司副经理兼美洲大区副经理　尹栋超

预算管理办公室副主任兼美洲大区财务总监　李兆梁

美洲大区 HSE 总监兼委内瑞拉项目部副经理、HSE 总监　冯旭东

总工程师兼古巴项目部总工程师　李松滨

委内瑞拉项目部

美洲大区经理、党委副书记兼委内瑞拉项目部经理（副总师待遇）　惠铁盈

常务副经理　许庆刚

副经理　张增钰

财务总监　周春勇

美洲大区 HSE 总监兼委内瑞拉项目部副经理、HSE 总监　冯旭东

总工程师　陈德虎

古巴项目部

美洲大区党委书记兼纪委书记、工会主席、副经理、古巴项目部经理　孔祥忠

常务副经理　陈聚庆

副经理兼 HSE 总监　张　磊

财务总监　刘春泓

美洲大区总工程师兼古巴项目部总工程师　李松斌

墨西哥项目部

经　理　沈运桥

副经理　洪　旭

秘鲁项目部

经理（副处级）　曲明生

委内瑞拉测井作业区

经理（副处级）　姚春明

厄瓜多尔测井作业区

经理（副处级）　郁春锋

【2009 年底长城钻探公司副处级以上退休干部】

刘祯荣　朱　惠　严世军

丁状猷　徐世英　魏鹏翼

索　引

使用说明

一、本索引采用内容分析索引法编制。除大事记外，年鉴中有实质检索意义的内容均予以标引，以便检索使用。

二、索引基本上按汉语拼音音序排列，具体排列方法如下：以数字开头的，排在最前面；以英文字母打头的，列于其次；汉字标目则按首字的音序、音调依次排列，首字相同时，则以第二个字排序，并依此类推。

三、索引标目后的数字，表示检索内容所在的年鉴正文页码；数字后面的英文字母a、b，表示年鉴正文中的栏别，合在一起即指该页码及左右两个版面区域。年鉴中用表格反映的内容，则在索引标目后面用括号注明（表）字，以区别于文字标目。

四、为反映索引款目间的隶属关系，对于二级标目，采取在上一级标目下缩二格的形式编排，之下再按汉语拼音音序、音调排列。

0～9

2008—2009年度财务资产工作先进单位　360a
2008—2009年度纪检监察工作先进集体　359b
2008—2009年度土地公路管理先进单位　360b
2008年度安全型班组　352a
2008年度长城钻探公司长城五四红旗团组织　351b
2008年度长城钻探公司先进集体　351b
2008年度长城钻探公司优秀共青团干部　371b
2008年度长城钻探公司优秀共青团员　371a
2008年度朝阳区社会领域和谐建设先进单位　350a
2008年度审计工作先进集体　360b
2008年度十大长城青年　370b
2008年度五型班组　352a
2008年度中国节能减排功勋企业　347a
2009年长城钻探公司报刊文摘索引　325
2009年长城钻探公司报刊文摘选录　289
2009年长城钻探公司大事记　29
2009年长城钻探公司副处级以上人员名

单　374
2009 年长城钻探公司概况　39
2009 年长城钻探公司科技获奖项目　59
2009 年长城钻探公司荣获省部级以上荣誉人员名录　369
2009 年长城钻探公司外事接待情况统计表（表）　126
2009 年底长城公司机关直属、附属部门副处级以上干部名单　375b
2009 年底长城钻探公司二级单位副处级以上干部名单　378a
2009 年底长城钻探公司副处级以上退休干部　384b
2009 年底长城钻探公司海外项目副处级以上干部名单　381a
2009 年底长城钻探公司相关处室副处级以上干部名单　374b
2009 年底长城钻探公司行政领导　374a
2009 年底中共长城钻探公司委员会　374b
2009 年度长城钻探公司高级职称任职资格名单　373
2009 年度长城钻探公司荣获省部级以上荣誉名单　347
2009 年度长城钻探公司荣获市局级荣誉名单　350
2009 年度长城钻探公司政策制度索引　283
2009 年度长城钻探统计工作先进单位　365b
2009 年度集团公司一级采购物资授权集中采购优秀项目　349b
2009 年度辽河油区人口和计划生育工作优秀单位　351a
2009 年度荣获长城钻探公司先进单位荣誉名单　351
2009 年度生产协调系统先进集体　359b
2009 年国家优秀质量管理小组　347b
2009 年辽宁省优秀质量管理小组　348b
2009 年辽宁省质量科技成果一等奖　348b
2009 年辽宁省重合同守信誉单位　347b
2009 年荣获长城钻探公司荣誉人员名录　370

A～Z

HSE 管理体系　108a
　　管理原则执行　109b
　　建设　108a
　　两书一表精品工程　356b
　　推进工作　300
　　宣传、培训与观摩活动　109a
　　异体监督机制　107b
ISO 9001 质量管理体系　115a
LEAP 800 测井系统研制　56a
QC 小组活动　116a

A

阿尔及利亚测井作业区　245
　　安全生产　245b
　　成果　245a
　　措施　245a
　　基本情况　245a
　　企业改革　246b
　　人力资源管理与培训　247a
阿尔及利亚项目　241
　　HSE 工作目标和职责　241b
　　HSE 管理与培训　242b
　　HSE 体系推进工作　244b

安全观察程序与STOP卡使用　244a
安全管理　241b
搬家和吊装安全　243a
《反违章禁令》落实　242a
划转队伍交接　241b
环境保护　244a
基本情况　241a
甲型H1N1流感防控工作　244b
交通安全　243b
井控管理　242b
现场风险识别　242b
项目、基层队自检自查　243a
消防安全　243b
应急管理　242a
装备资产　241a
阿曼项目　259
HSE管理　259b
HSE业绩　259b
机构设置　259a
基本情况　259a
经营管理　259b
主要工作　259b
作业情况　259a
阿塞拜疆综合项目　273
安全生产　274a
基本情况　273a
精神文明建设　274b
企业管理　274b
外部市场开拓　274a
项目整合　273b
安全　75b
安全管理　41b
标兵　371b
安全环保　107
基本情况　107a
基层基础建设　112a
宣传　108b
宣传教育　112b
组织机构建设　107a
安全监督标兵　371b
安全生产　41b
示范队　354b
先进部门　356a
先进单位　353b
先进个人　371b
安全型班组　352a、357b
安装标准　83a
案件查处工作　139a

B

巴基斯坦测井作业区　267
合同情况　268a
基本情况　267a
设备变动　267b
支持其他作业区　268a
重点工作　267b
主要措施　268b
保密制度与宣传　123a
保障作用发挥　92a
报刊文摘索引　325
报刊文摘选录　289
秘鲁项目　232
HSE体系建设和使用　232b
安全生产　232a
岗位责任制　232a
环保工作　232b
基本情况　232a
企业管理　232b
社会防范　232a
标杆队　361b

C

财会队伍建设　80a
财务监督　79b
财务资产　77
　基本情况　77a
财务资产工作先进单位　360a
采购成本　76b
操作维护保养规程　83a
测井公司　164
　HSE 教育培训　169a
　HSE 体系建设　168b
　安全生产　168b
　安心工程　173a
　财务管理　165a
　测井资料质量管理　171a
　产品质量管理　170b
　成像测井技术　167b
　党建工作　172b
　放射源、火工品管理　169a
　国家重大专项课题研究　167a
　过套管电阻率测井技术　166b
　机构改革　165a
　基本情况　164a
　集团公司重点项目　167a
　降本增效　165b
　交通安全管理　169b
　解释处理技术研究　167b
　井控管理　170a
　科技工作　166b
　硫化氢安全管理　170a
　企业文化建设　172a
　人员状况　164a
　射孔新技术　168a
　生产经营　165a
　市场开拓　172b
　套后测井技术　167a
　细化成本核算　166a
　预算机制建设　165b
　员工培训　171a
　直线责任落实　168b
　制度建设　166a
　质量管理　170a
　专项整治　169a
　资产设备　164b
　资金集中管理　165b
测井管理　49
　技术管理　49a
　科技创新　50a
　重点工作　50b
测井技术研究院　217
　LEAP800 测井系统　217b
　安全生产　218b
　发展定位　217a
　过套管电阻率 -I 型仪器　218b
　基本情况　217a
　精神文明建设　219b
　科技创新　217b
　企业改革与管理　219a
　人员状况　217b
　三维阵列感应技术　218b
测试公司　207
　STOP 卡推广使用　208b
　安全投入　208b
　工作业绩　207b
　规章制度　208b
　禁令落实　208b
　精神文明建设　209b
　科技创新　208a
　企业改革　209a

人员状况　207a
市场开发　207b
争先创优　208b
质量安全环保　208b
资产设备　207a
产业链整体优势　92a
长城五四红旗团组织　351b
长城公司机关直属、附属部门副处级以上干部名单　375b
长城巾帼标兵　370a
长城钻井液海外新签合同额突破 1 亿美元　324
长城钻探测试公司业绩逆势增长纪实　313
长城钻探公司安全型班组　357b
长城钻探公司报刊文摘索引　325
长城钻探公司报刊文摘选录　289
长城钻探公司标杆队　361b
长城钻探公司长城五四红旗团组织　351b
长城钻探公司长城巾帼标兵　370a
长城钻探公司大事记　29
长城钻探公司第一次代表大会　13
长城钻探公司第一届职工代表大会第二次全体会议　3
长城钻探公司二级单位副处级以上干部名单　378a
长城钻探公司副处级以上人员名单　374
长城钻探公司副处级以上退休干部　384b
长城钻探公司概况　39
长城钻探公司高级职称任职资格名单　373
长城钻探公司海外项目副处级以上干部名单　381a
长城钻探公司环境保护工作纪实　317
长城钻探公司机关 HSE 先进部门　354b
长城钻探公司金牌队　360b
长城钻探公司科技获奖项目　59
长城钻探公司女职工先进集体　351a
长城钻探公司荣获省部级以上荣誉名单　347
长城钻探公司荣获省部级以上荣誉人员名录　369
长城钻探公司荣获市局级荣誉名单　350
长城钻探公司实施用户满意工程工作纪实　320
长城钻探公司苏里格项目部钻井总进尺超 170 万米　312
长城钻探公司铜牌队　361a
长城钻探公司外事接待情况统计表（表）　126
长城钻探公司先进单位荣誉名单　351
长城钻探公司先进党委　352a
长城钻探公司先进队　363a
长城钻探公司先进集体　351b
长城钻探公司相关处室副处级以上干部名单　374b
长城钻探公司行政领导　374a
长城钻探公司咬定百分之十五增长不放松　292
长城钻探公司银牌队　361a
长城钻探公司应对金融危机挑战实现逆势增长的调查　293
长城钻探公司政策制度索引　283
长城钻探公司钻井提速的启示　303
长城钻探海拉尔地区机械钻速提高四成　323
长城钻探海外市场开发逆势增长纪实　318

长城钻探华庆油田总承包项目　309
长城钻探技术创新降能耗　311
长城钻探录井公司科学发展纪实　315
长城钻探上半年实现双增长目标　302
长城钻探首建国内外一体化会计核算体系　324
长城钻探苏里格项目部实施自动化管理工作分析　305
长城钻探苏里格项目采访札记　321
长城钻探统计工作先进单位　365b
长城钻探与杜邦合作开展 HSE 体系推进工作纪实　300
长城钻探助力长庆油田破解低渗气田开发难题　299
长城钻探走出去制胜市场　296
长城钻探钻井液公司快速发展纪实　307
超短半径径向水平井技术研究　55b
持续重组　39a
出国手续办理情况统计表（表）　124
从重灾区到丰产田　313
错误思想情绪消除　136a

D

大事记　29
党建　43a
党群工作综合情况　135
档案、年鉴　128
　档案基础建设　129b
　工作标准　129a
　基本情况　128a
　利用情况　130a
　年鉴工作　130b
　信息安全管理　130a
　修（续）志工作　131b
　志鉴工作　130b
地质研究院　210
　HSE 风险管理　212b
　安全环保　212a
　安全环保规章制度　212b
　安全环保责任制落实　212a
　反违章禁令落实执行年活动　212b
　国际市场　210b
　国内市场　210a
　基本情况　210a
　精品工程　212a
　精神文明建设　212b
　喀什北区块综合地质研究及开发方案编制　211b
　科技创新　211a
　全球重油资源评价　211a
　石楼西区块评价阶段综合地质研究　211b
　市场开发　210a
　苏丹 6 区稠油蒸汽吞吐先导实验　211a
　苏里格气田合作开发区块综合地质研究　211a
　斋桑油田深层稠油蒸汽吞吐应用试验与效果评价　211a
第一届职工代表大会第二次全体会议　3
电子公文系统　122a
顶驱技术分公司　185
　安全生产　186a
　财务计划管理　186b
　成果　185b
　措施　185b
　服务能力　185a
　基本情况　185a

精神文明建设　187a
科技创新　186a
企业改革与管理　186b
人员状况　185a
生产经营形势　185a
主要工作　185a
专业化整合　186b
资产设备　185a
定额与概预算管理　95
关联交易　95a
管理程序优化　95a
制度建设　95a
资质管理与业务培训　95b
定向井资质申报细则　49b
冬防保温　71b
动态风险评估　111a
对外反承包项目　93b
对外交流　124b

E

二级单位副处级以上干部名单　378a

F

发挥政治优势 提升科学发展保障能力 全力打造国际化石油工程技术总承包商　13
党风廉政建设　17b、18b、24a
党建　15b
党群组织建设　16a
发展战略对企业文化导向作用　19a
反腐倡廉教育　18b
干部队伍建设　17b
干部队伍结构优化　18a
干部队伍作风形象　18a
工作安排　21a
公司定位和发展战略目标　14b
公司日常运行管控　14b
公司重组整合和规范管理　16a
机构整合　14a
基层基础工作　22b
经验和做法　15b
经营业绩　15a
科学发展观战略思想贯彻　15a
领导班子建设　17b
内部专业化重组　14a
内部组织架构、管理体制和管理流程　14b
品牌形象　15a
企业发展方式变革　14b
企业精神传承与创新　19b
企业竞争实力　15a
群团组织优势发挥　24b
思想和作风建设　22a
思想理论武装　18a
思想政治工作　15b
文化建设工作　19a
文化优势　15a
行为规范和价值取向　16b
形势任务教育　23a
引领企业科学发展能力　18a
优秀企业文化培育　23b
员工与企业共同发展　20a
政治优势　15a
指导思想　21a
制度建设　16a
重点工作　22a
主要工作　14a

抓基础　16a
抓融合　16b
抓稳定　17a
专业化重组过程中新出现的不稳定因素化解　17a
总体工作目标　21b
法律事务　100、102a
反腐倡廉教育工作　137b
《反违章禁令》落实　110a
防恐安全培训　111a
防恐防控培训　72b
防汛抗洪　71a
非 CNPC 市场开拓　93a
分支井钻完井技术　57a
风险管理　84
扶贫帮困　141a
副处级以上人员名单　374
副处级以上退休干部　384b

G

干部队伍素质能力建设　66a
干部管理　135b
日常管理和考核　66b
干部廉洁自律工作　138a
干部选配标准和程序　66b
高层次人才选拔和培养　67a
高端市场　92b
高级工程师　373a
高级经济师　374a
高级会计师　374a
高级政工师　374a
高级职称任职资格名单　373
高新技术企业　347a
个人行动计划制订　108b
工程服务公司　219
HSE 管理　220b
财务管理　220b
党建工作　221a
队伍建设　221b
机构设置　220a
基本情况　219a
经营管理　220a
经营考核　220b
企业管理　220a
人员状况　219a
生产组织　220b
员工管理　220b
主要措施　220b
工程技术服务　40b
工程技术投资　75a
工程技术研究院　176
党群建设　179a
基本情况　176a
技术创新　177a
科技发展　176b
领导班子建设　176a
企业管理　178b
人力资源　178a
人员状况　176a
荣誉　176a
职工生活　179b
质量安全环保　178b
工会财务　142a
工会工作　139
活动机制　139a
活动组织　140a
工会建设　142a
工作成果　89a
公司重组　289
共青团工作　142

古巴项目部　226
HSE 管理　227a
HSE 体系推进工作　227b
HSE 体系运行　227a
STOP 卡推广工作　228b
安全检查　227b
半月安全生产例会　227b
成果　228b
措施　228b
队伍建设　229a
防腐工作　229b
风险管理　228a
工作许可制度　228a
工作业绩　227a
《古巴项目 HSE 监督日常数据统计和分析系统》推行　228a
后勤保障　230b
基本情况　226a
交通管理　228b
井控管理　228b
开源节流　229a
人力资源　230a
人员状况　226a
设备管理　229a
市场开拓　229a
锁紧解锁程序　228a
协调工作　229b
宣传教育培训　227a
以人为本　228b
固井公司　195
QHSE 监督管理　198b
安全环保　197b
安全主体责任落实　197b
侧钻水平井固井技术　197a
党建工作　199a
低密度水泥浆体系　196b
《反违章禁令》落实　198a
防二氧化碳腐蚀的防腐水泥浆体系　197a
环境保护工作　198b
基本情况　195a
基层基础工作　197b
交通安全管理　198a
科技创新　196a
平衡压力固井技术　196b
人员状况　195a
深井、复杂井固井技术　196a
深井尾管固井技术　196b
水平井固井技术　197a
业务收入　196a
质量管理工作　198b
资产设备　196a
管理程序规范　74a
管理课题研究　100a
管理模式创新的裂变效应　305
管理现代化成果　101b
规划计划　74
编制　74b
基本情况　74a
规章制度　102b
国际化石油工程技术总承包商打造　13
国际市场　40a
国际事业　123
国际钻井公司　160
安全生产　160b
党建工作　163b
队伍建设　163a
基本情况　160a
精神文明建设　164b
人员状况　160a
荣誉　160a
设备管理　162b

生产协调与监督　161b
市场开发　163a
资产设备　160a
国际钻修分公司　182
安全管理　184a
海外市场　183a
华庆 35 万吨产能建设　182a
基本情况　182a
企业管理　183b
人员状况　182a
思想政治工作　184b
员工生活　184a
资产设备　182a
国内市场　40a、91a
国内外部市场　88a、89a
国内外一体化会计核算体系　324
国内网络建设　121b
国内项目指导工作　124b
国内业务管理　66a
国内组织结构　66a
国外市场　88b、89b、92a
过套管电阻率测井样机试制　56a

H

哈萨克斯坦测井作业区　272
安全生产　273a
成果　272b
措施　272b
工程建设　272b
基本情况　272a
企业管理　273b
海拉尔地区机械钻速提高四成　323
海外工程技术服务队伍分布情况（表）　90
海外急需人才配备　67a
海外市场调研　125a
海外网络建设　121b
海外项目副处级以上干部名单　381a
海外业务区域化管理　66a
合理化建议　140b
合同管理指标　101b
护照管理　124a
华庆油田总承包项目　309
环境保护　42a、75b、114a、317
管理　41b
先进部门　356a
先进单位　354a
先进个人　372a
婚育新风进万家　118b
火工品、放射源管理　114a

J

机关 HSE 先进部门　354b
机关工作　144
党组织建设　145a
干部队伍建设　145a
机关建设　145a
基本情况　144a
作风建设　145b
机关直属、附属部门副处级以上干部名单　375b
机要保密工作　123
基本情况　39a、115a
基层党建工作　135a
基层青工技能培训　142a
基层青工需求　143a
基建工程审计　94b
绩效管理　109b

激情拥抱毛乌素　321
吉达3超深井高密度高矿化度钻井液技术　57a
疾病治疗跟踪服务　119b
集团公司2006—2008年度审计先进集体　348b
集团公司2009年度工程技术服务企业设备管理优秀单位　349a
集团公司2009年度海外防恐安全管理先进集体　348b
集团公司2009年度设备管理优秀基层队　349b
集团公司2009年度先进单位　348b
集团公司2009年度综合统计工作目标管理先进单位　348b
集团公司2009年职业技能竞赛（钻井柴油机工）团体第三名　348b
集团公司2009年资金管理先进单位　348b
集团公司QC成果奖　349a
集团公司QC小组活动优秀企业　348b
集团公司第五届优秀青年　369b
集团公司工程技术服务金牌队　349a
集团公司工程技术服务铜牌队　349a
集团公司工程技术服务银牌队　349a
集团公司基层建设先进单位　349b
集团公司纪检监察先进集体　348b
集团公司金牌队　349a
集团公司科技进步奖　349a
集团公司科技进步三等奖　348b
集团公司绿色钻井队　349a
集团公司设备管理优秀单位　348b
集团公司铜牌队　349a
集团公司先进基层党组织　349a
集团公司现代化管理成果　349b
集团公司现代化管理论文　349b
集团公司信息化工作先进单位　348b
集团公司银牌队　349a
集团公司引进海外高层次人才的需求调查工作　68a
集团公司直属机关五四红旗团委　349b
集团公司直属机关五四红旗团支部　350a
集团公司直属机关青年岗位能手　369b
集团公司直属机关青年文明号　347a
集团公司直属机关首届青年英语演讲比赛二等奖　369b
集团公司直属机关优秀共青团员　369b
集团公司直属机关优秀团干部　369b
集团公司中亚天然气项目——西气东输二线工程建设先进集体　348b
集团公司钻井柴油机工技能竞赛铜牌　369b
集团公司钻井柴油机工技能竞赛优秀选手　370a
计划生育　117
　队伍建设　120b
　管理　117a
　获奖情况　120b
　基本情况　117a
　基础建设　117b
　考核机制　117b
　四个到位　117b
　特色管理模式　117a
　信息化建设　118a
　宣传　117a
　优质服务　119b
记录仪安装　113a
纪检监察　137
　队伍建设　139b
　基本情况　137a
　先进集体　359b

技能鉴定 87
基本情况 87a
鉴定质量与服务 87b
考评员队伍建设 87a
题库建设 87a
技术创新 42b、311
创新体系建设 57b
技术管理 48b
技术监督 116a
技术监督与节能 115
技术交流 125b
技术交流与合作 58a
技术能手 370a
技术人员管理 67b
技术专家培养培训工作 69a
甲型 H1N1 流感 71a
建设项目投资控制 76b
交通安全 113a
示范车队 356b
制度 113a
节能技术措施应用 116b
节能减排功勋企业 347a
节能节水 42a
指标完成情况 116a
节日期间的交通安全管理 113a
节约挖潜 140b
解释研究中心 221
工作业绩 221b
基本情况 221a
技术发展 222b
培训工作 222a
生产组织与管理 221b
市场营销 222a
金牌队 360b
经济合同审计 94b
经营业绩考核 100a
井控 48a
安全责任落实 110b
管理 110a
管理制度落实 110b
技术培训 110b
宣传工作 110a
井下作业公司 180
QHSE 管理 181b
成本管理 180b
科技管理 181a
内部改革调整 181a
企业改革 180b
人力资源管理 181a
人员状况 180a
市场开发 180a
物资管理 181a
资产设备 180a
境外 HSE 监督管理队伍建设 107b
境外划转财务资产交接 98b
聚变奇迹：新长城是怎样筑成的 289
聚焦中国石油长城钻探工程公司重组一周年 289

K

科技发展综合情况 55
科技管理 58b
科技获奖项目 59
科技经费管理 59a
科技立项管理 58b
科技日常管理 59a
科技外协管理 59a
科技项目攻关 56a
科学发展保障能力 13
肯尼亚高温地热井泡沫定向钻井配套技

术 56b
肯尼亚项目 257
安全生产 257b
工作业绩 257a
基本情况 257a
技术应用 258a
人员状况 257a
市场开发 257b
员工管理 258b
会计核算 78b

L

劳动竞赛活动 140a
利比亚项目 247
安全生产 250a
安全意识 251a
材料、设备管理 251b
成果 249a
措施 249a
岗位培训 251b
合同续签 249a
基本情况 247a
节能降耗 251b
经营考核体系 251a
企业管理 250b
人员状况 247a
生产作业 249b
市场开发激励机制落实 250b
双百双增 249a
项目风险研究 251b
新市场开拓 249b
新增固定资产情况表（表） 248
续签新签合同额指标完成情况表（表） 249
辽河油区市场 88b、89b
辽河油田2008—2009年度十佳人口学校 350b
辽河油田2008—2009年度文化体育工作先进单位 351a
辽河油田2009年度禁毒先进单位 351a
辽河油田2009年度治安综合治理先进单位 350b
辽河油田保卫工作先进单位 351b
辽河油田省军区砺箭-08防空作战演习参训保障先进单位 351b
辽宁省2008—2009年度文明单位 348a
辽宁省QC成果二等奖 347b
辽宁省QC成果一等奖 347b
辽宁省安康杯先进个人 369b
辽宁省安康杯优胜单位 348a
辽宁省扶贫先进个人 369a
辽宁省工会积极分子 369a
辽宁省工人先锋号 348a
辽宁省巾帼先进个人 369a
辽宁省经审工作先进个人 369a
辽宁省军区砺箭-09大连要地一体化防空作战演习管理教育先进单位 351a
辽宁省科技进步奖 348a
辽宁省科技进步三等奖 347b
辽宁省科学技术研究成果 347b
辽宁省劳动模范 369a
辽宁省模范职工之家 348a
辽宁省能源化学系统女工建功立业标兵 369a
辽宁省女工工作先进单位 348a
辽宁省女工工作先进个人 369a
辽宁省平安创建活动平安单位 348a
辽宁省平安单位先进称号 347b

辽宁省平安示范单位 348a
辽宁省守合同重信誉企业 347b
辽宁省思想政治工作先进单位 348a
辽宁省五一劳动奖章 369a
辽宁省用户满意先进单位 348a
辽宁省优秀班组长 369a
辽宁省优秀质量管理小组奖 347b
辽宁省质量协会 QC 成果奖 348a
领导班子建设 66a、135b
六个为什么学习教育活动 136a
录井公司 173
　党群建设 175b
　管理创新 174b
　基本情况 173a
　科技创新 174a
　人员状况 173a
　生产经营 174a
　市场开发 174b
　思想政治工作 175b
　质量安全 175a
　资产设备 173b
绿色长城 317
绿色基层队 355a

M

煤层气开发公司 204
　安全生产 205a
　产品 204b
　成果 205a
　措施 205a
　工程建设 205a
　工作业绩 204b
　机构设置 204a
　精神文明建设 206a
　科技创新 205a
　企业改革与管理 205b
　人员状况 204a
秘书工作 122b
民主管理 140b
名牌施工作业队伍 355b
墨西哥项目 230
　安全生产 230b
　后勤保障 231b
　机构设置 230a
　基本情况 230a
　人力资源 231b
　人员状况 230a

N

内部控制与风险管理 84
　风险管理 84b
　基本情况 84a
　内控体系建设 84a
　培训管理 85b
能源化学系统女职工建功立业标兵岗 348a
能源开发 50
　丛式井规模开发 51b
　方案设计优化 51b
　基本情况 50a
　井位部署优化 51b
　科技攻关 51a
　煤层气开发 52a
　能源勘探开发技术服务 52a
　人员状况 50a
　苏里格地区天然气合作开发 50b
　苏里格气田产能建设 51a
尼日尔测井作业区 253

安全管理 254a
测井项目 254b
测试项目 255a
基本情况 253a
解释站 255a
录井项目 254b
培训 254a
人力资源管理 254a
收入（表） 253
员工国际化和当地化 254a
尼日尔项目 251
安全环保 252a
后勤保障 252b
基本情况 251a
人力资源 252b
钻井液管理 253b
逆境中奋进 挑战中前行 297
逆势突围：筑牢效益长城 293
逆水行舟用力撑 318
年鉴 128
女工工作 141a
女职工先进个人 370a
女职工先进集体 351a

P

排查隐患 112b
盘锦市 2009 年国庆安全保卫工作先进单位 350a
盘锦市科技进步二等奖 350b
盘锦市科技进步奖 350b
盘锦市科技进步三等奖 350b
盘锦市科技进步一等奖 350a
盘锦市科学技术二等奖 350a
盘锦市科学技术三等奖 350a
盘锦市守合同、重信用工商企业 12.4 全国法制宣传日合同法律知识竞赛第一名 350a
盘锦市守合同、重信用企业 350a
培训计划落实 69a
评优评先 101b
普法工作 102b

Q

企协事务 101a
企业改革 39b
企业管理 41a
企业资质 101a
青工活动 143b
青年岗位能手 370a
青年英语演讲比赛一等奖 370a
全国安康杯竞赛优胜班组 347b
全国工人先锋号 347a
全国五一劳动奖章 369a
全力构筑绿色长城 317
全油基钻井液研究 55b

R

让用户百分之百满意 320
人才队伍建设 66b
人才激励政策 67a
人才引进和储备 66b
人工成本 65a
人事管理 65
编制定员 65a
重组整合 65b
机构设置 65a

结构调整　65b
三控制一规范　65a
体制机制创新　65b
用工规模　65a
任职资格评审　69b
工作程序　71b
评价标准　70b
评审工作程序　70a
评审工作运行计划制订　69b
评审重点　70a
评审组织机构　69b
运作方式　69b
正面引导　71a
荣获长城钻探公司科技进步奖项目　60b
荣获长城钻探公司荣誉人员名录　370
荣获长城钻探公司先进单位荣誉名单　351
荣获集团公司技术创新奖项目　60a
荣获辽宁省科技进步奖项目　59a
荣获盘锦市科学技术奖项目　60a
荣获省部级以上荣誉名单　347
荣获省部级以上荣誉人员名录　369
荣获市局级荣誉名单　350b
荣誉人员名录　370

S

三管齐下逆风飞扬　315
三化管理　83a
商务部 2007—2008 年度对外承包工程先进集体　347a
设备管理　80
持证上岗工作　83a
购置管理　82b
网络　82b
现场管理　83a
修理管理　83b
运行管理　81a
制度　82b
设备基本情况　80a
社会安全管理　111a
社会安全信息收集　111b
社会安全制度建设　111b
涉外考试工作　69a
申报股份公司准入资质工作　49b
审计工作　93
管理工作　94a
基本情况　93a
先进集体　360b
信息化建设　94a
生产管理　71
生产管理运行系统　73a
生产协调系统先进集体　359b
生产远程控制　73a、99
生殖健康服务　119b
施工作业精品工程　357a
十大长城青年　370b
石油工业用户满意服务项目　349b
实用新型专利　347a
市场规模　89a、91b
市场开发　88、318
基本情况　88a
工作投标、备案情况（表）　90
手段　93a
市场宣传和推介　92b
市场营销　93a
市场运行　92a
视频会议系统　121b
双百双增　89a、91a
双增长目标　302

水平井施工　47b
税费管理　79a
思想建设　136a
思想理论武装　136a
思想政治工作　43a
思想状况调查　136a
苏10区块水平井提高单井产量　55a
苏丹测井作业区　239
　安全生产　240a
　成果　239a
　措施　239a
　工作业绩　239a
　基本情况　239a
　精神文明建设　241a
　科技创新　239b
　企业管理　240a
　人员状况　239a
　业务范围　239a
苏丹项目　233
　HSE监督选聘机制　238a
　IGD技术　234b
　KCl-Silicate钻井液体系　235a
　安全管理　235b
　安全检查机制　236b
　稠油特色技术　234b
　党建工作　238b
　队伍建设　237b
　队伍稳定　237b
　防范能力　237a
　工程技术服务队伍分布和数量表（表）　233
　管理转型工作　235a
　海外市场划转交接　236a
　基本情况　233a
　技术创新　234b
　经营管理　237b
　考核和处罚机制　236b
　培训工作　238a
　市场交接　234a
　市场开发　234a
　体系推进　236a
　修井队伍品牌打造　238a
　重大风险控制　237a
　综合技术　235a
　钻井液体系　235a
苏里格、华庆等重点区块钻井提速　56a
苏里格气田产能建设　75b
苏里格气田首口高产水平井问世　299
苏里格气田项目　203
　安全生产　203b
　基本情况　203a
　精神文明建设　203b
　科技创新　203a
　企业管理　203b
苏里格项目部自动化管理工作　305
诉讼业务　102a

T

塔里木测井作业区　222
　安全生产　223a
　基本情况　222a
泰国项目　277
　HSE会议　278b
　HSE培训工作　278b
　安全管理　278b
　安全环保工作　278a
　安全专项管理　279a
　工作业绩　277a
　基本情况　277a

奖惩措施 279b
交通安全管理 279a
经营管理 277b
井控安全管理 279a
楷模造就 279b
领导示范 279b
企业管理 277b
企业文化建设 279b
思想政治工作 278a
素质建设 277b
物资材料管理 278a
现场标准化管理 278a
宣传推广 279b
隐患排查与治理工作 279a
责任落实 278b
铁人精神再教育 136b
铜牌队 361a
统计工作 76b
先进单位 365b
统计理念创新 76b
统计数据开发利用 77b
统计信息咨询功能发挥 77a
投资计划 74b
突发事件处置 71a
突尼斯项目 258
安全生产 258b
成果 258a
措施 258a
基本情况 258a
人员状况 258a
土地公路 128
土地公路管理先进单位 360b
土地管理 128a
土地协调 128b
土库曼斯坦测井作业区 275
HSE 管理 276a
机构设置 275a
基本情况 275a
生产基地建设 275b
项目基础管理 275a

W

外国代表团来公司参观访问 126b
外事保障 124a
外事管理与服务 123a
外事接待情况统计表（表） 126
王忠仁在长城钻探公司第一次代表大会上的工作报告 13
网络建设 121b
为低渗透注入强劲动力 309
维护保养资料 83a
维护稳定先进集体 359b
委内瑞拉项目 223
安全工作 225b
成果 225b
措施 224b
防恐及应急体系建设 225b
高端技术服务市场开拓 224b
高压喷射钻进技术 224a
工程款催收 225a
工作业绩 223b
后续合同及工作量 224b
基本情况 223a
甲型 H1N1 流感的预防措施 226a
交接工作 224a
经营管理 225a
精神文明建设 226b
精细化管理工作 225a
快移钻机技术 224a
全自动液压钻机技术 224a

人员状况 223b
商务报价水平 224b
市场开发 224b
市场细分工作 225a
稳定工作 226b
资产设备 223a
钻井技术及装备 224a
温暖家庭服务 120a
文件跟踪、督办和反馈 122b
文秘工作 122
文书工作 122a
业务指导 122a
文书网络建设 122a
文体活动 140a
乌兹别克斯坦测井作业区 276
HSE 管理 277a
基本情况 276a
生产基地建设 277a
市场情况 276a
项目基础管理 276b
五型班组 352a
建设活动 140a
物理安保标准 111a
物资公司 200
QHSE 管理 201b
财务管理 201a
采购管理 200b
供应商管理 201a
国际贸易 201b
合同管理 201a
基本情况 200a
基础建设 202a
精神文明建设 202a
库房物资管理 201a
外协工作 202b
物资管理 200b
员工生活 202b
物资管理 96
仓储管理 96b
基本情况 96a
计划与采购管理 96a
市场准入 96b
物资质量管理 96a
先进单位 360a
信息化建设 97a

X

先进单位荣誉名单 351
先进党委 352a
先进典型选树 136b
先进队 363a
先进基层党组织 352a
先进集体 351b
先进女职工工作者 370b
先进质量检验（检定）机构 357b
现场目视化管理 109a
现场试验 55a
相关处室副处级以上干部名单 374b
向国际标准看齐 300
项目管理 99b
项目规划管理 76a
项目前期调查研究 75b
项目前期管理 75a
项目审查、论证 76a
项目实施管理 76a
消防安全 113b
效能监察工作 139a
协调工作 72a
协作互动实现提速新跨越 312
新长城 新速度 303

新闻系列　374b
薪酬分配体系　65b
信访维稳工作　143
　风险评估　144a
　基本情况　143a
　重点时期工作监督　144b
　组织机构　143b
信息管理　121
行政工作报告　3
行政领导　374a
修井作业基本情况　47b
叙利亚项目　265
　安全管理　265a
　财务管理　266b
　基本情况　265a
　员工管理　266a
宣传思想工作　136

Y

伊拉克测井作业区　266
　安全管理　267b
　基本情况　266a
　市场开拓　267a
　主要工作　267a
伊朗测井作业区　261
　KISH 作业基地　263a
　TnPM 管理　262b
　阿瓦兹作业基地　262b
　安全生产　263a
　成果　261a
　措施　261a
　当地化队伍建设　264b
　《反违章禁令》落实　264a
　岗前培训　263b
　岗中培训　263b
　管理创新　264b
　横向交流　264b
　基本情况　261a
　基础建设　262b
　奖惩制度落实　263a
　控制风险　264a
　企业文化建设　265b
　全方位宣传教育　263a
　完善制度　264b
　一体化管理　261a
　依法经营　261b
　应急预案　265a
　员工当地化　262a
　责任制落实　263a
　专业互助　264b
　自查自改　263b
　作业许可证审批制度落实　264a
伊朗项目　260
　HSE 管理工作　260b
　基本情况　260a
　会计审计　260a
银牌队　361a
印度尼西亚项目　279
　安全生产　280b
　工程建设　280b
　基本情况　279a
　科技创新　280a
　企业管理　280a
印信管理　122b
应对金融危机　293
应急管理体系建设　110b
应急预案　112a
应用系统建设　121a
应用远程控制系统　99a
用户满意工程工作　320

用户满意工程活动　114b
优生优育服务　120a
优秀共青团干部　371b
优秀共青团员　371a
优秀女职工之友　370b
优质施工设计　357b
油水检测能力　83a
预防腐败体系建设　138b
预算管理　78a
员工关注的切身利益　67a
员工合法权益　140b
员工疗养　141a
员工培训　85、86a
　HSE 类培训　86b
　标准作业流程（SOP）编写　85b
　管理类培训　86b
　规划培训基地建设　85b
　规章制度　85a
　国际化人才培训　86a
　基本情况　85a
　技术类培训　86b
　客户培训　86b
　师资队伍建设　86a
　主要工作　85a
　资质认证　86a
员工素质教育　142a
远程控制系统推广　99a
远程录井系统研制　57a

Z

乍得项目　255
　HSE 管理　256a
　HSE 宣传　256b
　安全第一　256a
　财务管理　256a
　成本管理　256a
　工作业绩　255a
　环境管理　256b
　基本情况　255a
　交通安全　256b
　经营管理　255b
　人力资源　257a
　生产作业安全　256b
　税收筹划　256a
　资金管理　255b
张凤山　3
政策制定　100b
政策制度索引　283
政治优势发挥　13
知识产权　59b
职工代表大会　3
职业建康　114a
指挥平台规划　99b
质量标准化、计量　115b
质量管理　41b、42a
　先进部门　356a
　先进单位　354a
　先进个人　372b
中共长城钻探公司委员会　374b
中国节能减排功勋企业　347a
中国石油长城钻探工程公司重组　289
中国石油先进集体荣誉称号　349b
中国质量协会 QC 成果奖　347b
中哈长城钻井公司　268
　安全生产　271a
　成果　269a
　措施　269a
　党建工作　272b
　复合钻井技术　270b
　工作业绩　268b

公司成立十周年　126a
后勤保障工作　269b
机构设置　268a
基本情况　268a
技术管理工作　269b
精神文明建设　272a
考核体系　269a
科技创新　270b
氯化钾钻井液体系　271a
内外市场巩固和扩大　270a
企业管理　271b
人力资源管理　270b
生产基础设施建设　270a
生产组织和协调　269a
为前线服务、生产服务观念　269b
维持较低的钻井液密度钻井　271a
物资管理　270a
职工教育　270b
主要业务　268a
资产设备　268b
钻井软件应用　271a
钻头水马力　271a
中华环境友好企业　347a
中央企业青年文明号　347a
中央企业五四红旗团委　347b
中央企业先进集体　347a
中央企业优秀共青团干部　369a
重点工作　91a
重点项目投资与评价　76b
主题教育活动　136b
主营业务　39b
收入　296
属地管理　109a
专家评价机制　68a
专项检查　113b
专项审计　94b
专业化重组　324
专业化打造泥浆旗舰　307
专业技术骨干培养培训工作　69a
专业技术人员管理工作制度　68a
专业技术人员统计报表制度　67b
装备监造验收　83b
准驾制度落实　113a
资产管理　79b
资产划转　80a
资金管理　77b
资金结算　97
报告制度　97a
主要工作　98a
资金清欠　98a
资质管理　49a
人员培训　49b
资质申报　49a
资质审查　76a
总经理张凤山在长城钻探公司第一届职工代表大会第二次全体会议上的行政工作报告　3
2009 年主要工作情况　3a
2010 年重点工作安排　9b
HSE 体系建设　12a
安全工作　4b、6b、12a
产业结构　4a
持续重组　5a
存在的问题　8b
党的建设　7b
改革调整　3a
工程技术服务水平　5b、11a
工作任务　9b
工作指导思想　9b
公司核心竞争力　4a
国际市场增量　10a
国内外部市场效益　10a

国内外市场　5a
后方支持体系建设　10b
环保工作　4b、6b、12a
阶段性管理目标　3a
经济指标　9b
精神文明建设　4b
科技创新　12a
科技对企业的贡献率　12a
科技和管理创新　4a
科学发展和谐发展新长城建设　12b
辽河油区市场复产　10a
六项工作　10a、10b
配套改革　5a
企业管理　11b
企业管理基础　6a
企业主要业绩　3b
全球化能力　4a
三篇文章　10a
市场化　5a
市场化、国际化目标　3b
维护员工切身利益工作　8a
一届一次职代会做出的承诺践行　8a
一线强势决策的项目部管理体制构建　10b
员工关心的热点问题解决　4b
整体效益效率　6a
政治优势发挥　12b
质量工作　4b、6b、12a
重点工作　5a
重点工作安排　9b
主营业务发展　11a
自主创新能力　7a
组织工作　135
钻井二公司　155
安全生产　158a
工程建设　157b
机构设置　155b
基本情况　155a
基层队伍建设　159a
科技创新　157a
企业改革　158b
企业管理　156a
人员状况　155a
营业收入　156a
钻井技术服务公司　213
HSE 危害因素辨识活动　215b
QHSE 管理体系认证工作　215a
STOP 卡推广使用　215b
安全质量环保　215a
党建工作　216b
获奖情况　216a
基本情况　213a
科技创新　214b
领导班子建设　216a
绿色水平井服务　215b
企业改革与管理　214a
群团工作　216b
人员状况　213a
员工培训　216a
职业病防治　215b
质量监督　215b
主要工作　213b
主要业务　213a
资产设备　213a
钻井进尺　296
钻井提速　303
钻井液公司　187
HSE 体系推进工作　191a
安全生产　190b
成果　188a、188b

措施 188a
工程建设 190b
管理控制 188a
国内生产任务完成情况 189a
国外市场生产任务完成情况 189b
机构设置 187a
基本情况 187a
建章立制 190b
健康监护档案 191a
交通消防管理 191a
精神文明建设 191b
科技创新 190a
目标成本 188b
内部潜力挖掘 188b
企业管理 191a
人员状况 187b
生产任务完成情况汇总表（表） 188
生产任务完成情况明细表（表） 189
业务范围 187a
制度建设 188a
资产设备 187b
钻井一公司 149
QC 小组活动 152b
QHSE 管理体系认证工作 151a
安全质量环保 151b
措施 149b
工程技术服务 150b
基本情况 149a
科技创新 151a
群团工作 153b
人员状况 149a
三减三补攻坚战 149b
水平井 / 分支水平井技术 150b
职工生活 155a
资产设备 149b
组织机构变化 149a
组织建设 153a
钻井与修井作业 47
钻井作业基本情况 47a
钻具公司 192
安全生产 192b
创建活动 195b
典型选树 195a
服务区域 192a
工程建设 192b
基本情况 192a
精神文明建设 194a
科技创新 193b
企业改革与管理 193a
宣传教育活动 194a
学习实践活动 194b
业务收入 192a
职工文化生活 194b
主要业务 192a
最佳创造力党支部 353b
最佳凝聚力党支部 353b
最佳执行力党支部 353b

（王彦祥　毋　栋　编制）